·城乡建设发展系列教材（第一辑）·

本教材受河南省教改项目“以国际职业资格认证为导向的工程管理类专业人才培养模式改革与实践”（2021SJGLX182）资助

房地产市场营销

REAL ESTATE MARKETING

荆会芬◎主编
曹殿存　段永辉　王一新◎副主编

中国经济出版社
CHINA ECONOMIC PUBLISHING HOUSE
北京

图书在版编目（CIP）数据

房地产市场营销/荆会芬主编；曹殿存，段永浑，王一新副主编．--北京：中国经济出版社，2023.2（2023.8重印）
ISBN 978-7-5136-7234-4

Ⅰ.①房… Ⅱ.①荆… ②曹… ③段… ④王… Ⅲ.①房地产市场-市场营销学 Ⅳ.①F293.352

中国国家版本馆 CIP 数据核字（2023）第 031196 号

责任编辑 叶亲忠
责任印制 马小宾
封面设计 华子图文

出版发行 中国经济出版社
印 刷 者 北京中石油彩色印刷有限责任公司
经 销 者 各地新华书店
开　　本 710mm×1000mm 1/16
印　　张 22
字　　数 370 千字
版　　次 2023 年 2 月第 1 版
印　　次 2023 年 8 月第 2 次
定　　价 78.00 元
广告经营许可证 京西工商广字第 8179 号

中国经济出版社 **网址** www.economyph.com **社址** 北京市东城区安定门外大街 58 号 **邮编** 100011
本版图书如存在印装质量问题，请与本社销售中心联系调换（联系电话：010-57512564）

前言

蓦然回首，自1998年福利分房被取消以来，中国房地产已走过24年风雨历程，即从萌芽到发展，从发展到变革，从变革到洗礼，从洗礼到蜕变。随着20多年间中国人口、经济和政策红利逐渐消退，房地产行业的发展逻辑正在改变，过度宽松的货币环境过去了，依靠投机性需求、过度占有资源的市场过去了，开发规模效应不再，市场需求逐步转向美好人居的改善需求，与人居匹配的产品价值、业态创新正在成为新的增长点。房地产行业需要把长期以来对政策环境的过度关注，转移到对市场关系的重建和内部价值的提升上来。从“增量为主”到“增量存量并重”，房地产行业将由物业开发逐渐过渡到服务供给，其发展更加偏向于长期主义，房地产企业要顺势而为，在夯实开发主业的基础上，不断优化以产品力、服务力、营销力为核心的新发展模式，实现高质量发展。

伴随着经济、文化和社会的发展，消费行为逐渐呈现一些新的趋势。现如今，不少产品只是消费者生活中的一种道具，消费者需要企业真正提供的是一种“新生活方式”。过去人们看重的主要是房子本身的功能属性，现在人们对于房子有了更多房子功能属性之外的期许：圈层、环境、氛围、体验乃至价值观。消费者的消费重点已经逐渐从功利性消费动机转变为很大程度上的象征性行为。消费过程中的消费体验，对消费者而言甚至比产品本身更为重要。在房地产产品开发过程中，房地产企业需十分重视对产品的品位、形象、个性、情调、感觉等因素的培育，营造出与目标客群心理需求相一致的精神属性，从而引爆藏在客户心中的情感元素和价值主张，赢得更强烈的市场认同。在移动互联网时代，搜索技术的出现与发展，使得消费者可以更方便地获取信息、做出决策；同时，社交媒体的兴起，为消费者提供了表达与分享的平台，房地产营销与互联网的结合已成为不可逆转的趋势。考虑房地产市场发生的变化，以及新的营销方式和手段的不断涌现，编者在教材编写过程中坚持“学以致用”“理论联系实际”的原则，在保持房地产市场营销理论框架结构不变的前提下，在本教材的相关章节纳入了行业和市场出现的新动向，增加了房地产体验营销、房地产文化营销、房地产网络营销等新内容。在编写本书时，编者力求做到不拘泥于对一般理论的描述，而是将理论知识与实证分析相结合，使读者通过实例分析，达到对营销理论的理解，并能结合实际加以运用。为此，编者在每章后都附有相应的案例材料，如“从冰墩墩火爆看房企如何打造自己的 IP 形象”“奥伦达部落的社群营销”“龙湖的体验营销策略”等都进入编者的案例研究视野，使枯燥的知识鲜活化，为房地产企业转型“城市配套服务商”提供模式借鉴，也便于读者深入掌握相关理论，了解当前的房地产市场形势和新的营销手段。

全书共分十二章，参与本教材编写的有河南财经政法大学的荆会芬（第 1 章、第 2 章、第 4 章），河南理工大学的王一新（第 3 章、第 10 章），河南省建设科技和人才发展中心的曹殿存（第 5 章、第 6 章、第 8 章），郑州航空工业管理学院的郭一斌（第 7 章、第 12 章），河南工业大学的段永辉（第 9 章、第 11 章），全书由主编负责统稿和定稿。在本书撰写与出版过程中，得到了中国经济出版社的大力支持和协助，在此特表示衷心的感谢。本书在编写过程中参考了许多有关房地产市场营销方面的教材、研究成果和文献资料，在此，谨致以诚挚的谢意！

需要说明的是，由于编者水平有限，书中难免有不妥之处，敬请广大读者批评指正，以便编者及时修正。

编者

2022 年 12 月

目录

第1章 房地产与房地产市场

房地产到底是一种什么性质的商品？从市场营销学的角度来理解房地产的概念，要注意哪些问题？人们购买房地产产品的最终目的是什么？房地产产品与一般商品相比，有何不同？从供给与需求两个方面来看，房地产市场有哪些特征？这些特殊性将如何影响房地产营销的开展？一个市场的结构依赖买者和卖者的数量以及产品差别的大小，我国的房地产市场目前处于哪种市场模式，它的发展趋势是什么？

1.1 房地产的含义与特征

房地产市场营销的客体是房地产，因此，在介绍房地产市场营销的有关理论和方法之前，我们必须首先了解房地产的含义和特征。

1.1.1 房地产的含义

房地产（real estate，real property），又称不动产，是指土地、建筑物及其他地上定着物，包括物质实体和依托物质实体上的权益。

土地是指地球的表面及其上下的一定空间。

建筑物包括房屋和构筑物。房屋是指能够遮风避雨并供人居住、工作、娱乐、储藏物品、纪念或进行其他活动的空间场所，一般由基础、墙、门、窗、柱、梁和屋顶等主要构件组成。构筑物是指建筑物中除了房屋以外的物，人们一般不直接在内进行生产和生活活动，如烟囱、水塔、水井、道路、桥梁、隧道、水坝等。

其他地上定着物是指与土地、建筑物不能分离，或虽然能够分离，但分离后会破坏土地、建筑物的功能或完整性的物。如为了提高土地或建筑物的使用价值或功能，种植在地上的树木、花草，埋设在地下的管线、设施，在地上建造的庭院、花园、假山、围墙等。

房地产是实物、权益和区位三者的结合体。实物是房地产中看得见、摸得着的部分，如建筑物的结构、设备、装修、外观，土地的形状，基础设施的完备程度、平整程度等。依托物质实体上的权益主要有所有权、使用权、抵押权、租赁权等。物质实体是权益的载体，而最终体现房地产价值的是其权益。区位是指地球上某一事物与其他事物在空间方位和距离上的关系，除了地理坐标位置外，还包括可及性，与其他地方往来的便捷性，与重要场所的距离（距离包括空间直线距离、交通路线距离和交通时间距离，人们越来越重视交通时间距离而不是空间直线距离），周围环境、景观，在城市区域中的地理位置等。区位是一个综合的概念，是自然地理区位、经济地理区位和交通地理区位在空间地域上有机结合的具体表现。

从营销学的角度来理解房地产的概念时，要注意以下两点：首先，房地产尽管是物质实体和权益的结合体，但房地产经济活动主要表现为各种权益的运动过程，房地产购买和消费的实质是其产权的流转和利用。同时，即使是同一物质实体的房地产，由于附着的权益不同，它的目标顾客以及价格表现都将有所差异，房地产权利人的合法权益、责任和义务也会有所不同。其次，人们购买房地产产品的最终目的不是取得房地产产权，而是获得其所提供的效用；房地产产品效用的提供必须通过房地产产品的质量（如地段、建筑材料、房屋设备以及建筑技术等）、特征、式样、品牌、物业管理，以及其他服务等有效地实现。因此，在房地产市场营销中，我们必须以消费者的需求为出发点，以房地产产品效用的发挥为核心来正确理解房地产产品的概念。

1.1.2　房地产的种类

在房地产营销中，我们可以按用途、实物形态以及开发程度对房地产进行分类。本书主要按照房地产的用途进行分类，主要包括居住类房地产、商业类房地产、工业类房地产和特殊类房地产。

1.1.2.1　居住类房地产

居住类房地产是指各种直接供人们居住使用的房地产，包括普通住宅、公寓、别墅、廉租房以及集体宿舍等。这类物业的购买者大都以满足自用为目的，也有少量购买者用于投资，购买后出租以获取租金。由于住房是人们生活的必需品，而且人们对住房的需求随着生活水平的提高和支付能力的增强，不断向更高的层次发展，所以居住类房地产的市场最具潜力，投资风险也相对较小。此外，居住类房地产以居民个人的购买行为为主，具有单宗交易规模较小、市场交易量巨大的特点。

1.1.2.2 商业类房地产

商业类房地产是指能够出租经营、为投资者带来经常性收入现金流的房地产，又称经营性物业、收益性物业或投资性物业，包括酒店、写字楼、零售商业用房（店铺、超市、购物中心等）、出租商住楼等。这类物业的购买者大都以投资为目的，从物业出租经营收入和物业升值中获得投资收益，也有一部分购买者以自用、自营为目的。商业类房地产市场的繁荣不仅与当地整体社会经济状况相关，还与工商贸易、金融保险、顾问咨询、旅游等行业的发展密切相关。这类房地产交易涉及的资金数量巨大，所以常在机构投资者之间进行。该类房地产的使用者多用其提供的空间进行商业经营，并用部分经营所得支付物业租金。由于商业类房地产经营者的效益在很大程度上受其与社会接近程度的影响，所以位置对于这类房地产有着特殊的重要性。

1.1.2.3 工业类房地产

工业类房地产是指为人类生产活动提供空间的房地产，包括工业厂房、仓储用房、高新技术产业用房、研究与发展用房（又称工业写字楼）等。工业类房地产既有出售的市场，也有出租的市场。一般来说，重工业厂房由于其建筑物的设计需要符合特定工艺流程的要求和设备安装的需要，通常只适合特定用户使用，因此不容易转手交易。高新技术产业用房和研究与发展用房则有较强的适应性。轻工业厂房介于上述两者之间。随着物流行业的发展，传统的、以自用为主的仓储用房越来越多地被用于出租经营，成了工业类房地产的重要组成部分。

1.1.2.4 特殊类房地产

特殊类房地产指物业空间内的经营活动需要得到政府特殊许可的房地产，包括赛马场、高尔夫球场、汽车加油站、飞机场、车站、码头、高速公路、桥梁、隧道等。特殊类房地产的市场交易很少，因此对这类房地产的投资多属长期投资，投资者依靠日常经营活动的收益来回收投资、赚取投资收益。

1.1.3 房地产产品的特征

房地产的特征是房地产市场营销存在的理由。与其他一般商品相比，房地产产品主要具有以下特征。

1.1.3.1 不可移动性

房地产一个最重要的特点是位置的固定性或不可移动性。由于不可移动性，每宗房地产的温度、湿度、日照、交通、周围环境、景观、与市中心的距离等均有一定的固定状态，从而形成了每宗房地产独有的自然地理位置和社会经济位置，使房地产有位置优劣之分。值得注意的是，房地产的自然地理位置虽然固定不变，但其社会经济位置却是可以发生变化的。因为周围环境、交通条件、市场位置等均可能发生变化，这些均可以影响房地产的社会经济位置。

房地产的固定性，决定了任何一宗房地产只能被就地开发、利用或消费，它不仅受地区经济的束缚，还受到其周围环境的影响。所谓“房地产的价值就在于其位置”，房地产不能脱离周围的环境而单独存在。同时，房地产资产的固定性，使在房地产市场上交换、流通的不是房地产商品的物质形态，而是各种物权的转移，进行的是一种观念上的价值流通而非物质本身的物理运动。这就要求我们在进行房地产市场营销时，必须充分考虑房地产商品所处的地理位置和周围环境，要对开发商、置业投资者和租客都具有吸引力，也就是说，能使开发商通过开发投资获取适当的开发利润，使置业投资者能获取合理、稳定的经常性收益，使租客能方便地开展经营活动以赚取正常的经营利润并具备支付租金的能力。

1.1.3.2 寿命周期长

土地具有不可毁灭性，定着于其上的建筑物及其附属物也具有很好的耐久性。投资者所拥有的权益通常都在40年以上，而且拥有该权益的期限还可以根据法律规定进行延长，因此房地产具有寿命周期长的特点。这就决定了其在使用的过程中可以多次进出市场，此时需要确定建筑物的新旧程度和尚可使用年限，区别经济寿命和自然寿命。经济寿命是指在正常市场和运营状态下，房地产的经营收益大于其运营成本，即净收益大于零的持续时间。自然寿命是指房地产从地上建筑物建成投入使用开始，直至建筑物由于主要结构构件和设备的自然老化或损坏，不能继续保证安全使用的持续时间。

自然寿命一般要比经济寿命长得多。从理论上来说，当房地产的维护费用高到没有租客问津时，房屋所有者干脆就让它空置在那里。但实际情况是，如果房地产的维护状况良好，其较长的自然寿命可以令投资者从一宗置业投资中获取几个经济寿命。因为如果对建筑物进行一些更新改造，改变建筑物的使用性质或目标租客的类型，投资者就可以用比重新购置另外一宗房地产少得多的投资，继续获取可观的收益。

国外的研究表明，房地产的经济寿命与其使用性质相关。一般来说，公寓、酒店、剧院建筑的经济寿命是 40 年，工业厂房、普通住宅、写字楼的经济寿命是 45 年，银行、零售商业用房的经济寿命是 50 年，仓储用房的经济寿命是 60 年。应该指出的是，税法中规定的有关固定资产投资回收或折旧年限，往往是根据国家的税收政策来确定的，并不一定和房地产的经济寿命或自然寿命相同。

由于房地产商品具有寿命周期长的特点，因此对房地产的长期维护就显得非常重要。特别是在交付给消费者使用之后，对于房地产营销者来说，这就意味着售后服务，即物业管理是不可忽视的。

1.1.3.3 异质性

异质性是指房地产市场产品供给的非标准化，土地资源的不可再生性和不可移动性决定了不可能有完全相同的房地产商品存在。由于房地产产品的生产在很大程度上受到其区位和周围环境的影响，具有单件产品生产的特点，不像工业产品可以批量生产，不同的规划设计，其耗费必然不同；即使采用标准设计，由于位置、楼层、朝向等的差异，其价格也各不相同。

此外，业主和租客也不希望其所拥有或承租的物业与附近的另一物业雷同。建筑物所具有的特色以及保持某一城市标志性建筑的称号，不仅对建筑师有里程碑或纪念的作用，对扩大业主和租客的知名度、增强其在公众中的形象和信誉，都有重要作用。从这种意义来说，每一宗物业在房地产市场中的地位和价值不可能与其他物业完全一致。因此，房地产商品的异质性在实物形态上表现为地理位置、建筑结构、房型、层次、朝向、新旧程度，以及开发建设程度的不同；在权益上表现为所有权、使用权、抵押权，以及典权等的区别。

房地产的这一特征要求房地产市场营销时，必须针对不同的房地产商品进行个性化营销，对于高档的房地产商品，甚至需要进行一对一的营销；在价格策略上，对房地产商品不能像对工业产品那样进行统一定价，而要进行分别定价；在同一房地产项目或小区内，房型、朝向、楼层，以及地理位置的差别，使目标市场有所不同，而针对不同的目标市场，需要制定相应的市场营销策略。

1.1.3.4 开发经营周期长

房地产的开发建设过程，包括投资机会寻找、投资机会筛选、可行性研究、获取土地使用权、规划设计与方案报批、签署有关合作协议、施工建设与竣工验收、市场营销与物业管理八个步骤。这八个步骤又可以划分为四个阶段，即投资机会选择与决策分析阶段、前期工作阶段、建设阶段和租售阶段。从土地使用权的获得到投入资金进行开发建设，直至完成，一般要历时几年，需要投入大量的资金，这种长期性决定了房地产商品市场研究、目标市场选择，以及预售阶段营销策划的重要性。

1.1.3.5 升值性

一般来说，豆腐、牛奶等易腐烂变质的物品，经过一段时间之后，价值会完全丧失；计算机、电视机等高科技产品，随着高新技术的出现，价值会大大降低。但是，由于土地资源的不可再生和土地投资的积累性，房地产商品呈现出一般商品所没有的特征，即随着使用时间的延续，房地产特别是土地的价格非但不会降低，反而会保值、增值，这是房地产商品的根本特征之一。首先，从较长的时间来看，房地产的保值、增值说明了一定量的房地产商品所代表的社会实际购买力的长期递增的客观趋势；其次，房地产的保值、增值主要是由土地决定的，因为对于建筑物而言，其价值的转移与一般商品没有什么不同，只不过价值量比一般商品大、转移时间比一般商品长而已。

房地产商品的升值性特征，使房地产商品既可以作为消费品进行使用，又可以进行投资。房地产商品作为消费品和投资品的目标市场不同，因此，在进行房地产营销时，要针对不同的目标市场制定不同的营销策略。

1.2 房地产企业与市场

企业是市场的主体，市场是企业营销的环境，企业与市场密不可分。在现代商品经济条件下，房地产市场竞争如此激烈，企业若要生存，就要参与激烈的市场竞争并不断创新，企业的营销行为受市场结构的影响，而市场结构反过来又影响着企业的营销行为。

1.2.1 市场的含义

市场的概念由来已久，在市场经济条件下，企业必须按照市场需求组织生产。所谓市场，是由一组具有买卖关系的经济实体构成的，这种买卖关系的性质通过买主和卖主的数量规模和交易规则反映。从营销角度来看，市场可以理解为具有特定需求和愿望，而且愿意并能通过交换来满足这种需要或欲望的全部潜在顾客。因此，市场的大小，取决于那些有某种需要，并拥有使别人感兴趣的资源，同时愿意以这种资源来换取其需要东西的人数。

1.2.1.1 市场是商品交换的场所

市场最基本的含义是指商品交易的场所、商品行销的区域。“市”就是买卖，“场”就是场所，“市场”即买者和卖者于一定的时间聚集在一起进行交换的场所，如菜市场、小商品市场、国内市场、国外市场等。

1.2.1.2 市场是一切交换关系的总和

市场是一种以商品交换为内容的经济联系方式。它是社会分工和商品生产的产物，是商品经济中社会分工的表现。在社会产品存在不同所有者的情况下，社会分工使它们各自的产品互相变成商品，亦即出现了商品的供与求，从而产生了相互交换作为商品的劳动产品的市场。

此时的市场不仅是指具体的交易场所，而且是指所有卖者和买者实现商品让渡的交换关系的总和。

1.2.1.3 市场是对某种商品具有需求的所有现实和潜在的购买者

市场营销学是从卖者的角度来认识和理解市场的含义的，它要研究的是如何采取有效的措施，来满足消费者需求，其中包括现实需求和潜在需求。在市场营销学的范畴里，“市场”等同于“需求”。菲利普·科特勒把市场定义为“市场是指某种产品的所有实际的和潜在的购买者的集合”，同经济学相比，市场营销学对“市场”含义的认识不仅角度不同，而且构成市场的要素亦有区别。市场包含有某种需要的人、满足这种需要的购买能力和购买欲望三个主要因素。用公式来表示就是：市场=人口+购买力+购买欲望。

市场的这三个因素是相互制约、缺一不可的，只有三者结合起来才能构成现实的市场，才能决定市场的规模和容量。例如，一个国家或地区人口众多，但收入很低，人均购买力有限，则不能构成容量很大的市场；又如，人均购买力虽然很大，但人口很少，也不能成为很大的市场。只有既人口多，又人均购买力高，才能成为一个有潜力的大市场。但是，如果产品不适应需要，不能激发人们的购买欲望，对销售者来说，仍然不能成为现实的市场。所以，市场是上述三个因素的统一体。

1.2.2 市场的基本结构

市场结构是指某一市场中各种要素之间的内在联系及特征，包括市场供给者之间、需求者之间、供给者和需求者之间，以及市场上现有的供给者、需求者与正在进入该市场的供给者、需求者之间的关系。

市场结构依赖买者和卖者的数量，以及产品差别的大小。

1.2.2.1 完全竞争市场

完全竞争市场又称纯粹竞争市场，是指一种不受任何阻碍、干扰和控制的市场结构，即购买者和销售者的购买和销售决策对市场价格没有任何影响的市场结构。按美国经济学家张伯伦的观点，完全竞争就是没有任何“垄断因素”的竞争。在完全竞争的市场中，每个企业都是如此之小，以至于它们无法影响市场的价格。这意味着无论一个企业生产多少产品，它都可以以现行市场价格将自己的全部产品销售出去。因此一个完全竞争者没有理由去压低市场价格。而且，它也不会将价格提到高于市场价格的水平，因为这样的话，它什么也卖不出去，消费者当然愿意去购买价格更低的其他竞争者的产品。完全竞争市场主要有以下四个特点：

（1）众多的消费者和厂商，且各自独立。每个人的购买份额或销售份额，相对于整个市场的总购买量或总销售量来说是微不足道的，好比是一桶水中的一滴水，因而个别消费者和个别厂商对市场价格没有影响力。

（2）同质商品。同行业中的每个厂商生产的产品是无差别的。

（3）完全讯息。市场中每个买者和卖者都掌握与自己的经济决策有关的商品和市场的全部信息，由此确定自己的最优购买量或最优生产量，从而获得最大的经济利益。

（4）厂商可自由进出产业。所有的资源都可以在各行业之间自由流动，厂商进出一个行业不存在任何障碍，各行业的厂商规模和厂商数量在长期内是可以任意变动的。

完全竞争市场在现实的经济生活中只是理想化的，即所谓的可望而不可即。当消费者从麦当劳购买汉堡包或者从联想购买电脑时，消费者面对的是大到足以影响市场价格的企业。实际上，在经济生活中，多数市场是由几个大企业支配的，而且这样的大企业往往只有两到三家。

1.2.2.2 独家垄断市场

独家垄断市场是不完全竞争市场的一种极端形式。它是指单一的出售者完全控制某一产业（这个单一的出售者被称为“垄断者”）。单一出售者是其所在产业里的唯一生产者，同时，没有任何一个产业能够生产出接近的代用品。

完全垄断在今天是很少见的。实际上，它们中的许多典型仅存在于受政府保护的产业。例如，如果一家制药企业研制出一种神奇的药品，那么它将获得一项专利，在几年之内保持对这种药物的垄断权。垄断的另一个重要的例子是获得当地公用事业的特许经营权，如电厂或自来水公司。在这样的例子中仅有一家卖者提供这项服务，而且没有相似的替代品。但在今天竞争激烈的市场中，即使是受保护的垄断者也要参与竞争。例如，制药企业会发现另一位竞争者也在研制相似的药品；若干年前的垄断电话公司现在面临多家竞争者的挑战。

1.2.2.3 寡头垄断市场

寡头的意思是“很少的卖者”，这个“少”可以指只有 2 个那么少，也可以有 10 个或 15 个那么多。寡头垄断是一种由少数卖方（寡头）主导市场的市场状态，它的显著特点是少数几家大企业控制了某一行业绝大部分的产量和销量，剩下的一小部分则由众多小企业去分享。产生这种市场的原因，通常是资源的有限性、技术的先进性、资本规模的集聚性，以及规模经济效益所形成的排他性，如飞机、汽车、钢铁、石油、计算机等产品的市场往往属于这种市场。相互依存、相互制约是寡头垄断市场的基本特征，由于寡头数目少且占据市场份额大，其中任何一家企业营销策略的变化都会对其他几家企业产生重大影响，并会引起相关反应。因此，每家企业在制定或改变营销策略时，都非常重视竞争对手对自己这一策略的态度和反应。另外，由于存在着少数大企业的垄断，新企业加入这个行业变得十分困难，谁想加入，往往投资大、风险大，收回投资的时间也会比较长。

1.2.2.4 垄断性竞争市场

还有一种不完全竞争的类型是垄断竞争，它是指一个产业中有许多企业生产和销售同一种产品，每一个企业的产量或销量只占总需求的一小部分。这种市场大量存在，如食品、服装、百货、化妆品、日用杂品、餐馆、理发店等市场均属这一类。它与完全竞争不同的是：由不同企业销售的产品并不相同，差异化产品在重要的特征上表现不同。例如，在服装业中，这些重要的特征包括品牌、款式、企业文化等。由于各公司出售的产品具有差别，所以它们产品的价格也可以有所差异。

地理位置是产品差别的重要来源之一。去银行或超市要耗费一定的时间，而到达不同商店所需时间的差异会影响消费者的购买决策。用经济语言来说，购买物品的总机会成本（包括时间成本）依赖消费者与商店之间的距离。因为去当地商店购买的机会成本要低一些，所以消费者倾向于就近购买商品。这种结论同样可以用来解释为什么品种繁多的商场会那么流行：因为消费者可以一次性买好多东西而节约时间。地理位置给产品带来的差别是形成垄断竞争的重要原因之一。

1.3 房地产市场的类型与特征

房地产市场又称不动产市场，与市场的含义相对应，房地产市场也可以从经济学和营销学两个角度进行定义。从经济学角度来看，狭义的理解是指房地产交换的场所；广义的理解是房地产交换关系的总和，是房地产开发、建设、经营、管理、服务和消费的内存运行机制。它将房地产的开发、建设、流通与消费等各个环节联系在一起，从而实现房地产的价值。从营销学角度来看，房地产市场是由那些对房地产具有特定需要或欲望，而且愿意并能够通过交换来满足这种特定需要或欲望的全部潜在顾客群构成的。与一般商品市场相比，房地产市场具有的特征是决定房地产市场营销区别于一般市场营销的关键因素。

1.3.1 房地产市场的类型

按照不同的标准，房地产市场呈现不同的层面或结构特征。

以交易是否转让房地产产权为划分标准，房地产市场可分为买卖市场和租赁市场。房地产买卖市场又称为房地产产权市场，在该市场上的交易行为造成该房地产所有权转移；而在房地产租赁市场上，承租人仅获得一定时期的使用权，并不涉及产权转让。

按照房地产业体系各部门、各环节划分房地产市场，房地产市场可分为房地产开发市场、投资市场、交易流通市场、中介服务市场等。

以房地产本身的实物形态为标准，房地产市场可以分为农田市场、森林市场、住房市场、商业用房地产市场、工业用房地产市场和开发基地市场。农田和森林在我国不能进行买卖和租赁，只能进行承包经营，因而基本上不纳入房地产市场；住宅与人的生活息息相关，因而住宅市场受到政府的高度关注；商业用房地产价值高、适应性强，交易活动最活跃，规模也很大；工业用房地产适应性差，除了仓库用以出租外，一般进入市场可能性较小。

对房地产市场最基本的分类方法是按照市场结构将其分为三级。

房地产一级市场主要涉及土地所有者之间、土地所有者与土地使用者之间的权属交易和转让。市场交易具有国家垄断经营的性质，房地产呈纵向流通。政府出让国有土地使用权就是典型的房地产一级市场行为。

房地产二级市场主要由房地产开发企业与代理商之间，以及房地产开发企业或代理商与消费者之间的交换关系构成。该市场上的交易行为具有经营性质，房地产呈横向流通。房地产开发企业出售商品房就是一种典型的房地产二级市场行为。

房地产三级市场指的是房地产经营者与消费者之间，乃至消费者之间对房地产的转让与交换等交易关系的总和，具有消费和经营性质，房地产呈横向流通。购买商品房的买家将商品房再行转让就是一种典型的房地产三级市场行为。

由于一级市场的垄断性，房地产营销主要在二、三级市场上进行并发挥作用。由此可见，房地产市场是个复杂的结构，是一个由多方面、多层次内容组成的复合体。在不同类型的房地产市场中，由于目标市场、交易物有所不同，具体的营销决策也存在差异。

1.3.2 房地产市场的特征

房地产市场的特征是由房地产商品的特殊性所决定的，房地产同其他物质形态的商品相比，具有显著不同之处。本书将从交换关系的双方来分析房地产市场的特征，即从房地产需求和房地产供给两个方面进行分析。

1.3.2.1 从房地产市场的需求来看

（1）市场需求的广泛性：市场需求的广泛性主要表现在两个方面。第一，住宅是人类生存的最基本的生活资料。人的衣食住行的需求与生俱来，地球上只要有人类的地方就有各式各样的住房需求。第二，房地产是一切社会经济活动的物质基础，工厂的生产需要厂房、仓库，商品的交换需要商场和店铺，公司、机关需要办公用房，旅游需要宾馆、饭店，娱乐需要电影院、游乐场等。房地产遍及人们日常生活和社会经济活动的各个领域，是人类生存、发展和享受的基本物质条件之一。

（2）市场需求的永续性：这是由房地产在使用价值上的必备性和不可替代性所决定的。房地产是人们日常生活和社会经济活动的物质基础，它不可能像一般商品一样随着技术进步为社会所淘汰，而是随着生产力的发展，人们生活水平的提高，消费者需求的提高，人们对房地产商品的需求也逐渐提高。

（3）房地产消费的长期性：这是由房地产的耐久性决定的。土地具有永久性，房屋一经建成其寿命也可达数十年甚至上百年，使用期限超过一般耐用消费品；而且人们购置房地产的支出较大，对房地产的更替通常间隔很长时间。因此人们对房地产的消费不同于一般耐用品，它更具长期性、持续性。

（4）市场需求的融资性：由于房地产交易价格昂贵，一套普通住房，按国际惯例一般相当于家庭年收入的3~6倍或家庭25年的积蓄，因此人们在购置房地产时仅靠有限的自有资金一般是难以全部支付这笔开支的，这就产生了由贷款和信用支持的融资活动，如抵押贷款、公积金贷款等，都是较为普遍的房地产融资形式。

（5）市场需求富有弹性：在市场经济条件下，价值规律和供求规律起着决定性作用。和普通商品一样，房地产的价格直接影响着消费者的需求量。同时，房地产是特殊商品，具有自身的特殊性，它的消费量可大可小，极具弹性。一个人在一个2米长、1米宽的空间便可以栖身，但一个人也可以拥有一栋甚至几栋别墅；一家公司可以租赁几间办公室开展业务，也可以拥有一幢摩天大楼，以树立企业形象，展示企业实力。而且，房地产属于高价位商品，收入便成了决定需求的一个关键性因素，因此房地产需求弹性包括需求收入弹性和需求价格弹性。

1.3.2.2 从房地产市场的供给来看

（1）市场供给缺乏弹性：和房地产市场需求富有弹性相反，房地产市场供给缺乏弹性。供给弹性是表示某种商品的供给量对它本身价格变化的反应程度的概念，由于房地产具有位置固定、土地稀缺、使用价值的不可替代性和开发建设周期较长的特点，不论市场对某种房地产的需求量有多大，价格有多高，市场供给量不可能在短期内发生较大变化。而且这种供求不平衡的调整也是相当缓慢的，所以，房地产的市场供给弹性不足。

（2）市场供给的区域性：由于房地产的不可移动性，房地产市场的区域性极强。其区域性不仅表现在建筑风格、文化环境、生活习惯上，而且表现在区域经济水平、土地资源特点、城市基础设施、生活环境等方面。因此，房地产权益交换的价格绝不仅是针对建筑物本身的，更多的是上述几个方面在房地产市场中的综合评价。不同国家、不同城市甚至一个城市内部的不同地区之间，房地产的市场条件、供求关系、价格水平都会大相径庭。人们不可能将一个地方的房地产搬到另一个地方，只能在其所在地区使用，即产地和消费地合一。由于房地产市场的区域性特点，房地产开发商在从事某一地区的房地产开发经营业务时，必须充分了解当地政治、经济、社会、文化、法律等方面的情况。

（3）市场供给的异质性：市场上不可能有两宗完全相同的房地产。由于人们的购买力水平和对房屋的用途、结构等要求不同，每一栋房屋都是单位产品。房地产商品是绝对异质的，是互相不可替代的。两栋房子建筑材料、设计可以一样，但所处的地理位置绝对不可能一样。即使是两套朝向、楼层、结构等都完全一样的居室单位，在买主看来也是完全不同的、不可替代的两件商品，因此完全一样的房屋是不存在的。由于房地产商品是异质的，所以某一房地产的卖主和买主不可能是众多的，一项地产只能有一个卖主。在房地产市场中，卖主和买主的机会是不均等的，两者没有充分的选择权，因而在房地产市场中，个别卖主或买主对房地产的交易价格往往会起很大的作用。

（4）市场调节的不完全性：根据我国城市土地所有权与使用权相分离的原则，土地的所有权掌握在国家手中，使用权由国家按经济建设和城市规划的要求有计划、按比例地进入市场进行流通，这就从客观上削弱了价值规律、供求规律的市场调节能力，使其只能在与国家经济和文化发展相适应的范围内发挥作用。同时，为保护市场的有效供给，抑制不合理的市场需求，国家需要采取强有力的干预措施，通过规划、价格、税收等宏观管理手段，引导和调控市场。因此，房地产交易活动在某些环节是受到政府严格限制的，房地产市场是受国家严格控制的、不完全开放的市场。

另外，房地产同其他物质形态的生产资料相比，还有一些显著不同之处。例如，房地产市场是一个专业化的复杂市场，人们进行房地产交易时必须求助于各种各样的专业人员和专业机构。这些专业人士通常包括律师、房地产估价师、房地产营销人员及掌握建筑工程和房地产税收知识的专业人员。缺乏信息是房地产市场的另一个特征。一个完全竞争的市场必须满足三个条件：商品同质，可以互相替代；某一商品的买主和卖主人数众多，且能随时自由进出市场；信息充分，传播畅通。但房地产市场并不具备上述三个条件，因此，可以认为，房地产市场是不完全竞争市场。

案例分析

融创西安的城市社群运营之道

2019 年 6 月初，国际著名钢琴家李娓娓、保加利亚钢琴家伊旺·杨纳科夫、圣彼得堡国家交响乐团首席指挥彼得·葛瑞巴诺夫等多位国际乐坛大师，齐聚古都西安，在长达半个月的时间内，为西安市民献上了一场唯美的音乐盛典。本次由融创西安携手亚洲音乐协会的国际级音乐大赛上，出现了“邻里社群文化月”的标语。在通常我们认为的地产类社群活动中，节日 DIY、亲子游戏、家宴等形式是最为常见的。那么，一次国际级的专业音乐大赛，又是如何落脚到“颗粒”级别的邻里文化上的呢？本书从社群运营角度，一探融创的城市社群运营之道。

什么是社群运营？

群体中的人有两个共同的特点：首先是每一个人个性的消失，其次是他们的感情与思想都在关注于同一件事。——《乌合之众》

当下，大家都在聊社群，无论是微信、微博的大 V，还是做网红的、做社区的、做教育的、做垂直电商的，等等。其实社群就是一群不同的人聚在一起，为了一个共同目标干一件事，把互相之间优势能力整合在一起。爱好读书的人，聚集在一起，就形成了阅读社群如逻辑思维；爱好财经的人聚集在一起，就形成了财经社群如吴晓波频道；创业者聚集到一起，就形成了创业社群如众创思维。社群的价值观、理念可以巩固和服务这群人，并让更多的人加入这个社群。社群形成口碑，社群产生粉丝，社群产生销售，这便是社群运营的基础逻辑。

从单一社区运营，到城市社群运营

党的十九大报告明确指出“房子是用来住的，不是用来炒的”，并强调要加快建立多主体供给、多渠道保障、租购并举的住房制度，让全体人民住有所居。随着报告的提出，一系列调控政策随之而来，在这些政策的作用下，我国房地产市场进入了一个新的发展时期。从黄金时代转向白银时代，这早已经成为房地产市场的一种共识；房地产也从过去单一粗放的商品买卖行为，转变为社区的长效运营建设模式。过去人们需要的是房子，看中的也是房子本身。但是在现代人的居住需求之下，人们对于房子有了更多房子之外的需求：圈层、环境、氛围乃至价值观。从简单的打招呼到职业身份了解再到精神交流，是一个邻里关系形成的漫长过程，也形成对社区的认同、对社群生活的理解与享受。大规模造城年代已经逐步过去，社会群落逐步稳定，自发的社群、邻里关系的形成，成为有人情味的开发商关注的话题。

但是，更深层次的社群运营，并非局限于一个小区，更不是一个粘贴复制的简单模式，而应该是建立在城市化背景之下，与每一座城市性格相匹配的定制化运营，让社区的每一个人感受到这座城市的发展脉搏、人文温度，时时刻刻都能为生活在这座城市而感到自豪。三千年大城泱泱，奠定了西安这座城市深厚的传统文化基石。同时，西安是一个聚焦世界目光的国际化大都市，关中平原城市群发展，国家中心城市建设，西安在日新月异的发展浪潮中，始终保有生生不息的力量。一个多元的西安，考验的不仅是开发者的建造实力，更是对这座城市理解之下的深厚的运营能力。行业的发展，促使开发商运营社群，但是从城市化背景来看，在大西安加速建设国际化都市的进程中，开发商运营的更是“人群”，是站在城市级的角度，与城市同行、与城市共生。

打造全新社群运营典范

在新的市场形势之下，房地产商们纷纷从单一的房屋建造者身份，向“城市运营商”“生活运营商”转变。标榜者无数，但是真正行动者几何？在2018 年下半年，融创西安完成了由“幸福家”向“归心”的品牌升级，真正实现了由社区到城市社群的迭变。以全年龄、全周期、全时段为准则，社群分为四大一级社群，包括：让孩子在有爱的环境下健康成长，感受成长温度的海贝社；汇聚有理想、有激情的年轻人，感受运动温度的乐活社；鼓励老年人在最好的时光里活出自我，充满夕阳温度的枫叶社；以及让志同道合的邻里伙伴们感受社区温度的多彩社。循着融创西安多年来的社群运营历程，我们发现，从社区运营到社群运营甚至城市运营的格局转换，我们能更清楚地看到，其以城市深耕战略锻造的“深厚内功”，在3年多的时间里持续发力。

2017年，“古城墙健走未来”“潮童大秀盛典”“非遗盛宴”……全年近400场活动让融创业主形成社群效应，凝聚成为一个大家庭。2018年，不断深化的活动内容，完成业主服务体系搭建，让各年龄段的人都能够参与适合自己的社群。马拉松、夜光跑，每一次奔跑都会在城墙之上留下不一样的故事。童梦秀场、海贝计划游泳课堂、潮童大秀、开笔启蒙、探索庄园，勾勒孩子们内心最纯真的希望。枫叶计划老年业主及业主父母体检，让老年人感受到来自子女的温暖关怀。曾一同征战赛场的队友，在场下成为挚友；曾在课堂中一同学习烘焙的邻居，在课后变为闺密。业主自建自营的社群模式，形成主动分享、业主共创的社群形态。截至2019年底，融创西安从公司品牌到项目，共成立45个社群，主要包括美食社、篮球社、足球社、飞羽社、劲跑社、海贝社、阅读社、书法社、艺术社等，覆盖超5万人，社群内活跃人数达“5000+”。融创不断丰富和升级社群运营，推动社区与城市的互动，更推动城市与区域之间的联动。2019年4月，融创华北业主篮球联赛，包括西安代表队在内的42支超强战队近一个月的精彩角逐，万众瞩目的终极之战在全球首座NBA中心燃情打响；5月，“健走未来”活动，已经成为城市聚焦的现象级文化IP，覆盖人群、参与人数不断被刷新，形成区域级影响力和号召力；6月举办的邻里社群文化月，将所有社群业主联动，用93场密集活动做一个大型的答谢。“奇幻森林儿童舞台剧”“亚洲音乐大赛”和“业主篮球联赛”三大重点活动，在“邻里社群文化月”的统一概念下，联动所有项目社群、业主，覆盖海贝社、乐活社、多彩社三大主力社群，形成影响全城的城市社群活动。亚洲音乐大赛从海选、复赛到连续5场的专场演奏会，场场爆满，不仅参与度高、业主认可，也提高了业主整体艺术修养，让更多业主接触到更专业、更高雅的艺术，拔升了整体业主艺术氛围。让融创的业主，不仅住在一起，更要生活在一起，有共同的兴趣爱好，爱交流、爱分享，打造有温度的邻里生活。

从 2017 年至今，融创在四大一级社群之下，每月不间断地举办丰富多彩的业主活动，将每一个家庭紧密联系在一起，建立有归属感和幸福感的社群文化。融创的社群运营建设，让西安人从成为业主那一天起，就与邻居熟知，让有共同爱好的人走到一起，形成主动分享、业主共创的良性社区。融创西安洞悉到，现在不只是买房子住这种刚性需求，更要营造美好生活；用品牌口碑反哺营销，让营销变得简单，体现品牌软实力和口碑；注重圈层效应，高端项目定期举办业主生日会、私宴，打通业主圈层，让业主的朋友认可融创品牌……正因为做了这些，老带新比例才能达到 40%。未来，随着交付项目更多，融创将力争实现社群自治，挖掘活跃业主，保持良好互动。譬如，让社群成员选出群主，聘任社群运营官，运营官发起活动邀约，开发商承担部分费用；譬如，让社群内的人员成为活动的组织者，定期举办群内见面会，讨论下阶段活动，让社群人员从需求出发，不再是由开发商组织，而是业主提需求，开发商调动资源、资金、人力等，为社群业主提供活动服务。用有温度的社群活动践行美好生活理念，让志同道合的西安人，在这里找到自己，更找到知己。

城市，是美好汇聚的场合，是由人群对生活的向往而生长出的梦想之地，当下的西安，与时俱进、繁荣发展，融创选择与西安共同成长，营造美好社区。

讨论题：

1. 从融创西安的社群运营实践来看，传统的房地产开发模式该如何升级？
2. 从美好生活需要的角度来看，当前房地产企业的营销逻辑应如何转变？

第2章 从市场营销到房地产市场营销

市场营销最基本的出发点是什么？市场营销的核心是什么？精明的市场营销人员正在试图与顾客建立一种什么样的关系？遵循什么样的程序与原则，才能确保房地产市场营销工作贯穿房地产项目开发与经营的全过程？在消费升级背景下，人们的消费形态正在发生变化，房地产体验营销、网络营销、文化营销应如何开展？房地产企业应该如何更新经营理念，适应快速变化的市场新形势？

2.1 什么是市场营销

房地产市场营销是一种复杂的专业化市场，为了正确理解和考察这种复杂行为，先要研究市场营销的基本含义及其相关的因素。市场营销译自英文“marketing”一词，最早产生于美国，正如一个适销对路的商品一样，其很快在世界各地及各个领域广泛流传。如今的人类社会，营销的主体已从早期的经营企业扩展为包含企业、非营利组织、政府、个人在内的各种主体，市场营销的对象也从产品和服务扩展为产品、服务、体验、地域、事件及信息等，企业能否盈利，往往取决于其营销能力。因此，市场营销的重要性无可争议。人们对市场营销基本概念的理解，是随着社会经济的发展和市场营销学研究的深入而逐步展开的。

2.1.1 市场营销的概念

市场营销是指以满足人类各种需要和欲望为目的，通过市场把潜在交换变为现实交换的一系列活动和过程。随着市场营销实践的发展和现代市场营销理论的形成，“市场营销”一词有了丰富的内涵。1985 年，美国市场营销协会提出了市场营销的新定义："市场营销是关于构思、货物和劳务的设计、定价、促销和分销的规划与实施过程，旨在导致符合个人和组织目标的交换。"这一定义较全面地表述了市场营销的含义。它指出，市场营销是这样一种管理过程，即关于构思、货物和劳务的设计、定价、促销和分销的规划与实施过程。其目的在于实现交换——符合个人和组织目标的交换。这是一种买卖双方互利的交换，即所谓的双赢博弈（Win—Win Game）。这是说，卖方按买方的需要供给产品或劳务，使买方得到满足，买方则付出相应的货币，使卖方也得到满足，双方各取所需，而不是一方获得盈利，另一方就必定亏损。

市场营销活动是一个综合性的活动，它受到诸多因素的制约，这些因素主要包括人口环境、经济环境、自然环境、科技环境、政治法律环境和社会文化环境等。这些环境因素都是企业进行市场营销活动必须考虑的，因为对企业来说，这些因素都是不可控的。因此，市场营销活动是在某个特定的营销环境中进行的。

2.1.2 市场营销与推销的关系

市场营销不同于销售或推销。现代企业市场营销活动包括市场营销研究、市场需求预测、新产品开发、定价、分销、广告、公共关系、人员推销、销售促进、售后服务等，可见销售或推销仅是现代企业市场营销活动的一个组成部分，而且不是最重要的部分。美国著名营销学家菲利普·科特勒指出："市场营销最主要的部分不是推销。推销仅是市场营销冰山的顶端，仅是市场营销几个职能中的一个，且往往不是最重要的职能，因为，如果营销人员做好识别消费者需求的工作，发展适销对路的产品，并且处理好定价、分销和实行有效的促销，这些货物将会很容易销售出去。"彼得·德鲁克曾指出："市场营销的目的就是使销售成为不必要。"西奥多·莱维特也曾对推销观念和市场营销观念做过深刻的比较，指出推销观念注重卖方需求，市场营销观念则注重买方需求。推销观念以卖主需求为出发点，考虑如何把产品变成现金；而市场营销观念则以目标顾客及他们的需求、欲望为出发点，通过融合并协调那些影响消费者满意程度的营销活动，来赢得和保持顾客。从本质上说，市场营销观念是一种以顾客需要和欲望为导向的经营哲学，是消费者主权论在企业市场营销管理中的体现。市场营销不仅是以顾客为全过程的终点，更是以顾客为全过程的起点。

然而，许多厂商至今尚未意识到这一点，在营销过程中一味注重“卖”而轻视了“买”。他们恨不得今天晚上生产出来的产品，第二天就能卖出去。这样的想法当然没有错，但总有些美中不足，因为，产品在市场上卖得好不好，是不是受消费者欢迎，最终还得要顾客说了算，从这个角度来说，善于倾听顾客意见，要比单纯地把产品卖出去更重要。只有既重卖又重买，才能实现双赢。遗憾的是，有些企业面对一些消费者反映的问题仍不太重视，或束之高阁，或不理不睬，久而久之使消费者对企业及其产品产生了反感，失去了信心，最终失去了市场，自断了财路。

2.1.3 市场营销的核心概念

如上文所讲，市场营销是企业的一种职能，是贯穿企业经营全过程的系统行为，要掌握市场营销的运作过程，就需要了解以下营销核心概念。

2.1.3.1 需要、欲望和需求

市场营销最基本的出发点是满足人的需要，因此需要是市场营销最核心的概念之一。为了更好地理解需要这个核心概念，有必要对需要、欲望和需求加以区别。需要是指人类没有得到某些基本满足的状况，例如，人们需要衣食、安全、归属等。这些需要不是由社会或营销者所创造的，它们存在于人们的心理特征和生存条件之中。当被引向特定的、可能满足需要的物体时，需要就变成了欲望。欲望是指对需要的某种具体满足物的愿望，例如，人们需要食物，希望得到一个汉堡包、一杯可乐。人们的需要可以表现为各种各样的欲望，人的需要并不多，但是欲望却可以多种多样。在不同的国家、不同的文化背景下、不同的生活方式中，对相同的需要，人们表现出欲望的形式可能迥然不同。需求是指对有能力购买并且愿意购买某个具体产品的欲望，例如，当人们有能力并愿意购买商品住房时，欲望也就成为需求。因此，人的需要从支付能力角度，可以分为有支付能力的需要和没有支付能力的需要，前者通常称为有效需求。例如，别墅是很多人的住宅梦想，但并不是每个居民都有能力购买别墅。企业不仅要知道有多少人对其开发的产品有欲望，更重要的是要知道有多少人真正愿意并有能力购买其产品。

2.1.3.2 产品

产品是指能够满足人们某种需要和欲望的一切有形产品和无形产品。市场营销中所指的“产品”实际上是“产品整体概念”，它除了包括产品的实

体部分外，更强调给消费者带来的效用，以及所带来的延伸产品等所有无形产品。例如，人们住高档公寓是为了享受它所带来的适宜居住空间、优良的居住环境、良好的物业管理服务等效用，其中任何一种效用得不到满足，都会对这种公寓产品带来不良影响，这里的“公寓产品”实际上就体现了“产品整体概念”。企业只有全面、正确地理解所开发的“产品整体概念”，才能从根本上改变重视产品、轻视市场与顾客需求的问题。

现在的产品要想实现突破性创新是很困难的，所以企业常常选择渐进性创新，这是一种迭代思维的表现，即“从小处着眼，实现微创新”，慢慢累积，不断完善并丰富产品的内涵，以此来满足消费者不断变化的需求。实际上，迭代的真正内涵是升华、积累、改良，是从量变到质变再到量变的过程，每一次迭代都是站在新的起点开始的。对顾客反馈信息的重视和利用是迭代过程中的重点。在互联网时代，顾客被赋予了前所未有的话语权，购买者的评论和反馈正是其话语权的体现。按照传统的观点，顾客的评价虽然是针对某一产品而发表的，但显然和产品本体是完全区隔开来的。但是在互联网时代，我们必须认识到，顾客的评价也是产品不可或缺的一个部分。我们必须将顾客的评价内化到产品的内涵之中，才有可能用全新的完整产品观来应对市场竞争。

2.1.3.3 顾客价值和满意

在现代市场营销观念指导下，企业应致力于顾客服务和顾客满意。顾客满意并非人们所想象的“只要价格低，则万事大吉”。事实上，消费者在选择卖主时，价格只是考虑因素之一，消费者真正看重的是“顾客让渡价值”。顾客让渡价值是指顾客总价值与顾客总成本之间的差额，顾客总价值是指顾客购买某一种产品与服务所期望获得的一组利益，包括产品价值、服务价值、人员价值和形象价值等。顾客总成本是指顾客为购买某一种产品耗费的时间、精神、体力，以及所支付的货币资金等。因此，顾客总成本包括货币成本、时间成本、精神成本和体力成本等。基本上，价值可看作质量、服务和价格的组合。企业为战胜竞争对手，吸引更多的潜在顾客，就必须向顾客提供比竞争对手更具顾客让渡价值的产品。

价值是营销的核心。营销可以看作对顾客价值的确认、创造、传播、传递和监控。如果顾客对产品的感知与其预期一致，他就会满意。

2.1.3.4 交换

人们有了需要且对产品做出满意的评价，但这些还不足以定义营销。人们通过交换来获取产品，满足自己的需要时，营销才会发生。交换是以某些物品从其他人手中换取所需要产品的行为，交换是定义营销的基础。买卖双方一般都有不同的要求。例如，住宅产品的购买方要求房地产开发商提供品质可靠的产品，价格公平，按时交房，提供合格的物业服务；房地产企业则要求卖一个好价格，及时支付等。这些要求需要双方通过接洽，达成交换协议，才能加以解决。

市场交换一般包含五个要素：①有两个或两个以上的买卖者；②交换双方拥有对方认为有价值的物品；③交换双方拥有沟通信息和向另一方传送货物或服务的能力；④交换双方可以自由接受或拒绝对方的产品；⑤交换双方认为值得与对方进行交换。这五个条件满足以后，交换才有可能发生。但是，交换是否真正发生，最终还取决于交换双方是否找到了交换的条件，或者说，交换双方是否能认同交换的价值。如果双方确认通过交换能得到更大的利益和满足，交换就会实际发生。

值得注意的是，传统上营销人员会较为片面地理解交换的概念，例如，以金钱交换商品或服务；消费被看成仅仅是购买阶段的市场行为，例如，识别需要、寻找信息、评价替代品，然后是交换（购买），最后是评估产品功能是否达到了预期的目标。在本质上，消费被看作一个功利性质的概念，过程中的双方（生产者和消费者）通过交换来实现他们的目的，即生产者通过交换赚取利润，消费者通过交换满足需求。然而，自20世纪六七十年代起，这种基于消费是非常理性的观点而形成的消费功利观，已被更具有阐释性的研究方法取代，试图超越以单一维度来理解市场交换和消费的方法。消费者行为研究和市场营销已将其研究重点扩大至非功利性属性，如消费过程中的体验和意义，并超越了简单地围绕购买的研究路径。这一延伸使人们从更为宽广的视角来理解消费，消费不再限于被认为购买新产品过程中的某个环节，而是整个交换过程中的消费体验，即购买行为之前、之中和之后过程中的消费者体验，这已经成为影响当前消费者是否愿意完成成交的一个重要因素。参与交换的卖方必须认识到，当前消费者的消费重点已经逐渐从功利性消费动机转变为很大程度上的象征性行为。在延伸了的消费（交换）过程中获得的这些体验，对消费者而言甚至比产品本身更为重要（或有价值）。

2.1.3.5 关系

应该指出的是，交换不仅是一种交易，而且是建立关系的过程。精明的市场推销人员总是试图与顾客、批发商、零售商以及供应商建立长期互利、相互信任的关系，这就要求企业保证提供优质产品、良好服务及公平价格，买卖双方要加强经济、技术和社会联系。良好的关系能大大减少交易成本和时间。交换双方不一定每次交易都要经过谈判，许多交易可按常规进行。企业拥有的销售网络是建立良好关系的标志和成果。市场营销中，每一次交易的利润最大化要求，会逐渐被与各方建立最好关系的愿望代替。

总之，经营的原则是，只有建立了良好的关系，有利的交易才会随之而来。因此，营销不仅是一种交易营销，而且是一种关系营销，交易营销是关系营销概念的一个组成部分。关系营销的结果，是企业建立了一个营销网络，这种网络由公司及其他利益相关者所构成，包括顾客、员工、供应商、分销商、竞争者等。现代市场竞争，不仅在公司与公司之间进行，而且在网络与网络之间进行。由此可见，拥有完善营销关系网络的企业，在市场竞争中才有可能获胜。

2.1.3.6 市场

交换自然会引申出市场。市场由全部潜在的、有各种需要的顾客所构成，这些顾客通过交换来满足其需要。市场不仅是商品交换的领域和场所，它也是和商品生产相联系的经济范畴，体现商品生产者之间的经济关系。市场规模依赖商品生产者的数量。一般来说，商品生产者有某种需要，同时具有能使他人得益的资源，并期望以这些资源交换其所需的产品。在市场中，卖方提供产品、服务相关信息，买方则以货币和信息相交换。从营销的角度来看，卖主构成行业，买主构成市场。营销是企业发起的、与市场相关的活动，它意味着与市场一起运行以实现潜在的交换，达到满足人类需要的目的。

2.1.4 企业经营观念和营销哲学的演变

企业的经营观念和市场营销哲学，是企业在开展市场营销活动的过程中，在处理企业、顾客和社会三者利益时所持的态度、思想和观念。了解市场营销哲学的演变，对于企业更新经营观念，自觉适应快速变化的市场新形势，加强市场营销管理具有十分重要的意义。

菲利普·科特勒按照市场营销的发展历史，将市场营销观念的演变简要概括为五个阶段，即生产观念、产品观念、推销观念、市场营销观念和社会营销观念。其中前三者被称为传统营销观念，后两者被称为现代营销观念。这些观念时隐时现、相互碰撞，深刻地影响着组织或个人的营销实践。

2.1.4.1 生产观念

生产观念是一种古老的经营思想，这种观念的基本内容是：消费者喜欢那些可以随处买得到且价格低廉的产品，企业应致力于提高生产效率和分销效率，扩大生产，降低成本以扩展市场。显然，生产观念是一种重生产、轻营销的商业哲学。

这种经营观念是在卖方市场条件下产生的。它的存在以产品供不应求、不愁无销路为条件，以大批量、少品种、低成本的生产更能适应消费者需求为前提。西方资本主义国家在工业化初期、第二次世界大战后一段时间内，由于物资短缺、需求旺盛，许多产品供不应求，因而生产观念在企业界颇为流行。我国在计划经济体制下，由于市场商品短缺，企业不愁其产品没有销路，工商企业在经营管理中也奉行生产观念，其具体表现为：工业企业集中力量发展生产，轻视市场营销，实行以产定销；商业企业集中力量抓货源，工业企业生产什么就收购什么，工业企业生产多少就收购多少，根本谈不上市场营销。

2.1.4.2 产品观念

产品观念认为，消费者总是喜欢那些质量高、性能好、有特色、价格合理的产品，生产者只要注意提高产品质量，做到物美价廉，就一定会产生良好的市场反应，顾客就会自动上门，因而无须花大力气开展推销活动。如果说生产观念强调的是“以量取胜”，那么产品观念则强调“以质取胜”。这种观念本质上还是生产什么销售什么，但它比生产观念多了一层竞争的色彩，并且考虑了消费者对产品质量、性能、特色和价格方面的愿望。在产品供给不太紧缺或稍有宽裕的情况下，这种观念常常成为一些企业的经营指导思想。

市场营销实践经验证明，在动态市场中，如果企业奉行产品观念，迷恋自己的产品，则必然会导致市场营销近视症。所谓市场营销近视症，就是企业在营销中缺乏远见，只盯在产品上，看不到顾客需求的日益变化，看不到市场的动态发展，不能依照需求变化来调整自己的营销策略，只埋头于技术开发而把市场变化置于一边。当企业发明一项新产品时，极容易导致市场营销近视症，致使企业陷入经营困境。

2.1.4.3 推销观念

推销观念是被许多企业采用的一种观念，这种观念产生于西方国家由“卖方市场”向“买方市场”的过渡阶段。1920—1945 年，由于科学技术的进步，科学管理和大规模生产的推广，产品产量迅速增加，逐渐出现了市场商品供过于求，卖主之间竞争激烈的新形势。许多企业家感到，即使有物美价廉的产品，也未必能卖得出去。企业要在日益激烈的市场竞争中求得生存和发展，就必须重视推销工作。推销观念认为，消费者通常表现出一种购买惰性或抗衡心理，如果顺其自然，消费者一般不会主动购买某一家企业的产品，因此，企业必须进行积极推销和大力促销，以刺激消费者大量购买本企业的产品。

推销观念在以下两种情况下是可行的：一是当产品供大于求、产品大量积压时，此时市场竞争激烈，企业积极组织产品的推销，以大量销售产品、取得较大利润为当期目标，对于积压产品的销售有一定的积极作用，能在短期内取得较好的营销效果；二是对于一些“非渴求商品”（即购买者一般不会想到要去购买的产品或服务），推销可以引起消费者的兴趣，促进其购买相关产品。然而，推销观念注重的是做成买卖，而不是与顾客建立长期的、可获利的营销关系。强行推销不仅会引起消费者的反感，影响营销效果，也会使消费者在不自愿的情况下购买不需要的商品，严重损害消费者的利益。

2.1.4.4 市场营销观念

市场营销观念形成于 20 世纪 50 年代。一方面，新一轮科学技术革命兴起，新产品的品种不断增加，社会产品供应量迅速上升，许多产品供过于求，市场竞争进一步激化；另一方面，消费者对生活质量的要求逐步提高，消费需要变得更加多样化，消费者在产品的购买选择上更为挑剔。这种形势客观上要求企业必须改变思维方式，从研究生产过程转向研究消费需求；要求企业在激烈竞争的市场环境中，必须能够发现和掌握顾客的需要，并进行有针对性的生产和销售，有效地满足它们的需要，进而求得企业的生存和发展。也就是说，要从以企业为中心转变到以消费者（顾客）为中心。

市场营销观念认为，实现企业目标的关键在于，确定目标市场的需要和欲望，并使这些需要和欲望得以充分满足。这一观念由“企业生产自己能生产的产品”变为“企业生产顾客所需要的产品”。由从前的以产品为出发点、以销售为手段、以增加销售获取利润为目标的传统经营观念，发展到以顾客为出发点、以市场营销组合为手段，通过满足消费者需求来获取利润的市场营销观念，这事实上把市场在企业生产中的位置颠倒了。在传统观念中，市场应是生产过程的终点，而在市场营销观念中，市场则是生产过程的起点，企业应该通过销售来确定生产的产品和数量。企业推行市场营销观念的优点在于，其有利于消费者参与企业的生产、投资、开发与研究等计划的制订，扩大和强化销售职能，并促使销售部门成为企业的核心部门。

许多优秀的企业都是奉行市场营销观念的，其具体表现是："尽企业最大的努力，使顾客花的每一分钱都能买到十足的价值和满意。"在消费升级背景下，人们的消费形态正在发生变化：人们的消费需求从标准化模仿型消费向多样化理性消费转变；随着技术和产品的迭代与演进，消费场景中的互动体验也日新月异；受审美喜好、教育文化、生活习惯等的影响，消费者越来越注重自我的体现，个性、定制成为消费市场中不可忽视的现象。房地产营销人员需注重购房者、美好生活，以及体验场景的高度融合，房子不但需要在功能上满足消费者，同时要有适宜的场景能与用户更愉悦地进行交互，形成共鸣，在情感上产生连接感和归属感。房地产企业需要有效地利用技术，在新的供给端和新的需求端之间，做有效的价值传递，构建新的营销生态。市场营销观念相信，生产什么产品的决定权不在于生产者，也不在于政府，而是在于消费者。

2.1.4.5　社会营销观念

20 世纪 50 年代以后，企业在执行市场营销观念的过程中出现了一些新的情况。一些企业单纯地强调满足市场需求，缺乏对于自身条件和市场环境的认真分析，从而不能科学地配置生产资源，产品的资源消耗特征非常明显，造成了生产原材料的储备下降，生产可持续的能力不断减弱；也有一些企业在追求自身利益最大化的过程中，忽视或不愿承担企业应该承担的社会责任，致使消费者的长远利益受到根本损害，如这些企业将废水、废气、废渣、噪声、辐射等，抛向了自然和社会，对于人类自身和其他物种的延续造成了严重威胁；还有一些企业在个别产品领域中不断进行功能革新，致使消费者适应产品的能力不断下降，这些产品在给人们提供生活条件便利的同时，在无形之中增加了人们对于物质产品的过度依赖性。因此，到了 20 世纪 70 年代，西方资本主义国家普遍面临能源短缺、通货膨胀、环境污染等问题时，产生了社会营销观念。这一观念促使人们对于先前的营销观念进行审视，并在节约能源、环境保护、人口控制等方面起到了重要作用。

社会营销观念认为，企业营销的任务除了需要确定目标市场，了解顾客群体的需要、欲望以及兴趣之外，还应当维持或增加消费者和社会的福利，这样才能使企业比竞争者更为有效地满足消费者的需要。根据这种营销观念，企业需要解决消费者的短期欲望与社会的长期福利之间的冲突，并把企业的自身利益与社会的整体利益，顾客的眼前利益与其长远利益紧密而有机地结合在一起。这一观念还认为，企业不仅要考虑目前的顾客，而且需要考虑未来的顾客。企业在向社会索取的同时，还要承担相应的社会责任。营销中的社会责任主要有消费者的权益、环境保护问题、社会整体素质的提高、社区关系和对社区的贡献、开发绿色产品等。需要指出的是，社会营销观念的提出，并不是对于营销观念的否定，而是在更大程度上丰富和发展了营销观念。在社会营销观念下，企业的经营目的是在满足消费者需求与社会生存发展的基础上追求利润；经营着眼点是企业必须承担社会责任；经营的基本策略是考虑企业活动对社会造成的影响；经营的基本方法是发展整套营销方案，兼顾社会利益和消费者利益。

优秀的企业及品牌要实现稳健的可持续发展，必然要做到商业价值与社会价值共生。近年来，随着可持续发展理念的不断深入，以绿色发展、社会责任和公司治理（Environmental，Social and Governance，ESG）为导向的企业价值理念正在成为全球投资和产业发展的重要参考。纵观房地产行业，越来越多的企业加入绿色建筑开发的行列，它们在城市规划建设、商圈建造体系、产业发展模式上应用 ESG 理念，以打造生态空间绿色环保、建设方式集约高效、生活方式绿色低碳的可持续发展新格局；在精准脱贫工作的推进过程中，众多房地产企业成为不可或缺的关键力量，它们通过自己的方式投身精准扶贫工作中，形成了特色鲜明的精准扶贫模式。碧桂园充分发挥资源优势，打造碧乡、碧家和凤怡三家社会企业，致力于扶贫产品开发，打通酒店、食堂、社区等市场，截至 2019 年末，累计推广消费扶贫产品近 1 亿元。华润置地以零利润的形式承接华润集团公益品牌华润希望小镇的建设，从 2008 年到 2019 年，十年十一镇，从第一座广西百色希望小镇开始到第十一座延安希望小镇，华润置地圆满完成建设任务。

2019 年末，一场突如其来的疾病席卷全球，经济发展、社会稳定都遭到不同程度的冲击。新冠肺炎疫情暴发后迅速蔓延，经济社会活动一度停摆，全社会都积极参与抗疫战斗。众多房地产企业积极投身抗疫工作，除了捐款捐物、减租免租和保障员工健康外，一些房地产企业充分利用自身的资源、渠道、业务优势，辅助全国防疫抗疫行动的推进，如利用旗下海外渠道采购防疫抗疫物资，利用物流业务的便利性辅助防疫抗疫物资的运送，将旗下酒店用于防疫抗疫需要，为病患或医护人员提供休养休息之所等。在社区服务、物业管理层面，房地产企业着力做好社区抗疫工作，全方位规避直接接触，及时排查进出车辆，做好消毒工作，为业主提供测温、生活用品采购配送等服务，并利用高科技技术实现无接触出入小区，保证业主的生活安全和健康。

随着房地产行业逐步走向规范和成熟，越来越多的企业发现，成为负责任的企业公民，并不是增加成本支出，而是提升企业竞争力和改善财务表现的有效途径。许多商业实践证明，在越来越严格的法律、新闻媒体和社会监督之下，负责任的企业公民实践能够为企业带来长远的利益，并能获得消费者和资本市场的信任。努力做好“美好生活”运营商，加大城市配套服务的完善和升级，提升业主及用户的满意度水平将成为更多房地产企业的选择。

2.1.4.6　五种市场营销观念的比较与分析

以上五种经营观念，决定了企业经营活动的重点、方法、目的和策略各不相同，具体内容如表 2-1 所示。

表 2-1　五种经营观念的对比

经营观念	重点	方法	目的	策略
生产观念	生产与新产品	作业效率	通过销售获得利润	等客上门
产品观念	产品	产品质量控制	通过销售获得利润	等客上门
推销观念	产品	推销及促销	通过销售获得利润	加强人员推销与广告宣传
市场营销观念	客户需求	整体营销	通过满足客户需要获得利润	加强营销，利用广告策略来实现营销目标
社会营销观念	客户与社会	整体营销	通过满足客户需要，增进社会福利进而获得利润	树立企业形象，优化企业生态环境

从以上分析可以看出，生产观念、产品观念和推销观念的重点相似，都是从生产角度出发，而不是从市场出发，其基本观念都是以产定销，属于传统的、旧的经营观念；市场营销观念和社会营销观念的重点都是以客户为中心，以市场为出发点，属于现代的、新的经营观念。推销观念与市场营销观念在本质上存在极大差别，推销观念注重卖方需要，是以产定销的传统经营观念；市场营销观念则注重买方需要，以客户需求为中心，客户需要什么就

生产什么，客户需要多少就生产多少，是以销定产的现代经营观念。从本质上说，市场营销观念是一种以客户需要与愿望为导向的哲学，是消费者主权论在企业市场营销管理中的体现。

2. 2 房地产市场营销的内涵

本书所讨论的房地产市场营销，主要是针对增量房地产市场中的居住类房地产和商业类房地产而言的。

2. 2. 1 房地产市场营销的含义

房地产市场营销的概念有狭义和广义之分。狭义的房地产市场营销是指将房地产产品从房地产开发企业手中引导到消费者或用户手中的活动。广义的房地产市场营销则是指房地产开发企业或经销商为了实现经营目标，对房地产产品的构思、定价、促销和分销进行的计划和执行过程。这里的经营目标是指占领市场或获取最大利润。所以，我们可以把房地产市场营销视为房地产开发企业开展的创造性的、适应动态变化的房地产市场的活动，以及由这些活动综合形成的房地产商品、服务和信息，从房地产开发企业流向房地产购买者的社会和管理过程。其实质是以消费者对各类房地产商品的需求为出发点，房地产开发企业通过有效提供住宅、办公楼等房地产商品和与此相关的有关服务来满足消费者的生产生活、物质精神的各种需要，并获取利润。

在房地产项目开发与经营过程中，房地产投资者或其委托的房地产咨询机构，首先应研究市场，分析有哪些房地产产品的需求没有得到满足，根据潜在消费者的需求及经济承受能力，生产满足潜在消费者需求的且有支付能力的房地产产品，利用一定的营销手段向潜在消费者推销产品，并做好售后服务工作。房地产市场营销工作贯穿房地产项目开发与经营的整个过程。

2. 2. 2 房地产市场营销流程

房地产市场营销工作贯穿房地产项目开发与经营的全过程。其前期的潜在消费者的研究，以及后期的销售和售后服务是实现营销目标的重要阶段。

房地产开发企业在依法获得出让土地使用权后，应根据规定的用地性质进行项目的开发与经营。在房地产市场营销过程中，首先应进行市场调查，研究和分析潜在的目标消费者，在此基础上，编制项目营销策划书。根据潜在消费者的要求，企业应进行产品的定位、生产和价格方案的确定，利用一定的营销手段，向潜在消费者和客户推销房地产产品，完成租售工作并实施完善的售后服务管理。

2.2.2.1 房地产市场调查

房地产市场调查，就是房地产企业为实现特定的经营目标，以房地产为特定的商品对象，运用科学的理论和方法及现代化的调查技术手段，对相关的市场信息进行收集、整理、记录、分析，进而对房地产市场进行研究和预测，从中寻求市场供求变化趋势和规律，其目的是为企业的决策者进行预测和决策、制订计划提供重要依据。房地产市场调查是房地产营销工作的起点和基础，是房地产市场营销活动中的基础性工作，对房地产企业是至关重要的。

（1）市场调查的内容。通过出让方式取得的土地都有明确的用地性质，从而规定了开发项目的类型，房地产市场调查应根据项目类型和市场营销的具体工作要求来进行。一般来说，房地产市场调查的内容主要包括以下几个方面：

a. 房地产市场环境调查。其主要包括政治法律环境调查、经济环境调查和社区环境调查。政治法律环境调查主要包括：国家、省、市有关房地产开发经营的方针政策，如房改政策、开发区政策、房地产价格政策、房地产税收政策、房地产金融政策、土地制度和土地政策、人口政策和产业发展政策等；有关房地产开发经营的法律规定，如《房地产开发经营管理条例》《中华人民共和国房地产管理法》《中华人民共和国土地管理法》；有关国民经济社会发展计划、发展规划、土地利用总体规划、城市建设规划和区域规划、城市发展战略等。

经济环境调查主要包括：国家、地区或城市的经济特性，如经济发展规模、趋势、速度和效益等；项目所在地区的经济结构、人口及其就业状况、就学条件、基础设施情况、地区内的重点开发区域、同类竞争物业的供给情况；一般利率水平，获取贷款的可能性以及预期的通货膨胀率；居民收入水平、消费结构和消费水平；项目所在地区的对外开放程度和国际经济合作的情况，对外贸易和外商投资的发展情况；与特定房地产开发类型和开发地点相关因素。

社区环境调查主要包括：社区繁荣程度、购物条件、文化氛围、居民素质、交通和教育便利程度，以及安全保障程度、卫生、空气和水源质量及景观等方面。

b. 房地产市场需求和消费行为调查。其主要内容包括：消费者对某类房地产的总需求量及其饱和点的调查、房地产市场需求发展趋势的调查及房地产市场需求影响因素调查等。例如，国家关于国民经济结构和房地产产业结构的调整和变化；消费者的构成、分布及消费需求的层次状况；消费者现实需求和潜在需求的情况；消费者的收入变化及其购买能力与投向等。需求动机调查，如消费者的购买意向，影响消费者购买动机的因素，消费者购买动机的类型等。购买行为调查，如不同消费者的不同购买行为，消费者的购买模式，影响消费者购买行为的社会因素及心理因素等。

c. 房地产产品调查。其主要内容包括：房地产市场现有产品的数量、质量、结构、性能、市场生命周期；现有房地产租售客户和业主对房地产的环境、功能、格局、售后服务的意见及对某种房地产产品的接受程度；新技术、新产品、新工艺、新材料的出现及其在房地产产品上的应用情况；企业产品的销售潜力及市场占有率；建筑设计及施工企业的有关情况等。

d. 房地产价格调查。其主要内容包括：影响房地产价格变化的因素，特别是政府价格政策对房地产企业定价的影响；房地产市场供求情况的变化趋势；房地产商品价格需求弹性和供给弹性的大小；开发商各种价格策略和定价方法对房地产租售量的影响；国际、国内相关房地产市场的价格；开发项目所在城市及街区房地产市场价格；价格变动后消费者和开发商的反应等。

e. 房地产促销调查。其主要内容包括：房地产广告的时空分布及广告效果测定；房地产广告媒体使用情况调查；房地产广告预算与代理公司调查；人员促销的配备状况；各种公关活动对租售绩效的影响；各种营业推广活动的租售绩效。

f. 房地产营销渠道调查。其主要内容包括：房地产营销渠道的选择、控制与调整情况；房地产市场营销方式的采用情况、发展趋势及其原因；租售代理商的数量、素质及其租售代理的情况；房地产租售客户对租售代理商的评价等。

g. 房地产市场竞争对手情况调查。市场竞争对于房地产企业制定市场营销策略有着重要的影响。因此，企业在制定各种重要的市场营销决策之前，必须认真调查和研究竞争对手可能做出的种种反应，并时刻注意竞争者的各种动向。房地产市场竞争对手情况的调查内容主要包括：对竞争者及潜在竞争者（以下统称竞争者）的实力和经营管理优劣势调查；对竞争者的商品房设计、室内布置、建材及附属设备选择、服务优缺点的调查与分析；对竞争者商品房价格的调查和定价情况的研究；对竞争者广告费用、广告策略的研究；对竞争者销售渠道使用情况的调查和分析；对未来竞争对手情况的分析与估计等；整个城市，尤其是同（类）街区同类型产品的供给量和在市场上的销售量，本企业和竞争者的市场占有率；竞争性新产品的投入时机和租售绩效及其发展动向等。

（2）房地产市场调查步骤。房地产市场调查的一般步骤如图 2-1 所示。

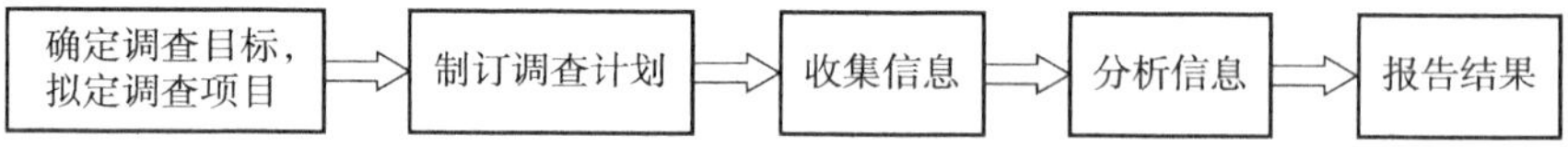

图 2-1　房地产市场调查的步骤

a. 确定调查目标，拟定调查项目。开展房地产市场调查之前，首先要明确调查目标。想要确定调查目标，调查人员应明确以下几个问题：为什么要进行市场调查？通过调查要解决哪些问题？谁最想知道调查的结果？调查结果对企业有什么作用？

调查目标确定之后，应围绕调查目标来设置调查项目，调查项目设置过多，会加大调查工作量，因此，对调查项目要进行对比和取舍。首先要选择那些与调查目标相关度较高的项目，其次要考虑它与调查目标的密切程度，最后要根据调查经费的多少、调查人员的多少和调查方式等情况来综合确定。

根据调查深入程度和目标的不同，调查项目可以分为四类。第一类是试探性调查，即通过收集初步的数据揭示问题的真正性质，从而提出一些推测和新想法；第二类是描述性调查，即明确一些特定的量值，如有多少人愿意花费 30 万元在郊区买一套两居室的住房；第三类是因果性调查，即检验因果关系，如假设上述的两居室每套价格下降 2 万元，能够增加多少购买者；第四类是预测性调查，主要是通过分析各种资料，估计问题的发展变化趋势。

b. 制订调查计划。调查计划是研究人员为取得所需资料采用的方法、程序的详细计划书，是指导调查实施的依据。调查计划一般要包括资料来源、调查方法、调查手段、抽样方案和联系方法，如表 2-2 所示。

表 2-2 市场调查计划的构成

资料来源	二手资料、一手资料
调查方法	观察、专题讨论、问卷调查、实验
调查手段	问卷、座谈
抽样方案	抽样单位、样本规模、抽样程序
联系方法	电话、邮寄、面访

c. 收集信息。信息的收集是市场调查中成本最高，也最容易出错的阶段。问卷调查时，可能会出现某些被调查者不在家必须重访或更换、某些被调查者拒绝合作、某些被调查者对有些问题的回答有偏见或不诚实等情况。在采用实验法进行调查时，调查人员必须注意，要使实验组与控制组匹配，并尽可能消除参与者的参与误差，实验方案要统一形式并能够控制外部因素的影响等。现代计算机和通信技术的发展，大大减少了资料收集的人员和时间的投入。

d. 分析信息。该阶段的主要任务是从收集的信息和数据中提炼与调查目标相关的信息，对主要变量可以分析其离散性并计算平均值，同时可以采用统计技术和决策模型来进行分析。

e. 报告结果。市场调查人员在对信息进行分析和提炼的基础上，总结归纳出主要的调查结果并报告给决策人员，为决策者提供依据，减少决策者在决策时的不确定性因素，只有这样的调查报告才是有价值的。

2.2.2.2 研究和分析潜在消费者

在市场调查的基础上，房地产企业根据拟建项目类型和市场细分因素，对房地产市场进行细分；通过对细分市场的评估，确定目标市场，即潜在消费者群体。

2.2.2.3 编制房地产项目营销策划书

房地产项目营销策划书是房地产项目营销的计划书，主要包括以下内容：

（1）项目概况：主要包括项目提出的背景、项目的地理位置、项目类型及拟投资规模等。

（2）市场调查。

（3）市场细分。

（4）目标市场选择。

（5）房地产产品定位。

（6）租、售计划：主要包括租售方式、租售价格、租售周期与租售比例、经济评价等。

（7）促销（促租）工作。

（8）租、售工作。

（9）租、售后服务。

2.2.2.4 房地产项目产品定位

通过对潜在消费者进一步调查，房地产企业初步明确潜在消费者需要的产品性能和类型，结合市场情况，对房地产项目营销策划书中的产品定位计划进行修改、补充和完善，形成项目的产品定位方案。

2.2.2.5 开展促销、促租工作

在制定商品房预售和现售价格方案的基础上，对房地产项目经过恰当的形象定位后，房地产企业利用广告促销和人员推销等方法，向潜在消费者和其他客户推销房地产产品。

2.2.2.6 租、售工作

（1）商品房销售。商品房销售包括商品房预售和商品房现售。商品房预售是指，房地产开发企业将正在建设中的商品房预先出售给买受人，并由买受人支付定金或者房价款的行为。商品房现售是指，房地产开发企业将竣工验收合格的商品房出售给买受人，并由买受人支付房价款的行为。

房地产项目的营销人员应明确商品房预售和商品房现售条件，掌握《商品房买卖合同》示范文本的内容，熟悉按揭程序以及担保的有关知识，熟悉《商品房买卖合同》签订的有关程序。

（2）房屋租赁。房地产开发房屋的租赁是指，开发企业作为出租人将其开发的房屋出租给承租人使用，由承租人向开发企业支付租金的行为。

房屋租赁当事人应当在租赁合同签订后 30 日内，持规定的文件到直辖市、市、县人民政府房地产管理部门办理登记备案手续。

房屋租赁申请经直辖市、市、县人民政府房地产管理部门审查合格，颁发“房屋租赁证”。“房屋租赁证”是租赁行为合法有效的凭证，租用房屋从事生产、经营活动的，“房屋租赁证”作为租赁者经营场所合法的凭证；租用房屋用于居住的，“房屋租赁证”可作为公安办理户口登记的凭证之一。

2.2.2.7 租、售后服务

房地产开发企业应根据《质量保证书》的约定承担商品房的保修责任。

在业主委员会成立之前，由开发商聘请物业管理企业进行物业管理。业主委员会成立后，由业主委员会选择物业管理单位。

2.3 房地产市场营销理念

房地产商品及房地产市场固有的特性，决定了房地产市场营销有其独特的运作方式。正确树立房地产市场营销理念是进行房地产营销策划及实施的关键前提。

2.3.1 全过程营销

全过程营销是指，房地产开发项目从选址、设计、施工、竣工、销售到售后管理，房地产市场营销的主线要贯穿整个经营过程。近年来，房地产界掀起的营销热，主要是开发项目后期的市场推广工作，很多营销方案只是针对开发商已预售或现售的物业进行的定位与推广，其实质只是营销策略中的销售促进。真正意义上的房地产营销，是贯穿开发项目的产品开发周期、销售周期到后期服务的全过程营销。可以说房地产营销的目的主要是深度的前期参与和策划，使得项目的市场推广变得容易。市场的有效需求有多少？哪种物业类型是该市场中的供给空隙？主要竞争对手的供给量及营销动作如何？开发企业及物业的市场定位如何？本物业推出时，市场的变化趋势怎样？这一系列的问题在项目营销阶段就应进行深入研究。

2.3.2 全员营销

著名营销大师科特勒将营销定义为：营销是个人和集体通过创造，提供出售，并同别人交换产品和价值，以获得其所需所欲之物的一种社会和管理过程。通过定义我们可以看出，市场营销是如此基本，以至于不能把它看成是一个单独的功能，无论从它的起点，还是从它的最终结果来看，市场营销几乎涉及整个企业的活动。公司全体员工应以营销部门为核心，研发、生产、财务、行政、物流等各部门应统一以市场为中心、以顾客为导向，进行营销管理。当公司所有人员和部门都能为顾客利益服务时，其结果就是全员营销。

全员营销强调通过公司所有员工对产品、价格、渠道、促销等可控因素的相互配合，提供最佳组合以满足顾客的各项需求，达到顾客满意度最大化，从而使公司获得市场竞争力。

房地产产品的购买不同于一般生活便利品的购买，它属于一种典型的复杂型购买。在人们尚不富裕，一次购房失误可能会使家庭遭受巨大的损失时，他们的购买会慎之又慎。购买时，消费者往往会邀家人朋友一起参观，谨慎地留意各环节的信息。亲戚朋友、业内专家、资深人士和权威公众对企业及其产品的评价，都会影响顾客的最终选择。卖方企业对每一细节的疏忽，都可能导致销售的失败。而房地产公司的每一位员工都是社会人，都是一个社会信息点，他们编织成了一张大网，在各自与利益相关者的接触点上向公众传播着信息。他们直接或间接面对客户时的状态，影响着目标顾客群体的最终决策。

实现全员营销，就是要把营销工作的思维方式上升为企业主导地位的核心经营观念和意识。其中，管理顾客与企业的信息接触点，是全员营销的关键。公司的全体成员，都要按营销的要求，结合自己的本职岗位开展工作。比如，工地的管理水平、工程的细节与质量、财务人员收款态度是否友善、后勤人员对相关手续的办理是否顺畅等，以上每个部门的服务，都需要企业用心设计和执行。美国一位小企业管理专家在描写全员公关的重要性时，曾这样写道："那些以诚实、礼貌、尊重的态度为公众服务的企业正在促成一种良好的公共关系，从而为他们的企业在工作中创造了稳固的地位和良好的形象。他们失败的可能性最小，有些企业之所以闻名于世，很大程度上就是因为他们几乎成了公关机构。"这样的景象同样应该是我国众多营销工作者所向往和追求的。

2.3.3 服务营销

美国著名经济学家西奥多·莱维特曾经指出，新的竞争已不是发生在各个企业在其工厂中生产什么产品上，而是发生在其产品能提供什么附加利益上。服务营销是企业在充分认识消费者需求的前提下，为充分满足消费者需要而在营销过程中所采取的一系列活动。它起因于企业对消费者需求的深刻认识，是企业市场营销观的质的飞跃。菲利普·科特勒把服务定义为"一方提供给另一方的、不可感知且不导致任何所有权转移的活动或利益"。美国市场营销学会对服务营销的定义是"主要为不可感知，却使欲望获得满足的活动，而这种活动并不需要与其他的产品或服务的出售联系在一起。生产服务时可能会或不会利用实物，而且即使需要借助于某些实物协助生产服务，这些实物的所有权将不涉及转移的问题”。服务分为服务产品和功能服务两大类，核心理念都是顾客满意和顾客忠诚。

对于房地产业，物业管理行业经营理念的核心是经营、管理、服务三者协调配合，“寓经营管理于服务之中，在服务中完善经营管理”。物业管理的服务质量已成为决定企业物业营销业绩的重要因素，处在激烈竞争环境中的房地产项目，无不依赖更高层次的物业管理以提升其营销品位。但是，我们也应该看到，我国物业管理市场作为房地产市场体系中的要素市场还远未成熟。房地产开发企业，率先认定服务营销理念、贯彻服务策略，有利于其获得市场竞争优势。

2.3.4 体验营销

经济发展与社会形态的变迁息息相关，随着科技、信息产业日新月异的发展，人们的需求与欲望，消费者的消费形态也相应地受到了影响。随着体验经济的到来，消费行为也呈现出新的趋势：其一，在消费结构上，情感需求的比重增加。一般说来，消费者在购房时经常会进行理性的选择，但有时候也会有感性的追求。消费者在注重产品质量的同时，更加注重情感的愉悦和满足。人们购买商品的目的不再是生活必需的要求，而是出于满足一种情感上的渴求，或者是追求某种特定产品与理想的自我概念的吻合。人们更关注产品与自己关系的密切程度，偏好那些能与自我心理需求引起共鸣的感性商品。其二，在消费内容上，大众化的标准产品日渐失势，消费者对个性化产品和服务的需求越来越高。人们越来越追求那些能够促成自己个性化形象形成，彰显自己与众不同的产品或服务。从家居装饰行业来看，满足客户特殊要求的房产、家具、装修设计等在市场竞争中优势明显。同时，消费者在接受产品或服务时的“非从众”心理增强，相信自己的判断，相信自己的感觉日益明显。其三，在价值目标上，消费者从注重产品本身转到注重接受产品时的感受。消费者愿意为这类体验付费，因为它美好、难得，非我莫属、不可复制、不可转让、转瞬即逝。在体验经济中，企业提供的不仅是商品或服务，它提供最终体验，并充满了感情的力量，给顾客留下了难以忘却的愉悦记忆。此时消费者消费的也不再是实实在在的商品，而是一种感觉，一种情绪上、体力上、智力上甚至精神上的体验。体验营销活动必须通过创造新奇感受、触动消费者心灵和刺激消费者思想的方式，把品牌带到消费者的生活中，从而与消费者的生活方式相联系。营销人员不再孤立地去思考一个产品（外观、质量、环境、功能等），而是要通过各种手段和途径（产品、人员、服务、情境、主题活动等）来创造一种综合的效应，以达到顾客体验品牌化；不仅如此，营销人员还要跟随社会文化消费方向，思考消费所表达的内在的价值观念、消费文化和生活的意义。在这里，产品只是一种道具，其真正提供的是"新生活方式"。

房地产体验营销就是利用传统文化、现代科技、艺术和大自然等整合手段来影响消费者的看、听、使用和参与行为，充分刺激和调动消费者的感官、情感、思考、行动、关联等感性因素和理性因素，在产品、服务、情境等方面为消费者创造值得回忆和持续愉悦的丰富体验，从而促进产品的销售和顾客价值最大化。房地产体验营销的核心就是要挖掘和提炼产品的核心内涵、外延，以销售人员、服务人员为"导游"，引导顾客置身其中，从而使顾客获得美好体验。无论从现场销售到电话联系、网上交流，在与顾客接触的每一个点上，房地产开发商都有机会最大程度地满足顾客的体验。开发商不能仅从"功能"上审视产品，而是必须时刻为消费者考虑，要特别关注那些对产品体验有特别意义的属性：物理属性，即组成产品的各个部件的特性；美学属性，即产品的外观是如何影响消费者的感官的；心理属性，如某一知名品牌、某一公众人物、某一情境、某一事件甚至某一形象等，都可能使消费者回想起某一产品的理念、感知和记忆，这就意味着消费者正被引入产品的心理属性。如果一种产品不能让消费者产生情感，那么这种产品也仅仅是产品而已。因此，在产品开发过程中，开发商需要十分重视产品的品位、形象、个性、情调、感知等的塑造，营造与目标消费者心理需要相一致的心理属性，帮助消费者形成或完成某种体验。

直接与顾客打交道的员工承担着传递体验的重任，服务场所内一切参与人员的言行举止都会对消费者产生重要的影响，因为消费者可直接通过销售人员、服务人员的反应、专业性来判断该品牌是否值得信赖；同时，服务场所内其他消费者的口碑传播会影响消费者的消费期望和对服务质量的判断，进而影响消费者的购买决策。房地产行业产品的量身定制虽然不太可行，但是为客户量身推介房源和服务是可行的，为顾客提供量身定制的服务将会给顾客提供一种积极的体验。

2.3.5 品牌营销

品牌营销是企业通过利用消费者的品牌需求，创造品牌价值，最终形成品牌效益的营销策略和过程，是企业通过在市场营销中运用各种营销策略使目标客户对企业的品牌、产品和服务形成认知的过程。房地产是一种极其复杂的商品，购房者唯有在实际使用之后，才能加深对所购物业的认识。在此之前，购房者对房屋建筑质量、物业管理水准、开发商的商业信誉等方面的信息掌握不全。相对于开发商而言，购房者处于信息劣势。在房地产交易中这种信息不对称的天然特性，为一些只注重短期利益的企业提供了欺骗消费者的机会。但同时，信息不对称也阻止了消费者对好楼盘的识别，使得那些立足长远经营的企业为此付出了代价。要想解决这一问题，开发商就需要一个载体把专业的信息打包简化后传递给消费者，这个载体就是品牌。

在市场经济的作用下，由于商品品种的丰富多彩以及竞争的互不相让，品牌早已超越了仅是“符号”的层次，它其实已成为一个企业自内而外表现出来的一种独具个性的品质，成为企业整体素质及经营理念的象征。房地产品牌是一个项目或一个企业给予目标市场的一个持续的、一致的、优质的承诺，它是消费者与产品之间的关系纽带。它承载着一系列稳定、可靠的交易信息，它天生就带有诚信的内容，它是解决交易双方信息不对称的桥梁。房地产企业的品牌建设需要在总体规划的指导下，与企业的研发、生产、销售、推广和服务等环节相对接，各环节要协调运作、共同努力，才能确保品牌建设目标的实现。在品牌的创立阶段，企业要规划出品牌的标识并提炼品牌的核心价值观，争取做到有效引发消费者的共鸣；在品牌的建立期，企业需要具备一套完整的营销组合设计，其中要以卓越的产品为基础，依靠多种价值传播手段，不断提升品牌形象；在品牌的增值期，企业要以消费者为中心，践行“以人为本”的理念，让客户能从物业管理中感受到自己购房的附加值和额外享受，通过完善售后的物业管理，不断为房地产企业的品牌建设添砖加瓦。需要明确的是，企业的品牌营销是一个动态的过程，需要不断地补充新的内容。

2.3.6 文化营销

文化营销实质上是指，充分运用文化力量实现企业战略目标的市场营销活动，即在市场调研、环境预测、选择目标市场、市场定位、产品开发、定价、渠道选择、促销、提供服务等营销活动流程中，均应主动进行文化渗透，提高文化含量，以文化为媒介与顾客及社会公众构建全新的利益共同体关系。它往往是在营销的过程中，努力构筑一个主题鲜明的活动，这类活动不是单纯地把某一件商品推销给消费者，而是努力与消费者达成默契，从深层次影响和引导消费者的行为。如果说传统市场营销强调的是实物传递的过程，主要着眼点在于物化营销的话，那么文化营销则更强调营销过程的文化传递，通过传递特定的文化赋予产品更多的价值。文化营销的过程也是一个传递价值观的过程，通过传递某种与其产品特质暗合的价值观，营销者提升了其产品在消费者心中的价值。事实上，在多数情况下，这种价值观是早已潜存于消费者心中的，文化营销通过倡导这种价值观来引导消费者购买与这种价值观相协调的产品，以满足其被激发的心理需要。由此，文化营销依靠提升产品在消费者心中的价值赢得优势。

文化营销的概念在房地产销售中表现得淋漓尽致。房地产营销，不仅是钢筋水泥加设备器具的推销，它成了业主本身的追求、理念、归宿，甚至一种精神的映射。房地产文化营销的操作，可以发掘历史渊源和传统，塑造楼盘的品牌和个性，渲染楼盘的艺术氛围和情调，引导和提升楼盘购买者的生活质量等。

2.3.7 网络营销

随着我国互联网行业持续快速地发展，互联网的影响逐步渗透到人们生产、生活、工作的每个角落。巨大的上网人群为房地产网络营销提供了良好的条件，以全新的“网上售楼处”为标志的房地产网络营销时代已经到来。房地产网络营销是将网络营销方式应用于房地产领域的新型营销手段，从狭义角度来讲，房地产网络营销是房地产企业通过建立自己的网站或网页，并利用房地产网络广告、房地产搜索引擎、社交媒体、房地产电商等方式，让社会各界人士广泛知晓企业在互联网上的域名地址，顾客可根据自己的需要浏览房地产企业的网站，通过网站了解正在营销的房地产项目，同时向房地产营销网站反馈一些重要的信息，还可通过网上支付的手段，在网上签订购房合同。而从广义角度来讲，房地产企业将自己的营销活动全部或部分建立在互联网的基础上，就具备了网络营销的特性。

房地产网络营销是对传统房地产营销方式的补充和发展，对于房地产企业和顾客双方都具有明显的比较优势。对于顾客来说，房地产网络营销的迅速发展，使得过去十分耗费时间、精力和口舌的选房过程变得十分轻松和便捷；对于房地产开发企业来说，房地产网络营销能大幅度降低营销成本，增强与顾客之间的沟通和互动，拓宽企业营销空间，进而有利于快速提升企业形象。

案例分析

龙湖的体验营销策略

为什么多年来龙湖的房子如同白菜一样好卖？兵法有云："不战而屈人之兵。"最好的促销就是不促销！作为龙湖的掌门人，吴亚军在精心雕琢每一件产品的同时，成功地把女性独有的细腻与敏感融入营销的每一个环节。以产品为道具、服务为舞台，独特的"体验式营销"深深地将龙湖"善待你一生"的企业理念印刻在了每一位消费者的脑海中。

一、龙湖业绩持续增长的奥秘

龙湖地产销售业绩一直保持增长的趋势，除自身的实力之外，最重要的是其业务战略与体验营销策略。龙湖业务战略的主要思想是：通过销售物业溢价与持有商业物业的租赁利润和价值提升，实现公司整体净利润率的上升；通过项目快速开发和资金回笼提升公司资产周转率。其主要体现在三大业务战略上。

一是最佳体验。围绕客户的最佳体验来设计产品和服务，以达成溢价。这要求企业具备特定目标人群需求的解读能力、时代精神和消费潮流的把握能力、价值分析能力、产品组合能力。二是效率提升。围绕快速复制产品模块与服务和优化流程来加快开发速度。这要求企业具备对市场的快速反应能力、快速研发和创新能力、流程创新优化及快速复制能力。三是商业增值。围绕商业资源管理和氛围营造，来提升商业物业和地段价值。这要求企业具备的核心能力包括商业地段预判和城市发展的预判能力、商业业态规划与组合能力、品牌资源与建筑设计资源获取与管理能力、商业氛围营造与提升能力、商业物业与销售物业互动的价值提升能力，以及商业物业的资本运作和税务筹划能力。

公司第一大业务战略就是房地产公司体验营销所提倡的。所谓的体验是指，人们用一种个人化的方式来度过一段时间，并从中获得一系列可回忆的事件。而体验营销是体验经济下的产物，是一种全新的营销方式。简单地说，体验营销是以产品为道具、以服务为舞台，给消费者提供某种体验的市场营销。它是营销者站在消费者的角度，从消费者的感官、情感、思考、行动和关联五个方面重新设计和定义营销的方式和营销理念。与传统营销相比，体验营销更强调消费者的参与，更注重为消费者创造感性价值，更关注消费者的感觉、感受。正是体验营销的魅力，才使龙湖的精品战略在周期波动期间发挥了其功效，使公司的经营业绩保持了稳定和持续增长。

此外，龙湖地产的企业使命是为客户提供优质产品和服务，并影响他们的行为，在此过程中，龙湖地产成为卓越的企业。龙湖的企业愿景是通过提供高品质产品和服务实现业绩持续增长，成为中国最值得信赖、处于行业领先地位的地产公司，其核心价值观是追求卓越。龙湖通过其优质的经营理念和服务理念来实现“善待你一生”。龙湖的这种企业使命、愿景和核心价值观是产品品质的保证，这种品质保障正好迎合了体验营销的要求。

龙湖的营销策略追寻“体验营销”，让客户亲自走进龙湖，感受环境、体验服务，为客户提供最好的近距离体验龙湖的平台。实施体验营销需要准确定位产品和服务的质量，准确把握消费者的心理，将体验贯穿房地产开发全过程，关注客户关系的管理等。从购买龙湖楼盘的重复率来看，龙湖地产主要也是以服务客户和提升价值为重。龙湖的业主重复购买和推荐购买的比例占到80%之多。

二、体验营销的效应分析

龙湖地产钟情于体验营销策略的原因，主要表现在两个方面：一是体验营销的开发商效应，二是体验营销的消费者效应。这两个方面的效应足以让其他房地产公司借鉴。

第一，体验营销的开发商效应。房地产体验营销，就是把客户购房的全过程“体验”视为整体，站在客户的感受、情感、思考、行动等角度，重新定义、设计房产项目的营销行动纲领，为客户创造值得回忆和持续愉悦的丰富体验，从而促进项目的销售和客户价值最大化。良好的销售中心环境，迎合现代人文消费需求的产品（服务）外观和功能质量，更加完美的产品（服务）形象，更容易使顾客在听、看、闻、触摸的过程中，产生愉悦的感觉，并做出购买决策。

因此体验营销注重挖掘客户的潜在需求和预期欲望，并将其对项目的良好体验、愉悦的感情升华为客户的忠诚。客户忠诚度越高，老客户介绍新客户的比率就会越高。另外，体验营销注重差异化，能协助消费者进行市场区隔，从而使得消费者形成对房地产的特殊偏好，会对房地产企业的项目品牌和自身品牌的提升有很大帮助，这对品牌建设具有非常重要的意义，会延续到以后各个项目的营销中，使企业获益。

第二，体验营销的消费者效应。在当今的商品世界中，产品、服务的生命周期日益缩短。事实上，在当前的市场中，消费者的需求瞬息万变，新产品层出不穷。时尚产品的价值在一定情况下往往被高估，但是经过一段时间后，产品的价值又会恢复到正常状态。在众多时尚元素中，房地产产品价值也在迅速发生着变化。随着人们对时尚和个性的追求，加上投资性置业数量的增多，房地产的价格经常会超过其价值，消费者在购房过程中要少些盲目跟从，多些理性判断，那么体验营销就可以帮助购房者通过亲身体验，而不是开发商的鼓吹和其他购买者的迷茫，来做出理性的购买决策。因此，在房地产产品同质化程度越来越高的今天，消费者要充分利用房地产商为吸引消费者而推出的体验营销，从中真正感受房地产产品（服务）外观和功能质量，做出理性的购买决策，满足自己的物质和精神享受。

三、龙湖的营销基础

重构价值体系——创造“价格<价值”，龙湖根据产品价值=价格×含金量（刚性利益）的原则，认为不同的价值元素可以构建不同的价值观，最终产生全然不同的判断结果。为了迎合消费者的购买心理，龙湖将着力点放在了创造价格<价值上，最终让其产品呈现全然不同的差异化气质与消费价值。

一切以客户需求为中心，尽可能地为客户提供满意的居所，是龙湖产品营销具备竞争力的核心要素。出色的“读人”能力，是龙湖不断应对市场变化的主要利器。正如西方组织理论所说：“围绕消费者组织一切。”

讨论题：

1. 什么是体验经济和体验营销？体验营销中“体验”的本质是什么？
2. 从市场需求的角度来看，龙湖体验营销成功的关键点是什么？

第3章

房地产市场营销环境分析

房地产企业的市场营销活动是在一定的营销环境中进行的，为什么说房地产市场营销环境分析是整个营销活动的首要环节？房地产市场营销环境分为宏观环境因素与微观环境因素，二者的变化可能给房地产企业带来市场机会，也可能带来环境威胁。房地产企业应如何运用科学的方法识别市场机会或环境威胁？怎样才能抓住市场机会，避开或者降低市场风险？

3.1 房地产市场营销环境概述

3.1.1 房地产市场营销环境的含义与内容

房地产企业作为独立的房地产商品生产者和房地产商品交换者，与其他企业一样，都是在不断变化的社会经济环境中运行的。房地产市场营销环境的变化，使得企业在开展营销活动时机会与挑战并存。房地产企业在开展市场营销活动时，要使企业内部资源和外部环境相匹配，及时把握和利用环境提供的机会，以在竞争中赢得先机。

3.1.1.1 房地产市场营销环境的含义

美国著名营销学家菲利普·科特勒认为："市场营销是个人或集体通过创造并同别人交换产品和价值以获得其所欲之物的一种社会过程。"而市场营销环境是"影响企业的市场营销管理能力，使其能否卓有成效地发展和维持与其目标顾客交易及关系的外在参与者和影响力"。因此，房地产市场营销环境是与房地产企业营销活动有潜在关系的所有外部力量和相关因素的集合。在实践中，房地产市场营销环境是房地产企业生存和发展所必需的，独立于房地产企业之外的，制约、影响房地产企业营销活动的众多参与者与影响力的集合，它是影响房地产企业生存和发展的因素之一。

3.1.1.2 房地产市场营销环境的内容

房地产市场营销环境是房地产企业的生存空间，它的构成因素多种多样，内容广泛而复杂。不同因素对营销活动各个方面的影响和制约也不尽相同，同样的环境因素对不同企业的影响和制约也不同。一般来说，房地产企业的营销环境由宏观环境和微观环境构成。

宏观环境（Macro-environment）是指，间接影响和制约房地产企业市场营销活动的社会力量及各种因素的总和，包括人口环境、经济环境、自然环境、技术环境、政治法律环境和社会文化环境等。宏观环境通常以微观环境为媒介影响房地产企业的营销活动，是给企业带来市场机会和环境威胁的主要因素，它对房地产企业营销活动有着广泛而深远的影响。

微观环境（Micro-environment）是指，直接影响和制约房地产企业营销活动，以及服务其目标市场能力的各种因素，包括企业本身、消费者、供应商、顾客、竞争者、房地产中介及社会公众等。微观环境对房地产企业的营销活动具有直接影响，微观环境中的各种行为者都是在宏观环境中运作并受其影响的。

房地产企业所面临的市场营销环境总是不断变化的，其各个具体因素也随着市场经济的发展而不断变化，这就要求房地产企业要根据环境变化对其营销策略进行调整，以新的营销策略来适应新的营销环境。

3.1.2 房地产市场营销环境的特点

房地产市场营销环境是一个多因素、多层次且不断变化的集合体，它具有以下特点。

3.1.2.1 客观性

房地产市场营销环境是客观存在的，任何房地产企业和房地产项目都是存在于一定的社会经济和其他外界环境中的，房地产市场营销环境并不会随着房地产企业的愿望而发生变化。当房地产市场营销环境发生变化时，环境对企业的客观影响迫使企业必须迅速地主动调整或改变营销战略，变不利因素为有利因素，从而在不断变化的房地产市场营销环境中立于不败之地。

3.1.2.2 多样性

房地产市场营销环境是一个动态系统，由诸多因素共同构成，包括人口、经济、社会、文化、政策、行业、消费者、竞争者等方面。房地产市场营销环境受多方面因素影响，而且每一个因素都不是固定不变的，它们会随着社会经济的发展和时间的推移不断发生变化，它们从不同角度和不同深度影响着房地产企业的营销策略。营销环境的变化，可能会给企业提供机会，也可能会给企业带来威胁。因此，房地产市场营销环境具有多样性特点，企业必须预测和追踪未来环境的变化，并及时调整市场营销策略。

3.1.2.3 系统性

系统性是指房地产市场营销环境的各种构成要素之间不是孤立存在的，而是相互联系、相互影响的。各因素之间具有一定关联性，一个因素的变化会导致其他相关因素的变化。在这个系统中，某种现象的出现往往不是由某个单一因素所决定的，而是一系列相关因素共同影响的结果。例如，房地产企业在开发项目时，不仅要受经济因素的影响，也要受政治、法规以及社会文化因素的制约。因此，房地产市场营销环境的系统性使企业对环境的变化更加难以把握。所以，房地产企业不但要对市场营销环境的各种因素进行单独分析，而且要对各因素之间的相互关系和关联性进行分析。

3.1.2.4 差异性

房地产市场营销环境的差异性，一方面，表现在不同的国家、民族和地区在人口、经济、社会文化、政治、法律、自然地理等方面存在着广泛的差异性上。房地产本身具有不可移动性，其市场营销环境受到较强的地域性影响。相同的房地产企业或类似的项目在不同国家或不同地区将会处于不同的营销环境中。企业只有认清差异，才能适应环境，为顾客提供适销对路的房地产产品。另一方面，表现在相同环境因素对不同房地产企业和项目的影响也不同上。市场营销环境的差异性，决定了房地产企业必须根据市场营销环境变化趋势和行业特点，采取有针对性的营销策略。

3.1.2.5 动态性

房地产营销环境不是一成不变的，它是随着时间推移而不断变化的动态环境。房地产市场营销环境中的各种因素也是不断变化的。一方面，各种环境因素自身是不断变化的；另一方面，某一环境因素的变化会引起相关环境的变化。虽然房地产市场营销环境具有动态性，但是在一定时期内还是要保持相对稳定。房地产业是关系国计民生的重要产业，国家会在一定时期内通过各种宏观政策保证房地产市场的相对稳定性，进而为房地产企业预测环境变化并采取相应对策提供可能性，使房地产企业可以调整营销战略以适应不断变化的营销环境。

3.1.2.6 可适应性

影响房地产市场营销环境的因素是复杂的，而且某些因素难以控制。但是，房地产开发企业并非只能被动地适应环境的变化。相反，房地产开发企业可以发挥主观能动性，通过对内部环境要素的调整与控制，对外部环境施加一定的影响，最终促使某些环境要素向预期的好的方向转化，从而使企业主动适应营销环境，为企业创造更有利的活动空间。例如：过去业主对于房屋装修往往认为只有自己购买材料，并从头到尾监督施工，才能节省费用并确保质量。同时，鉴于业主的装修风格要求差异悬殊，难以产生规模效益，房地产开发企业也不愿意涉及房屋装修。因此，房地产开发企业交给业主的几乎是清一色的毛坯房或简装房。然而，部分精明的房地产开发企业为满足业主多样化的需求，推出了菜单式装修，并取得了规模效益。而且，充分考虑业主希望省事、省时的需求，房地产企业广泛宣扬业主自己装修的麻烦与对邻里的干扰，并针对业主对费用和质量的顾虑心理，详细列出装修明细表和质量保证承诺，使业主放心购买装修房，从而改变了消费者的心理，使精装房被市场普遍接受，拓展了房地产企业的市场空间。

3.1.3 房地产市场营销环境分析目的

房地产市场营销环境分析是整个营销活动的首要环节。房地产企业要对各种影响因素及其作用予以确定、评价，并做出反应，从而为制定正确的营销战略、目标计划、行动策略等提供依据，以保证房地产市场营销的顺利进行。由于房地产市场营销环境中大部分因素都是企业不可控制的因素，这些不确定因素又不同程度地影响房地产企业的发展方向，甚至直接影响其组织结构和内部管理。因此，分析和研究市场营销环境既是房地产企业市场营销决策科学化的前提，也是有效规避和降低风险的手段。

通过对房地产市场环境分析，可以了解和把握房地产市场环境的发展变化趋势，使企业对潜在的机会和风险有较为清醒的认识，从而充分利用自身优势，抓住市场机遇，并运用各种手段，及时调整市场营销策略，以适应不可控的环境因素的变化，提高房地产企业的应变能力，进而做出科学的市场营销决策。

3.2 房地产市场营销的宏观环境

宏观环境是指大范围的、间接性的市场因素。房地产企业营销活动的宏观环境要素通过对微观环境要素施加影响，从而间接影响企业营销。宏观环境一般包括人口、经济、政策、法律、技术、文化和自然等方面。

3.2.1 人口环境

市场是由同时具有购买欲望和购买能力的人所构成的，人是市场的主体，购买者是市场的主要构成因素。一定量的人口是进行房地产市场营销活动的基础。研究人口环境，对于房地产企业准确选择目标市场、进行市场定位有着重要的指导意义。

3.2.1.1 人口规模和人口增长

（1）人口规模，即人口总量，是指一个国家或地区的人口总数。人口数量是构成市场的基础。人口对市场的影响更多地表现在维持人们生存所必需的基本生活资料方面。人口规模越大，需求的绝对量越大。房地产企业对营销区域内的人口规模应予以重视。该区域的人口规模直接决定了其所需要的住宅及相关配套设施的数量，也间接决定了该区域所需要的商务类房地产、生活类房地产的数量。当然，这里所说的人口，是指城市规划区内的人口，包括有户籍的人口和虽然没有户籍但长期生活在该城市规划区内且有着稳定收入的人口。所以，在某一地区或某一国家开展营销活动，企业首先要了解所在地区或国家的人口总量，以确定营销范围。

（2）人口增长率。了解人口环境，既要考虑人口数量，还要注意人口增长率，进而把握人口变化趋势，预测市场容量。从世界范围来看，人口持续增长，市场需求总量继续扩大。总体来看，人口规模及其增长率与市场规模有着密切的关系。在购买力一定的情况下，人口规模越大、增长率越快，则市场规模和市场容量就越大，企业的营销机会就越多。因此，房地产企业在某一地区开展营销活动时，首先要了解该地区的人口总量，它是该地区房地产需求的上限。另外，人口规模及其增长率对房地产企业营销活动的影响是双向的。人口自然增长速度如果过快，会导致消费者的购买力水平下降，也会导致消费结构变化，消费者家庭收入中的大部分就要用于食物等基本需求支出，从而减少或延缓住房消费，即地区人口的增长有可能导致该地区的恩格尔系数上升（食品支出总额占个人消费支出总额的比重）。

3.2.1.2 人口构成

人口规模可以决定某区域所需要的住宅及其相关配套设施的数量，而人口构成则决定着房地产市场的产品结构、消费习惯和需求趋势等。为了准确认识市场潜力，在了解人口规模和增长率的基础上，房地产开发企业需要调查和预测人口构成。人口构成包括自然结构和社会结构。自然结构包括人口年龄结构、性别结构等；社会结构包括人口民族结构、文化结构和职业结构等。房地产市场营销通常着重研究人口年龄结构和性别结构两个方面。

（1）年龄结构。人口年龄结构包含不同年龄消费者的审美差异、购买心理和消费兴趣差异等重要信息，而且不同年龄的消费者因其心理和生理特征、经济收入、购买力水平不同，对住房的需求存在较大差异。因此，它是房地产开发企业划分市场的依据之一，并在很大程度上影响着市场营销组合。例如，青年消费者在购买住房时，受其经济能力限制，往往购买小户型住房；中年消费者可能事业有成，经济收入较高、购买力较强，往往购买舒适、宽敞的住房；老年消费者在购买住房时，往往选择环境安静、有配套医疗设施地区的住房。

在人口年龄结构问题上，一个值得注意的动向是，不少国家和地区的人口老龄化问题。人均寿命普遍增长而带来的老龄人口比例增大，使得房地产市场需求结构有所变化。随着中国经济的发展、医疗保健水平的提高，人的寿命增长，死亡率下降，很多城市已经步入老龄化社会。从生命周期角度来看，人口老龄化会逐渐改变需求端的消费结构。老龄人口的消费结构表现为更多的医疗开支、公共品开支以及其他消费品开支，以及更少的交通通信等方面的消费需求。老龄人口在生活、生理及心理等方面对居住环境和居住条件有其特殊要求。因此，房地产企业应当关注目标顾客的年龄结构变化并及时调整营销策略。

（2）性别结构。在正常情况下，男女比例会保持在正常水平，但是如果出现了两种情况，将会出现男女比例的失衡：一种是在现代科技水平条件下人为选择子女的性别，如果这在某一地区形成风气就会造成该地区男女比例失衡；另一种是人口流动，如果流入的男性和女性的数量不平衡，就会造成该地区男女比例失衡。不同性别的人，除了对商品和劳务有不同消费需求外，购买习惯与购买行为也存在显著差别。性别差异，对房地产市场的需求存在差别，而且两性的购买动机和购买行为也有所不同。

3.2.1.3 人口分布和人口迁移

（1）人口分布。不同地区的人口密度是不同的，经济比较发达的地区往往人口密度较高，而经济欠发达地区，人口密度往往较低。房地产的固定性决定了房地产市场具有较强的地域性。因此，分析人口分布对于房地产市场营销具有重要意义。

（2）人口迁移。世界范围内人口迁移呈现两大趋势：在国家之间，发展中国家的人口（特别是高级人才）向发达国家迁移；在一个国家和地区内部，同时存在人口从农村流向城市和从城市流向郊区和乡村的现象。人口从农村流向城市，是与工业化和城市化发展同步的自发过程。人口的流入和流出，必然会影响消费需求。当大量人口流入某一个城市时，首先需要解决的就是住房问题，这必然会带来住房需求的增加。

随着我国城市化进程的不断加快，大量流动人口由农村涌入城市，由内地涌向沿海发达地区。随着城市规模的扩大，流动人口所占比例越来越高。

3.2.1.4 家庭规模与结构

住宅是以家庭为生活单位，长期供人们使用的建筑物，是家庭必需的消费资料，与家庭生活密切相关。因此，家庭结构及规模是影响和决定住宅规模和结构的直接因素。住宅套型要与家庭规模、结构的变化和发展相适应，这是住房消费行为的一般规律。

受经济、社会、政策、人口、道德及心理等多种因素影响，现代社会的家庭结构不断变化，家庭规模趋于小型化。以河南省为例，2020 年第七次全国人口普查和 2010 年第六次全国人口普查数据显示，2010—2020 年这十年间，四人户和五人及以上户占比大幅缩减，单人户和两人户占比大幅提升，三人户占比大致保持稳定。传统观念认为：即使在子女结婚之后，父母也希望子女，特别是儿子与自己生活在一起，甚至几代同堂，因此，家庭规模往往比较庞大。但是，随着社会经济的发展，所谓的核心家庭（即结婚的子女独立生活而形成的家庭）已经非常普遍。另外，传统观念认为：结婚就意味着生育，但是，由于人们生活观念的改变，这种不想生育的丁克家庭（即只有夫妻二人而不生育子女的家庭）也相当普遍。再者，传统的男大当婚、女大当嫁观念已经发生了改变，现代社会中单身人士所占的比例越来越大。

在人口总量不变的条件下，家庭规模小型化的结果是户数增加。比如：从六口之家变成三口之家，总户数将增加一倍。由于住宅消费的家庭性，家庭户数的增加必然引起住宅需求的增加。家庭规模的小型化意味着家庭结构的简单化，多世同堂的大家庭减少，而单人户、两人户、三人户增加。不同的家庭对住宅和相关配套设施的需求也不同。我国家庭结构变化的总体趋势可以概括为以核心家庭为主要形式，丁克家庭和单亲家庭的比重将有所上升，空巢家庭日趋增多。在做户型规划时，房地产开发企业应充分注意到这一变化趋势。

3.2.2 经济环境

经济环境一般是指影响企业市场营销方式与规模的各种经济因素，包括宏观经济发展状况、居民收入水平和购买力、居民储蓄和信贷情况、通货膨胀等。

3.2.2.1 宏观经济发展状况

房地产业是国民经济的重要组成部分。国民经济迅速增长的时期通常也是房地产需求最旺盛的时期，经济的快速发展为房地产业的发展创造了有利条件。相反，在国民经济发展的低谷时期，房地产业也普遍不景气。

通常，国内生产总值（Gross Domestic Product，GDP）可以用来衡量一个国家的经济发展状况。国内生产总值是指一个国家或者地区所有常驻单位在一定时期内生产的所有最终产品和劳务的市场价值。GDP 是国民经济核算的核心指标，也是衡量一个国家或地区总体经济状况的重要指标。它反映了一个国家整体经济的规模和状况。经济的迅速发展既会推动固定资产投资的增加，也会促进居民收入的增加及其对未来的良好预期，从而有利于形成良好的房地产市场营销环境。

3.2.2.2 居民收入水平和购买力

房地产市场需求通常需要具备两个条件，即购买欲望和支付能力。收入水平决定了消费者的购买力，而购买力的大小又决定了房地产需求市场的容量。

居民并不是将其全部收入都用来购买商品和劳务，居民的购买力只是其收入的一部分。因此，房地产企业可以从“可支配的个人收入”和“可随意支配的个人收入”两个方面来衡量居民收入水平。可支配的个人收入是指，扣除居民个人缴纳的各种税款和非商业性开支之后的余额，是影响居民购买力和支出的决定性因素。可随意支配的个人收入是指，可支配的个人收入减去居民用于维持生活所必需的支出（如食品、衣服、住房等）和固定支出（如房租、保险费、分期付款）之后的个人收入，它是居民可以任意投向的收入。

3.2.2.3 居民储蓄和信贷情况

（1）居民储蓄情况。储蓄来源于居民的货币收入，其最终目的是消费。但在一定时期内货币收入水平保持不变的情况下，如果储蓄增加，购买力和消费支出便会减少；反之，如果储蓄减少，购买力和消费支出便会增加。所以，储蓄的变动会引起市场需求规模和结构的变动，会对房地产开发企业的营销活动产生影响。而储蓄的增加与减少又受政治、利率、物价等多种因素影响，尤其是人口年龄结构可以对储蓄率带来重要影响。居民储蓄主要来自16~60岁人群，老年人不仅不会继续提供储蓄，反而会取出以往储蓄用于生活支出，所以老年人口比例的上升必然引起储蓄率的下降。在分析房地产营销环境时房地产企业应该给予充分重视。

（2）居民信贷情况。由于消费者可用贷款来购买商品，因而消费者信贷规模变化会影响消费者的购买力。目前，我国信贷消费发展迅速，消费者的信贷变化应当引起房地产企业的足够重视。

3.2.2.4 通货膨胀

通货膨胀导致货币贬值、物价上涨，可以引起价格体系、市场机制和经济秩序的混乱，干扰整个国民经济的正常运行，从而在宏观经济上给企业运行带来困难。因此，通货膨胀速度会对房地产业及市场产生双面影响。一方面，通货膨胀会造成房地产市场供给的减少。因为通货膨胀会严重影响房地产开发成本，企业在生产经营活动中，如果各种生产要素涨价，不但成本会提高，而且资金周转速度、投资计划、营销组合设计也会受到相应的冲击，加大企业发展的难度，增大投资风险。另一方面，通货膨胀会扩大市场需求。通货膨胀可以引发消费者对价格的担忧，以至于在从众心理作用下，房地产产品的保值效益，很容易导致市场上出现以保值为目的的抢购风潮，从而增加房地产市场的需求。这种在通货膨胀率较高时，以保值为目的的投资增加是一种不稳定的、虚假的需求信息，一旦为房地产开发企业所接收，就会增加企业的风险。

3.2.3 政策环境

政策环境是指房地产市场营销所面临的政策和制度环境，其中对房地产市场营销活动影响较大的关键因素主要有以下四个方面。

3.2.3.1 土地政策

土地政策是关于土地所有权、土地使用等方面的政策和制度规定，是政府为了实现土地管理任务和土地利用目标而规定的用以调整土地关系的一系列规范和准则。科学合理的土地制度和土地政策，可以提高土地所有者、使用者和投资者的积极性，充分发挥土地的最大效用，形成合理的地价、地租，进而对房地产市场营销活动产生正面的导向作用。我国土地实行国家所有和集体所有，房地产开发商和个人只能取得有限期的土地使用权，土地政策对房地产市场营销的影响主要表现在出让土地的方式上。以出让方式获得土地使用权的方式有协议、招标和公开拍卖三种，不同的方式给投资土地的投资者带来的成本不同。目前各地要求，所有土地交易必须进入土地交易市场，以招标、拍卖或者挂牌的方式进行公开出让。对于公开拍卖的方式来说，它充分引进了竞争机制，排除了许多主观因素，是一种比较合理的土地出让方式。

3.2.3.2 财政政策

财政政策包括财政收入政策和财政支出政策，政府通过改变财政收支，实现特定的经济目标。

税收是政府财政收入的主要来源，中央政府通过调整税种和税率来调节社会总供给和总需求。除此之外，各种行政事业性收费也构成政府财政收入的重要来源。我国房地产领域涉及的税费种类较多，其中与房地产交易有关的税费主要有：营业税、城市维护建设税、教育费附加税、土地增值税、房产税、印花税、企业所得税、个人所得税及契税等。

政府的财政支出由政府投资、政府消费和转移支付三个部分构成，它们对房地产市场营销产生的影响表现在政府直接投资房地产所形成的非市场性供给和对中低收入家庭的住房补贴方面。无论是非市场性供给还是住房补贴，其目的是解决中低收入家庭的住房问题，都是政府住房保障体系的一个组成部分。非市场性供给在数量有限的情况下，不会对开发商正常的市场营销活动产生明显冲击，而住房补贴实际上提高了中低收入家庭在市场上承租商品住宅的能力，对房地产市场营销活动产生有利影响。

3.2.3.3 货币政策

货币政策是指，中央银行通过控制货币供应量来调节利率，进而影响投资和整个经济发展，以达到一定经济目标的经济政策，一般可分为扩张性货币政策和紧缩性货币政策。扩张性货币政策是通过增加货币供给来带动总需求的增长，当货币供给增加时，利息率会降低，贷款者取得信贷更为容易，因此，经济萧条时国家多采用扩张性货币政策；而紧缩性货币政策是通过削减货币供给的增长来降低总需求水平，此时，贷款者取得信贷较为困难，利率也随之提高，因此，通货膨胀严重时国家多采用紧缩性货币政策。中央银行对房地产市场的调节主要是通过利率工具，以控制商业银行对房地产业的信贷投向和信贷规模指标。

如果中央银行采取扩张性货币政策，那么在增加货币供应量的同时，利率会降低。对开发商而言，利率的降低将减少其银行贷款的利息，降低其财务成本，这会促使它增加贷款额度，最终使房地产供给增加；对购房者来说，当利率降低时，购房者的还贷额度将减少，购房成本将降低，这样一部分潜在购房者就会进入房地产市场，房地产需求会随之增加。总体来说，利率降低将有助于房地产营销活动的开展。

如果中央银行采取紧缩性货币政策，那么在货币供应量减少的同时，利率会提高，这样，无论对开发商还是对购房者来说均意味着使用资金的成本要提高，因而可能会减少房地产的供给或需求，使得房地产市场营销活动难度加大。

3.2.3.4 住房政策

住房政策主要是指，国家和政府在住房方面的投资政策和住房分配政策。这些政策对房地产市场营销有着很大的影响。例如，我国 20 世纪 90 年代的房地产热源自住房制度改革，单位不再进行福利房分配，许多持币观望的居民的住房需求无法由原来的单位分配得到满足，不得不从市场上寻求合适的住房，这就使得商品房市场出现供不应求的现象，许多楼盘一经推出，短期内便售罄。

3.2.4 法律环境

房地产法律环境是指，与房地产开发经营活动相适应的法律体系及其监督执行系统的总称。在我国，房地产法律是指国家机关依法定程序，为调整因房地产开发经营活动而产生的社会关系所制定的规范性文件和各种决议、命令、条例、章程和决定等。房地产企业开展营销活动，必须认真把握有关法律对房地产企业营销的制约和机会。目前，与房地产开发经营相关的法律主要有以下几个方面。

3.2.4.1 管理房地产开发经营企业的法规

其主要包括对房地产开发企业资质管理、房地产开发企业经营方式、房地产开发企业资金管理、房地产开发企业材料与设备管理、房地产开发企业自主权与主管部门关系等的有关规定。

3.2.4.2 土地使用权出让和转让的规定

其主要包括对土地所有权的确认，对土地所有权和使用权分离的确认，对有偿出让、转让土地使用权的管理，对土地开发经营所涉及的利益关系的调整等有关规定。

3.2.4.3 房屋开发建设法规

由于房屋的开发建设包括征地新建和旧城改造两大类，两者都涉及局部地区开发建设与城市整体规划利益关系的调整问题，涉及房屋开发建设过程中与社会其他部门发生的利益关系调整问题。国家为此而制定的法律法规主要包括关于征用集体所有土地的规定，关于征用土地的补偿、安置的规定，房屋建设单位与施工单位履行合同的法律、法规，调整局部地区开发与城市整体规划关系的法律、法规等。

3.2.4.4 房产经营的法规

其主要包括对房屋出租、出售价格管理的法律、法规，房屋产权的管理法规，私房买卖的管理法规，房产市场的管理法规，确定房产流转使用的税费法规，房地产抵押的法规。

3.2.4.5 确定房地产法律责任的法规

房地产法律责任是指实行某种违反房地产法律行为的人在法律上应负的

责任，一般可分为三类，即民事法律责任、经济法律责任、行政法律责任。其主要法规内容包括违反房地产行政管理法规的处罚、违反房地产经济法规的处罚和民事侵权行为的处罚与责任规定。

3.2.4.6 房地产诉讼和仲裁

在房地产开发经营活动中，如果遇到与其他部门或个人发生有关土地、房屋的权利和义务争议，产权纠纷或合同不履行等事件时，当事人有权进行法律诉讼或向国家规定的管理机关申请调解和仲裁。相关法律包括《民事诉讼法》中关于时效、管辖、法律运用、审理程序的规定，《经济合同仲裁条例》中关于仲裁程序和费用承担的有关规定等。

总体来看，掌握和运用有关房地产法律法规知识，对于从法律方面保障房地产市场营销相关主体的权益意义十分重大。

3.2.5 技术环境

技术环境作为营销环境的一个组成部分，不仅直接影响企业内部的生产与经营，同时与其他环境因素互相依赖、相互作用。科学技术广泛而深刻地影响着社会经济生活、企业经营管理及消费者的购买行为与生活方式。科学技术的发展给企业创造了许多市场机会，也使企业面临许多潜在的威胁。房地产企业利用新技术的发展既可以提高其管理效率，又可以为顾客提供更好的服务。互联网的飞速发展对提高房地产企业营销活动的效率和降低企业营销成本具有重要意义，企业可根据获取的各类信息有针对性地提供柔性的产品设计方案，在消费者的指引下组织项目的开发建设。数字化分销渠道缩短了生产与消费者之间的距离，顾客可通过互联网在线完成购买行为。

任何一种新技术的出现和技术进步是经济增长的主要动力，房地产业作为社会发展中具有先导性、基础性和带动性的产业，高度关注科学技术的发展方向和发展动态，先后形成了环保、节能、智能、绿色等新概念，从而影响着房地产市场的变化。房地产公司应始终保持对科技进步和顾客新需求的敏感度，及时学习、引进新的技术和开发新产品来满足客户的需求。越来越多的企业尝试使用机器学习法来预测购房者行为，根据数字化的用户识别进行有针对性的传播，并且根据反馈不断修正过程来达到有效传播的效果。房地产营销未来的趋势一定是与消费者的深度交互，下一代互联网流通更多的将是体验，基于信息的内容营销将让位于沉浸式体验。VR、AR 等新技术的应用，可以为消费者创造全新的充满情绪化的沉浸式体验，把消费场景融入体验过程，使消费者成为内容的一部分，这将极大地满足消费者表达自我、探索世界的需求。在售楼处设置沉浸式的智慧体验空间，可以真实还原样板间、小区环境及周边配套等，突出楼盘优势。无处不在的售楼处将可以帮助消费者随时随地看房，解决传统房地产营销中缺乏互动交流与体验的问题。

3.2.6 文化环境

文化是指人类在社会发展过程中所创造的物质财富和精神财富的总和，是根植于一定的物质、社会、历史传统形成的特定价值观念、信仰、思维方式、宗教、习俗的综合体。作为一种观念，“文化”看不见、摸不着，但人们能感觉到它的存在。作为其有形的一面，“文化”又反映在一个国家的建筑、城市风貌、衣着，甚至饮食上。文化环境是指消费者的教育状况、宗教信仰、传统习惯、价值观念和审美观念等因素，这些因素都会影响消费者的需求欲望和购买行为。随着消费观念的改变，房子对于消费者已经不仅是一个能遮风避雨的场所，还代表着一种生活方式。买房子也不仅是买建筑，还包含了环境和服务，甚至文化。房地产营销人员在从事营销活动时，要研究目标市场消费者的居住文化价值观。

房地产文化内涵丰富，不单包括建筑本身的外观形象和建筑风格，如北京的四合院布局、上海的海派风格、安徽的徽派建筑、广东的岭南风情等富于地域特色的建筑文化，还包括社区空间的人居生活、社会交往等活动中所蕴含的文化品位、生活方式等人居文化。这种文化内涵体现在房地产开发经营的全过程，它的本质特征是让没有生命的钢筋水泥具有文化的永恒价值，使房地产产品生成自己的思维与灵魂，从而吸引可以产生共鸣的受众群体。随着经济的发展、文化的不断进步，越来越多的非基本需求逐步发展成基本需求。因此，文化的作用，不仅在于创造新需求，还在于不断地将非基本需求转化为一种稳定的基本需求。正如当前住宅的户型设计、小区规划、园林景观、投资理念、消费方式等，都会受到居住文化的影响。特别是在住宅商品市场成为买方市场后，由于社会成员对生活品质的追求和生活方式的改变，如何提高住宅文化的附加值，必将成为研究房地产市场营销环境的重点。

3.2.6.1 价值观念

价值观念是指人们对生活、工作和社会实践的一种评价标准，即区分客观事物的好与坏、对与错、美与丑、可行与不可行的观念，又称为价值准则。价值观念涉及面较广，对企业营销影响深刻，是文化环境中最难准确认识的一个方面。在不同的文化背景下，价值观念的差异很大，而且影响着消费需求和购买行为。因此，对于不同的价值观念，营销管理者应研究并采取不同的营销策略。

3.2.6.2 审美观念

审美观念是指对音乐、艺术、戏剧、舞蹈、形状、色彩等的欣赏和偏好。由于民族习俗、社会环境、教育水平、科技发展水平的差异，不同国家和地区的审美观念差别较大。如西方国家认为，白色象征圣洁，而东方文化认为白色代表不幸。在中国，绿色代表生命；在马来西亚，绿色象征疾病等。因此，审美观念会影响产品的设计、色彩选择、符号象征等。

3.2.6.3 亚文化

在一个国家或者一个特定社会环境中，并不是每一个人都怀有相同的文化价值观。不同年龄、不同地区、不同民族的群体内部可能存在亚文化。这些次级群体的成员共同拥有某种独特的信念、价值观和生活习惯。不同亚文化在消费行为上可能具有很大差异，而同一亚文化群体在消费品位和购买行为上可能表现出相似性。研究文化环境要注意，由于不同亚文化群的价值观、行为规范对商品和服务的特殊要求，企业在用亚文化群来分析消费者需求时，可以把每一个亚文化群视为一个细分市场。营销人员可以根据不同亚文化群体的需求和消费行为，选择不同的目标市场。

3.2.6.4 宗教信仰

作为历史的产物，宗教信仰影响人们的习惯、人生观、购买行为和消费方式，它是构成社会文化因素的一个主要方面。宗教信仰是人们洞察文化行为或精神行为的文化层。企业要研究宗教对营销活动的影响，就要了解宗教分布状况和宗教要求与禁忌并要懂得宗教组织与宗教派别对企业营销活动的影响。企业在进行营销决策时必须考虑宗教信仰对营销活动的影响。

3.2.6.5 教育状况

考察房地产市场营销的文化环境，教育状况是不可缺少的方面。受教育程度不仅影响劳动者收入水平，而且影响着消费者对商品的鉴赏力、购买心理和消费结构，从而影响着企业营销策略的制定和实施。教育对营销活动的影响首先体现在企业目标市场的选择上。处于不同教育水平的国家和地区的消费者对商品有不同的需求，而且对商品包装、装潢、附加功能和服务的要求也有很大差异。教育对营销的影响还表现在促销方式方面。企业产品、说明书的设计要考虑目标市场的受教育状况，要考虑不同文化层次的消费者接近媒体的习惯，要利用适当媒体传播商品信息。

3.2.7 自然环境

房地产市场营销自然环境主要是指地理位置、地质地貌、自然风光和气候等条件。自然环境具有地理位置的固定性和不可逆性的特点，客观物质条件是房地产开发商所不能轻易改变的。自然环境的优劣对房地产企业的营销活动有着直接影响，良好的环境会给房地产产品带来附加的增值性；相反，差的自然环境将会使房地产产品的价格大打折扣，给房地产企业的营销活动带来困难。房地产企业应该对所处地区的自然条件加以科学的分析，积极处理好与自然环境的关系，因势利导、扬长避短。房地产项目投资者应该重视对自然环境要素的研究，充分把握和利用自然环境，通过营销方式和产品设计来配合房地产产品所处的自然环境，使房地产项目从外观造型、结构布局、使用性质、使用功能等方面均与外在的自然环境很好地协调。

地球上的自然资源有三大类：一是有限的不可再生资源，如石油、天然气等；二是有限的可再生资源，如森林等；三是其他自然资源，如水、空气等。有限资源的无限制利用与人类对自然资源需求的无限扩大趋势，加剧了人类与自然资源的矛盾。房地产企业会遇到土地、建筑材料等资源缺乏问题，需要从营销计划方面对资源问题给予足够重视，以避免建筑成本过高所造成的利润下降问题。

随着工业化和城市化的发展，环境污染日益增加，环境恶化已经对人类生存构成严重威胁。水资源的破坏与污染、大气中有毒物质的增加、工业垃圾带来的污染等已严重影响了人类的生存环境。公众对环保问题越来越关心，这就要求那些在生产和经营过程中对环境和资源构成影响的企业改变经营方式和生产工艺。房地产企业必须时刻注意必需原料的稀缺情况，注意房地产所在位置的环境状况，随时调整营销战略，以适应不同的竞争环境。

3.3 房地产市场营销的微观环境

房地产市场营销微观环境是指与房地产开发企业紧密相连并直接影响其营销能力的各种参与者。这些参与者包括房地产企业、供应商、房地产中介、顾客、竞争者和公众等。

3.3.1 房地产企业

房地产企业市场营销活动主要由其营销管理部门负责市场研究、制定企业的营销计划、新产品开发、品牌的制定和管理、广告、产品销售及售后服务等工作。营销部门在制定营销决策时，既要以最高管理层制定的企业任务、目标、战略和政策为依据，又要与企业的其他职能部门密切配合、相互协调。例如，建筑设计部门与房地产产品规划设计和创新密切相关；项目开发建设部门与房地产产品质量和交付时间有关；建筑材料与房屋设备采购部门决定了房地产产品的质量、成本和建设进度；融资部门对于房地产开发建设所需资金的供应时间、数量和成本有重要影响；财务部门从资金供给方面影响房地产投资和营销决策的实施；会计部门则通过收益与成本估量，帮助营销部门了解企业利润目标的实现程度。营销管理工作只有得到内部职能部门的大力支持，形成强大的合力，才能使各项营销管理决策和营销方案得以顺利实施。

3.3.2 供应商

供应商是指向房地产开发企业提供建筑材料、设备、资金及服务等资源的组织或个人，它是影响房地产市场营销微观环境的重要因素之一。房地产开发企业在寻找和选择供应商时，应特别注意与以下几个相关单位的协调配合。

3.3.2.1 规划设计单位

规划设计单位应满足业主所需的功能和使用价值，符合业主投资的意图，同时受到经济、资源、技术、环境等因素的制约；其设计必须遵守有关城市规划、环保、防灾、安全等一系列的技术标准、规范、规程。房地产开发企业一般通过设计竞选和招标的方式选择具有资质的、信誉度高的规划设计单位，以保证产品的设计水准，创建良好的房地产市场营销微观环境。近年来，房地产企业纷纷把设计招标对象指向海外知名设计单位，大量新颖的西方设计理念开始融入我国房地产产品设计。

3.3.2.2 施工和监理单位

施工是指工程实体的形成阶段，受到施工人员、材料、设备、方法、环境等因素的影响。施工单位的选择直接关系房地产产品的质量。房地产企业通常以招标方式确定有资质的施工单位进行房屋建设。目前，我国的监理单位主要是对施工阶段进行监督管理。房地产企业一般通过招标方式选择符合资质要求的监理单位。

3.3.2.3 材料和设备单位

建筑材料和设备构成工程实体的物质基础，它们的质量好坏直接影响工程产品的质量。一般的材料可以采用直接采购的方式，大宗的材料可以采用招标方式。材料和设备的采购是一个长期和重复性工作。因此，房地产企业应选择信誉良好的材料供应商和设备供应商作为合作伙伴，并与之保持长期的互惠关系，以保证材料和设备的稳定供应和质量的一致性。资源供应对房地产企业营销活动有着重要影响，企业要处理好与供应商的关系，重视与供应商之间的合作。

3.3.3 竞争者

在一个竞争性市场中，每一个企业的营销系统都是在一群竞争对手的包围和制约下工作的。分析竞争来自何方、出于何种动机、哪个威胁最大、其随时间变化的趋势如何等，是企业成功开展市场营销的必备条件。

3.3.3.1 识别竞争者

中国现阶段房地产行业的竞争主要是产品竞争，而且房地产市场具有明显的地域性特点。因此，最直接的竞争者是那些采用相同战略、追逐相同目标市场的企业，即处于同一地域、有着相似产品的竞争者。

除此以外，要注意识别潜在的竞争者。房地产企业比较容易确定已存在于市场上的竞争者，因为其可获取的信息较多，市场行动易于被察觉。但是，识别潜在的竞争者相对困难，因为其可获取的信息较少，而且有些潜在竞争者甚至不是本行业的企业。

3.3.3.2 竞争者分析

如上所述，竞争者可以分为现有竞争者和潜在竞争者。对现有竞争者的研究主要包括以下内容：

（1）基本情况研究，包括竞争对手的总体数量，它们在哪些市场活动，规模、资金、技术、土地储备、政治背景如何。企业应按照竞争对手的强弱和对自己威胁的强弱进行分类，确定目前企业营销策略中的主要竞争对手。

（2）主要竞争者的详细研究，包括分析竞争者的发展阶段、企业文化、产品质量、性能和组合、顾客服务、定价政策、销售政策、销售人员情况、广告和促销方案及设计与开发等内容。企业应研究其对本企业构成威胁的主要原因，如资金、规模、设计等。

（3）发展趋势研究，包括必须对竞争者的自身变化和战略设计保持警觉，要收集有关资料，密切注视竞争对手的发展方向，分析竞争者的潜在新市场和新产品；密切注意潜在竞争者向现实竞争者转变的可能性。

对于潜在竞争者，需要特别注意：

（1）外国房地产及相关企业的进入；

（2）港澳台房地产企业的进入；

（3）大陆房地产企业逐渐成长，已突破地域竞争范围向全国发展；

（4）国内其他行业企业的进入，作为资金密集型行业，房地产产业会吸引大批的资金实力雄厚的企业进入市场。

3.3.3.3 保持竞争优势

一个房地产项目要获得市场认可并非难事，但是，很快会有许多类似的项目出现，如何保持在某一有效市场中的优势和较大的市场份额是每一个房地产企业需要考虑的问题。为了保持竞争优势，房地产企业通常可以采取以下措施：

（1）建立品牌，提高客户忠诚度；

（2）不断提高产品质量；

（3）产品创新，引导需求；

（4）保持与供应商的长期良好合作，确立成本和价格优势。

3.3.4 顾客

顾客是企业的目标市场，是企业服务的对象，也是营销活动的出发点和归宿。企业的一切营销活动都应以满足顾客需要为中心。为便于深入研究各类顾客的特点，本书按购买动机可将房地产企业面对的顾客市场分为五种类型，如图 3-1 所示。

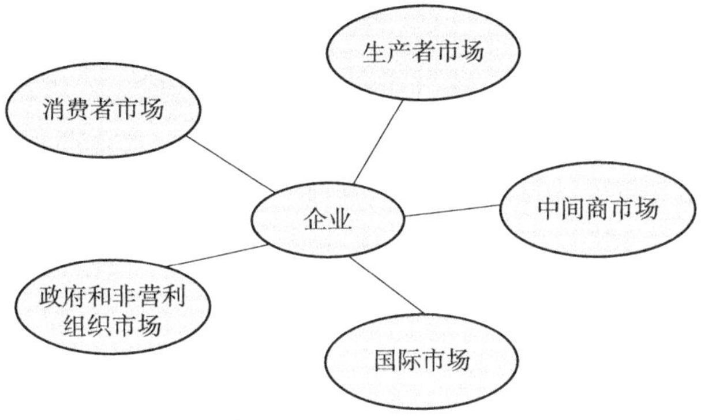

图 3-1 市场类型

3.3.4.1 消费者市场

消费者市场，即购买房产以供个人消费的个人或家庭。

3.3.4.2 生产者市场

生产者市场指为赚取利润，或达到其他目的而购买房产来生产其他产品和服务的企业、组织。

3.3.4.3 中间商市场

中间商市场是指为了利润而购买房产并转售出去的组织。

3.3.4.4 政府和非营利组织市场

政府和非营利组织市场是指为了提供公共服务或将商品与服务转给需要的人而购买房产的政府和非营利机构。

3.3.4.5 国际市场

国际市场指国外购买者，包括国外消费者、生产者、中间商和政府。

上述各类市场都有其特定的顾客，他们不断变化的需求，要求房地产企业在制定营销策略和形成服务能力时必须考虑以不同的方式并提供相应的产品和服务。

3.3.5 房地产中介

房地产中介是指协助房地产企业促销并将产品销售给最终购买者的中介

机构，具体包括代理商、营销服务机构和财务中介机构等。

3.3.5.1 代理商

代理商是指代理人、经纪人等，他们为房地产企业介绍客户或代表房地产企业与客户磋商交易合同，但并不拥有商品所有权。代理商对房地产产品从生产领域流向消费领域具有极其重要的影响。在与代理商建立合作关系后，房地产企业要随时了解和掌握其经营活动，并可采取一些激励性合作措施，推动其业务活动的开展。但是，一旦代理商不能履行其职责或市场环境发生变化，房地产企业应及时解除与代理商的关系。

3.3.5.2 营销服务机构

营销服务机构主要是指为开发商提供营销服务的各种机构，如营销研究公司、广告公司、传播公司等。房地产企业可自设营销服务机构，也可委托外部营销服务机构代理有关业务，并定期评估其绩效，以促进其提高创造力、质量和服务水平等。

3.3.5.3 财务中介机构

财务中介机构可以协助房地产融资或分担风险，如银行、保险公司等。财务中介机构不直接从事商业活动，但对房地产企业的经营发展至关重要。

3.3.6 公众

公众是指对房地产企业实现其经营目标有实际或潜在影响力的群体。公众既可以增强房地产企业实现目标的能力，也可以妨碍其目标的实现。因此，房地产企业需要保持与公众之间良好的关系，否则其会受到巨大的影响。房地产企业面临的公众主要有以下七类。

3.3.6.1 金融公众

金融公众主要是指影响房地产企业取得资金的财务机构，主要包括银行、投资公司、证券公司以及股东等。由于房地产业属于资本密集型行业，其融资能力对其生存与发展影响巨大，因此树立良好的市场形象和信誉，使金融界对房地产企业的经营和偿债能力满意和放心，对于提高房地产企业的融资能力十分关键。房地产企业可以通过发布年报、回答财务问题、谨慎运用资金等方式来取得这类公众的信任。

3.3.6.2 媒体公众

媒体公众是指报纸、杂志、广播、电视等具有广泛影响力的大众媒体，以及数字化的传统媒体、网络媒体、移动端媒体、数字电视、数字报纸杂志等新媒体。媒体公众具有双重身份。一方面，它是公关传播的工具和手段；另一方面，它又是社会组织特别争取甚至努力追求的公众对象。当房地产企业的组织行为有利于社会大众时，新闻媒介便进行正面报道，为之扬名；反之，便发挥舆论监督的作用，进行反面报道。因此，媒体公众对于提高企业知名度、美誉度起着关键作用。房地产公司应该加强与媒体公众的沟通和合作，争取增加正面宣传、减少负面报道。

3.3.6.3 政府公众

政府公众是指政府各行政机构及其工作人员，包括各级政府、工商、人事、财政、税务、市政、治安、法院、环保、卫检、海关等政府职能部门及其工作人员。政府公众是房地产企业营销活动的一个重要环境因素。它是拥有权力的公众，是宏观调控、综合协调的权力机构。房地产企业要遵纪守法，承担社会责任，积极参加各种公益事业，经常与政府沟通信息，以此赢得政府的信任与支持。

3.3.6.4 公众团体

公众团体是指各种消费者权益保护组织、环境保护组织和其他团体组织等。房地产企业应努力取得各类公众团体组织的信任和好感，使企业树立良好的公众形象，从而争取到更加广泛的公共宣传，以提高企业的知名度和美誉度。

3.3.6.5 地方公众

地方公众是指房地产企业或项目工程所在地的居民和社团组织。房地产公司应同当地的公众团体如居委会、街道办事处、学校、医院、邻里单位和居民保持联系，处理异议、回答质询并向值得支持的事业提供资助。地方公众对房地产企业和楼盘的态度，以及由此产生的口碑，会放射性地向周围地区传播，深深地影响房地产企业产品的销售。

3.3.6.6 一般公众

一般公众包括顾客与非顾客。房地产企业需要关注一般公众对产品及经营活动的态度。虽然一般公众通常不会有组织地对企业采取行动，但是一般公众对企业的印象却强烈地影响着消费者对房地产企业及其产品的看法。这对房地产企业树立优质品牌形象，进行品牌扩张具有重大意义。房地产企业还可以通过积极参与城市建设、向慈善事业捐赠等方式树立良好公众形象，争取潜在的消费者。

3.3.6.7 内部公众

内部公众包括股东、经理、职工等。房地产企业可通过业务通信等方式与他们沟通，多用激励政策，营造奋发向上、为顾客服务、为社会服务、为员工服务、团结温馨的企业文化氛围，建立多劳多得的分配原则等一系列管理制度等。当员工对企业有好感时，这种态度会扩散到外部公众，从而有利于企业声誉的树立。

上述各种公众作为房地产企业营销活动的制约力量，决定了企业必须处理好与各种公众的关系，即搞好公共关系。在公众中树立企业良好的信誉和形象，是房地产企业改善微观环境的一个重要方面。

3.4 房地产市场营销环境分析

房地产市场营销环境是客观存在的，任何一个房地产项目都存在于一定的营销环境之中。按照市场营销环境给房地产企业带来的影响，本书将其分为有利的营销环境和不利的营销环境。有利的营销环境称为“机会”，不利的营销环境称为“威胁”。房地产企业必须寻找、评价和利用机会，避免或降低威胁，使企业或项目在营销活动中立于不败之地。

3.4.1 市场机会

在营销环境发生变化的过程中，市场需求也会随之变化，会出现一些尚未满足的需求，这种尚未满足的需求就是市场机会。市场机会不等于企业机会，只有那些符合房地产企业目标和能力并能够被发现和抓住的市场机会才能最终转化为企业机会。因此，营销环境中对房地产企业营销有利的因素只是一种潜在的机会，它对企业具有吸引力，但只有经过企业的消化和吸收才能给企业市场营销活动带来收益。所以，房地产企业的营销人员应该善于发现市场机会，分析市场机会，然后对这些机会加以分析和评价，看它是否符合企业的目标和资源，能否使企业扬长避短、发挥优势，比竞争者获得更大的差别利益。

3.4.1.1 发现市场机会

房地产市场营销人员必须通过市场研究，寻找、发掘和识别市场机会。寻找市场机会的方法很多，一般有以下几种：

（1）借助于产品/市场发展矩阵，寻找市场机会。产品/市场发展矩阵就是将企业的产品分为现有产品和新产品，将企业的市场分为现有市场和新市场。这样，产品和市场会出现四种组合：市场渗透、市场开发、产品开发和多角化，如图3-2所示。

	现有产品	新产品
现有市场	市场渗透	产品开发
新市场	市场开发	多角化

图3-2 产品/市场发展矩阵

这种方法主要是房地产企业通过规划新增业务的思路，发现和识别机会。先从市场渗透、市场开发、产品开发三个方向寻找机会，如果不存在有吸引力的机会，可逐步扩大范围，沿着一体化直到多角化的思路，继续寻找市场机会。

（2）通过广泛收集市场信息寻找市场机会。房地产企业应该广开思路，除了企业内部各部门外，企业外部的消费者、中间商、政府部门、咨询机构、科研单位等都应该是企业收集市场信息的渠道，企业通过对收集到的意见和建议进行分析来寻找市场机会。

（3）通过市场细分寻找市场机会。房地产营销人员通过市场细分，即按照消费者需求的差异性将市场划分为若干个子市场，可以从需求中发现尚未满足或尚未完全满足的市场。房地产营销人员不仅要善于寻找和发现有吸引力的市场机会，还要善于对所发现的各种市场机会加以评价，以确定企业的营销机会。

3.4.1.2 评价市场机会

评价市场机会主要是评价某种市场机会能否成为房地产企业的营销机会。

（1）市场机会是否与企业的目标相一致。房地产企业的目标主要有利润目标、销售额目标、销售增长目标、市场占有率目标及企业信誉等。凡是不符合上述目标的市场机会都不能成为企业的营销机会。

（2）房地产企业是否有能力消化这一市场机会。市场机会虽然符合企业的目标，但如果缺少必需的资源，如企业在能源、材料、技术、设备、外销渠道等方面能力不足，那么，这种市场机会就不能成为企业的机会。企业的资源是否充足，企业的其他条件是否满足，是否有阻碍市场机会转化为企业机会的因素，这些都是需要房地产企业进行分析和评价的。

（3）房地产企业在利用该市场机会时，是否比潜在的竞争对手有更大的优势，因而能享有更大的差别利益，如企业是否具有成本优势、销售渠道优势或品牌优势等。

3.4.1.3 抓住市场机会

发现市场机会和评价市场机会的目的都是利用市场机会，机会有时是转瞬即逝的，发现和评价的过程都很短暂，有时甚至只是决策者的心理活动过程。因此，能否抓住机会是房地产开发商经验和魄力的体现。

3.4.2 市场威胁

机会和威胁总是相伴相生的。市场营销环境的变化在给房地产企业带来营销机会的同时，也可能带来威胁和障碍，使企业营销陷入困境。市场威胁是指，市场营销环境中对企业营销不利的各项因素的总和。房地产企业面对市场环境威胁，如果不果断采取措施，不利的环境趋势必将损害企业的市场地位，甚至使企业陷入困境。房地产企业面对市场威胁可采取的措施主要有以下几点。

3.4.2.1 回避威胁

回避威胁就是房地产企业在营销活动中，为了避免预期的威胁而不从事与该威胁有关的活动。这是一种应对威胁最简单的手段，也是最消极的。它是通过放弃或不进行某项活动以消除风险源，也放弃了获得收益的可能性。

3.4.2.2 面对威胁

房地产企业迎接威胁一般出于两个原因：一是这种威胁无法避免；二是这种威胁虽然存在，但可以预防和控制，甚至可以转化为机会或收益，拒绝威胁也意味着拒绝机会。

3.4.2.3 减轻威胁

减轻威胁是指威胁发生后，房地产企业采取积极措施降低损失的严重程度，积极采取措施进行补救。

3.4.2.4 转移威胁

对于一些难以预料又不可抗拒的威胁，房地产企业可以将威胁转移或分散给他人承担。威胁转移的方式主要有两种：一是保险转移，二是非保险转移。比如，房地产企业可以将商品房大批量销售给房地产经销商，从而由经销商承担大部分销售风险；房地产企业也可以通过多角化经营分散企业的经营风险等。

总体来讲，房地产市场中的机会和威胁是同时存在的，它们共同构成房地产市场营销环境，并且在一定条件下可以互相转化。在激烈的市场竞争中，如果房地产企业没有把握住机会，随着时间和空间的变化，机会很可能会变成威胁。

3.4.3 市场机会与威胁的分析方法

对于房地产企业来说，并不是所有的市场机会都是有价值的，都要不惜代价去获得；也并不是所有的威胁都很严重，都需要采取措施加以防范。房地产企业需要对所能预见的机会和威胁加以分析和鉴别，以便采取适当的策略。分析机会与威胁的关系主要有以下几种方法。

3.4.3.1 机会—威胁矩阵图

房地产营销者对市场环境威胁的分析主要应从两个方面进行考虑：一是分析市场环境威胁出现的可能性，二是分析市场环境威胁对企业的影响程度。本书利用威胁分析矩阵将这两个方面结合起来进行分析，如图 3-3 所示。

	出现概率大	出现概率小
影响程度大	Ⅰ	Ⅱ
影响程度小	Ⅲ	Ⅳ

图 3-3 市场威胁分析矩阵

对于第Ⅰ象限的威胁，也就是出现概率大、影响程度高的威胁，房地产企业必须高度重视并制定相应的措施，避免受到损失或将损失降到最低；对于第Ⅱ象限和第Ⅲ象限的威胁，房地产企业要予以足够的重视，制定适当的应变方案，因为第Ⅱ象限的威胁虽然出现的概率低，但一旦出现就会给企业营销活动带来极大的危害。第Ⅲ象限的威胁虽然对房地产企业的影响不大，但出现的概率大，所以也不能轻视。对于第Ⅳ象限的威胁，房地产企业可以暂时不采取措施，但应关注其变化，当第Ⅳ象限的威胁向其他象限转移时，要及时制定相应对策。

同样，房地产企业对市场存在的机会也要从两个方面进行评价，如图 3-4 所示。一是市场机会给企业带来可能收益的大小，二是市场机会出现概率的大小。

	出现概率大	出现概率小
收益程度大	Ⅰ	Ⅱ
收益程度小	Ⅲ	Ⅳ

图 3-4　市场机会分析矩阵

第Ⅰ象限的市场机会潜在收益大，成功可能性大，房地产企业应全力发展这一机会；第Ⅱ象限的机会虽然出现的概率小，然而一旦出现就会给房地产企业带来很大的利益；第Ⅲ象限的机会，虽然潜在的收益小，但出现的概率大。因此，对第Ⅰ象限和第Ⅱ象限的机会，房地产企业要制定相应的对策。对于第Ⅳ象限的机会，主要是观察其发展变化，房地产企业需要根据变化情况及时采取措施。

3.4.3.2　SWOT 分析法

房地产企业对营销环境进行分析，关键在于对企业内部的优势和劣势与外部机会及威胁的情况进行综合分析。SW 是指企业内部的优势和劣势（Strengths and Weaknesses）。优势是企业相对于竞争对手而言所具备的技术能力、资源及其他特殊强势因素，有助于企业增强自身的市场竞争力；劣势是严重影响企业经营效率的技术能力、资源、设施、管理能力，以及营销水平等限制因素，需要企业在相应的领域进行变革。OT 是指企业外部的机会和威胁（Opportunities and Threats）。机会是指企业所处环境的有利形势，应加以充分利用；威胁是指企业所处环境的不利因素，是企业发展的约束和障碍，企业应努力使其负面影响降至最低。优势和劣势是影响企业的内部因素，机会和威胁是影响企业的外部因素。SWOT 分析法，即优势、劣势、机会、威胁分析法，是对房地产企业内外环境进行综合分析的一种方法。

（1）房地产开发企业内部环境分析（优势/劣势分析）。房地产企业内部的优势和劣势是相对于竞争对手而言的，内部优势包括正确的经营战略、充足的资金来源、先进的技术设备、产品创新能力、成本优势、竞争优势、市场开发能力、管理能力等。内部劣势包括模糊不清的战略方向、恶劣的竞争地位、落后的研究开发、低下的利润水平、不良的市场形象、竞争劣势、成本劣势等。评价企业内部的优势和劣势时，不仅要从资金、技术、产品、市场等方面进行评价，还要对各项因素进行综合评价。首先选定一些因素进行评价打分，然后根据每个因素的重要程度进行加权，根据各因素的加权值来确定企业是处于优势还是劣势。如果企业本身有优势，宜采取发展型战略；否则，宜采取稳定型或紧缩型战略。

（2）房地产开发企业外部环境分析（机会/威胁分析）。外部环境可能会给房地产企业带来机会，如宽松的政策、快速的市场增长、技术的进步会促使企业降低成本，增加销售量。外部环境也可能会给房地产企业带来威胁，如新竞争者的加入、市场增长缓慢、不利的政府政策、衰退的经济周期、消费者的需求变化、建筑材料价格上涨等。房地产企业要对各项环境因素进行综合评价，以确定是机会还是威胁。

在对内外环境进行分析评价的基础上，房地产企业可以根据得分来判定企业属于哪种类型。在图3-5中，处于第Ⅰ象限的房地产企业，具有强大的内部优势和众多的环境机会，宜采用发展型战略，如扩大市场、增加产量；处于第Ⅱ象限的房地产企业，有外部机会而内部条件不佳，宜采用扭转型战略，即扭转企业内部的劣势以利用外部的机会；处于第Ⅲ象限的房地产企业，有外部威胁且内部条件不佳，应设法避开威胁、消除劣势，采用防御型战略；处于第Ⅳ象限的房地产企业，有内部优势而外部存在威胁，宜利用优势开展多种经营，分散风险，寻求新的发展机会。

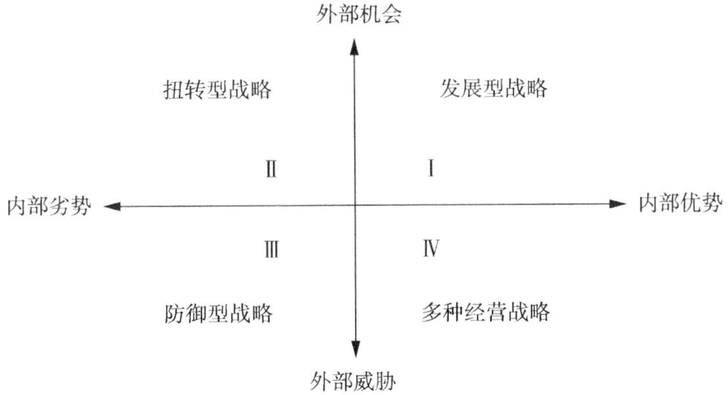

图3-5 SWOT分析

案例分析

佳滨苑项目开发环境和规划条件及 SWOT 分析

一、项目介绍

佳滨苑位于广州市海珠区东晓路海印桥脚，由珠江实业东建集团房地产开发有限公司开发，广州住宅建设发展有限公司承建，广州珠江酒店物业管理有限公司承包物业服务，是集高层景观住宅、特色商业街于一体的市中心首席人居。楼盘占地面积 5100 平方米，建筑面积 107680 平方米，总户数 560 户，绿化率为 29.4%，容积率为 4.50。

佳滨苑项目北眺悠悠珠江，毗邻仲恺农业技术学院，南望晓港公园，配套省级幼儿园。建筑外形刚柔并济，浓缩了东方美学的精品园林，夜间远观海印桥灯光璀璨、长龙跨江，甚是壮观。

佳滨苑品质全面升级，由具备国家一级物业管理资质、中国物业服务百强企业的广州珠江酒店物业管理有限公司担纲物业服务，更将众多高科技元素融入服务：红外线弱电报警、电子巡更、LED 信息发布、人车分流管理、社区背景音乐、闭路监控、可视对讲系统……让业主畅享居家生活的高贵与尊崇。

二、项目 SWOT 分析

S（优势）

（1）地理位置：项目位于炙手可热的老城区——海珠区，虽处市区较为繁华的地段，但小区内环境宜人，繁华中带有幽静，可谓是市区中的“桃花源”。另外，小区往北 300 米是景色秀美的珠江，往西是文化气息浓郁的老牌大学——仲恺农业技术学院，往南 500 米是可以散步、游玩的东晓公园。综上，项目的地理位置是非常优越的。

（2）交通状况：项目周边有 184 路、192 路、208 路、221 路、264 路、287 路、35 路、44 路等众多公交线路。业主可以在海印桥南下车，步行约 3 分钟便可到达项目所在地。项目交通四通八达，出行相当方便：海印桥南直上内环路 B 线，海印桥北直通内环路 A 线。无论是前往市中心，还是郊区方向，车程一般都可控制在 35 分钟左右。

（3）生活配套：项目距昌岗东路百佳广场、海印电器城、中山大学社区都较近，仅10分钟不到的车程，逛街购物十分便利。步行10分钟可以到昌岗路晓港地铁站，小区附近的小店较多，药店、银行一应俱全，能充分满足业主的日常及休闲生活需要。

（4）文化氛围：小区内规划有幼儿园，已经在同步建设中，项目交楼即可投入使用。离项目最近的学校有省一级昌岗东路小学，周边还有中山大学附属中学等省一级重点中学。

（5）引进国家一级资质物业公司——广州珠江酒店物业管理有限公司联合打造小区物业管理品牌，提升项目的整体水平。

（6）公司开发的商品房，均由已通过ISO 9002国际质量认证、荣获国家建筑业最高荣誉奖“鲁班奖”的国家一级资质——广州住宅建设发展有限公司施工，并严格按照建设部颁布的标准进行验收。

W（劣势）

（1）土地成本高，2.3万元/平方米的楼面地价使得产品定价不得不相应提高，这样就会挤掉一部分顾客。

（2）由于市区寸土寸金，市区楼盘的园林规划较之郊区的一些楼盘，还是有一定的差距。

（3）三室户型偏多，而市场对两室需求比三室要大。

（4）处在东晓路交通主干道一侧，稍为喧哗。

O（机会）

（1）广州是一座国际旅游和商业城市，随着旅游产业的发展和城市规划建设的日趋完善，广州的房地产市场前景将更为广阔。同时，随着广州加快推进全面建成小康社会步伐，工业化、城镇化水平的不断提高，将给房地产产业带来巨大的市场需求。

（2）作为老城区之一的海珠区，是不少购房者青睐的区域之一。由于目前市区土地的稀缺性，可供开发商品房的地块正在急剧减少，因此，即使是政策强压期，市区楼盘特别是地段优越的楼盘，价格受到的影响是微乎其微的，在求大于供的市场现状下，项目的升值潜力不言而喻。

（3）项目由著名企业珠江实业集团旗下的东建集团开发，该企业口碑好，受市民关注。

T（威胁）

（1）整个广州房产市场房价逐步上涨，而居民的收入提高幅度较小。

（2）土地增值税清算会对开发商施压，可能影响价格决策。

(3) 周边二手楼盘较多。

三、战略分析

	优势分析	劣势分析
项目机会与威胁	S1. 环境优美，交通便捷 S2. 周围配套设施相对完善 S3. 知名建设、施工、物业单位，更有保障	W1. 价格偏高 W2. 绿化率相对偏低 W3. 三居室户型偏多 W4. 楼盘在主干道一侧，略喧哗
机会分析	发挥优势，抢占机会	利用机会，克服劣势
O1. 广州房地产市场需求量大 O2. 海珠区地块剧减，项目具升值潜力 O3. 开发商口碑好，项目关注度高	· 突出项目产品和自身特点 ·知名企业合作，树立更高一级形象	·把握商机，快速抢占市场空白 ·投入广告，宣传项目特色 ·加强展示，提升项目知名度
威胁分析	发挥优势，转化威胁	减少劣势，避免威胁
T1. 房价涨而市民收入提高慢 T2. 国家政策发布，影响价格策略 T3. 周边二手楼盘众多，竞争激烈	·集中强势推广，树立差异化形象 ·提供完善服务，让客户真实体验	·因地制宜，充分利用有限地块资源 ·提前蓄客，传递信息，解决客户资源

四、总结

从以上分析可以看出优势机会、劣势机会以及优势威胁，如果策略处理得当，完全可以转化为对本项目有利的因素。而劣势威胁中，除了一些不可抗拒的原因外，如收入增长赶不上房价增长，增值税的影响，这已经不是我们所能改变的。但是全国各地都在这种影响下，房地产市场照样火爆，所以这些影响还不至于成为本项目的主要影响因素。其他几点我们现在无法改变，只能进行引导。综上所述，只要方法做到位，将珠江实业东建集团房地产开发有限公司、广州住宅建设发展有限公司、广州珠江酒店物业管理有限公司在广州房地产业具有的良好声誉，以及佳滨苑优秀的品质向客户进行宣传，就可以让客户无后顾之忧。

讨论题：

1. 假如聘请你作为该房地产企业的投资顾问，结合上述 SWOT 分析，你会提出怎样的投资建议？

2. 如果你是该项目的开发商，针对上述 SWOT 分析，你会选择何种市场营销方式？

第4章
消费者购买行为分析

人的行为受其思想、情绪、感情、能力和行为动机等心理活动支配，在外部宏观环境的影响下，加上房地产企业的营销刺激，房地产购买者的内心会如何变化？到底是什么因素在影响房地产购买者的行为？房地产购买者的购买决策过程会经历什么样的发展过程？房地产营销人员针对购买者决策过程中不同阶段的情况，应该采取什么促销措施，以确保房地产销售的达成？

4.1 消费者购买行为模式

在不断升级的消费新时代，消费者尤其是年轻人变得挑剔，开始追捧更能满足自己细分需求的产品。消费者的需求更加个性化、多样化，人们变得越来越“精致”。加上计算机、互联网技术以及移动终端设备的普及，消费者在市场上的主动权及主导地位更加显著，企业存在的理由必须是为客户创造价值。这对于企业而言既是挑战也是机遇。房地产企业欲获取满意的市场份额，首先必须对消费者的购买行为进行分析和研究，以此为企业的营销工作提供依据。

4.1.1 房地产消费者购买行为描述

房地产消费者购买行为可以简单地概括为“5W1H”，即：谁来买房地产（Who）；为什么要买房地产（Why）；在什么地点买房地产（Where）；在什么时候买房地产（When）；买什么样的房地产（What）；如何购买房地产（How）。“5W1H”可以简单地勾勒出消费者购买行为的轮廓。

4.1.1.1 谁来买房地产（Who）

即从房地产商品的本身出发，要将房地产卖给什么样的消费对象，解决一个消费者层次定位的问题。由于房地产商品所具有的价值高的特点，在购买行为的过程中存在许多参与者，如购买的决策者可能不是最终的使用者。因此在研究主要消费对象时，要对谁参与了购买的决策进行研究和分析，即谁进行购买决策，谁出资购买房地产，谁对购买决策产生影响，谁最终实际使用房地产，这里的重点是要对购买的决策者和购买决策的影响者进行研究和分析。确定主要消费者是对消费者购买行为进行描述的第一步，也是最重要的一步，它可以为房地产项目营销策划、界定最终的目标市场提供依据。

4.1.1.2 为什么要买房地产（Why）

消费者为什么购买房地产？为什么要购买这一区位、这一类房地产？从经营角度，其被称为购买动机。例如，高端楼盘的消费人群购买动机中很少有追求“性价比”的成分，更多的是通过购买确立“地位”或追求资产的保值增值。消费者的购买动机可以划分为理性的购房动机与带有感情色彩的动机，它们又可进一步分类。

4.1.1.3 在什么地点买房地产（Where）

什么地点、什么样的场所和气氛更有利于消费者做出购买的决定，对这些问题的分析和研究，可以为项目策划人员在制定渠道策略和促销策略时提供参考依据。房地产商品具有价值量大和固定性的特点，在多数情况下，消费者更倾向于到现场进行实地了解、查看。因此，施工现场的环境（如建材放置井井有条会使消费者感觉管理井然有序，对质量也就有了信心）、售楼处的布置（如售楼处的灯光、色彩、味道、背景音乐等）、样板房的设计（样板房是消费者对未来房地产商品的透视，良好的设计效果会提高消费者购买的欲望）、现场分发的广告宣传资料（现场资料对一些尚无法目睹的内容进行补充介绍）都会对消费者的购买决策起到影响作用，这些都是房地产项目策划人员需要重点研究的问题。

有些消费者可能由于工作繁忙等原因不便亲自去现场挑选而委托中介代理机构代劳。因此，对“Where”的研究，可以使策划人员发现哪些中介代理机构是消费者经常光顾的，以便策划人员在选择营销渠道时，可以选择那些信誉高、实力强、业绩好的中介代理机构作为中间商。随着科学技术的进步，社会上还会出现许多新的渠道，如计算机网络技术的普及使得消费者可以足不出户在线上挑选房屋，并可以通过动态效果模拟来观察环境、房型等。

4.1.1.4 在什么时候买房地产（When）

研究消费者在什么时候购买或者在什么时候更愿意表示购买的愿望，有助于策划人员选择最合适的时机将楼盘推向市场。房地产市场不像中秋节买月饼那样具有明显的时间特征，但也不是毫无规律可循。一般来讲，每逢双休日、节假日，询问、选购房地产的消费者要较平时多；在元旦、春节、劳动节、国庆节前后结婚的人较多，在这之前的几个月，年轻人可能会购买婚房；每年的年中和年末，企业发放奖金，消费者可能持有较多的货币，在这之后的几个月，春秋两季为房地产销售的旺期，房地产企业可以在这个时期举行一定规模的楼盘促销活动，当然也要考虑竞争对手推出楼盘的时间。

4.1.1.5 买什么样的房地产（What）

由于消费者所处的社会环境、经济条件的不同，以及心理因素的作用，消费者所需购买的房地产也是多样的。例如，家有学龄儿童的消费者比较在意所售楼盘有没有好的学区资源；关注空气质量和健身需求的客户比较青睐附近有大型公园和绿地的物业；周围有大型超市和地铁站的项目相对更受年轻人喜欢。对消费者需要购买什么样的房地产产品的研究分析，可以使房地产企业准确了解市场需求，适时推出合适的房地产商品。

4.1.1.6 如何购买房地产（How）

消费者购买房地产的方式，不仅会影响市场营销活动的状态，而且还会影响房地产产品的设计及营销计划的制订。例如，消费者有足够的支付能力，会一次性付款；当消费者支付能力不足时，将会采用分期付款或按揭方式。消费者的具体购买方式受到多种因素的影响，本书将在消费者的购买决策中做进一步的分析。

4.1.2 房地产消费者购买行为模式

经济学家对消费者购买行为进行分析时，往往把消费者看作“经济人”，认为消费者的购买是完全理性的，比较看重产品的物理功能，通常会购买最经济划算的商品。但随着社会、经济、文化的发展，人们对消费的追求正在超越产品功能层面，而更重视产品所带来的感官享乐和精神愉悦。从功能到精神、从品质到精致、从需要到想要、从从众到出众成为诸多消费领域的特征。此时，再仅用经济因素已很难解释消费者需求选择了。

为研究消费者购买行为，专家建立了一个刺激—反应模式来说明外界营销环境刺激与消费者反应之间的关系，如图 4-1 所示。这里，消费者被看作一个“黑箱”，他们的心理活动过程是看不见、摸不着的，像一只“黑箱”，是一个捉摸不透的神秘过程。左边的外部刺激进入购买者“黑箱”，然后产生购买者反应，即购买决策，包括产品选择、品牌选择、卖主选择等。

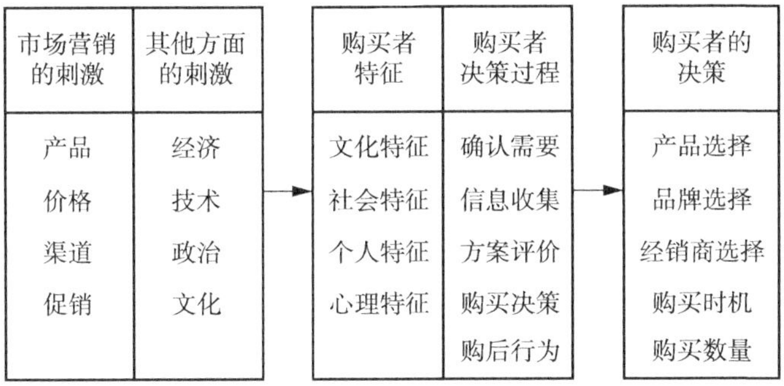

图 4-1 房地产购买行为模式

营销刺激是指房地产企业营销活动中的各种可控因素，即“4Ps”：产品、定价、销售渠道及促销等；其他刺激指购买者所处的宏观环境因素（如政治、经济、技术、文化、社会）的影响，如国内政治经济形势变化、币值的波动、失业率的高低等，这些外部刺激通过购买者的“黑箱”产生反应，即购买行为。刺激与反应之间的购买者“黑箱”包括两个部分：购买者的特征和购买者的决策过程。购买者特征受到许多因素的影响，并进而影响购买者对刺激的理解和反应，不同特征的购买者对同一种刺激会产生不同的理解和反应。购买者的决策过程，也直接影响购买者的最终选择。

4.2 影响消费者购买行为的主要因素

消费者行为与很多因素有关，这些因素可以归纳为四大类，即文化因素、社会因素、个人因素和心理因素。

4.2.1 文化因素

作为社会生物的人类在房地产消费活动中必然会带有其所属的社会群体特征，表现出群体心理与行为的一致性。这种群体心理的形成与表现是受到消费者所处的环境影响的，如文化传统、社会阶层、参照群体、家庭、流行时尚、消费风俗、生活方式等外界因素都对消费者的心理行为有着广泛而深远的影响，这些都是房地产开发中不能忽视的。本节主要就社会文化对购房者的心理影响做必要探讨。

4.2.1.1 文化

一般来讲，广义上，文化被认为人类在社会实践的历史发展过程中创造的物质财富和精神财富的总和；狭义上，文化是一种社会意识形态和行为方式，包括文学、艺术、教育、道德、宗教、社会习俗、行为规范等内容。文化既是一种社会现象，又是一种历史现象。它随着社会物质生产的发展而发展，随着新的社会制度的产生而产生，有其自身的客观规律，不以人的意志为转移。文化的发展又具有历史的连续性，并以社会物质生产的发展为基础。文化是一定社会政治和经济的反映，又反过来对社会政治和经济产生巨大的影响。文化的形成和发展离不开人的活动，又影响和制约人们的行为和观念。

（1）社会文化对消费观念的影响。文化因素对消费者的行为会产生广泛而深远的影响，文化因素在消费者购房决策中越来越受到重视。现代人买房，不仅追求居住的物质环境，更追求居住的文化氛围，追求生活的品位和内涵，是购买一种生活方式，购买一种人居文化。房地产真正需要的是一种人们居住、生活水乳交融的生活化的文化。不少房地产企业在提升商品房性价比的同时，已着力通过各种手段给钢筋水泥注入“文化”，赋予了居家生活新的内涵，多角度地满足消费者日益增长变化的居住需求。以文化的力量引导房地产开发经营将成为房地产行业发展的新趋势，一些文化地产项目已经成为区域性的地标，如上海新天地、城隍庙、杭州万科良渚文化村、北京 798 艺术区等。

（2）社会文化对消费习惯的影响。不同社会文化的风俗习惯，一方面规范着社会成员按一定的方式进行活动；另一方面，如果有人违背了风俗习惯，还会受到社会舆论的谴责和惩罚。以东西方文化异同为例，在西方，星期五和 13 被认为不吉利的数字，因此许多酒店没有 13 号房间，楼房没有第 13 层，人们不会选择星期五操办喜事或开始旅行等。在我国，6、8、9 等被当作带来财运和幸福的吉利数字，而 4 是一个不吉利的数字。于是，凡楼层和门牌号码中含有数字 6、8 和 9，或者含有特殊意义的数字，都被加价出售。广州曾有一处江景楼盘，屋顶采用了绿色，一时间招来不敬之词。从这点也可看出，在进行房地产策划与开发时，房地产企业一定要考虑购房者的消费习惯和特点，否则有可能功亏一篑。近年来，随着我国经济的发展，中式文化及生活美学开始悄然回归，国内建筑风格逐渐由“习外”转而“修内”，新中式成为一种时尚。如何在行业中创新性地彰显民族文化，也成为房地产营销的重要课题与机会。

4.2.1.2 亚文化

文化和亚文化是相对的。对一个国家的主文化来讲，其地区、民族等的文化特色就是亚文化；而对于世界大同文化来讲，每个国家的文化现象就变成了亚文化。对于一个社会某一时期的文化主流来讲，该时期不同阶段的文化就是亚文化。总之，相对于某一主文化来讲，亚文化就是一种局部的文化现象，也只有相对于一定的主文化，才有亚文化可言。

一种亚文化往往是一种生活模式，既包括与主文化共同的价值和观念，又具有独特之处。相对于主文化，亚文化对人们的购买行为起着更大的作用。例如，我国的南方人比北方人更讲究风水，尤其是在广东、福建、海南等地；中国香港地区和新加坡、马来西亚的企业甚至依靠风水先生来测算办公地点，以求好的运势。每一个亚文化系统内的社会成员，不仅要遵循其独特社会文化的各种要求，而且还要遵循或者不能违背主文化倡导的文化价值观念与行为方式。而任何一种主文化，又往往是不同亚文化的综合反映。为此，对一种社会文化的研究与考察往往是从对其不同亚文化的研究和考察开始的。

4.2.1.3 流行文化

流行文化是一种被当时所接受的文化或在当时被认为理所应当的事物。它不像语言那样有明确的意义，而是受环境的影响，具有非常强的时间性。流行对消费行为有很大的影响，往往是许多产品畅销或滞销的直接原因。某种商品一旦流行，就意味着大量的市场需求量和较高利润的可能性。能够引导潮流，是所有商家的梦想。建筑是一种凝固的语言，它是一定时期文化的代表和体现，也存在流行与不流行的问题。掌握流行的特点和规律，以及流行消费的心理，对房地产开发同样有效。

流行的过程往往是旧的消费观念被打破，新的消费观念产生的过程。流行促进了人们消费观念的改变，消费观念的改变又进一步推动流行挺进。流行的发生，也多与人们的求异心理、从众心理、模仿心理和时尚心理有关，反映了人们价值观念和态度的变化。例如，国内一些大城市绿色办公室与绿色住宅流行，反映了人们回归自然、崇尚自然和抵制污染的心理特点。智能化、能源更优化、SOHO现象反映了人们崇尚科技、追求时尚的心理。

4.2.2 社会因素

影响房地产消费者购买行为的社会因素主要有相关群体、家庭、角色与地位和社会阶层。

4.2.2.1 相关群体

相关群体，也称作参考群体，是指能够影响一个人的价值观念、态度及行为的社会群体。它可能是个人所属的群体，也可能是个人向往的群体。前者指个人具有成员资格并受到直接影响的成员群体，如家人、朋友、亲戚或同事等。后者是个人并不具有成员资格，但愿意归属并间接接受影响的理想群体，如偶像、知名人士等。

对个人而言，相关群体具有两种作用：一是社会比较，通过和别人比较来评价自己；二是社会确认，以群体为原则，评价自己的信念、态度和价值观念。消费者往往与相关群体具有某些相似的态度和购买行为，这或者是因为消费者相信在群体影响下做出购买决策可以减少失误，或者是希望通过与群体的交往来提升自我形象。群体的结合越紧密，交往越有效，相关群体对消费者购买行为的影响也就越大。在相关群体对购买行为影响较强烈的情况下，企业应设法影响相关群体中的意见领导者。意见领导者的建议和行为往往被追随者接受和模仿，因此，他们一旦使用了某种产品，就会起到有效的宣传和推广作用。企业应首先针对他们做广告，或干脆请他们做广告，以对追随者起到示范或号召作用。

4.2.2.2 家庭

人们的价值观、审美观、爱好和习惯多半是在家庭的影响下形成的，家庭是最重要的相关群体之一，对其成员的购买行为具有强烈和持续的影响。由于房地产具有价值量大、使用年限长等特点，购房对于普通的家庭而言是一件大事，可能一生只有一次，因此家庭成员深入参与，对购买行为产生很大的影响。在研究消费者的房地产购买行为时，家庭的因素应受到特殊的重视。对房地产产品而言，参与购买的家庭成员一般包括丈夫、妻子和年龄较大的子女。此时，市场营销人员应该弄清楚每个参与者在购买过程中所扮演的角色，一般来说，这些参与者在整个决策过程中扮演的角色大致有以下几种：发起者、影响者、决定者、购买者和使用者。具体分析研究这五种人的地位、年龄、性格、职业、价值观念和他们对购买行为的不同影响，对于市场营销人员是至关重要的。在促销方面，市场营销人员要尽可能做到有针对性地制订促销计划。促销信息的设计与传播必须针对家庭购买行为的“权威”中心，如果促销对象搞错了，就会事倍功半，达不到预期的效果。

4.2.2.3 社会阶层

人们在社会中所处地位不同。社会阶层是社会中按某种层次排列，较同质且具有持久性的群体。同一阶层中的人有相似的社会经济地位、利益、价值观取向和地位。同一阶层中的人，因经济状况、价值取向、生活背景和受教育程度相近，其生活习惯、消费水准、消费内容、兴趣和行为也相近，甚至对某些商品、品牌、商店、闲暇活动、传播媒体等都有共同的偏好。购买和消费产品的品位等级与一个社会中的阶级分层密切相关，马斯洛把人的需求分为五个层次，无论是哪种层次的需求，消费者都会选择适合其品位和身份的消费，以维持其所在阶层的消费品位及消费文化。消费者消费的不仅是产品的使用价值，而且还消费了人为附加于产品之上的符号意义和象征价值。在房地产消费方面，各社会阶层显示出明显不同的偏好与需求。如满足刚需的普通高层住宅、满足高端改善的别墅、满足度假生活方式的文旅地产等，每类产品所对应的客户阶层是不一样的，厘清不同目标阶层的生活模式、心理需求等特征，才能组织实施有针对性的营销计划。

4.2.3 个人因素

个人因素包括年龄结构与家庭生命周期、性别、职业和受教育程度、经济状况、生活方式、个性与自我形象等。

4.2.3.1 年龄结构与家庭生命周期

消费者对房地产产品和服务的选择会随着不同的年龄和人生阶段而发生变化。营销人员应充分了解各年龄阶段的购物倾向，从而选择适合房地产产品的年龄人群作为主要培养阶层。

（1）年龄结构。针对购买房地产产品的特殊性，一般对年龄结构的划分有以下几个阶段：25 岁及以下阶段；26~35 岁阶段；36~55 岁阶段；56 岁及以上阶段。

a. 25 岁及以下阶段。这一阶段的居民几乎没有住宅购买力，但这个阶段中的5~18岁年龄段的居民尚在上学，属未成年人或刚成年，父母必须对他们的教育、监护、安全等问题负责，因此他们对父母的购买决策有很大影响。

b. 26~35岁阶段。这一年龄层的居民在经济能力上处于初步发展阶段，与36~55岁年龄层的居民相比，购买力稍弱，但由于婚姻、生育等问题，家庭独立性较强，购买的欲望也特别强，可能占住房消费市场的25%~33%。

c. 36~55岁阶段。这一年龄层的居民最具备经济能力，是具有最大购买力的阶层，他们在整个住房市场上所占的比重也最大。

d. 56岁及以上阶段。56岁及以上的年龄层，多半已拥有住房，而且由于子女逐渐成年、独立谋生，原有的房子可能反而逐渐闲置，对房屋的需求大减，除少数以经营房地产为目的或出于投资保值的目的外，对房屋的兴趣较小。

（2）家庭生命周期。一个家庭从建立到不断发展过程中所经历的不同阶段，称为家庭生命周期，这也是影响家庭消费特点的重要因素。家庭生命周期可分为初婚期、生育期、满巢期、空巢期和鳏寡期五个阶段。初婚期指从结婚建立家庭到生育第一个子女这一时期；从第一个孩子出生到最小一个孩子被抚养成人称为家庭的生育期；满巢期是指所有的孩子长大成人离开父母独立生活之前这一时期；当子女成家立业，组建了新的家庭，独立生活之后，原来的大家庭只剩下两位老人的时期称为空巢期；而夫妻双方有一方去世就称为家庭生命周期中的鳏寡期。

当然，对每一个具体的家庭来说，其生命周期并不一定严格按此顺序发展，也不一定非要经历每一个阶段。但从家庭生命周期中的每一个发展阶段来看，不同的家庭在同一阶段都存在着许多共同而明显的消费特点。处于不同生命周期的家庭，消费对象和消费层次上有不同的表现。

a. 初婚期的家庭。这一群体的年轻人观念超前，经济负担相对较轻，对赚钱信心十足，有勇气借贷购房。较之其他年龄人，这一人群易接受各种媒体广告影响，是住房消费市场上最具潜力的买家。年轻人的家庭结构相对简单，对住房面积的要求不高，小户型比大户型更能适合他们的需求。但同时他们要求拥有体面的公共空间，以满足其广泛的社交需要。

b. 生育期的家庭。这一时期家庭支出的大部分用于养育子女，父母开始为孩子未来的教育进行投资。为孩子成长选取一个具有良好文化氛围、有益于子女健康成长的住区环境，是每一个进入生育阶段家庭考虑的首要因素。因此，居住区内有着完备的幼儿园、中小学的地产项目，对于这一人群就有极大的吸引力，是极好的卖点。另外，处于这一阶段的家庭，正是面临子女教育、家务劳动、赡养长辈等困扰的时候，经济负担相对较重，使消费者对房屋的实用性、合理性更加挑剔。

c. 满巢期的家庭。这一类家庭的子女已长大成人，参加了工作，有一定的经济收入，家庭的总体消费能力达到最高。这一年龄层的居民是最有购买力的人群。人们的居住目标已不仅满足于住房解困，而是拥有更好的生活品质与体验。

d. 空巢期与鳏寡期的家庭。伴随着越来越多空巢期与鳏寡期家庭的出现，我国有相当一部分城市已步入老龄化社会，在潜在的住房市场中，具有一定支付能力的老年人是不可忽视的部分。老年人生理和心理的特点，对住房设计和室外活动空间提出了专门要求。在住房设计中要求考虑健康老人的家庭保健和行动不便、老人的家庭护理及安心的居住空间。处于空巢期的准老年人及鳏寡期的老年人精神上的寂寞与孤独感显得十分突出，尤其是生病需人照顾和帮助时，社区是家庭的自然延伸，因此，应建设适应老龄化社会需求的社区，为越来越多的老年人设置相应的社会活动场所，如老年书报室、棋牌室、健身场所，提供室外交往环境，给他们的生活以精神慰藉已成为一大趋势。

4.2.3.2 职业

一个人的职业影响其对商品和服务的不同需求和欲望。对于房地产产品而言，不同职业的人有不同的评估标准，所需的产品也是千差万别的。例如，海内外常驻机构的商务人员、管理人员、技术人员或工作强度较高和节奏较快的消费人群，偏向于选择提供较多日常服务、周边商服较完善、尽可能便利以节省时间成本的住所。而工作时间较规范、节奏较稳定的职业人群，如行政、事业单位的职员等，会偏向于选择社区环境较生活化，有较宽敞的绿化庭院、邻里关系融洽的住宅小区。营销人员应注意收集研究不同职业人群的消费特点，以便为他们提供适销对路的产品。

4.2.3.3 经济状况

经济状况对于购买行为的影响更为直接。经济状况取决于消费者的可支配收入、储蓄与资产、负债等因素。在经济情况一定的条件下，购买能力取决于消费者对消费与储蓄的态度。个人的购买能力，在很大程度上制约着个人的购买行为。消费者一般都在可支配收入的范围内考虑以最合理的方式安排消费，收入较低的消费者往往比收入较高的消费者更为关心价格的高低。

消费者对消费与储蓄的态度，不仅受收入水平和消费习惯的制约，而且受利率高低、物价稳定程度和商品供求状况等因素的影响。房地产企业应密切注意个人收入、存款和利率等因素的动向，以便及时调整营销战略，保持本企业商品对目标消费者的吸引力。

4.2.3.4 生活方式

生活方式是人们享用物质的、劳务的消费品和使用由他们支配的闲暇时间的方式。房地产是很重要的生活方式实现者，人们在满足基本的居住需求后，希望寻找更随意和更可把控的生活空间。比如，“第三空间”的流行就是这种体现，在城市中心居住和忙碌工作的人们，周末希望回到城市郊区和周边城镇的住所享受慢生活，或者平时和更多的家庭成员居住在一起，在合适的时间又希望随时回到另外一套房子从而将其作为自己的独享空间等现象，都是人们对生活方式变化的空间要求。生活方式不同，人们的活动、兴趣和见解就不同，中国人的生活方式中存在着许多个性化的意趣空间。不同人群对生活方式有着各不相同的喜好，诸如便捷的、自然的、悠闲的、热闹的、奢华的、都市的、乡土的、繁华的、宁静的、怀旧的、时尚的、国际的、地域的、社交的、动感的、恬静的、养生的、康体的、科技的、智能的、民俗的、风情的、童趣的、娱乐的、保守的、前卫的、超现实的、山景的、水情的等，不同的生活方式可以为房地产项目主题的创造提供不同的素材和依据。因此，了解目标顾客的生活方式，对营销者是很有意义的。营销人员可以从消费者参与的活动、保持的兴趣，以及对各种事物的意见等角度加以分析、衡量。

4.2.3.5 个性与自我形象

个性是指一个人身上经常地、稳定地表现出来的心理特点的总和，如自信或自卑、冒险或谨慎、倔强或顺从、独立或依赖、合群或孤高、主动或被动、急躁或冷静等。个性使消费者对环境产生持续的反应，可以直接或间接地影响消费者的购买行为。例如，喜欢冒险的消费者容易受广告的影响，成为新产品的早期使用者；自信的或急躁的人购买决策过程较短，而缺乏自信的人购买决策过程较长。

与此相关联的另一个概念是购买者的自我形象（自我观念），即人们怎样看待自己。自我形象是一幅十分复杂的图像：一个是实际的自我形象；另一个是理想的自我形象，即希望怎样看自己；还有一个是社会的自我形象，即认为别人如何看待自己。消费者的自我概念已经成为影响消费者从自我象征性意义角度来选择购买产品的重要因素，在现实的自我、理想的自我和社会的自我三者相互作用下，一般认为，人们总希望保持或增强自我形象，并把购买行为作为表现自我形象的重要方式。某个楼盘具有和消费者个人相似的特性时，就会激发消费者的购买欲望。营销者必须了解其目标市场可能存在的个性特征和消费者的自我形象，营销者所设计的品牌形象，应当符合目标市场消费者的个性及自我形象。

4.2.4 心理因素

消费者的购买行为受其心理的支配。影响消费者购买行为的心理因素包括动机、感觉和知觉、学习、信念与态度等心理过程。

4.2.4.1 动机

心理学认为，人的行为是受动机支配的，而动机是由需求引起的。当人的某种需求未得到满足，或受到外界某种事物刺激时，就会产生某种紧张状态，引起某种动机，由动机引发行为。所以，动机就是升华到足够强度的需求或受到刺激的需求，它促使人采取满足需求的行为。

消费者的动机可支配购买行为，但一种购买行为可能受许多动机的支配。买一套住房，可能有多种动机，如拥有自己的房屋、增加居住面积、改善居住环境、显示富贵、满足虚荣心、进行投资等。动机的存在要求房地产营销人员必须熟悉消费者购买房地产的各种动机，深入了解同一购买行为的众多动机中，究竟哪一个是最重要的，起决定作用；在什么时候、什么情况下，哪种动机占支配地位。只有这样，才能有针对性地开展市场营销活动。

4.2.4.2 感觉和知觉

消费者有了购买动机后，就要采取行动。至于怎样采取行动，则受到认识过程的影响。消费者的认识过程，是对商品等刺激物和店容、店貌等情境的反应过程，它由感性认识和理性认识组成。感觉和知觉属于感性认识，是指消费者的感官直接接触刺激物和情境所获得的直观的、形象的反映。

（1）感觉。感觉是人脑对直接作用于感觉器官的客观事物的个别属性的反映。为使社会公众感觉到某个楼盘的存在，开发商往往不惜重金去打广告。有些广告色彩鲜艳、篇幅巨大、形象生动且富有创意，这样做的目的无非是刺激消费者的感觉器官，造成冲击力和震撼感，给人留下深刻的印象。

（2）知觉。随着感觉的深入，各种感觉到的信息在头脑中被联系起来进行初步的分析综合，使人形成对刺激物或情境的整体反映，就是知觉。知觉是一种“程序”，个人经过这个程序来选择、组织和解释各种输入的信息，从而产生一幅对客观世界的有意义的图像。因此，知觉代表个人对刺激事物的印象。由于每个人都以各自的方式注意、整理、解释感觉到的信息，因此不同消费者对同种刺激物或情境的知觉很可能是不同的，这就是知觉的三个特性，即注意的选择性、理解的选择性和记忆的选择性。人的需要受到激励形成动机，但他的行为如何，还要看他对客观情境的知觉如何，因此，两个具有同样动机和处于同样情境的人，由于他们对情境的知觉不同，可能导致不同的行为。

营销人员需要关注的问题是：消费者的知觉和营销人员的知觉一样吗？顾客对产品的看法与市场营销策划者、广告设计者和开发经营者的看法一致吗？经过一些公司和营销人员的测试和统计，得出这样一条结论：消费者喜欢的产品和开发经营者、广告设计者喜欢的产品有很大差异。产生差异的原因是：两类人对产品的评价标准不一样。所以，如果公司贸然采纳开发商、经营商和广告设计者的主观看法去开发营造某种房地产产品，有可能会与消费者的看法差距甚远，由此而招致损失。

对于房地产产品而言，了解消费者对价格的知觉和看法是至关重要的。许多消费者往往认为，价格是质量的指标，故价格高乃是质量优良的保证。心理学家格博认为，在每个消费者的心目中，都有一个产品价格的上限和下限，如果产品价格超过上限，则个人会以为太贵；如果价格低于下限，则个人会认为产品的质量值得怀疑。此外，还存在心理性价格的概念，如 7799 元/平方米和 8000 元/平方米在消费者心中的感觉是不一样的，他们往往会认为 7799 元/平方米的楼盘便宜。消费者的知觉是价格拟定不可缺少的部分，其他市场营销因素也必须配合所拟定的价格。假如消费者坚持高价格与高质量关系的存在，则广告及促销渠道等必须能够反映这种印象。

4.2.4.3 学习

人类的有些行为是与生俱来的，但大多数行为是从后天经验中得来的，这种通过实践，由后天经验引起的行为变化的过程，就是学习。

基本的学习模式，可利用驱动力、线索、反应及增强等来解释。驱动力是指引发个人产生行动的内在紧张状态。而线索则是一种环境刺激。反应是指个人对环境中线索所采取的行动。增强是反应的重复。当增强一再发生时，个人碰到此类刺激后马上会做出某种固定反应，于是形成习惯。然而，假如反应在后续出现时，没有受到增强，则学习的习惯会终止，这称为消除作用。市场营销人员应认识到“学习”在促销活动中的作用，并利用各种传播媒介来加强消费者对本公司的广告及产品的印象，引导他们做出购买本公司房地产产品的决定。

4.2.4.4 信念与态度

所谓信念是人对于某种事物所持的一种看法和相信程度，消费者对产品的信念，构成了产品形象和品牌形象。人的行为多少会受其信念的影响，因此房地产公司的开发商和经营者应关心消费者对其产品和服务的信念。如果发现消费者对其产品的某些信念不正确，就要设法改变消费者的信念。

态度是人对某一事物或观念的好恶，这是对态度比较通俗的理解。消费者一旦形成对某种产品或品牌的态度，后续就倾向于根据态度做出重复的购买决策。对某种商品的肯定态度可以使这种商品长期畅销，而否定态度则可以使它陷入滞销。房地产企业在进行产品开发时，应设法了解消费者对其产品和服务的态度，尽量使其楼盘迎合人们现存的态度，而不是设法改变这种态度，因为改变产品设计和推销方法要比改变消费者的态度容易得多。

4.3 消费者的购买决策过程

分析与研究消费者决策过程的主要目的是针对消费者在决策过程各环节的心理活动与行为，不失时机地采取适当的营销措施，唤起和强化消费者的需要，影响消费者的购买决策，引导消费者的购买行为朝着有利于实现房地产企业营销目标的方向发展。

4.3.1 购买行为的类型

根据人们在购买居住用房时考虑因素侧重点的不同，本书把房地产购买行为分为四种类型。

4.3.1.1 经济实用型

这类顾客生活方式一般比较简单，崇尚朴实无华，平时勤俭节约。他们选择房屋重在房屋的质量、实用性，不求名声与外形，喜欢倾听有关房屋的质量说明，认识事物、考虑问题都比较现实，不喜欢过多的联想、象征。因此，对于这类顾客，销售人员应该对房屋的质量，以及内在设施的质量、性能、特征、实用程度等加以详细说明，并予以强调和突出，切勿浮夸空谈、吹嘘过多，否则将适得其反、徒劳无功。

4.3.1.2 现代自由型

这类顾客生活方式比较随便，消费常呈浪漫型，具有强烈的审美意识，易受房屋的外观造型、颜色和命名的影响。他们选择房屋时，既会考虑质量，也会讲求外观，但比较起来，则易倾向于后者。他们的注意力容易转移，兴趣易变换，易受情绪影响和销售宣传的诱导。因此，对于这类顾客，销售人员应该注意借助于口才，加强引导宣传，采取强烈的渲染，以激发其浪漫与想象，使其从拥有房屋的未来中得到一种联想性的满足，以调动其购买的热情和积极性。

4.3.1.3 严格苛求型

这种类型的顾客往往具有一定的购买房屋的知识和经验，并且心思细密、主观性强。他们往往特别善于观察一般人不能观察到的细微特征，并持有敏感的戒心。他们挑选房屋小心仔细，无论是对建筑材料、楼房的质量、房间的大小、间隔、外观，还是对朝向、方位、视野、景观，以及周围的基础设施、环境状况等，都能提出这样或那样的不满，并且斤斤计较。对于这类顾客，销售人员既要详细说明房屋的质量与好处，以及房屋建筑施工单位的良好信誉，又不能太软被其气势压倒，而应有强烈的自信心，抓住机会利用气氛，并且给予一定的优惠条件，如给予价格、贷款条件的适当优惠。

4.3.1.4 注重风水型

房地产产品与一般商品相比较有一个显著特点，就是在产品之上有一层朦胧的迷信面纱，其所处的地势、位置、朝向、方位等常常被一些极端迷信的人崇尚。这类消费者在购买房地产产品时，比较重要的诉求是要寻得一块宝地，给自己和自己的后代带来吉祥、繁荣和兴旺。对于这类顾客，销售人员应以现代科学的观点规劝，使其更注重人的价值，其方式最好是通过现实生活中的种种反例消除顾客的疑虑，破除其迷信风水观，从而做出正确而又现实的购买决策。

4.3.2 消费者购买行为变化趋势

消费者购买行为没有固定的模式，随着社会经济的发展，人的消费习惯和购买行为也必然发生变化。近年来，随着人们收入和消费水平的提升，人们对住宅的消费习惯也突破了几十年不变的传统居住模式，总的变化趋势是从“生存型”“温饱型”向“小康型”“享受型”过渡。

4.3.2.1 “生存型”住宅

“生存型”住宅只能提供最低级的居住标准，通俗地讲，这类住宅可保证人们不受严冬酷暑、雷雨风霜的侵袭，有一个供做饭、吃饭、睡眠的“窝”，但如何能将炊事、就餐、睡眠、起居功能分开就谈不上了。因此，这种住宅也称为“居室型”“起居就寝合一型”住宅。按照国际标准，这类住宅也就是一家只有一间房。目前这样的家庭在我国仍存在，但比重很小，属于政府重点改善或解困的对象。

4.3.2.2 “温饱型”住宅

“温饱型”住宅介乎于“生存型”与“小康型”之间，是指家庭起居功能在低标准内分开，它部分地克服了炊事、就餐、洗浴与睡眠、学习之间的相互干扰，即除了主要的居室之外，还分出厕、厨、厅等功能用房。所以“温饱型”住宅又称为“起居就寝分离型”住宅。

4.3.2.3 “小康型”住宅

“小康型”住宅就居住水平而言，“小康”目标是不确切的。国家统计局公布的《中国人口普查年鉴 2020》显示，我国城市家庭人均居住面积已达 36.52 平方米，但质量却有很大差异。只有那些具有完善起居功能与寝室相分离的住宅，才真正达到“小康型”标准。

4.3.2.4 “享受型”住宅

“享受型”住宅是指每个家庭成员一间房，一家有两套住宅，即除了常住的住宅外，在郊外或其他地点还有供度假的别墅。不少开放较早、收入较高的沿海城市和地区，已出现了“享受型”的住宅需求市场，但购买花园洋房、别墅的住户，绝大部分是海外侨胞和海外来华投资商，以及国内一部分高收入者，如私营企业主等。随着经济的发展和住房私有化的推进，这部分住户在全部住户中的比例会不断提高。

4.3.3 购买决策过程

消费者的购买决策行为并非独立的单一行为，而是一系列的连续行为。分析这个过程，目的在于使房地产营销人员针对决策过程不同步骤的不同情况，采取有效的促销措施。按照营销学家菲利普·科特勒的划分方法，本书把购买决策过程分为五个步骤，如图 4-2 所示，即确认需要、信息收集、方案评估、购买决策和购后行为。

图 4-2 购买决策过程的步骤

4.3.3.1 确认需要

消费者认识到自己有某种需要时，是其购买决策过程的开始。这种需要可能是由内在的生理活动引起的，也可能是受外界的某种刺激引起的，或者是内外两方面的因素共同作用的结果。任何购买行为都是由动机支配的，而动机又是由需要激发的，所以可以认为，消费者对于某一需要的认知是购买行为的起点。

房地产市场营销应十分注意唤起消费者的需要。房地产企业必须十分清楚消费市场对本企业的房地产产品有哪些实际或潜在的需求，同时要了解通过哪些因素的刺激可诱发消费者的需求。研究表明，若一项产品可以同时满足消费者的需求越多，且经过适当的刺激，就越可能成为人们梦寐以求的产品。如在香港，拥有山顶的房地产不仅可以满足人们居住的需要，还成为权力和财富的象征，可以使拥有者得到心理的满足。房地产营销人员应不失时机地采取适当的措施，唤起和强化消费者的需求。

4.3.3.2 信息收集

在大多数情况下，消费者由于对所要购买的房地产产品缺乏了解，已经认识到的需求并不能很快得到满足。为了做出正确的购买决策，消费者这时通常会积极收集有关信息来进一步增强对产品的认知，以便为下一步的方案评估提供参考依据，并做出最终的购买决策。一般来说，消费者收集信息的来源主要有以下几个渠道：

人际来源，即从家庭成员、亲朋好友、邻居、同事和其他熟人处得到信息，通过人际来源收集来的信息影响力最大，最有说服力，也最具评估作用。

商业来源，即从广告、推销员、经销商、产品介绍、图片报道、样品房、透视图、展销会等途径得到信息。此信息源最为广泛，信息量也最大，一般仅起扩大公众影响力的作用。

公众来源，即从报刊、电视、广播等大众宣传媒介的客观报道和消费者团体的评论得到信息，此信息源往往具有导向功能。

经验来源，即通过触摸、试验和使用产品得到信息。例如，某人曾经购买过某开发商的楼盘，入住后感觉不错，当开发商再次开发新楼盘时，该消费者可能会再次选择购买。此信息源比较真实、可靠。

在这些信息资料来源中，商业来源起到了一个告知、传达的作用，而人际来源则提供经验和对产品进行方案评估的信息。对于消费者而言，来自商业来源的资料信息最多，而来自人际来源的资料信息则最具影响力。

每一种信息来源在影响消费者购买决策方面起着不尽相同的作用。营销人员必须借助于各种渠道，将各种有利于做出本企业房地产商品选择的信息传递给消费者，进而影响消费者的态度。消费者购买产品后，如果满意，会推荐其他人购买，成为其他消费者获取资料信息的人际来源。

4.3.3.3 方案评估

消费者得到的各种有关信息，可能是重复的，甚至是互相矛盾的，因此还要进行分析、评估和选择，通过对房屋的质量、结构、地理位置、设计格调、价格等综合比较，最终选定能满足自己需要的房屋，这是购买决策过程中决定性的一环。消费者的比较和评价，实际上是房地产企业产品之间的直接较量，是产品争夺消费者的竞争。企业要针对消费者的心理，强调自己的特色，如以独特的设计风格、好的教育资源、更优的产品力等获得消费者的偏爱。在消费者的评估选择过程中，以下几个方面值得营销人员注意。

（1）房屋性能是购买者所考虑的首要问题。

（2）消费者对房屋的各种性能给予的重视程度不同。

（3）消费者心中既定的产品形象与产品的实际性能可能有一定差距。

（4）消费者对房屋的每一项属性都有一个效用函数。

（5）多数消费者的评选过程是将实际产品同自己理想中的产品进行对比。

对于营销人员而言，尤其重要的是要找出消费者在进行方案评估时具有决定性意义的指标，在营销策划中投其所好地进行强化，以影响其做出购买决策时的态度。

4.3.3.4 购买决策

方案评估后，那些具有购买需要的消费者会产生购买意图，继续购买行为，并产生购买决定。然而从购买意图到购买决定之间，还要受两个因素的影响，如图 4-3 所示。消费者在采取购买行为之前，会首先做出购买决策。购买决策是对许多因素综合考虑后做出的判断，这些因素包括购买哪一区位的房地产、购买该区位中哪一楼盘、何种房型、以何种价格购买、面积多少、以何种方式付款等。

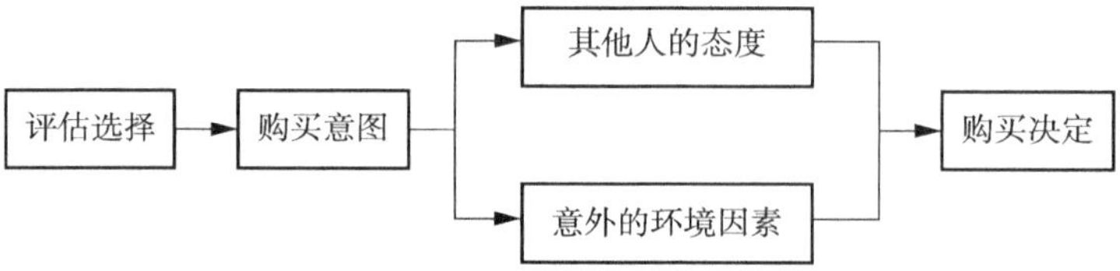

图 4-3　影响购买决定的两个因素

（1）其他人的态度。例如，某人已准备购买某房地产开发公司的房屋，但他的家人或亲友持反对态度，就会影响购买意图。反对态度愈强烈，或持反对态度者与购买者关系越密切，则改变购买意图的可能性就越大。

（2）意外的环境因素。购买意图是在预期家庭收入、预期价格和预期获益的基础上形成的。如果发生了意外情况——家庭的意外支出、房产涨价或亲友带来该企业或楼盘令人失望的信息，则很可能改变购买者的购买意图。

消费者的修改、延迟或取消某个购买决定，往往是受已察觉风险的影响。“察觉风险”的大小，由购买房屋价格高低、性能的确定程度和购买者的信心强弱而定。因此，房地产企业应设法减少消费者在购买中所需承担的风险，促使消费者做出最终的购买决定并付诸行动。营销人员要清除（或减少）干扰决策的因素。例如，一方面，可以向消费者提供更多且更为详细的信息资料，便于消费者进行选择；另一方面，向消费者提供良好的销售服务，形成方便消费者的态势，促其做出购买的决断。

4.3.3.5 购后行为

消费者购买之后的行为主要有两种：一是购后的满意程度，二是购后的活动。

（1）购后的满意程度。消费者的购后满意程度，取决于消费者对房地产产品的预期性能及其服务与房地产产品使用中的实际性能及所获得的服务之间的对比，也就是说，消费者如果购后在实际使用中符合预期的效果，则感到满意；超过预期，则很满意；未能达到预期，则不满意或者很不满意。实际和预期的差距越大，不满意的程度也就越大。因此，房地产营销人员的广告宣传必须实事求是，符合房屋的实际性能，避免言过其实，以便使购买者感到满意。有些高明的营销人员对产品质量性能的宣传甚至故意留有余地，以增强消费者购后的满意感。

（2）购后的活动。购房者的购后满意程度如何，不仅影响该消费者本身对所购产品的评价，而且还会影响其他潜在的购买者。西方企业界有一句谚语："最好的广告是满意的顾客。"若消费者感到满意，他会向其他消费者介绍该物业的种种好处，成为企业最有说服力的范例和义务的推销员，为企业带来更多的购买者；反之，失望的顾客不但对企业和产品原有的态度会转变，而且到处进行反面宣传，使原已准备购买的人放弃购买。因此，如果一旦引起消费者的不满，企业应尽力做好销售以后的弥补工作，将消费者的不满情绪降至最低点。房地产营销人员应与购买者进行购后的联系，采取一些必要的措施，促使购买者肯定其购买决策的正确性，以建立良好的关系。

案例分析

奥伦达部落：一座小镇引爆的人文传奇

2020 年 1 月 17 日，一场别致的春晚在京北古崖居近畔拉开帷幕，现场气氛异彩纷呈，吸引了多家媒体来此来访。它的背后究竟藏有什么魅力？

一个叫奥伦达部落原乡美利坚的幸福人文度假小镇浮出水面，此前，这个小镇已蛰伏十年，为大家展现不曾意料的想象空间。

一个社区的春晚，想象空间在哪里？

如果仅是一场企业年会形式的联欢，"原乡春晚"也就不会博人眼球。这场名为"幸福向原乡暨 2020 年奥伦达部落原乡春晚"的盛会，与众不同之处就在于：全场演出全部由该社区的业主自编自演。之前筹备数月，民族舞、芭蕾舞、小品、合唱等节目一应俱全，品质堪比电视台春晚。

这场自发式狂欢的背后，有两个新名词走入公众的视野：一是"乡民"，二是“聚落”。

该社区的业主有一个共同的代称——“乡民”，即“原乡居民”的简称；他们的业余生活中都有一个落点——“聚落”，等同于通俗意义上的兴趣社团。

在微观的层面，这个社区的人居氛围是基于“人”的聚合与延伸，这种生态超越了普通房地产的玩法。在世人的常识里，开发商大多是卖了房子就大吉，然后给物业商接盘，做点日常管理的杂事。

“原乡”显然不甘于像流水线般制造一个平庸的社区，它不动声色地探索一个“走心”的大格局：无论是源于2011年的幸福系统，还是“五同”理念的渐进式路演，奥伦达部落幸福系统在原乡的实践始终深得人心。

他们到底是怎么玩的？

“5+2”的生活方式：值不值？

老张是某大企业的技术高管，在京城黄金地段有自己的房产。2007年，把北京周边有品位的地产几乎看遍了的他，来到了原乡，山外之山的自然之美，如梦如幻的世界让他眼前一亮，他留了下来。

多年过去，老张讲起自己的收获，房子的增值并不是他讲述的重点，社区的人文氛围才是他言之不尽的所在。在这个社区，大家彼此相称多用网名，一个叫“拳友社”的自发式聚落是他定期参与的社团。早年的打拼让他的颈椎一直不太灵光，打太极让他减轻了病痛，而这里深耕的太极文化与分享精神让他重新审视自己的人生。

据了解，该地共有近百个自发聚落，官方称之为“幸福梦想实践平台”（即“梦想聚落”），诸如航空俱乐部、话剧社、红酒会、油画苑、拳友社、足球队、花友会等，每年举行各种聚落活动近千场，乡民们显然很喜欢这种生活状态。于是出现这样的生活方式：大部分人在城市里度过紧张的工作日，周末回到这里，过自己的“慢生活”，有自己的小圈子，玩自己的聚落，哪怕驱车两个小时也归心似箭。

在中国近年的城镇化进程中，大部分新兴社区都涌现出类似社团，但基本处于自生自灭的状态，奥伦达部落的高明之处就在于，每年投入数千万元资金来支持乡民们自发的聚落活动，企业高层亦频频参与此类活动。

他们为什么这么做？

奥伦达部落的幸福哲学：有内涵

早在2004年，奥伦达部落原乡始建于京北延庆，一个云淡风轻的“乌托邦”，一种幸福生活的构建，催生了一种幸福系统。到2011年，奥伦达部落幸福系统的正式形成，行业内首次开创出一种新角色：幸福系统运营商。

传统地产商都明白社区运营的重要性，但多是以物化的思维来主导社区运营，进而随其商业版图四处复制，最终却面对一种尴尬的局面：有布局，无实效。可以肯定的是，奥伦达部落幸福系统成功突破了传统的管理模式，在商业链条上打造出一种泛镇式的业态。它不仅在北京落地生根，更延伸到郑州、济南、深圳、沈阳和法国的波尔多等城市，呈现“星星之火，可以燎原”的势态。

在旁观者看来，这种模式是先知先觉的。在质朴的层面，该模式遵循了物以类聚、人以群分的哲学，最终玩出了新名堂：看似不便利的区位，实则在差异化的发酵中，被人文的能量覆盖，业主对社区运营的高满意度，转化为企业潜在的商业价值。此前多家媒体报道显示，奥伦达部落的业主与会员高度参与幸福系统的实践，这也成为他们的身份标签之一。

奥伦达部落原乡的脱颖而出，在于其向客户展现了一些独特的、其他竞争对手一时无法效仿的事物，它布局的是一种生态。万科地产曾组团前往该地“取经”，探讨什么样的模式创新能为企业带来“春天”，最终达成一种共识，即奥伦达部落幸福系统。奥伦达部落会员中心以有机健康、艺术尊享和爱的循环为服务宗旨，为会员提供高品质的定制化、国际化服务，打造成功人士实践幸福梦想的服务机构；倡导绿色、自由、真实、开放的生活方式，用艺术启发幸福的灵性，并用爱的循环来建立人与自然、家庭、自我的和谐关系，最终达到身心和谐的人生幸福状态。

有很多人说，梦想的追逐是奢侈的，幸福是最奢侈的心灵体验，自由的空间是奢侈的，绿色的健康是奢侈的，这个世界已经很难找到一块纯粹的蓝天白云了。但奥伦达部落，却为了原乡民的幸福生活，营造了这些不可能的奢侈。这种奢侈不是Armani，不是Prada，不是阿斯顿马丁，更不是全球限量版的劳斯莱斯，不是人们对物质的需求、对奢侈品的渴望，而是将自己与周围的人、物、事连接起来，在自己与自己、自己与别人、自己与世界的互动中，发现最真实的内在，与志同道合的人，从感知到分享再到共同创造，最终实践梦想、实践幸福、实践自由。在奥伦达部落，看似普通的活动却暗中涌动着一种凝聚的能量，这种能量便是一种生活方式：倾听、交流、分享；自由、爱人、爱己。这种生活方式就是一扇通向心灵豁达和随性人生的大门。对原乡美利坚项目而言，在这样的梦想追求中如鱼得水，在房产硬实力和人文软实力的较量中，后者逐渐占了上风，从而催生出独树一帜的幸福人文度假小镇。

讨论题：

1. 从奥伦达部落的案例来看，生活方式、文化是如何影响购房者消费行为的？

2. 按照马斯洛需求层次论，奥伦达部落营销成功的关键点是什么？

第5章 房地产市场调查

房地产企业只有了解客户的需求和房地产市场的变化，才能进行有效的营销决策。市场调查是获取市场信息最直接的手段，也是房地产企业营销活动中必不可少的重要组成部分。那么，房地产企业应怎样把握房地产市场的需求和发展方向呢？为了掌握房地产市场营销信息，房地产企业需要采用哪些方法，按照市场调查的程序，做好哪些方面的市场调查？在问卷调查中，设计什么样的调查问卷更容易得到消费者的有效配合呢？

5.1 房地产市场调查概述

随着市场经济的发展，房地产企业与市场的联系日益密切，对市场信息的需求日益增强，它促使房地产企业要运用科学的方法，系统地收集市场信息、分析市场机会，通过开展市场调查为企业制定正确的经营方针和合理的经营决策提供可靠依据。

5.1.1 房地产市场调查的概念

房地产市场调查是指房地产企业运用科学的方法，有目的、有计划地收集、整理和分析与企业市场营销有关的各种情报、信息和资料，为企业营销决策提供依据的信息管理活动。市场调查的目的是为制定企业长远战略规划，或者制定某阶段、某问题的具体政策或策略提供参考依据。

市场调查分广义与狭义两种：广义的市场调查把房地产市场运作的机制、功能、各个阶段的相关要素作为调查、分析的对象；狭义的市场调查是仅以顾客为调查对象，探究其购买动机、消费习惯、意愿等因素，并对同行的营销动态做估计、研究和判断。

房地产作为一种特殊的商品，其类型和数量不断增加，市场对房地产商品的需求也越来越大，而且始终处于不断的变化过程当中。为了准确了解和掌握房地产市场供需，企业必须对不断变化的房地产市场进行全面、系统的调查和研究。

5.1.2 房地产市场调查的主要内容

影响房地产市场的因素是多方面的。一般来说，房地产市场调查主要包括以下内容。

5.1.2.1 房地产市场宏观环境调查

房地产市场宏观环境主要指与房地产市场相关的国家政治、经济、社会、文化、人口等的发展动态。房地产市场属于区域型市场，所以宏观环境调查包括对项目所在地房地产政策与法规、当地经济和人口发展情况等方面的调查。房地产市场宏观环境调查的主要内容有：

（1）政治法律环境调查。其主要包括国家法律中与房地产行业相关的规定与条文，房地产行业协会的相关规定，也包括不同地区政府制定的房地产相关政策。政治法律环境调查内容包括：

a. 政治局面、政治形势与政治体制；

b. 国家、省（自治区、直辖市）、市（县）有关房地产开发经营的方针政策；

c. 有关房地产开发经营的法律规定、法规和政府行为；

d. 有关国民经济社会发展计划、发展规划和土地利用总体规划；

e. 国家有关国民经济和社会发展的规划和计划及房地产相关政策的连续性；

f. 城市规划、区域规划和城市发展战略；

g. 相关社会团体、群众组织及其活动等。

（2）经济环境调查。其主要是掌握地区人均收入、人口增长情况（流动人口情况）、地区经济发展速度、基础建设投资，以及国内外经济发展水平等。其调查内容包括：

a. 经济发展水平；

b. 产业结构情况；

c. 社会购买力水平；

d. 消费结构与消费水平；

e. 物价水平及物价指数现状；

f. 消费者收入水平；

g. 消费者储蓄和信贷情况等。

（3）人口环境调查。人口环境调查需要掌握地区常住人口总量、家庭数量、受教育程度、不同职业的人口数量，以及流动人口的情况等。其调查内容主要包括：

a. 人口总数；

b. 人口密度与分布状况；

c. 人口流动及其流动趋势；

d. 人口的年龄、性别、职业、文化素质、民族构成等。

（4）技术环境调查。其调查内容主要包括：

a. 新技术、新工艺、新材料的发展趋势与发展速度；

b. 新产品的技术现状及更新换代速度；

c. 技术引进与技术改造状况和发展速度；

d. 基础研究、应用研究和发展研究水平及其发展趋势；

e. 国家有关科研和技术开发的方针、政策及规划等。

（5）自然环境调查。其调查内容主要包括：

a. 自然资源；

b. 基础建设；

c. 环境保护；

d. 气候、地理环境等。

（6）文化环境调查。其调查内容主要包括：

a. 价值观念、思维方式；

b. 风俗习惯；

c. 宗教信仰；

d. 教育发展水平；

e. 亚文化群等。

5.1.2.2 房地产市场微观环境调查

房地产市场微观环境调查主要包括对消费者、竞争对手和中间商等情况的调查。

（1）消费者情况调查。其通常包括消费者人口统计特征调查和购买行为特征调查两个方面。

a. 消费者的人口统计特征。其主要指年龄分布、居民收入、职业划分、受教育程度和家庭规模等。

b. 消费者的购买行为特征。其主要是描述实施某种购买行为的主体、时间、地点、原因和方式等。具体来说，消费者购买行为特征可以用以下几个问题来描述：哪些人可能成为房地产商品的买家？消费者如何购买房地产，一次付清还是分期付款或者其他方式？消费者会在何时购买房屋？消费者会在什么地点或者什么场合购买房地产？消费者为什么要买房？

在房地产市场调查中，研究者需要设计合适的调查方案对上述的消费者特征进行仔细调查。一般来说，消费者购买力水平是影响住房消费的重要因素，其主要衡量指标是家庭年收入，它直接决定了消费者的购房承受能力。另外，消费者购买倾向会对住房消费产生重要影响，主要包括对物业类别、品牌、户型、面积、地段位置等的偏好，以及预期价格、物业管理、环境景观等。

对消费者的调查是一个动态研究过程。对于未确定明确目标的消费者群体，可通过收集二手资料对房地产市场消费者做一个普遍、粗略的了解；在确定目标消费者之后，通常可以采用问卷形式进行调查访问。

（2）竞争对手楼盘情况调查。一般来说，房地产竞争楼盘可分为两种情况：一是与所在项目处在同一区域的楼盘，二是处于不同区域但定位相似的楼盘。对竞争对手的调查主要是对营销策略组合调查与分析，包括产品、价格、广告、销售推广和物业管理等方面的调查。

a. 对竞争对手产品区位特征的调查主要包括地点位置、交通条件、发展规划、周边环境等方面的调查。

b. 对竞争对手产品特征的调查主要包括建筑参数、面积户型、装修标准、配套设施等方面的调查。

c. 对竞争对手房地产价格的调查，一般可以从单价、总价和付款方式等方面来描述竞争楼盘的价格情况。

d. 对竞争对手销售情况的调查，主要包括对其销售过程和销售结果的调查，如对方的广告媒体选择、广告投入、诉求点、销售率、销售顺序和客户群分析等。

e. 此外，需要对竞争楼盘的参与单位如开发商、设计单位、建筑企业、监理公司和物业公司等情况进行调查。

（3）中间商情况调查主要包括相关代理商的信誉、经营能力、销售人员的素质、消费者对各类中间商的印象及评价等内容。对中间商情况的调查可以为房地产企业制定营销策略提供参考依据。

5.1.3 房地产市场调查的特点和作用

房地产市场调查有助于提高房地产企业对市场动态的把握并做出及时反应，增强房地产企业的市场竞争能力。

5.1.3.1 房地产市场调查的特点

（1）调查内容较为广泛。房地产市场调查既包括很简单的问题，如被调查者的性别、年龄、文化程度等基本情况，也包括态度或爱好等复杂问题。有些问题被调查者可能不会回答，或不知道该如何回答，也可能是因为问题太敏感而不愿回答。例如，消费者的户型和空间布局偏好调查，消费者如不面对实际户型空间，一般很难回答调查者的问题。要得到这些方面的信息，调查者必须具备扎实的专业知识、自身的努力和过人的智慧。

（2）调查针对性强。房地产市场调查侧重于对消费者的生活模式、行为模式等的研究分析，而且在营销的不同阶段调查内容也不同，实施调查需要具体问题具体分析，如在房地产定位阶段，市场调查主要调查竞争项目的基本数据和消费者的生活模式。

（3）调查结果具有一定局限性。由于房地产项目的开发周期一般较长，特别是当环境动态性和不确定性程度较高时，前期所进行的房地产市场调查结论会存在一定的局限性。

5.1.3.2 房地产市场调查的作用

现代营销理论认为，企业在制定任何产品的产品策略、价格策略、营销渠道策略、促销策略时，必须以认真做好市场调查为基础。市场调查是房地产企业正常生产经营活动的出发点和基本前提，对市场营销活动具有十分重要的作用。

（1）市场调查是房地产企业预测与决策的基础。任何企业制订市场营销计划，都必须建立在对企业内部和外部环境全面而系统的市场调查基础之上。房地产企业的经营预测与决策都必须掌握充分的市场信息，市场调查是获取市场信息的主要途径。因此，它是预测与决策的前提和基础。

（2）市场调查是房地产企业提高竞争力的主要途径。市场调查提高了房地产企业对市场状况的了解程度，有助于增强房地产企业的竞争能力。房地产企业通过市场调查可以获取市场状况及竞争对手的信息，从而对竞争对手的销售价格、产品定位、营销方式等方面有进一步的了解，并通过分析自身的优势与劣势，做到知己知彼，从而更有效地制定本企业的营销策略。

（3）房地产市场调查是使营销组合处于最佳状态的手段。房地产开发周期长，开发项目未来的需求具有不确定性，市场调查可以更好地保持市场营销组合的最佳状态。

5.2 房地产市场调查的类型与方法

房地产市场是一种极为复杂的市场体系，进行房地产市场调查，就是要了解房地产市场的现状，从而为开发商发现机会提供依据。

5.2.1 房地产市场调查的主要类型

由于市场现象的复杂性和市场经营的多方面需要，市场调查不能只用单一的方法从一个方向进行切入，而是应该根据市场调查的目的、要求及实际情况综合运用多种市场调查方法。

5.2.1.1 按市场调查的用途分类

（1）服务房地产投资方向决策的市场调查。这一阶段市场调查的成果主要应用于投资方向决策。具体而言，主要是用于指导开发商的土地投资，以及项目的初步定位。

（2）服务房地产项目运作的市场调查。开发商在购置土地之后，需要进行相应的项目开发，此阶段开发商的主要工作包括项目定位、规划、设计、建设、推广与销售等。该阶段市场调查研究工作在结合宏观研究资料的基础上，需要进行有针对性的、相对微观的区域市场研究，主要解决以下问题：实现楼盘项目供应与消费者需求的无缝连接；通过适当途径将有效的信息传达给潜在的目标消费人群；借助于适当的方式或手段促使该人群实现消费。因此，该阶段调查成果可以为楼盘项目定位、产品推广与诉求提供有效的支持。

（3）服务市场推广与销售的市场调查。消费者需要了解更多有关产品方面的信息，除了从媒体、朋友、同事等处获取信息之外，消费者最终会到销售现场进行实地探访。因此，媒体与销售现场作为促进消费者认知产品甚至购买产品的手段就显得十分重要，如何提高这些手段的有效性，也就成为开发商十分关注的问题。由于房地产的开发与销售具有一定的周期性，在此期间，开发商有机会对其媒体的投放、产品的推广方式等做出更适合目标消费者的调整，而调整的依据源于市场调查研究得到的客观事实。

5.2.1.2 按市场调查目的分类

（1）探测性调查。探测性调查是指企业在情况不明确时，为发现问题、找出问题症结所在，明确进一步深入调查的具体内容和重点而进行的非正式调查，它是为了使问题更明确而进行的小规模调查活动。这种调查有助于把一个大而模糊的问题表达为小而准确的子问题，并识别需要进一步调查的信息。探测性调查对市场进行初步探索，其目的是初步了解市场的基本情况，或证实市场调查方案和工具的可行性，为描述性调查、因果性调查和预测性调查这三种正式调查的开展做好准备。

（2）描述性调查。描述性调查是指对所研究市场现象的客观实际情况进行搜集、整理和分析，主要描述市场现象的各种数量表现和有关情况，为市场调查提供基础资料。描述性调查的设计通常较为正规、步骤细致，主要是为了寻求对六大要素的回答："谁"（Who）、"什么事情"（What）、"什么时候"（When）、"什么地点"（Where）、"为什么"（Why）、"以何种方式"（How），即5W1H。它可以描述不同消费者群体在需要、态度、行为等方面的差异。

（3）因果性调查。因果性调查又称相关性调查，是调查一个市场因素的改变是否会引起另一个市场因素改变的研究活动，目的是探索市场现象或识别市场变量之间的因果关系，如预期价格、宣传力度、广告投入等因素对销售额有何影响等问题。

（4）预测性调查。预测性调查是指为了预测市场供求变化趋势或企业生产经营前景而进行的推断性调查，主要解决未来市场前景问题，其目的是掌握市场未来发展趋势，为市场管理和企业营销决策提供依据。

5.2.1.3 按市场调查的空间范围分类

（1）国际市场调查是面向国外市场展开的调查，其范围可以是某个国家、地区或者全球市场，是范围最广的市场调查。

（2）全国性市场调查是在全国范围内展开的市场调查，可以了解不同地区、不同消费者之间的差异。

（3）区域性市场调查是在某一区域范围内展开的市场调查，以了解不同区域消费者之间的差异。

5.2.2 房地产市场调查方法

房地产市场调查人员可以根据实际情况选择具体方法，通常可以分为两类方法。

5.2.2.1 根据调研对象划分

（1）普查。普查是指对调查对象包含的全部单位进行调查。对市场进行全面普查，可以获得非常全面的数据，能正确反映客观实际，效果明显，但工作量极大、时间性强，进行一次普查需要动员大量的人力和物力，组织工作也比较繁重复杂。系统调查城市人口的年龄、家庭结构、职业特征、收入分布情况之后，对房地产市场营销十分有利。由于全面普查工作量大，要耗费大量人力、物力、财力，且调查周期较长，一般只在较小范围内采用。

（2）重点调查。重点调查是以有代表性的单位或消费者作为调查对象，进而推断出一般结论。重点调查的对象数目通常不多，企业可以用较少的人力、物力、财力，在很短时间内完成。如调查高档住宅需求情况，可以选择一些重点客户作为调查对象，通过他们对高档住宅的需求量、功能要求等推断出整个市场对高档住宅的需求情况。当然由于所选对象并非全部，调查结果难免有一定误差，应当引起调查人员的重视，必要时应重新选取调查对象，并对调查结果进行认真分析。

（3）随机抽样。随机抽样在市场调查中占有重要地位，在实际工作中应用很广泛。随机抽样最主要的特征是从母体中任意抽取样本，每一样本有相等的机会，事件发生的概率也是相等的，可以根据所选择的样本空间结果推断母体的情况。随机抽样可以分为三种方法：

a. 简单随机抽样，即整体中所有个体都有均等的机会被选作样本；

b. 分层随机抽样，即对总体按某种特征（如年龄、性别、职业等）分组（分层），然后从各组中随机抽取一定数量的样本；

c. 分群随机抽样，即将总体按一定特征分成若干群体，随机抽取其中一部分作为样本。

分群随机抽样与分层随机抽样是有区别的，前者是将样本总体划分为若干个群体，这些群体之间的性质相同，再将每个群体进行随机抽样，这样每个群体内部存在性质不同的样本；而后者将样本总体划分为几大类，这几大类之间是有差别的，每一类是由性质相同的样本所构成的。

（4）非随机抽样。非随机抽样是指市场调查人员并非随机选取样本，而是先确定某种标准，然后再选取样本数。这样每个样本被选样的机会并不是相等的，非随机抽样分为三种具体方法。

a. 随意抽样，即市场调查人员根据最方便的时间、地点任意选择样本，如在街头上任意找一些行人询问其对某产品的看法和印象。

b. 判断抽样，即通过市场调查人员根据自己的以往经验来判断由哪些个体作为样本的一种方法。当样本数目不多，样本之间的差异又较为明显时，采用此方法可以收到一定效果。

c. 配额抽样，即市场调查人员通过确定一些控制特征，将样本空间进行分类，然后由调查人员从各组织中任意抽取一定数量的样本。

5.2.2.2 根据调查方法划分

（1）访问法，这是最常用的市场调查方法。科学设计调查表，有效地运用个人访问技巧是访问法成功的关键。

a. 设计调查表。调查表可以反映决策者的思想，是企业营销部门最关心、最想得到的重要信息来源之一。

设计调查表，一是根据整个研究计划明确列出调查表需要收集哪些资料。例如，对房地产公司来说，需要得到所投资项目的下列信息：消费者的购房兴趣、收入情况及购房能力，消费者对住房标准的要求等。二是按照所需情报，提出问题，并确定每个问题的类型。房地产公司既要了解目前该城市的人口分布、年龄情况、家庭结构、住房面积情况，还要了解居民的收入水平、消费者目前是否持有存款，消费欲望以及消费者对住房的最低要求（设计方案、四周环境、建筑套型等）和当地政府对房产的有关政策等。三是按照问题的类型、难易程度，选择题型并安排好询问问题的次序。四是选择一些调查者对调查表进行初步测试，然后召开座谈会或个别谈话，征求意见。五是按照测试结果，对调查表做必要修改，最终得出正式调查表。

b. 访问法的类型。访问法是通过直接询问被调查者的方式了解市场情况和客户需求的一种方法。采用访问法进行调查时，通常要将需要了解的信息变成问题的形式列在表中，按照表格的顺序和要求询问被调查者，访问法通常又称为调查表法。根据调查人员与被调查者的接触方式，访问法又可以分为面对面访问、电话访问、邮寄访问和网络访问等类型。

面对面访问是指房地产调查人员直接与被调查者面对面交谈以收集资料的一种调查方法，是市场调查中较为灵活和通用的一种调查方法。这种方法通常分为两种方式：一种是入户面谈。调查人员按照抽样方案的要求，到抽中的家庭或单位中按事先规定的方法选取适当的被访者，再依照事先拟定好的问卷或调查提纲顺序，对被调查者进行面对面的直接访问。另一种是拦截式面谈调查，指调查人员根据调查方案，在指定地点，如商场、展览会等，按照指定的调查程序选取访问对象，进行较为简短的调查。面对面访问非常灵活，交谈的主题和时间安排都可以根据具体客户的情况进行改变，拒答率较低，而且被访者一般能够较为认真地回答问题。如果访问技巧得当，可以使调查气氛比较轻松，适于进行深度调查，并且可以随意联想，还可能收集到意想不到的信息。但是，该方法成本较高，需要大量时间，调查周期较长，调查者的主观因素易影响调查结果。

电话访问是调查人员通过电话与选定的被调查用户交谈以获得市场信息的一种间接访问方法。电话访问前，需要对调查人员进行培训，尽量做到口齿清楚、语气亲切、语调平和，并且可以在短时间（通常在 15 分钟左右）内完成调查。电话访问覆盖面较广、取得信息速度较快，节省调查时间和经费，被调查人员没有心理压力，可以畅所欲言。但是，电话访问也存在一定缺陷。比如，由于被调查者的状态无法确定，拒答率通常较高。另外，电话访问受时间限制，较难做到深入调查。因此，电话访问只适合某些目的较为明确、简单并且亟须得到结果的房地产市场调查，如调查购房者对房屋的满意度、居民购买房屋的价格信息等。

邮寄访问是将调查者事先准备好的调查问卷邮寄给被调查者，再由被调查者根据要求填写好后寄回的一种调查方法。邮寄访问的调查范围广、成本低，给被调查者充分的考虑时间，也不受调查人员的倾向影响，可以节省调查人员的数量，不需要对调查人员进行专门培训。但是，邮寄访问的问卷回收率一般偏低。而且，调查问卷和回执都要通过邮寄，信息反馈时间较长，很难保证时效性。另外，被调查者必须具有一定的文字理解能力和表达能力，否则调查者很难得到准确的信息。如果采用邮寄访问方法，需要采用一些附加措施以提高调查问卷的回收率和时效性。例如，可以附上回信的信封和邮票，采用电话跟踪提示或者抽奖等方式，使被调查者在短时间内予以回答。

网络访问，指调查人员可以通过社交软件或电子邮件对被调查者进行网络调查，也可以将问题答卷上传到网络供被调查者填写。网络访问速度快、费用低、保密性好。对于一些敏感性的话题，被调查者可以在不暴露自己身份的情况下给出自己的想法。另外，随着网络技术和计算机技术的飞速发展，网络问卷可以制作得非常精致，而且可以根据不同的情况随时调整问题的顺序和数量。

（2）观察法。观察法是指调查者凭借自己的眼睛或摄像、录音等器材，在调查现场进行实地考察，记录正在发生的市场行为或状况，以获取各种原始资料的一种非介入式调查方法。这种方法的主要特点是调查人员同被调查者不发生正面接触，而是由调查人员直接地或借助于仪器把被调查者的活动和实际情况记录下来。观察法可以降低调查者的压力，使其活动不受外在因素的影响，调查效果比较理想。观察法有三种形式：

a. 直接观察法。直接观察法是调查人员去现场直接察看市场情况。比如，派调查人员去房地产展销会或到各大楼盘的售楼部，观察顾客对房地产产品的喜好；又比如，要了解一个楼盘的实际入住情况，可以在白天观察该小区楼宇的空调安装数量，晚上观察该小区住户的亮灯数量；再比如，可以通过观察顾客的交通工具等判断其收入水平与购买能力。

b. 实际痕迹测量法，即调查人员不是直接观察被调查对象的行为，而是观察被调查对象留下的一些实际痕迹。例如，为了比较在不同报纸杂志上刊登广告的效果，可在广告中附有回条，顾客凭回条可到企业去购买优惠折扣的商品。根据回条的统计数，调查人员便可以大概知道哪一家报纸杂志上刊登广告的效果较好。

c. 行为记录法。在有些情况下，为了降低调查者的记录负担，调查人员可以通过特定的仪器记录客户的行为。例如，在现在电视节目收视率的调查中，调查公司经过用户同意在居民家庭的电视机里安装电子记录器，这些记录器同计算机系统相连，每隔一段时间扫描一次，每个家庭收看电视的情况就会被记录下来，调查人员再对这些资料加以汇总分析，就可以确定哪个时间段、哪个节目最受欢迎，可以确定广告播出的黄金时间与频道。房地产市场调查也可以采用这种方法，用录音机和录像机将客户的问题和参观楼盘时的行为记录下来，分析客户购房的心态，从而有针对性地进行楼盘营销策划。

观察法是一种非介入式的资料收集方式，可以避免语言交谈中的障碍、暗示及情感等因素的干扰。因此，通过观察法收集到的资料相对真实、具体、客观，可靠性更强。而且，采用观察法可以获得那些被观察者不愿或不易提供的信息。另外，观察法比较灵活，只要有观察设备，就可以随时进行调查，不受时间限制。但是，由于观察法不与客户进行直接交流，只能获得表面性资料，无法深入探究客户的态度和动机；而且，调查人员需要接受专业培训，应当具备较高的业务水平和敏锐的观察力。此外，观察法需要观察工具和较长的观察时间，花费较大。所以，观察法通常需要和其他调查方法结合使用。

（3）实验法。实验法是将调查范围缩小到比较小的规模，进行实验后得出一定结果，然后再推断样本总体可能的结果。它是一种较为特别的调查与观察活动，调查者可以控制实验环境从而得到较为理想的调查结果。

实验包括三个基本部分：实验对象称为“实验体”，实际上引入的变化称为“处理”，“处理”发生在实验对象上的效果称为“结果”。例如，在调查某房地产广告的效果时，调查人员可选定一些消费者作为调查对象，即“实验体”，对其进行广告宣传并产生影响，即“处理”，然后根据消费者对广告的接受效果来判断楼盘销售量的变化，即“结果”，从而研究房地产广告投放量变化和广告用词、语气对楼盘销售的影响，并与未投入广告区域进行比较，以指导企业的广告决策。由于房地产市场情况受多种因素影响，在实验期间消费者的偏好、竞争者的策略都可能有所改变，因而可能影响实验的结果。即便如此，实验法在研究因果关系时仍能提供访问法和观察法所无法获取的资料，具有独特的使用价值和应用范围。

总之，每种调查方法都有自己的优缺点，在市场调查过程中，调查人员必须正确处理各种方法之间的关系，在不同方法之间进行对比，选定最适宜的方法以充分发挥市场调查的作用。

5.3 房地产市场调查的程序

房地产市场调查是一项复杂而艰巨的工作。调查人员必须在海量、无序的信息中收集与本企业或项目相关的信息。因此，严格按照科学的程序进行房地产市场调查既可以保证调查信息的完整性和可信性，又可以提高调查人员的工作效率，为实现调查目标提供保障。不同的房地产企业和项目，其市场调查程序通常有所区别，但大体上可以分为三个阶段：调查准备阶段、正式调查阶段和分析总结阶段。每一个阶段又可分为若干具体步骤，如图 5-1 所示。

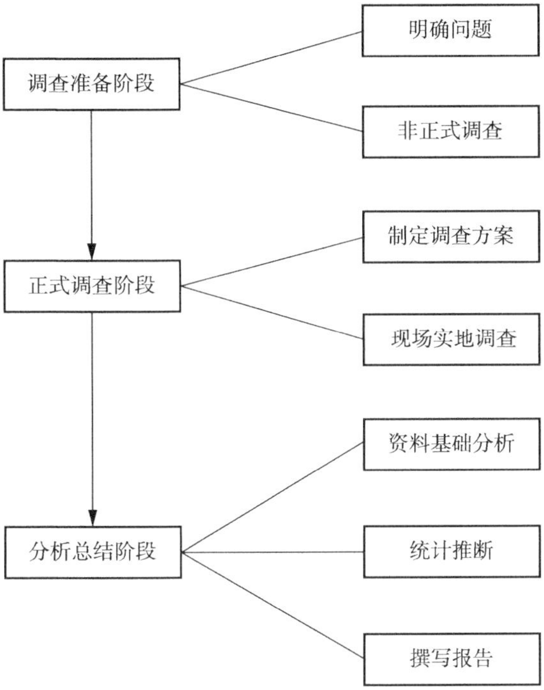

图 5-1 房地产市场调查程序

5.3.1 调查准备阶段

调查准备阶段是房地产市场调查工作的开端。准备工作是否充分，对于开展正式调查工作和调查结果质量都有重要影响。调查准备阶段的重点是确定调查目的、调查范围，然后根据所调查问题确定调查规模、调查人力和调查方法等。在此基础上，制定切实可行的调查方案和工作计划。准备阶段的工作可以分为两个步骤：明确问题和非正式调查。

5.3.1.1 明确问题

市场调查准备阶段的重要作用是确定需要解决的问题。只有当需要研究的问题被仔细、准确地定义之后，才能设计具有针对性的市场调查计划，获取切合实际的信息。这个阶段不仅要确定所要研究项目的目标，还应该明确每一个项目中的一个或多个子目标。房地产市场调查的主要任务是为房地产企业的营销决策提供信息，发现并解决营销问题。所以，调查人员必须清楚，市场调查是为营销服务的，任何偏离主题的调查工作和信息都不能成为有效的调查材料。因此，所有参与调查的人员首先要知道自己要干什么，而且要有非常明确的调查目的与目标，这样才能起到事半功倍的效果。

调查人员针对初步提出的调查问题，可首先收集企业内外部相关的情报资料，做初步分析研究，找出相互影响的因素以及各个因素间的联系。明确问题阶段的资料收集不需要过分详细，只需要收集对所分析问题有参考价值的资料即可。

5.3.1.2 非正式调查

非正式调查也称探测性调查，它可以判明问题的症结所在，细化需要调查的内容或者方法。房地产市场调查人员在明确调查问题之后可以根据初步的情况分析，得到一些粗略的结论，如近期房屋的销售量是增长还是降低，平均价格大概是多少等。在此基础上，调查人员可以进行非正式调查，进一步明确初步情况分析的正确性。这种方法具有较大的灵活性，调查人员可以向企业内部有关人士（如销售经理、推销员）或者精通房地产问题的专家和人员，以及购买房屋的典型客户进行个别访谈，主动听取他们的想法或意见。调查人员也可以通过查询现有资料和案例等获取有效的信息资料。

非正式调查可以使得调查问题更加明朗化，从而缩小调查范围。如果原来提出的问题涉及面太宽或者不切实际，调查范围和规模过大、内容过多，导致无法在限定时间内完成，调查人员应当根据实际情况进行合理调整，以提高调查效率。

5.3.2 正式调查阶段

正式调查阶段也可以分为两个步骤：制定调查方案和现场实地调查。

5.3.2.1 制定调查方案

制定调查方案的目的是保证调查工作能够有秩序、有目的地进行，特别是对大型房地产市场调查是十分必要的。制定调查方案是由调查准备阶段进入正式调查阶段的必要衔接。这个阶段的主要工作内容是拟订调查计划书，确定调查主题和调查方法，准备调查表格及抽样设计等。为了保证调查工作的顺利进行，调查人员制定调查方案时要尽量详细，对组织领导、人员配备、考核制度、工作进度、完成时间和费用预算等均要做出安排，确保调查工作能够有计划、有秩序地进行。一般调查方案可用表格来描述，这样更为简洁清楚。一般性调查计划表如表 5-1 所示。

表 5-1 市场调查计划表

项目	内容
调查目的	为何做此调查，需要了解什么，调查结果有何用途等
调查方法	采用询问法、观察法或实验法等
调查区域	被调查者居住地区、居住范围等
调查对象、样本	对象的选定、样本规模等
调查时间、地点	调查所需时间、开始日期、完成日期、地址等
调查项目	访问项目、问卷项目（附问卷表）、分类项目等
分析方法	统计的项目、分析和预测方法等
提交调查报告	报告的形式、数量、内容、中间报告、最终报告等
调查进度表	策划、实施、统计、分析、提交报告等
调查费用	各项开支数目、总开支额等
调查人员	策划人员、调查人员、负责人姓名和资历等

总的来说，设计市场调查方案必须考虑诸多因素，并具有可操作性、有效性和经济性；对调查对象、涉及范围、主要内容、方法手段、经费预算、日程安排等都应给出明确计划。

5.3.2.2 现场实地调查

在确定房地产市场调查方案和调查计划后，可以进入现场实地调查阶段。这一阶段的具体步骤如下：

（1）建立调查组织。房地产市场调查组织应根据任务量和样本规模进行人员配置。调查人员确定后，应进行集中学习，统一思想和方法。对于临时吸收的调查人员，需要进行短期培训，使其明确该房地产项目市场调查的目标和方案，掌握基本的房地产市场调查方法和技术。结合具体情况，调查人员还应该学习一些必要的经济管理知识和房地产业务知识，并了解当地的房地产政策与法规。对于具体问题，调查人员还需要进一步了解与项目相关的市场背景资料。

（2）收集资料。调查人员的工作重点是收集资料。资料收集是市场营销研究工作的核心。房地产企业营销决策所需的数据可分为两类：一手资料与二手资料。一手资料，又称原始资料、初始资料等，是研究者基于某个项目而亲自收集的资料。二手资料，又称次级资料、延伸资料，并不是为正在进行的项目营销研究，而是为其他目的而收集的已有统计资料，也就是由他人收集并整理好的现成资料。

二手资料一般是企业内部记录或已面世的外部记录。取得这部分资料比较容易，花费的时间、人力、财力都较少，同时二手资料的收取可以辅助进行一手资料的调查。二手资料的获取可以使调查人员熟悉房地产行业的现状，包括它的销售趋势、利润空间、主要竞争对手以及所面临问题等。在实际调查中，应当根据调查目标，首先组织调查人员尽可能广泛地收集二手资料。但是，由于二手资料往往是由他人整理的，在分类方法、测量单位以及时效上不一定能够满足调查需要。因此，调查人员必须仔细研究二手资料，并根据调查需要进行有目的的整理，从而保证资料的时效性、准确性和可靠性。

对于一个特定的房地产调查问题，仅二手资料往往不能满足需要。因此，市场调查人员必须通过实地调查获得原始资料，即一手资料。一手资料具有直观、具体和零碎的特点，是直接感受和接触后的反馈信息。一手资料的收集在房地产市场调查过程中是一项复杂、辛苦的工作，它的质量高低将直接影响调查结果。在收集一手资料的过程中，还需要考虑调查样本的设计和采集问题。收集一手资料有很多方法，如访问法、观察法及实验法等，这些方法在前面的章节第 5.2 中已经做过详细介绍。

5.3.3 分析总结阶段

收集完房地产市场的一手资料和二手资料后，调查人员需要对资料进行分析和总结，得出调查结果。分析和总结是调查过程的最后一环，也是能否圆满完成调查的关键环节。这一阶段的具体步骤如下。

5.3.3.1 资料基础分析

调查资料的基础分析包括对数据的编辑、编码和列表。编辑就是对收集到的资料进行检查和修正；编码是给每个问题的答案编上数字或符号，为列表和统计分析做准备；列表是把相似的数据放到一起，便于资料整理，可以对资料进行初步分析。

5.3.3.2 统计推断

统计推断是将已经分类的资料进行统计，运用统计模型和其他数学模型等对数据进行处理，以充分发掘现有数据，在看似无关的信息之间建立内在联系。

5.3.3.3 撰写报告

市场调查的目的不是罗列大量的统计数字、表格和数学公式，而是要对决策者关心的问题给出结论性的建议。因此，市场调查必须对其所研究问题给出正式报告。市场调查报告通常包括以下内容：

（1）引言，说明调查目的、对象、范围、方法、时间、地点等；

（2）摘要，简明概括调查研究的结论和建议；

（3）正文，详细说明调查目标、调查过程、结论和建议；

（4）附件，包括样本分配、数据图表、问卷附件、参考资料目录等。

以上房地产市场调查程序只具有一般性指导意义。在实际工作中，可视具体情况，科学、合理、灵活地安排调查工作内容。对于特定目的市场调查，可视调查内容、环境条件及具体要求，灵活运用。有的步骤可以略去，有的可以细化或者加强，有的可能还需要重复进行。例如，在制定某项调查方案时，如果要研究的问题并没有被很好地定义，调查人员就需要重新回到第一步，对需要研究的问题重新界定。又如，进入实施阶段时，如果市场调查成本太高，超过预算范围，且不具备增加预算的条件，就需要对原来的调查设计进行修改，缩小规模、降低费用。总之，在房地产市场调查的具体工作中，调查人员既要认真设计调查方案，也要灵活运用、实事求是，保证调查工作顺利完成，以免造成不必要的损失。

5.4 调查问卷的设计

市场调查不仅要制订周密的调查计划，选择合适的调查方法，还要善于运用各种调查技术，获得完整、准确、有用的资料。调查问卷设计是市场调查中常用的基本技术。

调查问卷，又称调查表，是调查者根据调查目的和要求，按照一定的理论假设设计出来的，由一系列问题、调查项目、备选答案及说明组成，向被调查者收集资料的一种工具。问卷可以被看作一种收集原始资料的标准化程序，每一个市场调查人员都可以按照相同的方式和顺序向被访者提问，在很大程度上避免了人为因素对被访者的影响。问卷也可以使被访者按照统一的评价标准对同一主题进行评判。

一个成功的问卷设计应该具备两个功能：一是能够将所要调查的问题明

确地传达给被调查者；二是设法与对方合作，以便取得真实、准确的答案。由于被调查者的个性不同，文化程度、理解能力、道德标准、生活习惯、职业特点、家庭背景等都可能存在差异，加上调查者本身的专业知识和技能高低也不相同，这些都将影响调查结果的可信度，从而使得调查问卷的实际操作难度很大。因此，调查问卷的设计是否科学直接影响房地产市场调查能否成功。

5.4.1 问卷的结构

一份完整的调查问卷通常由问卷说明、调查内容和结束语三个部分组成。其中调查内容是最重要的部分，其他两个部分可根据实际情况进行调整或删减。

5.4.1.1 问卷说明

问卷说明是开始询问前的前导介绍词，意在向被调查者说明调查目的，请求被调查对象的合作，并告之合作的重要性等。如果访问有礼品赠送也可以在说明词中写明。说明词的写作水平，从某种意义上决定了被调查对象的合作态度，直接影响访问效果的好坏。

5.4.1.2 调查内容

调查内容是研究者所要了解的基本内容，也是调查问卷中最重要的部分。它主要是以提问的形式提供给被调查者，其设计质量直接影响调查效果和价值。调查内容主要包括以下几个方面：

（1）对被调查者基本情况的调查，即背景资料。包括性别、年龄、受教育程度、家庭人口、婚姻状况、职业、收入、所在地区等。如果样本是单位，则需要掌握其单位名称、营业面积、经营范围、职工人数、销售量、地址等资料。

（2）对被调查者的行为进行调查，包括对被调查者本人行为的了解或通过被调查者了解他人的行为，并对行为后果进行调查。

（3）对被调查者的态度、意见、感觉、偏好等进行调查。

在大规模调查中，调查资料的统计汇总工作非常复杂繁重，需要借助于编码和计算机技术进行简化处理。编码就是将调查问卷中的调查项目及备选答案赋予统一设计的代码。统计时，应确定每一个调查项目的编号和相应的编码。同时，每份问卷必须有编号，即问卷编号。此编号除了顺序号之外，还应包括与该样本单位有关的抽样信息。

5.4.1.3 结束语

结束语一般在问卷的最后，用来简短地对被调查者的合作表示感谢，也可以征询被调查者对问卷设计和调查的看法和感受。

5.4.2 问卷设计的程序

在实际的市场调查中，问卷设计程序通常包括以下四个阶段。

5.4.2.1 准备阶段

准备阶段是指根据调查主题的范围及调查项目，将所需问卷资料一一列出，分析、确定主要资料和次要资料、必备资料和非必备资料。同时，对调查对象的各种特征进行分析，了解各被调查对象的社会特征，如社会阶层、行为规范、社会环境等；文化特征，如文化程度、知识水平、理解能力等；心理特征，如需求动机、行为等。同时，以此作为拟定问卷的基础。在此阶段，调查人员应充分征求相关人员的意见，了解问卷中可能出现的问题，力求使问卷切合实际，能够充分满足分析研究的需要。

5.4.2.2 初步设计

市场调查人员根据收集到的资料，按照设计原则设计问卷初稿。在初步设计中，首先要标明每项资料需要采用何种方式进行提问，并尽量详尽地列出各种问题，然后对问题进行检查、筛选、编排，设计每个项目。对提出的每个问题，都要充分考虑是否有必要，能否得到答案等。设计调查问卷必须精心研究，反复推敲。

5.4.2.3 试答和修改

问卷初稿不可避免地会存在着问题，因此，需要将初步设计的问卷在小范围内进行试验性调查，以便弄清问卷初稿中存在的问题，进而了解被调查者是否愿意回答和能否回答所有问题；进一步推敲语句是否有表达不清、多余或遗漏；问题顺序是否符合逻辑；回答时间是否过长等。如果发现问题，应及时修改，使问卷更加完善。试验性调查与正式调查的目的不同，它并非要获得完整问卷，而是要求回答者对问卷各方面提出意见，以便于修改。

5.4.2.4 形成正式调查问卷

本阶段是将最终定稿的调查问卷打印或复印，制成正式问卷。

5.4.3 问题设计

5.4.3.1 问题类型

进行问卷设计时，调查者需要决定使用何种类型的问题。调查者必须分析被调查者群体的层次水平，问题类型的确定应尽量使问卷设计的每一个问题传达更多的有用信息，而且还要考虑问题的难易程度。问卷问题主要有开放式问题、封闭式问题和混合型问题三类。

（1）开放式问题。开放式问题也称自由回答问题，只提问题或要求，不给出具体答案，要求被调查者根据自身实际情况进行自由作答。

例如，您认为这个楼盘有什么吸引您的地方？

这种问题的优点是调查对象可以按自己的意见进行回答，不受任何限制，便于调查者深入了解其意见和态度。被调查者的回答可以给调查者较全面的信息，有助于设计营销主题和促销活动。但是，其缺点是答案过于分散，不利于统计分析。而且，调查人员记录答案容易产生理解误差，使调查结果出现偏差。

（2）封闭式问题。封闭式问题是指事先已经设计了问题的各种可能答案，调查对象只要或只能从中选择一个或几个现成答案的提问方式。这种提问方式便于统计，但在一定程度上限制了被调查者的自由发挥。通常调查人员把封闭式问题分成两项选择题、多项选择题、填入式问题、顺位式问题、态度评测题和语义差别题等。

a. 两项选择题。两项选择题也称是非题，一般只有两个选项，“是”或“否”、“有”或“没有”。它简单明了，适合短时间调查如电话调查等；但其所获得的信息量少，容易产生误差。

例如，您最近打算买商品房吗？　　是［　］，否［　］。

b. 多项选择题。多项选择题是从多个备选答案中选择一个或多个，是较常用的一种问题形式。

例如，您最喜欢买下列哪个地区的房子？

北区［　］，西区［　］，中区［　］，东区［　］，南区［　］。

通常多项选择题给出的答案不应过多，否则会使被调查者感到无所适从或产生厌烦。多项选择题便于回答和统计，但是要注意答案的排列次序。对于没有强烈偏好的被调查者而言，选择第一答案的可能性大大高于其他答案。

因此，要打乱排列顺序，制作多份调查问卷同时进行调查。如果备选答案为数字，没有明显态度的人往往选择中间的数字而不是偏向两端的数字。对于 A、B、C 这类字母编号而言，可以用其他字母如 P、Q、R 代替，或者干脆不写编号。

c. 填入式问题。填入式问题一般只针对有唯一答案的情况。对于答案不唯一的情况，则应该设计成开放式问题。

例如，您：工作［ ］年，家里有［ ］人，年均收入［ ］万元。

d. 顺位式问题。顺位式问题又称序列问题，是在多项选择的基础上，要求被调查者对询问问题的答案，按照自己的想法和喜好顺序排列。

例如，购房时您所看中的因素依次（请根据您认为的重要程度分别标上序号）为：

地段［ ］，价格［ ］，配套［ ］，环境［ ］，设计［ ］，服务［ ］，品牌［ ］。

e. 态度评测题。态度评测题要求测评被调查者对某种商品的态度，通常将消费者态度分为多个层次进行测评，其目的在于多了解和分析被调查者群体客观存在的态度。

例如，您觉得目前的房价如何？

非常贵［ ］，相当贵［ ］，有点贵［ ］，普通［ ］，还算便宜［ ］，相当便宜［ ］，非常便宜［ ］。

（3）混合型问题。混合型问题是前两种问题的结合。如在一个问题中，除给出一定的标准答案外，还列出“其他”等开放式答案以备被调查者在“其他”处自由作答。在实际调查工作中为了取得更好的调查效果，问题设计常常采用混合型问题。

例如，您认为购买房子，最重要的是什么？

实用［ ］，方便［ ］，舒适［ ］，美观［ ］，气派［ ］，其他：____。

5.4.3.2 问题设计原则

（1）目的性原则。问卷调查问题必须与调查主题密切关联。问卷设计既要重点突出，又要避免可有可无的问题，并把主题分解为更详细的题目，即把它分别做成具体的询问形式供被调查者回答。

（2）可接受性原则。对于市场调查问卷，被调查者一般没有义务非回答不可。因此，问卷设计要能让被调查者易于接受。问卷调查对于被调查者来说通常是一种额外负担。因此，请求被调查者合作是问卷设计的重要问题。问卷说明部分要亲切、温和，提问部分要自然、有礼貌、有趣味，必要时可采用一些物质鼓励，并要为被调查者保密，以消除其心理压力，使其自愿参与，认真填写问卷。此外，还应使用适合被调查者的用语，尽量避免使被调查者难堪或反感的问题。

（3）简明性原则。其主要体现在四个方面：

a. 调查内容要简明。没有价值或无关紧要的问题不要列入，同时要避免重复，力求以最少的项目设计必要、完整的信息资料。

b. 调查时间要简短，问题和整个问卷不宜过长。设计问卷时，不能单纯从调查者角度出发，而要为被调查者着想。调查内容过多、调查时间过长，都会使被调查者反感。通常调查场合在路上、店内或居民家中，应答者可能行色匆匆，也可能不愿让调查者在家中久留等。如果问卷内容过多，调查时间过长，会让被调查者望而生畏，即便勉强作答也只是草率应付。一般问卷回答时间最好控制在 30 分钟左右。

c. 调查问卷设计的形式要简明易懂。

d. 调查问卷应该便于回收、整理和统计。

（4）匹配性原则，即要使被调查者的回答便于检查、数据处理和分析，所提问题都已事先考虑能对问题结果做适当分类和解释，便于对所获得资料做交叉分析。

5.4.4 问卷设计中需要注意的问题

5.4.4.1 问题的措辞

在问卷设计中，措辞相当重要，不当措辞的提问，可能产生不良反应。一般而言，问题的陈述应尽量简洁、清楚，避免模糊信息。应尽量使用准确意义、用法普通的词语，避免使用专业词汇，避免带有双重或多重含义的问题。

（1）问题应该易于理解。调查问卷的用词必须礼貌且通俗易懂，易于理解，应避免使用难以理解的专业术语、枯涩的词句和不常见的字。例如，不能询问："您的生活质量属于什么水平？"。因为被调查对象可能不了解什么是生活质量水平，也可能不了解生活质量水平分成多少个等级或者档次，从而无从回答。

（2）问题应该易于回答。调查提问的方法应该让调查对象容易回答，避免过于笼统的问题。每一个问题都要很具体，内容不要过多，最好一问一题。例如，“您是怎样知道我们公司产品的?”。提供备选答案：A. 经朋友介绍；B. 看报纸;C. 看电视；D. 上网搜索。再比如，“您对××小区的环境和套型设计满意吗?”。如果客户只对其中某一项设计满意，就很难回答问题，即使回答也不能统计得到完善的信息。

（3）问题应该确定。应该注意不要有概念含糊、语义笼统的语言。凡是提问，都应该语言肯定、内容具体、含义准确。例如，不能问调查对象：“您喜欢××牌产品吗?”因为调查对象很难判断自己是喜欢还是不喜欢。应该改成先问：“您使用过××牌产品吗?”如果回答使用过，再可以问：“您购买使用的原因是：喜欢它的外观？喜欢它的结构？喜欢它的名字？喜欢它的服务？或者是其他方面?”如果回答没使用过，可以问其“不喜欢的原因是：功能不足？外观不美？颜色暗淡？名字不好听？价格不合理?”，等等。

（4）避免使用引导性问题。在调查问卷中，不应该有引导或者诱答调查对象的提问方法，问题措辞中还要注意避免使用引导性的语句。例如，“现在房价过高，您是否能够承受?”这样的问题会暗示被调查者其他人的观点，使得调查结果不真实。解决的办法是将问题细化，做成多项选择的样式，如“现在的房价，您能承受的范围在哪个区间?”。15000 元/平方米以下［ ］，15000~18000 元/平方米［ ］，18000~22000 元/平方米［ ］，22000 元/平方米以上［ ］。

（5）最好不用反义疑问句，避免使用否定句。例如，“您是否不赞成在××楼盘旁边建设一个商铺?”这是一个否定句式，由于习惯性的思维，人们往往倾向于选择答案“是”，但是对相当一部分人来说，可能并非出自本意。如果改成“您不赞成在××楼盘旁边建设一个商铺，对吗?”情况更糟，可能会有相当一部分人选择答案“是”，因为反义疑问句中带有信息暗示，如果改成“您是否赞成在××楼盘旁边建设一个商铺?”，情况就会好一些。

（6）尽量避免假设性的问题。例如，“如果房价降 10%，您是否会考虑购买?”这种假设性的问题最大的弊端在于，被调查者不太会认真地进行思考，由此得出的统计结论很可能失真。

（7）应该注意回避个人隐私。例如，不能直接问“您几岁了”，如果确实要调查这些项目，可以这样问：“您的年龄是：20~30 岁［ ］，31~40 岁

[ ]，41～50 [ ] 岁”。其他如收入、单位、家庭等具体内容，都应尽量回避。

（8）问题措辞精练为佳。从调查活动的经济性考虑，在可能的情况下，问题应尽量简短明确。太过复杂的问题，调查者可能没有耐心全部看完。

5.4.4.2 问题的顺序

问题之间的排列组合和排列顺序是问卷设计中的另一个重要方面。一般来说，问题排列要便于被调查者进行顺序作答，便于资料的整理和分析。通常可按照问题的难易程度排列次序。容易回答的问题（如行为性问题）放在前面，较难回答的问题（如态度性问题）放在中间，敏感性问题（如动机性、涉及隐私等问题）放在后面，关于个人情况的事实性问题放在末尾；先列出被调查者熟悉的问题，再列出生疏的问题；先问事实、行为方面的问题，再问观念、情感、态度方面的问题；先问一般性问题，后问特殊性问题；能引起被调查者兴趣的问题放在前面，开放式问题尽量安排在问卷的后面；封闭性问题放在前面，开放式问题放在后面。调查者在问卷设计时应尽量保证被调查者在轻松、愉快的气氛下完成答题，避免引起其紧张、顾虑和厌烦等不良情绪。

5.4.4.3 问题的排版

问题设计好后，需要对整个问卷的版面进行设计。问卷排版和布局的总体要求是整齐、美观，便于阅读、作答和统计。卷面排版不能过紧、过密，字间距、行间距都要适当，避免使人产生厌倦情绪，影响被调查者的情绪。字体和字号要有机组合，可适当通过变换字体和字号美化版面，活跃气氛。对于开放式的话题要留给被调查者足够的空间进行答题。

案例分析

××购物广场市场调查问卷

尊敬的先生/女士：

您好！

请根据您的情况在下列□中打“√”，殷切期望您的配合，谢谢！

（调查资料所涉及您的个人信息，我们将严格保密。）

被访问者的个人基本资料：

居住区域：________________

年龄层次：□18 岁及以下　□19～35 岁　□36～50 岁　□51 岁及以上

性　别：□男　□女

身　份：□股份公司职工　□政府工作人员　□教师

□其他社会成员　□个体　□学生

月收入：□2000 元及以下　□2001～4000 元　□5001～7000 元

□7001～10000 元　□10001～14000 元　□14001 元及以上

1. 您平时爱去超市或大卖场购物吗？[单项选择题]

□非常喜欢　□还好　□不喜欢

2. 您对在××市建设××购物广场的态度？[单项选择题]

□非常期待　□期待　□不确定

□不关心

3. 您日常生活用品一般在哪里采购？[单项选择题]

□大型超市　□小型超市　□便利店

□百货商场　□其他

4. 您最常去的超市是？[单项选择题]

□沃尔玛　□惠利佳　□世纪联华

□家乐福　□丹尼斯　□其他

5. 您选择该超市的原因是？[多项选择题]

□价格较便宜　□产品种类多　□服务态度好

□地点方便

6. 您不去其他超市的原因是？[多项选择题]

□价格贵　□种类少　□货物不新鲜

□服务态度差　□地点不方便　□习惯问题

□没理由

7. 您平均一周光顾超市多少次？[单项选择题]

□0 次　□1～3 次　□4～7 次

□8 次以上

8. 您每月在购物上的花费约为多少元？[单项选择题]

□100 元及以下　□101～200 元　□201～500 元

□501～1000 元　□1000 元及以上

9. 您到超市购物的习惯是？［单项选择题］

□定期大采购 □每隔几天购进所需物资

□需要某物品时，才到超市购物 □平时随便走走，随意选购

10. 您一般会选择在什么时候去购物？［单项选择题］

□节假日 □平时有空的时候 □都可以，无所谓

11. 您光顾过的超市中，您觉得哪些方面需要改进？［多项选择题］

□结账太慢，需要排长队

□东西摆放没有规律 □有些东西价格不合理

□工作人员的服务态度不好 □卫生环境不好

□其他

12. 您心目中的好超市应具备哪些条件？［多项选择题］

□产品种类多样 □产品价格合理 □质量有保证

□服务水平高 □商品归类摆放，使人更容易找到商品

再次感谢您的回答！

讨论题：

1. 你认为上述调查问卷可以达到预期调查效果吗？请说明理由。
2. 为了实现上述调查目标，还可以采用什么调查方法？请举例说明。

第6章

房地产市场细分与目标市场定位

为什么会有市场细分概念的提出？房地产市场细分中应该选择哪些变量作为细分的依据？遵循什么样的准则可以确保房地产市场细分的有效性？为了更充分地发挥房地产企业资源的优势，应如何进行目标市场的选择？目标市场选定后，房地产企业应该如何为自己的产品在市场上培育出一定的特色？什么样的特色更容易得到消费者的认同？

6.1 房地产市场细分

企业的市场营销战略包括市场细分、目标市场选择和市场定位三个方面。

从市场营销的角度看，一种产品的市场是由该产品现实的、潜在的具有购买欲望和购买力的消费者组成的。基于此，任何一个企业都会面对数以千计或数以万计甚至更多的买主。受地理因素、文化因素、经济因素等的影响，消费者对能满足自身利益的产品的需求往往不尽相同，甚至差别很大。这就决定了任何企业都不可能满足全体买主对产品互有差异的多样化需求。因此，确定为谁服务是企业面临的一种经营抉择，这种抉择就是选择目标市场。正确选择目标市场，明确特定的服务对象，是企业制定营销战略的首要任务和基本出发点。住宅作为产品更具有地域性的特点，它只能满足某个特定区域客户的需求。房地产开发企业在特定的区域通过研究市场，将市场进行细分，向有购买力的目标市场提供能够满足其需要的产品。但即便是特定区域的市场，其需求也是千变万化的，要想准确、有效地选取目标市场，市场细分是营销工作者必须进行的一项重要工作。科学地细分市场是一项系统工程，本章关于市场细分的理论分析与讨论，将提供这方面的思路与方法。

6.1.1 市场细分的内涵

市场细分是美国市场营销学家温德尔·史密斯（Wendell R. Smith）于20世纪50年代中期提出的一个极为重要的概念。第二次世界大战后，美国众多产品的市场态势由卖方市场转变为买方市场。在买方市场条件下，消费者具有一定的市场“势力”，生产企业不得不密切关注市场需求，研发适销对路的产品，实现成本回收和利润获取。市场细分理论适应了这一发展形势，是企业经营者贯彻市场导向或消费需求导向这一营销观念的合乎逻辑的产物。

所谓市场细分就是营销者通过市场调研，依据消费者的需要和欲望、购买行为及购买习惯等方面的差异，把某一类产品的市场整体划分成若干消费者群的市场分类过程。根据市场细分的思想，每一个消费者群就是一个细分市场，亦称“子市场”或“亚市场”，每一个细分市场都是由具有类似需求倾向的消费者构成的群体。因此，分属于同一细分市场的消费者，他们的需要和欲望极为相似，而分属于不同细分市场的消费者对同一类产品的需要和欲望存在着明显的差别。市场细分是一种存大异求小同的市场分类方法，它不是对产品进行分类，而是对同类产品需求各异的消费者进行分类，是识别具有不同需求或需要的购买者或用户群的活动。

6.1.2 房地产市场细分的概念

所谓房地产市场细分，是指人们在目标市场营销观念的指导下，依据消费者的需要和欲望、购买行为和购买习惯，将房地产市场整体分为若干具有相似需求和欲望的房地产消费者群的市场分类过程，其中每个消费者群即为一个细分市场。万科是国内房地产行业的领军企业，在房地产市场上的经营获得了相当大的成功。万科的市场细分，是通过在城乡接合部开发有文化、有品位的社区吸引白领阶层、私营企业主等，这部分客户就是万科企业市场细分后的一个子市场。

房地产市场细分是房地产消费需求日益多样化在房地产企业营销策略上的反映。房地产市场细分化源于房地产消费需求的异质性。随着科学技术和社会经济的发展，人们的生活水平日益提高，对房地产的需求表现出明显的多样化和个性化特征。为满足人们对房地产的不同消费需求，房地产开发企业必须对房地产市场进行细分。

房地产市场细分包含以下三层含义。首先，房地产市场细分与目标市场营销观念是一脉相承的。事实上，房地产市场细分是房地产开发经营企业实现目标市场营销战略的基础环节和必要前提。其次，房地产市场细分的依据是反映房地产市场中消费者或购买者现实需求、欲望的一系列细分变数。最后，通过房地产市场细分，最终是要把房地产市场中的买方总体，划分为一个个需求、欲望相似的消费者或购买者群。房地产市场细分对买方总体而言，是“分”，即将买方总体分为需求、欲望不同的若干群；对消费者而言，是“合”，即将需求、欲望相同的消费者有机组合起来。

6.1.3 房地产市场细分的依据和作用

6.1.3.1 房地产市场细分的依据

房地产市场细分理论的产生，基于两个重要的客观基础，充分显示了它的科学性。

（1）消费者需求具有绝对的异质性和相对的同质性。由于人们所处的地理条件、社会人文环境的不同，自身所特有的心理素质、价值观念的不同，他们对房地产的需求也就不同，即呈异质性。然而由于总有一些人处于同一个地理条件和社会人文环境，具有类似的心理特征和价值观念，因而他们对房地产需求具有一定的相似性，即呈同质性。消费者需求的异质性是绝对的，需求的同质性是相对的。绝对的差异性为市场细分化提供了可能性，相对的同质性使市场的细分变为现实。

（2）市场细分是需求的差异性和社会化大生产矛盾的产物。房地产企业是以满足需求为基本条件实现商品价值的。需求的差异性要求企业面对成千上万个不相同的消费者，开发各不相同的房地产产品以满足他们的需求，这样企业只能单个设计、单体建造，不能进行批量开发，无法形成规模经济效益。而社会化大生产要求以大规模的批量开发来合理配置资源，提高生产效率，因而需求的差异性和社会化大生产之间存在着内在矛盾。在这种情况下，房地产企业只有对消费者需求进行分类，求大同舍小异，依据某类需求的同质性设计并批量开发，去满足特定消费者群体共同的需要，才能提高企业的经济效益。

6.1.3.2 房地产市场细分的作用

在制订战略性的房地产市场营销计划时，房地产开发企业的基本任务是发现属于自己的市场机会，并据此制定有效的营销方案，房地产市场细分正是完成这一任务的关键和基础。

（1）有利于房地产企业分析新的市场机会。市场营销机会是指客观存在于市场但尚未被满足的潜在需求。房地产市场是一个容量大、品种多、配套服务强、需求多样化，存在着很多机会的市场。抓住一个新的市场机会，对房地产企业来说，就意味着可以开拓一个新的业务领域，占据更多的市场份额，企业的经营才有可能呈现勃勃生机。

（2）有利于房地产企业集中资源、提高竞争力，制定适当的营销组合策略。无论规模多大、实力多雄厚的房地产企业，其人力、物力和财力也总是有一定限度的，面对需求种类繁多的房地产市场，在同一时期，它不可能全都去开发、经营、管理。而通过市场细分，企业就能找到最适合自己的一项或几项经营业务，提高企业对市场的应变能力，针对目标市场制定适当的营销组合策略，以取得最大的经济效益。如一些实力雄厚、资信程度高的房地产企业，曾通过市场细分选定在一定时期、一定区域集中力量开发经营高品位的写字楼、商场或大型社区等标志性建筑，这样企业既可获得丰厚的利润，又可借物业提高社会声望，扩大企业知名度和市场占有率，促进企业的发展和壮大。

（3）有利于中小房地产企业开发市场。中小房地产企业的人力、物力、财力和信息资源有限，在整个房地产市场和较大的分市场竞争中缺乏优势。如果这些中小企业善于发现一部分消费者未被满足的需求，细分出一个与本企业实力和优势相适应的小市场，推出相应的产品或服务，往往能获得较好的经济效益。

（4）有利于调整房地产企业的市场营销策略。在细分房地产市场的情况下，房地产开发企业比较容易察觉和预估顾客的反应，当房地产市场情况发生变化时，也有比较灵活的应变能力，从而及时地调整营销策略，如根据目标市场的需要，改良现有的房地产产品和开发新的房地产产品，使之适销对路。

6.1.4 房地产市场细分的原则

房地产市场细分是房地产市场营销决策制定的基础，在很大程度上决定了房地产市场营销的成效。在进行房地产市场细分时，必须遵循差异性、可衡量性、可进入性及可盈利性四项原则。

6.1.4.1 差异性原则

一般而言，有待细分的房地产市场必须是异质的，即在整个市场中确实存在着消费需求与购买行为的差异，这些差异足以构成若干个互不相同的消费者群。因此，细分是必要的和可行的。反之，如果市场具有高度同质性，就没有必要也无法进行细分。例如，住房市场可以根据购买者收入的差异，分为别墅及高级住房消费群体和普通住房消费群体，而没有必要根据男女性别进行划分。

6.1.4.2 可衡量性原则

可衡量性原则是指进行细分的房地产市场必须是可以被识别和可以被衡量的。也就是说，细分之后的市场不仅有明显的范围，而且也能估量房地产市场的规模及其购买力的大小。为此，房地产市场细分的标准也必须是确定的、可以衡量的。这些标准的使用，能够明确地显示出消费者需求和购买行为的差异，他们能对这些差异做出定量分析。

6.1.4.3 可进入性原则

可进入性原则是指房地产开发企业对细分后的房地产市场能够有效进入和为之服务的程度。也就是说，房地产市场的细分和选择必须适应企业本身的营销力量和开发能力，必须是房地产开发企业可以进入并占有一定市场份额的，否则，市场细分就没有现实意义。

6.1.4.4 可盈利性原则

细分后的房地产市场不仅要保证房地产开发企业在短期内盈利，还要使企业在较长时期内获得良好的经济效益，即不仅能保持稳定的收益，还必须有一定的发展潜力。而且，有时不仅要有经济效益，还要有社会效益、生态效益，以塑造良好的企业形象。

6.1.5 房地产市场的细分变量

由于受地理环境、年龄、收入、文化程度、心理等因素的影响，消费者对房地产有不同的偏好，进而产生不同的购买习惯和购买行为。这些引起人们对房地产产品产生不同欲望和需要的参数，构成了细分房地产市场的依据。

房地产市场是一个多层次、多功能的复合市场，要在分类的基础上进行市场细分。基本可分为五类：房产市场、地产市场、房地产劳务市场、房地产资金市场和房地产技术信息市场。其中，房产市场分为住宅市场和非住宅市场。在此本书选择较具代表性的住宅市场，对它们的细分标准分别加以讨论。房地产市场的细分变量可归纳为四类：地理变量、人口变量、心理变量和行为变量。

6.1.5.1 地理变量

地理变量是以消费者所处的地理环境为标准对住宅市场进行细分。地理变量包括很多内容，主要有城市状况、区位、环境、地形地貌、气候特点等。

由于不同区域的消费者对住宅的需求存在差异，因此可以采用地理因素进行市场细分。地理因素就是指按照国别、地区、行政区划、城乡、地理环境特征等因素细分房地产市场，以确定企业意欲进入的目标市场。地理因素可以分为自然地理环境、经济地理环境及人文地理环境三类。

（1）自然地理环境，包括地形、地貌以及气候条件等。例如，由于气候的原因，我国北方的居民可能十分注重住宅的保温、采光等因素，而南方的居民则并不十分在意这个问题。

（2）经济地理环境，如距离市中心的远近、交通便利程度等。在我国的房地产开发中，经常根据城市的规模（是大城市还是中小城市）、地市地理位置（是东部沿海还是中西部内陆城市）、城市的经济发展状况和文明程度等标准将我国城市划分为一线城市、二线城市、三线城市等。这种划分实际上就是根据经济地理因素进行的细分。同一个城市也存在区位的问题，如是位于市中心还是位于郊区，是位于工业区还是位于居住区，是位于商业区还是位于教育区，所处的区位不同，消费者的需求也会有所不同。

（3）人文地理环境，如居民素质、社会风气、文化教育设施等，如有好的教育资源的房地产产品往往更受注重孩子教育的家庭关注。

人们对房地产的需求爱好，实际上是对房地产及其周围环境进行综合评价和选择的结果。因此，在细分房地产市场时，应充分考虑人们对房地产需求的环境评价与偏好。

6.1.5.2 人口变量

对房地产市场而言，消费者不同的文化水平、年龄、经济收入，使他们对房地产产品质量、档次、风格、面积、房型等有着不同的需求。

（1）年龄。不同的年龄结构对住宅的需求不同。比如，刚参加工作的年轻人，因为没有足够的积蓄，可能偏好商业生活设施比较齐全、面积较小、总价相对较低的房地产产品。有一定经济实力的35~55岁的消费者，对住宅的舒适性及社区环境的要求就会更高。

（2）收入。对某些消费品来讲，单一地使用收入这一变量是难以准确界定细分市场的，但对于住宅产品而言，收入水平是其消费市场至关重要的决定因素。一般来说，家庭的收入水平与其住宅需求（欲望）的演进趋向是相对应的。随着人们收入水平的提高，住宅需求的类型也会从生存型向改善型乃至享受型发展。

（3）家庭特征。家庭特征以家庭规模、家庭代际数及家庭类型三个方面体现。

家庭规模主要是指家庭人口数量的多少。我国家庭规模是随着社会经济的发展而不断变化的，社会经济发展程度越高，家庭规模一般越小。以河南省为例，2020年第七次全国人口普查结果显示，河南省城镇平均家庭户规模为2.87人/户，与2010年第六次全国人口普查时相比减少了0.43人/户。在人口总数不变的情况下，家庭规模缩小的结果就是家庭户数的增加，而住宅消费往往是以家庭为单位的，因此，家庭规模的缩小将直接导致住宅单元需求的增加，但同时对住宅单元面积和房间数量的要求也降低了。

家庭代际数是指家庭成员由几代人构成。按这种方法划分家庭，一般可分为以下类型：一代户，由单亲家庭和夫妻家庭构成；二代户，由核心家庭构成；三代户及三代以上户，由主干家庭和联合家庭构成。

家庭类型是指家庭成员之间的关系。根据家庭成员的血缘关系，一般有六种家庭类型：单亲家庭，指独居者；夫妻家庭，由一对夫妻组成的家庭；核心家庭，由一对夫妻与其未婚子女组成的家庭；主干家庭，由两代以上的人而每代只有一对夫妻组成的家庭；联合家庭，由两代以上的人而同一代中又有两对以上夫妻组成的家庭；其他家庭，即上述五种类型家庭以外的其他家庭。

在不同的类型的家庭中，由于家庭人口数量及家庭代际数的不同，家庭对住宅的居住面积、附属空间面积，以及公共活动空间面积所占比重会有不同的需求。

6.1.5.3 心理变量

心理细分是以人们购买住宅的动机、生活方式及家庭个性等心理参数作为划分消费群的基础。就某一个具体的住宅消费主体——家庭而言，尽管其组成人员对住宅需求的心理状态也许各不相同，但是它们会相互作用融合成一个家庭的需求心理倾向，影响消费者对住宅的购买选择。

（1）购买动机。人们到市场上购买住宅，并不全是为了满足自己的居住需要。人们或为了保值增值、显示雄厚的经济实力，或为满足其他需要而加入购房之列。动机是指为了实现一定行动目标的理由，而不同的理由具体表现在对需求目标选择着眼点的差异上。自购、自用住宅的消费者一般以多年的积蓄来购置物业，主要着眼于住宅的使用价值，因此往往希望质量可靠、品质上乘；投资型客户以出售或出租为主要目的，往往关注项目的升值潜力和迅速变现的可能性，注重交通的便利性；用以炫耀购买者经济实力的住宅也许是高档奢华的。

（2）生活方式是指人们对消费、工作和娱乐的特定习惯和倾向性的方式。人们的生活方式与住宅需求确实存在着十分密切的匹配关系，住宅是人们生活物资的外壳，而人们对某种新型住宅的需求，往往体现了他们对改变现有生活方式的欲望，以及对某种更感兴趣的新的生活方式的追求。比如，当前随着人们生活品质的提高，一些人逐渐厌倦了拥挤、喧嚣的城市生活，追求“5+2”的生活方式，即五天生活在城区，两天生活在郊区或其他环境优美地方的“第二居所”，满足自己“离尘不离城”的生活追求。

（3）家庭个性。每个家庭都有它的个性特征，对住宅的需求主要表现在他们对住宅的式样、装修、色彩、室内平面布局、邻里关系和区位环境等方面的心理偏好，突出反映在区位环境、户型及装修的不同选择上。

6.1.5.4 行为变量

根据消费者对房地产产品的了解程度、态度、使用情况及反应等因素，他们被划分成不同的群体，称为行为细分。一般来讲，行为变量能更直接地反映消费者的需求差异，因而也就成为市场细分的最佳标准。按行为变量细分房地产市场，其主要包括以下几个方面。

（1）购买时机。根据消费者产生购买意愿、收集信息到形成购买决策的不同时间，可以将消费者划分成不同的群体。例如，春秋季节，由于气候宜人，是消费者购买住房的大好时机；而在炎热的夏天，住房的销售量就会由于购买者的减少而降低。此外，节日对房地产商品的销售也有一定的影响。例如，在我国传统的春节期间，由于人们都忙于团聚，一般不会进行购房决策；而在“五一”或“十一”假期，进行购房的家庭会大量增加。

（2）追求利益。追求利益是指根据消费者在购买住宅时追求的利益不同而进行的市场细分。例如，同样是购买住宅，有的人追求购物方便的临街闹市地段，有的人注重视野开阔、赏心悦目的周围环境，有的人追求住房能商住两用，还有的人特别倾心于选择一套具有良好物业管理的住房等。

（3）使用者状况。一般来讲，根据是否使用和使用程度，通常可将消费者分为经常购买者、首次购买者、潜在购买者和非购买者。但是，房地产商品使用周期长、价值量大的特点，决定了房地产产品的购买往往是一次性的。对住房而言，有些消费者一辈子可能就购一次房。但是，在房地产市场中，同样也存在多次购买者，特别是对于那些将房地产作为投资对象的消费者来说，尤其如此。

（4）品牌忠诚程度。房地产开发企业可以根据消费者对产品的忠诚程度细分市场。在一般消费品领域，品牌的忠诚度对市场营销决策的影响相当大。例如，有些消费者经常变换品牌，而另外一些消费者则在较长时期内专注于某一个或少数几个品牌。近年来，我国房地产企业的品牌意识不断增强，房地产企业的实力和声望等品牌信息对消费者的购房决策具有很大的影响。

（5）购买的不同阶段。消费者对房地产产品的了解程度往往因人而异。有的消费者可能对某一个产品确有需要，但并不知道该产品的存在；还有的消费者虽然已经知道产品存在，但对产品的质量、物业管理等还存在疑虑；另外一些消费者则可能正在考虑购买。这就需要房地产开发企业针对处在不同购买阶段的消费群体进行市场细分，并采用不同的沟通策略。

总之，住宅市场细分是一个以调查研究为基础的分析过程。住宅市场细分应循序渐进，每一次细分可以只取其中两个或几个参数作为分析依据。

6.1.6 房地产市场细分的程序

市场细分是房地产企业决定目标市场和设计营销组合策略的重要前提。参照美国学者伊·杰·麦卡锡的市场细分程序，结合房地产市场细分实例，可以得到一套逻辑性强、粗略直观且很有实用价值的房地产市场细分程序。

6.1.6.1 根据需要选定产品市场范围

每个企业都有自己的任务和追求目标。作为制定发展战略的依据，房地产企业也要考虑选定可能的产品市场范围。房地产产品市场范围应以市场的需求而不是商品特性来决定。例如，一家住宅租赁公司，打算在某大学周围建造一幢简朴的学生公寓。从商品特性如房间大小、简朴程度等出发，企业就可能认为这幢公寓是以学生为对象的。但是从市场需求的角度分析，便可看到许多并非学生的人也是潜在顾客，如外来打工的年轻人，在工作之余想继续“充电”的在职学生。这就是说，企业不应把这种普通学生公寓看成只是提供给学生居住的房子，而要在这种学生公寓的市场范围中加入有求知欲望的在职青年的那部分需求。

6.1.6.2 列举潜在顾客的基本需求

选定商品市场范围以后，房地产营销人员可以通过头脑风暴法，从地理变量、人口变量、行为变量和心理变量等方面，大致估算一下潜在的顾客对产品有哪些方面的需求。通过这一步对掌握情况的分析，能为以后的深入分析提供一份征询讨论稿。例如，上面提到的这家住宅租赁公司可能发现，人们希望这类学生公寓满足的基本需求包括遮风避雨，停放车辆，安全，经济，设计良好，方便工作、学习与生活，不受外来干扰，足够的起居空间，简洁的内部装潢，方便的公寓管理和维护，并能提供相应的服务（如洗衣）等。

6.1.6.3 分析潜在顾客的不同需求

基本需求确定后，上述住宅租赁公司可以依据人口变量做抽样调查，向不同的潜在顾客征询上述需求中的哪些方面对他们更为重要。比如，在校外租房住宿的大学生，可能认为最重要的需求是遮风避雨、经济、方便上课和学习等。在职人员希望是遮风避雨、出行方便、不受外来干扰、满意的公寓管理等。外来人员则希望没有特别的条件限制（如户口限制）、遮风避雨、出行方便、不受外来干扰等。

6.1.6.4 舍去潜在顾客的共同需求

公司需要移去各分市场或公寓各消费者群的共同需求。这些共同需求固然很重要，但只能作为设计市场营销组合的参考，而不能作为市场细分的基础。比如，遮风避雨、安全方面的需求，几乎是每一个潜在顾客都希望的。对此，公司可以把它们作为产品决策的重要依据，但在市场细分时则要舍去。

6.1.6.5 划分房地产市场

公司在舍去了各分市场的共同需求后，对剩下的那些特殊需求要做进一步分析，并结合各分市场的顾客特点，暂时拟定一个名称，以便在分析中形成一个简明的、容易识别和表述的概念。此时，该住宅租赁公司根据小公寓市场各类顾客的基本情况，为各分市场分别命名。

（1）好动者——年轻未婚，活泼爱玩。

（2）老成者——年龄稍长，更成熟，收入与教育程度更高，希望追求舒适与个性。

（3）新婚者——暂住，将来希望另找房子，因夫妻都有工作，所以房租负担不重。

（4）以工作为主者——单身，希望住所离工作地点近，且经济实惠。

（5）度假者——在市区有住房，希望节假日过郊外的生活。

（6）向往城市者——在乡间有住房，但希望能靠近城市生活。

公司还要对每个分市场的顾客需求及其行为特征进行更深入的考察，仔细分析对各分市场的特点掌握了哪些，还需要了解什么。这样做是为了进一步明确对现有的分市场有无必要再做细分或重新合并。例如，经过这一步骤公司发现，好动者与老成者的需求差异很大，应当分为两个市场。同样的公寓设计，也许能同时迎合这两类顾客，但对他们开展的广告宣传和人员促销的方式可能不同。企业要善于发现这些差异，要是它们原来被归属于同一个分市场，现在就要把它们区分开来。

6.1.6.6 测量各分市场的规模大小

前五个步骤的分析，基本确定了各分市场的类型。接下来，公司应把每个分市场同人口变量结合起来分析，以测量各分市场潜在顾客的数量。这是因为企业进行市场细分，是为了在适宜的市场范围中寻找获利最多的机会，而这取决于各分市场顾客的多少及其销售潜力。所以，如果不引入分市场的人口变量是危险的。有时可以发现，某些分市场中的顾客很少，以致误入这个分市场的公司开发营销成本增加、产品积压，做亏本的买卖。例如，上例中如果把好动者同人口变量联系起来分析，可以发现他们大多是一些 18～22 岁的年轻人，公司可以从有关部门取得该地区详尽的人口资料，计算出好动者人口的比例，最后推算出好动者的数量。

6.1.6.7 确定可进入的市场，设计营销组合策略

通过分析可以发现,有利可图的细分市场不止一个，为了有效利用企业有限的资源，必须对其盈利性进行排序，选择目标市场、制定营销策略。公司经过对公寓住宅市场细分之后，最后要考虑的问题就是如何决定本公司的目标市场战略，如何为目标市场提供最优的营销组合。公司在做决策时，还要

结合其他相关因素进行分析。

6.2 房地产目标市场的选择

市场细分是目标市场选择的基础，在对房地产市场做出必要的细分之后，形成了若干个分市场，可以发现并非所有的细分市场对企业都具有吸引力，且各个细分市场往往互相存在矛盾。为了更有效地发挥房地产企业资源的优势、争取最大的获利机会，必须进行目标市场的选择。所谓目标市场就是房地产企业经过比较、选择，决定作为服务对象的相应的分市场。

6.2.1 房地产细分市场的评估

目标市场选择是企业一项重要的经营决策活动，它决定企业的营销策略，直接影响企业的经营效果，必须谨慎行事。在进行市场细分后，对目标市场进行分析评估，便成了目标市场选择的必备环节。其实质是用目标市场的基本要求综合评价每一个分市场的过程。目标市场应当具有的基本条件主要有以下几个方面。

6.2.1.1 有一定的规模和发展前景

理想的目标市场，首先应当与房地产企业的实力相匹配。较小的目标市场不利于实力强大的房地产企业发挥其开发经营潜力；过大的目标市场对于实力较弱房地产企业来说，难以完全有效地控制和占领。所以，目标市场一方面要有一定数量的消费需求和购买力，以实现企业的销售目标；另一方面要有尚待满足的需求，有充分发展的潜力。

6.2.1.2 有较高的盈利水平

盈利是企业生存和发展的基础，也是房地产企业选择目标市场的重要条件。企业的利润是销售收入和成本、费用之差，在分析利润指标时，企业要对销售数量、单位成本，以及管理、销售等费用指标数量及其变化有准确的分析和估算。同时企业要注意利润的整体优化，也就是说，企业选择目标市场时，不能只看单个细分市场的局部盈利水平，而要看企业整个目标市场的整体盈利水平；不能只顾及眼前的盈利水平，还要考虑长期的盈利水平，从而选择能获取长期高额利润的细分市场组合。因为也许几个单个盈利水平不太高的分市场组合在一起，由于成本、费用的降低，整个目标市场盈利水平可能会较高。

6.2.1.3 符合本企业的目标和能力

选择的目标市场还应该符合房地产企业的目标和能力。某些分市场也许有较大的规模和盈利水平，但不符合企业的长远目标，不能推动企业实现已经确立的经营目标，甚至分散企业的精力，使之无法完成主要的指标，因而只能放弃。房地产企业还必须考虑自身是否拥有在该分市场获胜所需的资源条件。无论什么样的分市场，企业要在其中取得成功，都必须具备相应的人力、物力、财力、技术等资源。若房地产企业某项资源短缺，如拥有资金数量不足，并且无法通过融资渠道及时获得资金，也只能放弃这个市场。

6.2.1.4 具有一定的竞争优势

即使目标市场有足够的吸引力，也符合房地产企业目标和能力，企业仍不能贸然进入，还需进一步了解目标市场是否存在竞争对手（包括潜在竞争对手）、竞争对手的实力如何。只有具备相对竞争优势的目标市场，企业才能进入，否则会在激烈的竞争中遭受严重损失，甚至被竞争对手击败。当然，没有竞争对手的目标市场是企业最有利的选择，因此，企业要积极开拓新市场。

6.2.2 房地产目标市场选择的模式

房地产开发企业在对不同细分市场进行评估后，就必须对进入哪些市场和为多少个细分市场提供房地产产品做出决策。房地产开发企业所能选择的目标市场模式一般有五种，即密集单一模式、选择专业化模式、产品专业化模式、市场专业化模式和全市场覆盖模式，如表 6-1 所示。

表 6-1 房地产目标市场模式类型

目标市场模式	说明
密集单一模式	企业决定只生产某一种产品，只供应某一个客户群。小企业通常选择这种模式
选择专业化模式	企业决定同时进入不互相关联的市场，因为这些分市场都能给企业提供有利的市场机会。追求市场机会不断增长的企业往往选择这种模式
产品专业化模式	企业决定向各类客户提供同一类型而规模不同的产品系列。对提供某种产品有专门特长的企业通常选择这种模式

续表

目标市场模式	说明
市场专业化模式	企业决定向某一个客户群提供它所生产的各种产品。选择这种模式的企业一般具有较强的营销配套能力，并对某一客户群的利益追求有透彻的了解
全市场覆盖模式	企业决定向所有不同的客户群提供它所生产的各种产品。这通常是谋求行业市场领导地位的集团公司采取的模式

6.2.2.1 密集单一模式

对房地产开发企业来说，最简单的方式是选择一个细分市场进行集中营销。通过密集营销，企业可以更加了解本细分市场消费者的需要，可以建立和巩固在该细分市场中的地位。另外，企业通过对某一个特定细分市场进行房地产产品的开发、建设、营销和服务，也可以获得由专业化分工带来的经济效益。如果细分市场选择得当，企业的投资便可获得高报酬。但是，密集市场营销模式的风险较大，因为其目标顾客群购买行为的改变，或者竞争者的进入，都会对该企业的开发建设和经营状况产生不利影响。

6.2.2.2 选择专业化模式

这一模式是指房地产开发企业有选择地进入若干个细分市场，因为这些细分市场在客观上都有吸引力，并且符合企业的目标和资源。但是，所选择的各细分市场之间很少有或者根本没有联系，然而，每个细分市场都有可能赢利。这种多细分市场模式优于单一细分市场模式，因为这样可以分散房地产开发企业的经营风险，即使某个细分市场失去吸引力，该企业仍可继续在其他细分市场获取利润。

6.2.2.3 产品专业化模式

这一模式是指房地产开发企业集中开发、建设或经营一种房地产产品，向顾客提供同一种产品。这种模式虽然在某个产品（如单身公寓）的开发建设方面容易树立很高的声誉，但是，一旦这种产品（如房型）过时，企业经营就有可能发生危机。

6.2.2.4 市场专业化模式

市场专业化是指专门为满足某个顾客群体的需要而提供相应的房地产产品及其相关服务。这种模式可以提高这一细分市场消费者的忠诚度，但一般要求房地产开发企业提供房地产产品和相关服务的能力比较强，即要求房地产开发企业具备一定的实力。

6.2.2.5 全市场覆盖模式

这一模式是指房地产开发企业以各种房地产产品满足各类顾客群体的需求。一般来说，只有实力强大的大型房地产开发企业才能采用全市场覆盖模式，如国际商用机器公司在计算机市场、通用汽车公司在汽车市场，以及可口可乐公司在饮料市场一样。

需要说明的是，房地产开发企业在选择目标市场时，应综合考虑企业、产品和市场等多方面的因素，根据企业资源或实力、产品的同质性、市场的同质性、产品所处生命周期的不同阶段、竞争者的市场营销策略，以及竞争者的数量等因素进行综合权衡。

6.2.3 房地产目标市场营销策略的选择

房地产企业在对目标市场的范围做出选择后，还必须进一步明确它的营销策略，主要有三种策略可供企业结合具体条件进行选择。

6.2.3.1 无差异目标市场营销策略

该策略就是不考虑各细分市场间实际存在的差异，只注重各细分市场的共性，推出一种产品，运用单一的营销组合迎合整个市场大多数顾客的需求，凭借广泛的销售渠道和大规模的广告宣传吸引尽可能多的购买者。

无差异市场策略的优点是房地产企业提供的商品的品种、规格、式样比较单一，有利于标准化和大规模开发建设，有利于企业提高效率、降低开发成本和销售费用，以便用低价争取更广泛的消费者。它的不足之处是不能使房地产各类顾客的需要得到最大满足，同时这种策略缺乏弹性，难以适应消费者需求的变化。例如，在经济发展较为缓慢的地区，人们的居住水平比较低，尚处于满足基本生活需要的阶段，虽然也存在多种特殊的需求，但房地产企业可以以满足消费者基本生活需要这一共性为目标开发一些普通住宅，通过降低成本来吸引消费者。但随着经济发展、家庭收入水平的提高，人们的特殊需求越来越强烈，企业则不能再固守这种策略。

6.2.3.2 差异性目标市场营销策略

该策略是充分肯定消费者需求的差异性，在市场细分的基础上选择若干个细分子市场作为经营对象，并有针对性地开展不同的营销活动。房地产企业采用差异性市场策略就是要推出多种产品，并配之以多种宣传促销手段，力图满足各种消费者的不同需求。

差异市场策略的优点是，由于房地产企业面对多个细分市场，可以更好地满足消费者的需求，有利于发掘市场潜力、扩大企业销售量、提高企业的信誉，而且经营面广，能大大降低经营风险。但是由于目标市场多、产品经营品种多，因而渠道开拓、宣传促销的费用开支比较大，同时能引起企业经营注意力分散、顾此失彼。因此房地产企业要在巩固自己拳头产品市场优势的前提下，逐步推出新产品，进入新市场。

6.2.3.3 集中性目标市场营销策略

实施该策略的企业不是面向整体市场，也不是把力量分散于若干个细分市场，而是集中力量进入一个细分市场（或是对该细分市场进一步细分后的几个更小的市场部分），为该市场开发一种理想的产品，实行高度专业化的生产和销售，这就是集中性营销。采用这种策略通常是为了在一个较小或很小的细分市场上取得较高的甚至是具有支配地位的市场占有率，而不追求在整体市场或较大的细分市场上占有较小的份额。

集中性目标市场营销策略的优点在于经营对象比较集中，对范围窄小的细分市场可以做深入的了解，并能够充分发挥企业的专业化优势，在特定的目标市场取得有利地位；不足之处是风险性较大，而且由于市场区域小，企业发展会受到限制。

在上述三种策略中，无差异市场策略与差异市场策略都力图覆盖整个市场。前者以一种产品、一种营销组合策略面对整个市场，后者则是生产多种产品，采用多种营销组合策略以开拓各个细分市场；而集中性目标市场策略则是以一个细分市场为目标市场。房地产企业在选择策略时绝不可随心所欲，必须从企业自身的实力、产品特点、市场特点、竞争对手策略等方面进行综合考虑，慎重选择适合于本企业的策略。

6.2.4 房地产目标市场选择过程中需要注意的几个问题

房地产开发企业在选择目标市场时，需要综合考虑企业自身、产品和市场等多方面的因素，需要注意以下几个方面的问题。

6.2.4.1 房地产开发企业自身的资源或实力

房地产开发企业在开发、建设、技术、营销以及资金融通等方面实力很强时，可以选择多个细分市场，并采用选择专业化或全市场覆盖模式，运用差异性或无差异性目标市场营销策略。而房地产开发企业资源有限、实力不强时，则可考虑采用密集单一模式、产品专业化模式或市场专业化模式，并运用集中性目标市场营销策略。

6.2.4.2 所提供房地产产品的同质程度

异质性是房地产产品的重要特征。这里所讲的房地产产品的同质性是指在消费者眼里，不同企业所提供的房地产产品的相似程度。比如，不同房地产开发企业在两个相邻或相似地段开发小区规划、房型等都接近的房地产产品，则其相似程度就较高。一般来说，相似程度高，则同质性高；反之，则同质性低。相似程度高的房地产产品，企业之间的竞争将主要集中在价格上。这样的产品适合采用无差异目标市场营销策略，房地产开发企业就可以运用市场专业化模式或全市场覆盖模式。从本质上说，房地产产品在地段、房型、式样以及环境等方面存在较大差别，产品选择性强、同质性较低，因此，这类企业更适合采用差异性或集中性目标市场营销策略。

6.2.4.3 房地产细分市场的同质程度

所谓房地产细分市场的同质程度是指各细分市场在顾客需求、购买行为等方面的相似程度。市场同质性高，意味着各细分市场的相似程度高，不同顾客对同一个营销方案的反应大致相同，此时，房地产开发企业可考虑选择产品专业化模式、选择专业化模式或者全市场覆盖模式，并采取无差异目标市场营销策略；反之，则适宜选择密集单一模式或选择专业化目标市场模式，采用差异性或集中性目标市场营销策略。

6.2.4.4 房地产产品所处生命周期的不同阶段

房地产产品如果处于市场导入期，由于同类竞争产品不多、竞争不激烈，企业可进入多个细分市场作为目标市场，并采用无差异目标市场营销策略。而当房地产产品进入成长期或成熟期，同类产品增多、竞争日益激烈时，为了确立竞争优势，房地产开发企业就必须有选择地进入少数细分市场，并可考虑采用差异性目标市场营销策略。当房地产产品步入衰退期后，为了保持市场地位、延长产品生命周期、全力对付竞争者，最好采用密集单一模式，并考虑采用集中性目标市场营销策略。

6.2.4.5 竞争对手的目标市场营销策略

房地产开发企业在选择目标市场营销策略时，一定要充分考虑竞争者尤其是主要竞争对手的营销战略与策略。如果竞争对手采用差异性目标市场营销策略，则该房地产企业就应采用差异性或集中性目标市场营销战略与之抗衡。若竞争者采用无差异目标市场营销策略，则企业可采用无差异或差异性目标市场营销策略与之对抗。

6.3 房地产市场定位策略

企业一旦选定了目标市场，就要在目标市场上进行产品的市场定位。市场定位是企业营销战略计划中的重要组成部分，是企业制定营销组合策略的基础，恰当与否直接关系企业能否突出自身的特色，能否树立鲜明的形象，能否在竞争中获得一席之地，甚至关系企业的发展壮大问题。

6.3.1 房地产市场定位的概念

市场定位理论是20世纪70年代由美国著名营销战略家艾·里斯提出的。他认为，定位的终极目标就是让消费者来购买你的产品，因为市场上充斥着太多的品牌，但消费者不会为所有的品牌买单。

所谓房地产市场定位就是房地产企业根据竞争者现有产品在市场上所处的位置，针对目标消费者对产品某些特征或属性的重视程度，为本企业产品塑造强有力的、与众不同的鲜明个性或形象，并通过一套特定的营销组合把这种形象生动地传递给顾客，影响目标市场对该产品的总体感觉，即市场定位是塑造一种产品在市场上的适当位置，这种位置取决于与竞争者的产品相比，消费者怎样认识这种产品。它的实质是使本企业的产品与其他企业的产品严格区分开来，并使目标消费者认识到这种差别，从而在他们心中占据一个特殊的位置。

这就表明，市场定位是企业通过为自己的产品创立鲜明特色或个性，从而塑造独特的市场形象来实现的。企业在进行市场定位时，一方面要了解竞争对手的产品具有何种特色；另一方面要研究顾客对该产品的各种属性的重视程度（包括对产品实体属性的要求和心理上的要求），然后进行分析，再选定本企业产品的特色和独特形象。有效的市场定位有利于建立企业及其产品的市场特色，使产品更具吸引力，从而在顾客心目中留下深刻印象，形成消费者对产品的特殊偏爱。

6.3.2 房地产项目市场定位的依据

6.3.2.1 根据产品特色定位

根据房地产产品特色进行定位是房地产市场上较为常见的一种定位选择。如某办公用房强调所处的区域优势和优良的物业管理，住宅小区则突出规划合理、智能健康、成熟学区、亲水休闲等，商业物业更倾向于从项目的商业环境、商业氛围、商业文化、商铺间隔、商业管理及交通便捷情况等方面挖掘、推广、传达项目的竞争优势。

6.3.2.2 根据客户利益定位

这种定位方法强调消费者的利益，如有的房地产产品定位侧重于“性价比”，有的侧重于“增值快速”“坐拥厚利”，而有的强调“彰显身份”“高档享受”。随着经济水平的提高，消费者追求个性化的趋势越来越明显，尤其是女性、年轻人和高收入的消费群体，对新潮、时尚、科技等个性化的追求越来越强烈，喜欢与众不同的感觉，喜欢表现自我，有较强的品牌意识。以这些消费群体为目标顾客的品牌应该注重情感定位，这样才能与目标顾客群的价值观发生共鸣，形成相对稳固的品牌偏好和忠诚度。情感定位是将人类情感中的关怀、牵挂、思念、温暖、怀旧、爱等情感内涵融入产品或品牌，使消费者在购买、使用产品的过程中获得这些情感体验，从而唤起消费者内心深处的认同和共鸣，最终获得对品牌的喜爱和忠诚。

6.3.2.3 根据使用者定位

有的房地产项目在进行定位选择时，常常试图把自己的产品指引给适当的使用者或某个分市场，以便根据该分市场的看法创建恰当的形象。这种定位思路很多时候可以在一些房地产项目的广告文案里看出端倪，如“森林公园的传奇、精英阶层的梦想”“海岸度假别墅，源于国际上流社会的生活观”“最后的××庄园、最后的王者盛宴”等项目的定位都是从使用者身份引导上进行的。

6.3.2.4 根据竞争需要定位

如果企业所选择的目标市场已有强劲有力的竞争对手，则可以根据竞争需要进行定位，一般有以下两种策略。

（1）与现有竞争者并存。这种策略就是将自己的产品位置确定在现有竞争产品的旁边，从实践来看，一些实力不太雄厚的中小房地产企业大多选用这种定位策略。采用这种策略必须具备两个条件：首先，目标市场区域内有一定量还未被满足的需求；其次，企业开发的产品要有一定的竞争实力，要能与竞争对手相抗衡。

（2）逐步取代现有竞争者。这种策略就是将竞争者赶出原有位置并取而代之，占有它们的市场份额，主要为实力雄厚的房地产企业所选用。采用这种策略同样必须具备两个条件：首先，新开发的产品必须明显优于现有产品；其次，企业必须做大量的宣传推销工作，以冲淡消费者对原有产品的印象与好感。

事实上，许多房地产企业进行市场定位的依据并不只是一个，而是对多种选择的结合使用，因为通常市场定位所体现的企业及其产品的形象必须是一个多维的、立体的形象。

6.3.3 房地产市场定位流程

房地产市场定位是围绕产品展开的，故又称为产品定位，产品定位是一个策划过程，这一过程可以确定土地的用途及产品规划的方向。所以，产品定位本身是一种具有成本及效益性质的策划活动，它的成本反映在所运用的方法、所收集的信息及所耗用的时间和人力上，而它的效益则表现为产品定位的结果所能产生的实际利益。

产品定位是一个结合科学和艺术、客观和主观的策划活动，只有遵循系统性的步骤，选择逻辑合理的研究方法，并运用专业独特的创造力，才能最大限度地发挥它的作用。一般来讲，产品定位策略按照其程序的不同，有两种方法可供选择。

6.3.3.1 两阶段产品定位流程

这种方法把房地产产品的定位分成两个阶段，如图 6-1 所示。

（1）第一阶段，确定房地产产品的用途和开发周期。在这一阶段，产品定位的功能在于使房地产开发企业明确房地产产品的用途和开发建设周期，因此必须注意以下几点。

a. 土地自然条件，包括土地面积、土地形状等。通常面积越大、形状越规则的土地，地块定位发展的空间越大。

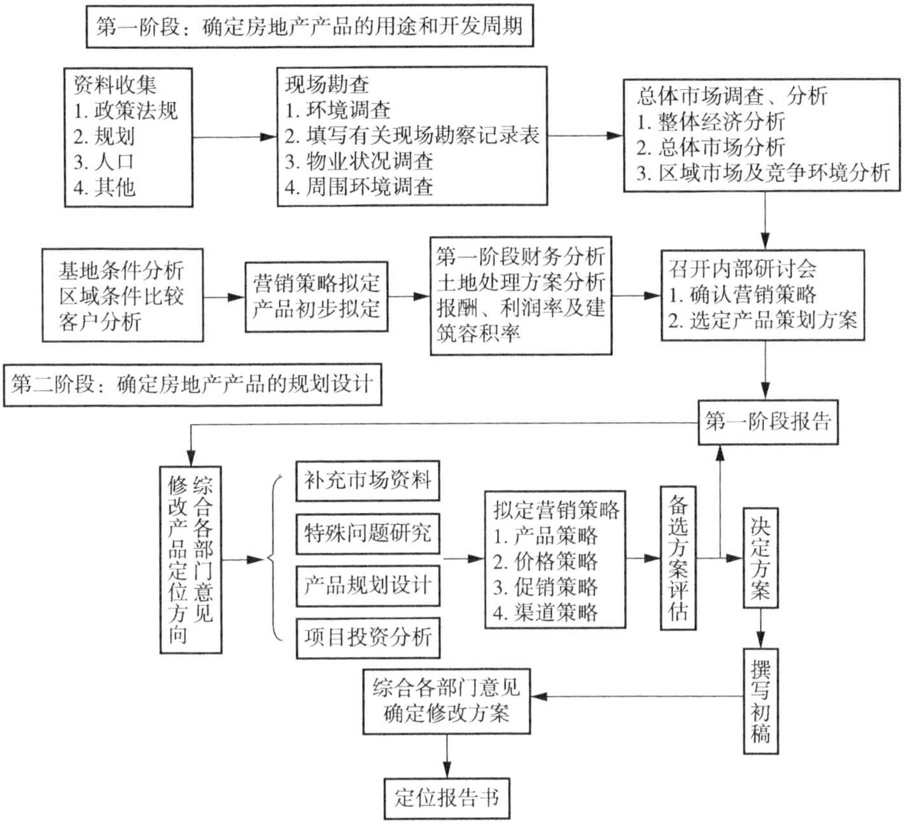

图 6-1　房地产两阶段产品定位流程

b. 土地的使用条件、总体规划情况，特别需要注意是否存在用途管制或特别限制。

c. 附近土地使用现状，以确定形成产品差异性的可能性。

d. 土地开发条件。一般而言，单独通过转让取得的土地使用权比通过合建取得的土地使用权的产品定位空间更大。因为在合建方式下，提供土地使用权的一方经常会提出一些附加条件，如坚持要求取得第一层楼，并且坚持规划为纯居住用途等，这些要求必然限制该幅地块的定位空间。

（2）第二阶段，确定房地产产品的规划设计。在这一阶段，房地产产品定位的重点在于确定房地产产品的规划设计、开发形态与开发方式，也就是决定产品形态以及开发建设方式。例如，住宅产品究竟是规划为别墅、多层洋房，还是高层刚需住宅，各楼层的相互关系如何，计划在短期出售完毕、分期销售，还是保留出租等。该阶段产品定位的目的在于使该地块开发者能创造和增加产品的附加值，因此必须考虑以下因素。

a. 相关城建法规的限制，如容积率规定、楼层高度规划限制、用途管制等。

b. 市场需求特性，如价格接受区间、产品需求形态、潜在市场消费者特征等。

c. 相对报酬及风险，如单幢21层高层住宅与三幢7层多层住宅这两种规划，其可能产生的收益、成本及耗用的时间不同，必须做相对比较，才能确定附加价值的可行性。

由于我国实行的是世界上最严格的耕地保护制度，城市土地有限、地价高涨，在这种情况下，房地产开发企业真正的利益通常来自产品定位所创造的附加价值。因此，产品定位对房地产开发企业来说，一方面可以避免开发不当的风险，确定合理的开发条件；另一方面则有助于掌握开发良机，并增加房地产产品的附加利益。

6.3.3.2 三层次产品定位方法

众所周知，房地产产品价值和效用的发挥深受其所在区域环境的影响。但是，对于受哪些因素的影响（是周边配套的成熟度、公共设施完善的程度、交通便利性，还是人文环境），受哪个范围环境的影响（是项目所在地附近区域、项目所在商圈或生活圈，还是整个行政区域），以及受影响的程度（是正面影响还是负面影响，是强影响还是温和影响）等一系列问题，则是仁者见仁、智者见智，有时甚至缺乏明确的认识。因此，许多房地产开发企业即使掌握了许多信息，也了解了环境的特性，仍无法有效地对房地产产品进行恰当的定位。

房地产产品定位的过程，实际上就是发现市场机会，并针对目标市场的需求点开发建设适当的产品，以创造空间价值的过程。所以不论是市场还是产品，都是相对的观念。也就是在某种环境条件下，某些产品会比其他产品更恰当，某个细分市场会比其他市场更有潜力。因此，在进行前期房地产市场研究和产品策划时，房地产企业必须运用适当的方法分析各种环境条件，找出具有相对竞争优势的产品及市场机会。

例如，在北京海淀区双榆树附近有一处可以兴建居住房地产的土地，那么它可以吸引多少购房者呢？是双榆树附近的居民，还是海淀区附近的居民，抑或是海淀区和附近西城区甚至整个北京市的居民？不同层次的客源偏好有何不同？他们所偏好的产品是否适合当地的环境？这些问题可以利用三层次产品定位程序来分析，如表 6-2 所示。

表 6-2 房地产三层次产品定位程序

产品 / 重要性 / 评价因素		商业楼宇			办公楼			住宅		
市（区）级层次（一般因素）										
交通运输	交通条件	强	弱	强	弱	强	强	弱	强	强
土地使用	城市地位	弱	弱	强	强	强	弱	弱	弱	弱
公共设施	基础设施状况	强	强	中	中	中	中	中	中	强
人文社经	社经水平	强	中	弱	中	弱	弱	弱	弱	强
房地产市场	更新速度	强	中	弱	强	弱	弱	强	中	弱
商圈层次（区域因素）										
交通运输	交通系统	强	中	强	强	中	强	强	中	强
	内外交通流量	弱	中	强	强	中	强	弱	中	弱
土地使用	混乱程度	强	弱	弱	强	弱	中	强	强	中
	使用限制	强	弱	弱	强	中	强	强	中	弱
公共设施	大型公园、学校	强	中	弱	强	中	中	中	弱	弱
	车站、转运站	弱	中	强	强	中	强	强	中	弱
人文社经	人口密度	强	中	弱	强	中	弱	弱	弱	中
	税收	强	中	弱	强	中	强	弱	弱	弱
房地产市场	价格水平	弱	中	强	强	中	弱	强	中	弱
	独立程度	强	弱	中	强	弱	中	强	弱	中
项目所在地层次（个别因素）										
交通运输	道路宽度	弱	弱	弱	弱	中	强	强	中	中
	公交数量	弱	中	强	中	中	强	强	中	强
土地使用	地块形状及大小	强	中	弱	强	中	中	强	中	中
	邻近土地使用	强	中	弱	弱	中	强	强	弱	弱
公共设施	大型公园、学校	强	中	弱	强	中	中	强	中	弱
	金融机构	弱	中	中	强	中	强	强	强	强
人文社经	居民文化水平	强	中	弱	中	强	弱	弱	中	弱
	流动人口规模	强	中	强	中	强	强	强	中	弱
房地产市场	附近商业气息	弱	中	强	由	强	弱	强	中	强
	附近建筑物状况	强	中	中	中	弱	中	强	中	弱

所谓三层次产品定位，是依据影响项目所在地的环境范围所划分的市（区）级层次的一般因素、商圈（生活圈）层次的区域因素及项目所在地层次的个别因素。三层次定位的思路是：由整体到局部、由表及里地进行分析定位。虽然这三个层次都包括项目地块，但是各层次所比较的对象不同。以前面双榆树的土地为例，其区级层次，是指与海淀区相当等级和规模的邻近行政区而言，如西城区等；其商圈或生活圈层次，是针对海淀区内所划分的数个商圈而言，而本例所指的项目所在地则坐落在其中一个商圈（以当代商城、双安商场为主的一个商圈）内；项目地块层次，则是指将项目所在地的商圈划分为数个区域，项目所在地属于其中的一个区域。

划分三层次的目的，在于明确掌握环境分析与评估的范围及比较的对象。市（区）级层次通过环境分析，可以研究确定相对其邻近市（区）所适合的产品及可能吸引的客源；商圈（生活圈）的层次，则可以比较项目地块所在商圈（生活圈）的产品优势及市场机会；项目地块层次则是具体确定项目地块在其所属商圈（生活圈）内的竞争优势。

三层次产品定位程序能使策划人员系统地分析与评估环境。至于在每个层次应如何界定范围和划分比较区域，及需要分析和评估哪些产品，则应视产品的具体性质而定。表6-2从商业楼宇、办公楼和住宅角度列示了房地产三层次产品定位评估因素的相对重要性。

案例分析

You+国际青年公寓

You+国际青年社区创办于中国广州，是一个面向现代都市青年的连锁生活社区。You+国际青年社区广州凤凰店最初凭着“挡风遮雨，有爱陪伴”的经营理念，迅速得到了广大新锐青年的认可。You+国际青年公寓主打租房（租下整栋楼，重新改造之后向青年人出租），公寓的定位是为刚毕业、漂泊在外地寻求发展的年轻人提供性价比高的住处，让他们能在这里认识更多的朋友，从而有家的感觉。卖点则是良善的公共空间和紧密的社区氛围。在公寓，住户们相互的称呼是“家友”，他们在这里相识、相知、相伴、相助，从朋友到亲人，发生过很多感人肺腑的故事。

You+国际青年公寓在创业公司集中的产业园或者交通便利的地方租用价

格较低的整栋楼，然后对其进行改造出租。有特色的是它的改造不是无的放矢，而是针对城市中收入较高的单身青年的生活所需，通常会把一楼大厅和周围的空间精心布置，安排了健身房、台球室、吧台、书架、游戏机……供住户娱乐，同时有各种活动和沙龙供住户交流。室内的布置也充分考虑了住户单身的生活需求，房间的设计虽然简单，但每个房间都一定有一面明亮的大窗户，完全不会让人有拥挤压抑的感觉。更重要的是，You+允许“家友”在房间里随意创作，增添各种设计，甚至可以在墙上涂鸦，完全展现自己的个性。退房后这些设计还不要求还原，也不会扣除押金！因为多数年轻人没有自己做饭的习惯，房间里都没有配备厨房。但是You+一般配有食堂，为租户提供午餐和晚餐，一顿饭十多块钱，管饱。一层设有一个公用厨房，让那些想展示厨艺又缺乏毅力的人可以偶尔下厨。

You+国际青年公寓有一个“三不租”的规矩：一是45岁以上的不租，二是带孩子的不租，三是不爱交朋友的不租。前两条的设定是为了让年龄相近、生活习惯类似、刚在社会起步的年轻人生活在一起，这也是You+针对的细分市场；第三条规则其实是一个“考核”指标，“家友”在入住前会有一次面谈，喜欢交朋友的年轻人会更快获得安排入住，入住后You+也会对住户进行一个关键指标考核，内容通常包括住户要在一个月内认识多少“家友”、参加过多少次社区活动等，目的是让居住在You+的年轻人敞开心扉。此外，You+国际青年公寓每个月都会举行很多社区活动，包括“五同”聚会（同星座、同乡、同专业、同楼层、同爱好）、“家友”的生日派对、节日派对（圣诞节、万圣节、光棍节）、户外活动（足球、漂流等运动）。

住在这儿的人，喜欢的不仅是时髦有趣的环境，更重要的是它能给年轻人特有的生活氛围。陈敏（化名）今年6月份搬进了You+国际青年公寓，他说之前两年，他都住在周边的出租屋里，直到自己搬走，他都不知道隔壁邻居姓甚名谁，人与人之间的关系犹如隔了一堵厚墙。自从搬进You+，他一下子认识了一大拨来自五湖四海、年龄相近的朋友，每天下班后回到You+都是热热闹闹的，找到了大学时代住集体宿舍的感觉。在公寓里有20%～30%的“家友”是创业者，每天晚上大家都会在大厅里一起讨论自己的项目进展和技术难题，很容易迸发思想的火花。更重要的是，“家友”里有法律、营销、互联网、编程等领域的人才，一旦资源整合起来，能产生1+1>2的效应。

You+国际青年社区以北京、上海、广州、深圳为主要城市，快速进行连锁扩张。You+国际青年社区定位于两大主题：青年生活和青年创业，越来越多的青年才俊选择You+国际青年社区作为新青年生活方式的承载。You+的理想是成为一个让青年人爱心集聚的大家庭。青年人是国家的未来，他们快乐健康地成长，未来这个国家才会健康强大，这也是You+存在的意义。而它最核心的财富就是这个理想和一群为了实现这个理想而努力工作、奉献青春的热血青年。

通过租下一些位置不佳的楼宇，改造成公寓对外出租，这不算是什么新鲜的生意，但You+国际青年公寓却把“冷冰冰”的公寓改造成“热烘烘”的社区，把人与人之间的隔膜融化掉。You+国际青年社区会集了真诚、快乐、分享、奉献等社会生活亟须的正能量元素，让生活于此的都市青年找到灵魂休息的温暖港湾。

讨论题：

1. 从营销的角度分析，You+国际青年公寓经营成功的关键是什么？

2. 请在你所在的城市，选择某个房地产项目，研究其市场营销策略，提交研究报告。

第7章 房地产产品策略

消费者真正购买的是什么？不同企业提供的产品在核心产品和形式产品及产品层次上越来越接近，附加产品在企业营销中又该扮演什么样的角色？为了能给消费者留下深刻印象，在竞争激烈的房地产市场上，企业应怎样使自己的产品独具特色呢？为什么说房地产品牌代表的是消费者与产品之间的关系，如何增加品牌的人格认同和用户黏性，提升品牌溢价？

7.1 房地产产品概述

在房地产市场营销活动中，企业通过提供满足顾客需要的产品来获取利润。正确界定房地产产品的内涵，制定可行、有效的产品策略来满足消费者的需求，实现企业经济效益和消费者效用的最优化，是房地产企业营销的核心，更是制定营销组合策略的基础。

7.1.1 房地产整体产品的内涵

人们通常把产品理解为具有某种物质形状，能够提供某种用途或功能的物质实体，这是传统的、狭义的产品概念。从市场营销的观点来看，产品是一个广义的、整体的概念，是指能够提供给市场、用于满足人们某种欲望和需要的任何物品，亦称产品的整体概念。它表现为实物、场所、软件、服务、设计、意识、观念等各种形式。

现代的营销理论突破了传统的物质定义，把房地产产品定义为人们通过交换而获得需求的满足，是消费者期求的实际利益。因此，凡是提供给市场的、能够满足消费者某种需求或欲望的任何有形建筑物、构筑物、土地和无形服务或价值均为房地产产品。房地产产品是由有形实体和无形服务共同构成的，具有整体产品的特征。

7.1.2 房地产整体产品的层次

房地产产品是一个包含多个层次内容的整体概念，如图 7-1 所示，其一般包含三个层次的内容：核心产品、形式产品和附加产品。

7.1.2.1 核心产品

核心产品是房地产整体产品最基本的层次，是人们购买或租用房地产产品时所追求的基本利益和使用功能，是人们真正想要的东西，是满足消费者需要的核心内容。消费者购买某种产品并不是为了获得产品本身，而是为了满足某种特定的需求。例如，人们购买或租用住宅想获得的最基本利益就是满足居住的需要，而购买或租用办公及生产用房的客户是为了获得办公及生产的场所；除此之外，人们购买或租用房地产产品还可能是为了获取保值增值效益，或者为了实现投资收益，或者为了满足某种炫耀心理等。

7.1.2.2 形式产品

房地产形式产品是房地产核心产品的基本载体，是核心产品所展示的全部外部特征，主要包括：地理位置、建筑风格、产品质量、平面布局与空间结构、自然环境等。产品的基本效用要通过某些具体的形式才能得以实现，形式产品是消费者识别房地产产品的基本依据。因此，企业进行产品设计时，应在研究目标购买人群的心理和所追求的核心利益的基础上，重视应用独特的形式将这种购买心理和利益呈现给大众，满足购买者的视觉和心理需要，从而使消费者产生购买冲动。

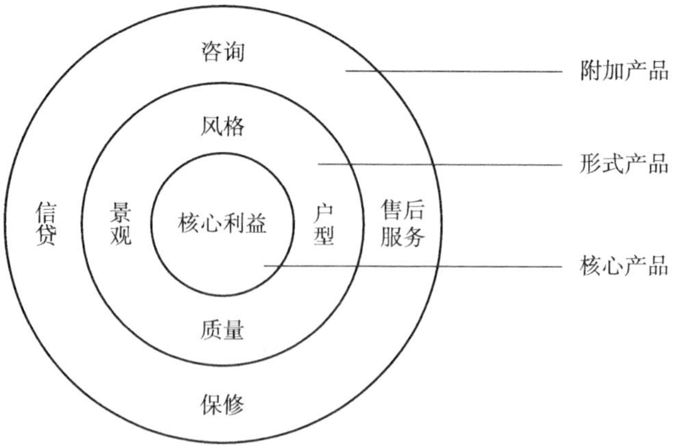

图 7-1 房地产产品的层次

7.1.2.3 附加产品

房地产附加产品是指，消费者通过房地产产品的购买和使用而得到的附加服务，以及附加利益的总和。附加产品一般表现为房地产产品销售过程中和售后的信息咨询、高标准的人性化物业服务、丰富多彩的社区文化生活及产品的象征性价值（满足人们情感或精神上的需要）等。在竞争日益激烈的环境条件下，附加产品已经成为房地产企业展开竞争的重要手段。企业应着眼于比竞争对手提供更多的附加利益，通过附加产品给消费者带来更多的满足感。

总之，一件产品不是简单的一系列看得见的特征，消费者往往把产品看作满足其需要的各种利益的复杂组合。在进行产品开发时，营销人员必须首先识别产品所要满足的消费者需要的核心，然后设计出相应的形式产品与附加产品，以更好地满足消费者的利益组合需求。核心产品、形式产品和附加产品作为房地产产品的三个层次，是不可分割并紧密相连的，它们构成产品的整体概念。其中，核心产品是基础，是本质；核心产品必须通过形式产品才能得以实现；在提供产品的同时，提供广泛的服务和附加利益，即附加产品。

在竞争激烈的互联网时代，如何深挖顾客的真正需求，从不同层次完善房地产整体产品，对房地产企业营销目标的达成意义重大。首先，要求企业在产品的核心层植入极致思维。产品的核心层是产品的自然禀赋，代表了产品的“天性”，即其本质上能为顾客带来的核心价值和利益。产品的核心层是“皮”，其他层次是“毛”，“皮之不存，毛将焉附”。在竞争激烈的房地产市场中，企业应追求工匠精神，工匠精神实际上就是企业用极致的产品满足用户的需求，让自己的产品达到或超越顾客的预期，从而将产品所能提供的核心效用发挥到极致。其次，要求企业在产品的形式层植入创新思维。互联网让人们的生活更加碎片化，形式产品是核心产品借以实现的形式或目标市场对某种需求的特定满足形式，形式产品是房地产产品的第二层次，是核心产品所展示的全部外部特征，它是消费者可直接观察和感觉到的内容。赏心悦目的产品本身就是最大的自媒体，在互联网时代，产品形式层的实现应该具备创新思维，给予消费者不一样的感官体验。比如，一个楼盘与众不同的建筑风格、景观设计、室内装修等本身可能就会成为市场、社交媒体的话题，这将带来免费且巨大的项目宣传价值。最后，要求企业在产品的附加层植入故事思维。顾客对房地产产品利益的追求通常包括功能性的、非功能性的两个方面，前者更多地体现了顾客在物质方面的需要，后者则更多地体现了顾客在精神、情感方面的需求。随着社会经济发展和人民收入水平的提高，顾客对房地产产品非功能性利益越来越重视，在很多情况下甚至超越了对功能性利益的关注。当前，“80 后”“90 后”已经成为房地产市场上的主要消费群体，他们不仅追求差异化的产品外观，也看重产品外观背后的文化诉求、情感诉求。一个产品或者品牌要想迅速流行，必须有深厚的、可以激发人们共鸣的精神和故事。比如，王石“登山”的故事在无形中使万科的品牌和产品变得“故事化”，或多或少地迎合了某些消费者的内心需求，成为精神励志的符号。过去，消费者在购买商品时，除了“等价交换”的商业行为外，与商家很少存在买卖关系之外的其他连接点，更不要说温情了。而将产品故事化，可以让房地产企业和购买者共同构筑一个有着共同价值观、充满温情的社区。他们不仅是“买卖关系”，而且是一种情感上的互助、共鸣关系。“产品故事化”就是要形成这样一个温情社区，获得具有强黏性的长期用户。房地产企业在进行产品个性、品牌形象、企业文化培育的过程中，可围绕这条主线进行一系列的营销、公益活动，让企业和产品变得更具情怀，并在目标顾客心中确立差异化竞争优势。

7.1.3 房地产产品的属性

上文中分析了房地产整体产品的构成，并结合互联网背景探讨了每个层次上企业需要秉承的产品思维和可能实施的营销策略。接下来，本书进一步将产品的三个层次结合产品属性进行总结。产品的三个属性是功能属性、社交属性和精神属性。首先是功能属性，它是产品的基础属性，是为消费者解决特定的问题而存在的，人们购买住宅首先要获得的最基本利益就是为了满足居住的功能需要。功能属性对应产品的核心层次，为消费者解决特定的问题。其次是社交属性，它是产品的外延属性，是消费者进行社会交际的重要需求和手段。例如，人们购买某些区位或地段的住宅是为了获得一种圈层的身份认同。一些文化地产项目成为区域性或城市性的地标，如上海新天地、杭州万科良渚文化村等，成为人们在当地的必到打卡地。社交属性主要体现在两个层面，一个是标签性，另一个是话题性，这让它们的目标群体感觉到兴奋，油然而生一种归属感。社交属性对应产品的形式层次，是消费者社会交往的重要需求和手段。最后是精神属性，也可称之为“信仰属性”。产品如果有能力赋予消费者独特的哲学和精神信仰，产品就有了忠实的受众群体。精神属性对应产品的附加层，当顾客具备了品牌忠诚度，就意味着企业或产品与消费者产生了共鸣，品牌共鸣在互联网时代下被衍生为所谓的“粉丝经济”。每个品牌都想拥有强大的粉丝群体，这通常需要企业能为品牌打造一个卓越的符号、一个杰出的人物、一个传奇的故事和一些特有的仪式，日积月累，企业的精神和个性被强烈地投射到产品当中，成为品牌个性的一部分。人格认同感部分替代了产品功能，成为新的用户黏性和购买理由，最终形成产品人格化、消费社群化的有利局面，这在产品过剩和注意力缺乏的时代，无疑具有重要的意义。

7.2 房地产产品差异化策略

在现代经济环境中，常有这样一种现象：在同一个市场中出现很多相似的房地产产品，但这些产品往往很难给顾客留下深刻的印象。企业要使自己的产品获得稳定的销路，就必须与众不同、独具特色，从而获得一种持久的竞争优势，这就是产品的差异化。成功企业的营销实践证明，产品差异化是行之有效的营销策略。

7.2.1 房地产产品差异化的概念

差异化是指设计一系列有意义的差异，以便使公司的产品同竞争者的产品相区分的行动。营销中的差异化可以从产品、服务、人事、渠道或形象等多方面来设计。

房地产产品的差异化是指，在房地产产品的设计、开发、建设、服务、品牌形象及其他特质上形成差异，从而使本企业为市场提供的产品与竞争者的产品相区别的过程。对于开发商而言，在进行房地产产品规划设计前，其应该对目标客户的需求以及偏好进行详细的调查和分析，比如，对预购房屋的类型、用途、面积、格局的喜好，以及对房屋价格的接受程度等因素进行调研，从而确定提供具有特色的差异化产品。

7.2.2 房地产产品差异化的作用

正确实施产品差异化策略，能使企业在业内获得超过一般水平的利润，其主要作用表现在以下几个方面：首先，消费者对好产品会有消费“忠诚性”，随着对该产品“忠诚度”的上升，当这种产品的价格发生变化时，消费者对价格的敏感性会下降。其次，由于企业产品极具特色，赢得了消费者的偏爱，便可在与替代品的较量中，形成一个对本企业有保护效应的隔离区域，从而使自己免受竞争的侵害。最后，采取差异化策略能增加边际收益，降低企业的营销成本。从总体趋势上看，差异化营销作为一种重要的营销战略，在房地产开发企业竞争中的作用日益显现。

7.2.3 房地产产品差异化的实施

房地产产品差异化的实施实际上就是一个创新的过程。在实际运作过程中，企业应实施精准的市场和产品定位，形成自身的独特优势，以取得良好的销售业绩。

7.2.3.1 房地产产品差异化的实施原则

房地产企业在实施产品差异化时，应本着以下原则进行：

（1）实在性。该项差异化确实能使相当多的消费者得到更多的实际利益。

（2）明确性。该项差异化是其他房地产企业没有的，或者是本企业相当突出、可以明确向消费者提供的。

（3）优越性。该项差异化明显优于顾客从其他房地产企业那里获得的类似利益。

（4）不易模仿性。该项差异化是其他房地产企业不容易模仿的。

（5）可接近性。消费者有能力购买这种差异化。

（6）可盈利性。该项差异化可以使房地产企业获得利润。

7.2.3.2 房地产产品差异化的实施步骤

（1）市场调研。市场调研是房地产企业进行房地产产品精确定位的基础。市场调研可通过多渠道进行，以降低信息收集中的信息失真，如采用委托专业服务机构、企业派员全面“扫楼”调查，或者给房产销售员分配调查任务，也可从拟购房者那里了解信息等。市场调研的重点是研究目标顾客的消费偏好及其对企业品牌的认同度，熟悉该区域内客户心理，以便进行差异化竞争策略的选择。

（2）差异化的选择。与一般产品相比，房地产产品天然所具有的异质化，对于企业的营销工作具有重要意义。但是对于那些追求良好业绩的企业而言，天然的差异化还不足以成为卓越营销的保证，应该在此基础上加上人为的、自觉的差异化。具体来说，房地产产品差异化可以从产品性能、产品特色、产品风格和产品设计等方面来表现。

a. 产品性能差异化。性能是指房地产产品的主要特点在使用中的实际表现水平。房地产产品性能质量的主要特点可以体现在区位、环境、整体布局、单体设计、配套设施等方面的完善上。例如，在同一个区位内，房地产产品拥有更好的生态环境，或在同一个档次中，房地产产品采用了功能更完善、新颖的设施等，楼盘体现出的整体性能更好。只要销售价格没有超过消费者的预期心理价格，消费者还是愿意付出相对较高的价格来购买性能良好产品的。

b. 产品特色差异化。特色是指房地产产品基本功能的增加和补充。例如，在住宅区增加智能化设施、集中供热，建造错层住宅、大采光凸出窗台、阳光客厅、可移动透光屋顶和天井等，都可以体现房地产的特色。企业应通过多种渠道了解目前市场的楼盘现状和消费者的需要，倾听潜在目标顾客的意见，对建立特色需要支付的成本、消费者的认知价值及其他企业模仿参与特色竞争的可能性，做出清晰的定量调查、比较和决策。

c. 产品风格差异化。风格是指房地产产品给消费者的视觉和感觉效果。有明显风格的楼盘，其实是投入了更多的开发成本。鲜明的风格一方面可以满足消费者的感官愉悦，同时可以满足消费者的个性追求，实现自身价值。消费者愿意为购买“风格”消费，企业也因此可获得更多利润。因为房地产产品体积巨大、投资巨大，无论从空间角度还是从经济的角度，都可以将其和文化、艺术紧密结合起来，形成独特的建筑风格。我国常见的建筑风格有欧式风格、岭南风格、地中海风格等建筑风格。值得注意的是，房地产产品风格应本着我国国情，切不可照抄照搬，否则产品将失去自身的风格。例如，2013 年起步的泰禾院子系产品，始终坚持聚焦新中式院落别墅，在北京、上海、深圳、南京、杭州、厦门、福州、佛山等地布局了自己的院子系产品，在原本欧陆风豪宅同质化的背景下利用自己的独特风格成功实现了差异化突围。如今，但凡提及泰禾，人们首先想到的就是他家的“院子”，泰禾成功以自己的“院子 IP”为支点，已在全国多个城市开花结果。

d. 产品设计差异化。房地产产品差异化的上述三个方面都依赖设计工作来完成。在设计工作中要完全考虑性能、特色和风格三个方面，具有相当程度的复杂性。企业要求产品经济适用并顺利进入市场完成销售；从消费者的角度看，要求产品功能完善、外观独特且质量稳定。因此，设计工作必须兼顾企业和顾客双方的利益与需求，力求完美结合。设计方案的最终取舍决定了目标顾客对产品差异化和价值对比的认知，同时要考虑房地产企业的销售策略和开发成本。

（3）制定动态的差异化策略。差异化营销也是一个动态的过程，要以动态的眼光来审视。第一，差异化营销要围绕不断变化的市场需求。随着人民生活水平的提高，人们的需求也发生着潜移默化的变化，顾客对品质感的要求越来越高。第二，要适应不断变化的竞争对手。随着市场竞争激烈，竞争者们纷纷调整自己的战略以适应市场。同时，我国的开放政策，加剧了企业间的竞争。第三，市场中的产品更新换代速度加快。房地产产品的市场生命周期在逐渐缩短，一种产品在市场上被另一种新产品代替的时间越来越短。这就需要企业运筹帷幄、及时更新，实施动态的产品差异化策略。

7.3 房地产产品生命周期策略

房地产产品生命周期理论是房地产开发商进行产品决策的重要依据。通过研究房地产产品生命周期，可以使开发商更好地了解自身产品所处的产品生命周期阶段，并根据产品生命周期阶段的特点，有针对性地采取相应的营销策略，从而在动态的市场营销环境中始终处于有利地位。

7.3.1 房地产产品生命周期的概念

房地产产品生命周期是指房地产产品从进入市场开始，直到退出市场为止所经历的全部过程。这一过程一般会经历四个阶段，即产品的导入期、成长期、成熟期和衰退期。产品生命周期与产品的使用寿命是两个截然不同的概念，产品使用寿命是指产品实体的消耗磨损，是具体的、有形的变化，它受消费过程中产品使用的时间、强度、维护保养以及自然力的作用和影响。产品生命周期是指产品的市场寿命，它是从产品的市场销售额和利润额的变化来进行分析判断的，反映的是产品销售情况及获利能力在时间上的变化规律，受到国民经济、技术进步、市场竞争、供求状况等多方面因素的影响。随着房地产产品多层次、多样化的发展和创新，房地产产品的生命周期呈现日趋缩短的趋势。一般情况下，房地产产品的市场生命周期要大大短于该产品的使用寿命。

7.3.2 房地产产品生命周期各阶段的特点及其营销策略

在产品生命周期的不同阶段，企业产品的销售额、成本水平、利润水平及价格都呈现不同的变化趋向，具有不同的特点，这些变化特点正是房地产制定营销策略的基础。

7.3.2.1 导入期

导入期也称引入期，是房地产产品首次正式进入市场的最初阶段，由于消费者对产品不太了解，或产品本身不够完善，只有少数消费者购买产品，销售量小，促销费用和制造成本都很高，分销渠道尚未完全建立，竞争也不太激烈、利润低。

这一阶段营销策略的重点是把销售力量直接投向最有可能的购买者，加快新产品的扩散速度，缩短导入期的时段。导入期突出一个“快”字，营销策略一般有以下四种可供企业选择。

（1）快速掠取策略，即以高价格、高促销费用推出新产品。实行高价格是为了在每一单位销售额中获取最大的利润；高促销费用是为了使消费者尽快熟悉和了解产品，快速打开销路，占领市场。成功实施这一策略，企业可以赚取较高的利润，尽快收回开发时的投资。但是，采用这种策略必须具备一定条件，即市场需求潜力大，目标顾客求新心理强，急于购买新产品并愿为此支付高价。同时，产品在质量和性能上要优于同类产品或者在某些方面有独特之处。开发商应尽快建立产品的市场地位，以免良好的销售局面和巨额利润招致竞争者的进入和威胁。

（2）缓慢掠取策略，即以高价格和低促销费用相结合的方式推出新产品，以求得到更多的利润。这种策略是在市场上针对大多数消费者已熟悉认可企业的产品，适当的高价能被消费者接受，在市场潜在竞争威胁不大的环境下采用。

（3）快速渗透策略，即以高促销费用和低价格的组合方式向市场推出新产品。这种策略可以给企业带来最快的市场渗透速度和最高的市场占有率，它适用于以下情况：产品市场容量较大；潜在消费者对产品不了解，但对价格非常敏感，潜在竞争比较激烈；销售量扩大可以明显降低产品的成本。

（4）缓慢渗透策略，即以低价格和低促销费用推出新产品。这种战略适用于市场需求量大，消费者熟悉该房地产产品，但对价格反应比较敏感，潜在竞争程度一般的市场环境。

导入期是产品成长的关键阶段，房地产企业主要营销目的应是导入产品并迅速占领市场，这一阶段决定着产品的市场前景，应将营销策略作为整个产品生命周期计划中营销战略规划的一个组成部分，不能为了短期利益牺牲长远利益。

7.3.2.2 成长期

成长期的房地产产品，其建筑形式、产品功能、产品质量方面等都基本稳定，销售量快速增长，竞争者不断进入市场，市场竞争加剧。从我国房地产市场特征来看，房地产产品的成长期是房地产市场销售量迅速增加的时期，也是房地产企业销售业绩的最佳时期。成长期强调一个“好”字，房地产企业为保持其市场增长率，扩大产品销售量，取得较高的市场占有率，在成长阶段，可以采取的策略有以下几种：

（1）改进和完善产品。企业通过在一定范围内的市场调研，并根据消费者的需求和建议，从房地产产品的建筑形式、产品功能、产品质量等方面改进和创新产品，提高产品品质，赋予产品新的特性，使产品整体上优于同类产品。

（2）寻求新的细分市场。成长期的房地产产品，大部分消费者对产品已熟悉，市场占有率稳步增长，为了取得更大的销售量，房地产开发企业可以寻求新的细分市场，将产品引入新的目标市场，发展有利的营销机会，增加市场份额。

（3）改变广告宣传的重点。企业将广告宣传的重心从介绍产品、建立产品的知名度转移到使消费者主动接受产品并购买的行为上来，同时要加强企业形象和品牌的宣传，通过营销活动建立企业与消费者的交流平台，介绍产品的独特性和相对优点，提高消费者对产品的信赖程度，培养目标消费人群，以促进销售的增长。

（4）适时“降价”。由于市场竞争的加剧，企业在适当的时机，为激发对价格比较敏感的消费者产生购买动机和采取购买行为，可以采取变相降价或降价策略。一般来讲，选择降价或变相降价，在一定程度上可以防止竞争者加入同类房地产产品的竞争中，有利于企业保持现有销售量并扩大市场占有率。“体面”降价是首选，直接降价的方式需要慎重采用。“体面”降价一般可采用各类活动促销的形式来实现，不会对购买者产生产品降价的感觉。

7.3.2.3 成熟期

成熟期的特点是销售额和利润额的增长达到顶峰后开始缓慢下降，竞争者增多，竞争也最激烈。房地产企业营销目标应是稳固赢得和占领市场，延长成熟期时段。成熟期要抓住一个“优”字，营销策略应该是主动出击，提高产品质量，优化产品功能，降低成本，以低价渗透策略争取消费者，并加强广告宣传等促销活动，加强售后服务以延长成熟期，同时要做好房地产产品销控，避免短时间全部售完或造成积压，从而影响企业的销售收入。成熟期主要有三种主动营销策略：

（1）市场改良，即通过开发产品的新用途和寻找新用户来增加产品的销售量。

（2）产品改进，即通过提高产品质量，改进产品特性、产品设计等，为顾客提供新的价值。

（3）营销组合改良，即通过改变定价、销售渠道及促销方式来延长产品的成熟期。一般是通过改进营销组合的一个或几个要素的配套关系来刺激或扩大消费者的购买，常用的改进方法有调整价格、扩展分销渠道和密集促销等。

7.3.2.4 衰退期

房地产产品衰退期是生命周期的最后阶段，其特点是销售量急剧下降，产品即将退出市场，利润低甚至为零；大量竞争者纷纷退出市场，市场出现了改良或替代产品，消费者的消费习惯发生转移。衰退期要重点明确一个“转”字。房地产企业的主要营销目标是尽快退出现有的衰退市场，转向新产品开发。这一阶段的营销策略主要是采取降低售价的办法进行促销。如果产品仍然滞销，则要当机立断，要主动、有计划地淘汰原来产品，促使产品尽快更新换代。针对衰退期的产品，企业可选择的主要营销策略有：维持策略、转移策略、收缩策略和放弃策略等。

7.4 房地产新产品开发策略

房地产产品生命周期理论告诉我们，任何一种房地产产品在市场中无论多么畅销，迟早会退出市场。因此，房地产开发商要想持续发展，就必然会面临新产品的开发问题。

7.4.1 房地产新产品的概念

在研究新产品开发策略之前，应首先明确新产品的含义。市场营销意义上的新产品含义很广，除包含因科学技术在某一领域的重大发现所产生的新产品外，还包括：在生产销售方面，只要产品在功能或形态上发生改变，与原来的产品产生差异性，甚至只是产品从原有市场进入新的市场，都可视为新产品；在消费者方面，是指能进入市场给消费者提供新的利益或新的效用而被消费者认可的产品。房地产新产品是指房地产整体产品概念中任何一部分的创新或改变而形成的新产品，大体上包括全新型新产品、更新型新产品、改良型新产品和模仿型新产品四类。

7.4.1.1 全新型新产品

全新型新产品是在房地产产品建造过程中，采用新观念设计，用新结构、新技术、新材料、新工艺生产前所未有的产品。由于房地产产品是由品种繁多的材料综合加工而成的，建筑技术、建筑材料不可能同时全部更新。所以，房地产全新产品很少见，全钢结构的写字楼或公用建筑等则是我国近几年来发展突出的全新产品之一。

7.4.1.2 更新型新产品

更新型新产品亦称换代型新产品。房地产产品在建造过程中，部分地采用新工艺、新技术、新材料，其使用功能得到很大改进。“凯德风尚”在成都的住宅社区中首次引入了隔震层设计，中海兰庭二期产品的“奢侈双层空间”，打破传统高层电梯住宅平面化的生活方式等，都取得了不俗的销售业绩，赢得了较好的市场口碑。

7.4.1.3 改良型新产品

改良型新产品是指对现有产品的质量、特性、外观、材料等方面加以全面或局部改进的产品。房地产产品的改良往往是在平面户型、建筑造型及材料等方面进行的。

7.4.1.4 模仿型新产品

模仿型新产品，即模仿市场上旺销的其他房地产企业的产品。因为房地产产品开发周期长、市场变化快、竞争激烈等因素，房地产企业开发完全模仿其他企业的产品，一般都会面临产品定位问题。因此，在房地产的新产品开发中，企业应尽量避免模仿型房地产新产品，以免给企业带来较大的开发风险。

7.4.2 房地产新产品开发的主要策略

房地产企业应根据不同的市场背景和开发新产品的目标，在新产品开发过程中选用不同的产品开发策略，新产品开发的主要策略有补缺策略、配角策略、组合策略和创新策略。

7.4.2.1 补缺策略

补缺策略的目的就是规避那些供过于求或供求平衡产品的开发，以保证产品差异性。这种策略是把注意力放到发现市场供应的空缺上，针对某些特殊的或确定的目标消费者开发一些有针对性的房地产产品，由于利润不丰厚，一般房地产企业不屑或忽略其开发。但这些产品的开发风险较小，尤其适用于中小型房地产开发企业和资金不够雄厚的房地产企业。采用这种策略时，企业要具有敏锐的市场洞察力，否则极易开发失败。

7.4.2.2 配角策略

房地产企业如果不能在经营活动中取得主导地位，可以适当采取担当配角的策略，主动地与处于主导地位的房地产企业合作，为其提供某些专项服务。这一策略要选择和有实力的房地产企业共同开发产品，利用主导企业的资金和销售渠道，并依靠自有的技术力量和人力资源，实现本企业的经营目标，主导企业也能赚取相应投资部分的收益。采取配角策略，要注意防止过分地依赖主导企业，以免当主导企业发生变化时，本企业自身没有抵御市场风险的能力，而导致合作项目的失败。

7.4.2.3 组合策略

采用这种策略时，企业不一定要采用新结构、新技术，而是应将现有已经成熟的技术和产品形式加以重新组合，开发出别具一格的新产品。运用这种策略开发新产品，企业一般不需要大量的投资，失败的风险较小，其成功的关键在于企业要细心研究市场的需要，富有想象力地发现各种新组合的可能性。

7.4.2.4 创新策略

从长远来看，特别是在日趋激烈的竞争环境下，房地产企业要想保持长期竞争优势，创新才是最根本的策略。房地产新产品开发必须立足创新思维，既可以用新技术创造出有特色的新产品，也可以通过规划设计，增加附加产品，提供更丰富、人性化的服务等方式实现产品的创新。房地产产品的创新主要包括规划设计创新、产品实体创新及产品服务创新等。

7.4.3 房地产新产品开发程序

一般而言，开发新产品是一个从新产品的构思开始，直到把这个构思转变为商业上取得成功的新产品为止的连续过程。一个完整的新产品开发过程要经历产品构思、构思筛选、概念发展和测试、制订营销战略计划、商业分析、产品实体开发、产品试销、商业化八个阶段。

7.4.3.1 产品构思

进行新产品构思是新产品开发的首要阶段。构思是创造性思维过程，即对新产品进行设想或创意的过程。构思的来源是多方面的，如公司内部人员，包括研究开发人员、市场营销人员、高层管理者及其他部门人员；企业也可以寻找外部构思，主要有消费者、中间商、竞争对手、企业外的研究人员和咨询公司等。新产品构思因是一种主动行为，所以企业必须建立相应激励机制，使新产品构思能和产品开发部门直接沟通。房地产产品作为特殊的产品，难以形成全新产品，因此，企业需要多从功能改进、设计优化等方面寻找构思。

7.4.3.2 构思筛选

新产品构思筛选是采用适当的评价系统及科学的评价方法对各种构思进行分析比较，把最优设想挑选出来的过滤过程。在这个过程中，应力争剔除那些与企业目标或资源不匹配的新产品构思，选出潜在盈利大的新产品构思。构思筛选的主要方法是建立在一系列评价模型基础上的，评价模型一般包括有评价因素、评价等级、权重和评价人员等内容，其中确定合理的评价因素和给每个因素确定适当的权重是评价模型是否科学的关键。

7.4.3.3 概念发展和测试

新产品概念是企业从消费者的角度对产品构思进行的详尽描述，即将新产品构思具体化，描述产品的性能、用途、优点、外形、价格、名称以及提供给消费者的利益等，让消费者能快速地识别出新产品的特征。这是开发新产品过程中最关键的阶段，目的在于把新产品构思转变为适应消费者需求的产品。

7.4.3.4 制订营销战略计划

企业通过对产品概念的发展和分析，按照产品的概念拟定相应的营销策略和初步计划，形成营销战略报告以便将新产品引入市场。营销战略计划通常包括三个部分：第一部分是描述目标市场的规模、结构和消费者行为，新产品在目标市场上的定位，市场占有率及历年的销售额和利润目标等。第二部分是对新产品的价格策略、分销策略及第一年的营销预算进行规划。第三部分描述预期的长期销售量和利润目标，以及不同时期的营销组合策略。营销战略计划需要在以后的各开发阶段得到进一步的完善，形成详细的实施方案和细则。

7.4.3.5 商业分析

商业分析也称为效益分析，是对新产品的潜在利益所做的详细研究。商业分析的主要内容是对新产品概念进行财务方面的分析，即估计销售量、成本和利润，判断它是否能满足企业开发新产品的目标，目的是在发生进一步开发费用之前剔除不能盈利的新产品概念。

7.4.3.6 产品实体开发

新产品实体开发主要是通过对新产品实体的设计、试制、测试和鉴定来完成的。根据美国科学基金会调查，新产品开发过程中的产品实体开发阶段所需的投资和时间分别占开发总费用的 30%和总时间的 40%，且技术要求很高，是最具挑战性的一个阶段。房地产因为其生产的单件性，其决策、开发更应慎重进行。因此，新产品最初规模不宜太大，可以分区域、分阶段、分期开发，逐步投入市场。

7.4.3.7 产品试销

产品试销也称为市场检验，是指把根据产品概念开发出来的新产品投入市场进行试销，在销售过程中观察和分析消费者的反应以及其对市场的影响。通过产品试销将新产品投放到有代表性地区小范围的目标市场进行测试，为新产品是否全面上市提供全面、系统的决策依据，也为新产品的改进和市场营销策略的完善提供基础数据。房地产企业在试销阶段可通过多种方式收集消费者对该产品的意见和建议，为下一步的产品改进，或者大规模开发，或者放弃某种产品的决策提供科学依据。

7.4.3.8 商业化

新产品商业化阶段的营销运作，应在以下两个方面进行慎重决策：一是何时推出新产品。针对竞争者的产品而言，有首先进入、平行进入和后期进入的三种时机选择。二是何地推出新产品。针对推出新产品的地域，企业必须制订详细的新产品上市的营销计划，包括营销组合策略、营销预算、营销活动的组织和控制等。

总之，一项房地产新产品要想获得成功，必须有一套科学严谨的开发程序，有计划、有步骤地实施。此外，开发新产品的关键是要使企业有内在的动力和外部的压力，这样才能加速房地产产品的更新换代，提高房地产产品的科技含量。

7.5 房地产品牌策略

对于品牌的研究始于19世纪70年代的美国，但当时并未受到人们足够的重视。直到20世纪50年代，随着许多新技术产品在市场上的相继惨败，品牌才真正成为商家们关注的焦点。伴随着房地产市场的发展和成熟，单靠产品的硬件创新已经很难保持企业长期的市场吸引力，建立和培育房地产品牌已成为众多房地产企业的共识。

7.5.1 房地产品牌的内涵

7.5.1.1 品牌的概念

关于品牌的描述，早在20多年前，广告大师大卫·奥格威就曾做过这样的解释：“品牌是一种错综复杂的象征，它是品牌属性、名称、包装、价格、历史声誉、广告方式的无形总和。”在国际上习惯将品牌定义为：品牌是消费者与产品之间的关系，是消费者对产品的体验和感受。“体验”通过产品的使用价值获得，“感受”源自产品的附加值。

一般而言，品牌具有狭义和广义两种不同的含义。从广义的角度讲，品牌就是通过某种或者某些标识来传达的一种实体与外部利害关系人之间的关系，通常我们说的名牌大学就是从广义的角度进行的定义。狭义的品牌则主要是指企业的品牌，从市场营销的角度来看，就是通过一定的标识（主要是商标），以高效地为消费者提供消费选择为目的的一种企业无形资产，它能够为企业的产品或者服务创造一种“溢价”，它的实质是承诺、保证和契约，是企业与消费者建立的一种长远关系。

7.5.1.2 房地产品牌的含义

房地产品牌是指房地产企业在进行产品开发经营过程中，有计划、有目的地设计、塑造，并由社会公众通过对房地产产品品质和价值的认知而确定的标志，是公众对房地产产品的理性认识和感性认识的总和。

房地产品牌由企业品牌和项目品牌共同构成，这一概念主要包括以下五个要素：

（1）房地产品牌评定的主体是社会公众。

（2）房地产品牌评定的客体是组织和产品。

（3）房地产品牌评定的内容是品质和价值。

（4）房地产品牌评定的方式是认知和确定。

（5）品牌的最终归属是成为企业重要的无形资产。

房地产品牌代表着开发商对交付给消费者的房地产产品特征、利益和服务的一贯性承诺，表现了开发商所开发房产的质量、功能、满足效用的程度，以及房地产品牌本身所代表的市场定位、文化内涵、消费者对品牌的认知程度等。同时，房地产品牌是消费者在购买房产后与该房产有关的全部体验，包括开发商提供的各项服务，购买者入住后对该房产的质量、使用功能、环境、配套设施等各方面的满意程度。

7.5.1.3 房地产品牌的作用

（1）品牌可以激发消费者的购买心理。由于消费者与企业之间处于信息不对称状态，消费者在做出决定之前，总会以挑剔的眼光来审视楼盘的各种缺陷。而如果购买的是品牌产品，消费者可以在一定程度上用品牌来缓解自己的顾虑，同时品牌是对房地产后验因素的担保，促使消费者做出购买决定。

（2）品牌能够形成消费者的忠诚度。优秀品牌和消费者形成的契约关系，会促使消费者继续购买或推荐购买相关产品，从而形成消费者对品牌的忠诚度。这种忠诚度使消费者认为，在任何时候购买这个品牌的产品，都能够给他们带来满足感。

（3）品牌在资本运营中的作用巨大。房地产行业内部的兼并、重组，已是行业的必然发展趋势，品牌价值和其他无形资产的价值已成为商业价值评估的重要组成部分。在房地产行业的整合中，品牌将成为重组的重要筹码。

品牌运作，可以盘活企业资产，在联合、控股等多种形式中，实现资本扩张，实现资产的规模效益。同时，品牌可以作为一种资信担保，增加房地产开发商在金融市场上的融资量。

（4）品牌体现企业的核心竞争力。在培育品牌的过程中，企业通过创建品牌的个性，可以使品牌充满魅力。特定的品牌不仅诠释着特定的楼盘品质、楼盘风格、服务水平等方面的信息，也成为企业价值观、企业文化的外现。品牌具有溢价效应，通过品牌能很好地使本企业项目的品质、风格、服务与其他企业的项目区别开来，一个好的品牌能为开发商带来更高的产品销售价格。在品牌效应的带动下，企业将产生更高的市场占有率和利润率，并由此形成企业的竞争优势。

（5）品牌是企业产品生命周期延续的载体。对于企业来说，品牌是最宝贵的财富，这是因为品牌拥有比产品更长的使命周期，能够帮助消费者形成对产品的记忆，形成固有印象，并因此促进企业其他项目的销售。产品是品牌的载体，房地产产品的不断更新换代、推陈出新，使得房地产的品牌成为企业的产品和灵魂得以延续。以万科为例，万科企业在“万科”这一主品牌的主导下，先后开发了万科—城市之光、万科—青青家园、万科—城市花园等楼盘，使得“万科”这一品牌在若干个项目中得以延续和创新。

7.5.2 房地产品牌营销

品牌营销，即品牌化活动。品牌营销就是企业把品牌推向市场和社会，置于消费者之中，通过合适的产品、定价、渠道、促销和服务等方法来满足消费者需要，并由此进一步提升品牌价值的过程。通过品牌的合理定位和个性化塑造，以及适时的品牌维护，长期保持市场强势品牌形象，是企业实施成功品牌营销战略的关键。品牌营销过程也是发现市场需求并通过创造品牌价值满足这种需求的过程。房地产品牌营销主要包括品牌定位、品牌传播、品牌延伸、品牌维护、品牌创新与提升五个方面的内容。

7.5.2.1 品牌定位

品牌定位是指，建立一个与目标市场有关的品牌形象的过程。品牌定位决定了品牌以什么样的形象和个性呈现在消费者面前，决定了品牌传播的内容和形式。品牌定位是实现房地产品牌差异化战略的基础。企业只有在品牌定位的基础上，才可能确定品牌的核心价值。

（1）品牌定位需考虑的因素。企业在进行品牌定位时，需要考虑以下三个因素。

a. 消费者现状。任何成功的品牌定位都来自对消费者生活方式的了解。同样，房地产品牌的定位也是来自对消费者在居住需求方面的深入了解。品牌定位必须符合目标人群的真实需求。所以，研究目标人群的心理，找到其显性和潜在需求十分关键。

b. 竞争品牌分析。成功的品牌定位取决于两个因素，一是企业如何将定位信息有效地传达给消费者，二是该定位信息是不是企业的强项与消费者需要的切合点。为此，企业需要分析竞争对手的品牌在市场上所处的位置，挖掘自己的竞争优势，找出竞争优势与消费者需求的最佳结合点，从而将该品牌定位在目标市场所偏爱的位置上，通过适当的营销组合向消费者传达这一定位信息，让消费者注意到这一品牌，并感觉到它就是自己所需要的。

c. 企业自身和项目情况。品牌定位是一项长期工程，需要充足的资源进行营销活动支持。由于房地产产品的开发具有不连续性的特征，品牌定位的实施难度要超过其他许多行业，强势品牌的建立需要企业具有一定的规模和实力。品牌定位概念形成后更需要有硬件来做支撑，项目的各项规划、设计及施工均应围绕开发概念的定位展开实施。

（2）房地产品牌定位的实施。品牌定位就是为自己的品牌创立特色和个性的过程。一个品牌与消费者的沟通一旦达到个性的层面，其市场影响力、市场竞争力将极为强大。

a. 界定目标市场。随着我国房地产买方市场格局的显现，即便是资金雄厚的房地产企业，也不可能对所有类型的客户提供满意的产品，这就要求开发商在市场调研与市场细分的基础上，根据企业的内外部环境，理性地界定自己最有竞争优势的发展领域。界定的目的就是要将目标消费群和其他人群分开，并以此为依据来界定企业的品牌个性。

b. 进行品牌定位。企业在进行品牌定位时，一方面，可以从产品的物理特性和功能利益发展出一个定位，主要突出房子的环境、设施、价格等实体方面的优势，如南京朗诗的“绿色地产”定位；另一方面，随着社会经济的发展和人民收入水平的提高，消费者对产品非功能性利益越来越重视，企业也可以从品牌的精神层面和象征意义来定位，将品牌打造成具有独特魅力和情感影响力的人性化符号，让每一位目标消费者“对号入座”，在潜移默化中形成品牌黏性，产生情感磁场效应，触动心灵共识，促进价值认可，从而引爆客户心智中那些难以名状的情感元素和价值主张，这样客户会自动成为品牌的一员，与品牌融为一体。

房地产品牌的定位并非一成不变的。随着市场需求的变化，企业的战略调整，导致原来的房地产品牌定位可能已无法适应新的环境，应当根据实际情况进行重新定位。品牌重新定位并非品牌更新，它并不意味着房地产企业马上放弃现有的品牌定位，而是通过解决存在的问题，以长期保持品牌的成长性和稳定性。

7.5.2.2 品牌传播

品牌传播是指，通过广告、公共关系、网络营销等传播手段将品牌个性、品牌核心竞争力传递给公众，以获得公众的认知和认同，并在公众心目中确立一个企业刻意营造的形象的过程。

（1）利用广告，建立品牌的知名度。如今，虽然已不是一个广告便可成就一个企业的时代，但在竞争激烈的房地产市场，广告仍是一种不可忽视的推广手段。作为一种高度公开的信息沟通方式，它的公开性赋予了产品一种合法性，这对消费者的购买可以形成一种强有力的支持。据统计，西方国家房地产广告费用占销售额的3%，这一比例仅次于酒类、清凉饮料的广告费用所占的比例，而高于其他很多行业，由此可见，广告在品牌塑造中占有极其重要的位置。

（2）开展公共关系活动，提高品牌的美誉度。许多人对推销人员和广告等信息传递方式会产生防卫心理，而公共关系中的宣传报道多是以新闻报道出现的，其信息沟通不直接触及商业利益，因而可以消除购买者的防卫心理，逐渐提升品牌的美誉度。

（3）通过网络增加品牌的用户黏性。网络改变了以往房地产企业只能紧紧依靠报纸、杂志或者广播电视做宣传的传统渠道，为企业提供了一个与客户沟通更加有利的互动渠道。在这种沟通之中，客户可以通过按动鼠标，了解自己想了解的任何有关开发商的信息，也可以给房地产企业提出很多建议，企业也可以根据其合理化建议改进项目，由此形成企业与消费者之间良好的互动关联，给予客户更多的利益，提升品牌黏性。

7.5.2.3 品牌延伸

所谓品牌的延伸是指，品牌经营者借助于原有品牌已建立的质量或形象声誉，将原有品牌名称用于产品线扩张、地域延伸和细分市场的策略。房地产品牌延伸最常见的形式有两种，一是产品线的延伸，二是品牌的地域延伸。目前，地域延伸对房地产品牌的发展起着重要作用。

（1）房地产品牌的产品线延伸。一般而言，房地产品牌在初期一般都集中在住宅领域，而且一开始往往从事较小的项目开发，然后转向大型项目的开发，取得一定市场号召力后才可能考虑进行其他产品的开发。品牌延伸强调对品牌价值的利用，同时企业希望通过品牌延伸来进一步提升品牌价值。

（2）房地产品牌的地域延伸。房地产项目具有地理位置的不可移动性，决定了房地产商品不可能在各地区之间进行调剂，当房地产区域市场饱和时，房地产企业将会进行地域延伸。随着市场竞争的加剧，品牌企业跨地域扩张、谋求更大市场份额及规模化经营的现象非常明显。房地产品牌地域延伸的模式主要有资本经营模式、品牌连锁经营模式、建立区域性房地产开发子公司的模式等。

7.5.2.4 品牌维护

品牌维护是从品牌诞生起就要开始的一项长期性工作，需要房地产企业通过不间断的经营，最终让消费者对其品牌有更加全面和深刻的认知。品牌维护工作能加强消费者对该品牌的认知度和美誉度，使房地产企业保持或增加市场份额。品牌维护应考虑以下三方面的内容。

（1）建立品牌管理系统。建立品牌管理系统不仅是对单个产品品牌的管理，而且要建立整体企业品牌的管理系统。企业通过建立品牌管理小组，定期对企业整体品牌进行维护，对单个品牌建立与维护的工作进行检测和评估。

（2）完善品牌评估系统。企业的品牌管理小组定期通过专业手段对品牌资产的各个要素进行检测，包括品牌知名度、品牌忠诚度、品牌联想度等。评估过程采用定性和定量分析方法对重要指标进行评分测评，同时应借鉴知名企业的衡量标准，寻找差距和不足，逐步完善本企业的品牌评估工作。

（3）保持品牌策略一致。品牌培育是一个长期坚持的过程，若有间断，其产品的品质会使客户产生怀疑，从而影响品牌形象的树立。房地产开发企业必须在设计阶段、营销策划阶段和物业管理阶段持续地保持品牌策略一致，并加强员工培训，使企业的品牌核心价值观能深入员工的内心。品牌一旦确立，只可坚持，绝不可半途而废。如果品牌形象不稳定，最终将无法培育强势品牌。

7.5.2.5 品牌创新与提升

卓越的品牌应具备可持续发展的能力和空间，品牌形象的提升离不开企业的持续创新。房地产品牌的创新应该基于消费者对品牌价值的感受，品牌创新的目的是千方百计为消费者创造赏心悦目的品牌形象。品牌创新要从消费者的需求中寻找灵感，要注重研究消费者的消费心理、价值观和审美经验等，要从消费者的感觉出发进行品牌的改良。

（1）追求产品创新。好品牌的品质应不断更新和改进，使其始终领先于市场。品牌房地产作为房地产界的旗帜，一方面要不断运用新的设计理念，力求建筑施工中新工艺、新材料，以及新技术在开发项目中的应用；另一方面，要不断更新全体员工的价值观念和行为习惯，自觉提高与消费者相处的能力，提高企业的整体素质和服务水平。

（2）深化品牌内涵。不断深化房地产品牌内涵是体现产品差异化、增加物业附加值的重要途径。企业规划品牌营销战略时，对已有品牌和要塑造品牌的经营思路不能千篇一律，各个品牌应依据各自不同的定位，在品牌理念、性能质量和物业服务上要有所差异。

（3）挖掘物业附加值。物业附加值主要是由项目所处位置、周边环境、开发企业的形象、物业的经营管理及售后服务等因素所决定的。企业应树立全面的服务意识，特别应该注重的是售后服务，即人性化的物业管理服务，其水准的高低对于房地产品牌的树立尤为重要。

7.5.3 房地产品牌策略

品牌策略的确立应该围绕企业的竞争实力来进行，企业需根据房地产行业的特点，结合市场的发展、产品的特征，合理地使用品牌策略以实现企业的营销目标。房地产行业常见的品牌策略主要有以下几种。

7.5.3.1 个别品牌策略

个别品牌策略又称多品牌策略。个别品牌策略是指，企业根据各目标市场的不同利益、不同项目，分别使用不同品牌名称的策略。对于房地产企业而言，从理论上说其是比较适合采用个别品牌策略的，采用这一策略的企业可以根据不同的消费群体的不同需求和期望，同时开发不同档次、不同类型的楼盘，推出不同的品牌，有利于扩大市场覆盖面。例如，银基房地产开发公司分别开发了东方威尼斯、皇城酒店公寓、地王国际花园、艾特国际公寓等项目，其实施多品牌策略最大限度地占有了市场，对消费者实施交叉覆盖，降低了企业经营的风险。采用个别品牌策略的企业，即使一个品牌失败，对其他品牌也不会有太大的影响。

个别品牌策略的优点很明显，它没有将企业的声誉放在某一产品品牌的成败之上，企业不会因某一品牌的信誉下降而承担较大的风险；它可以使企业为每一个新项目寻求最佳的品牌，而不必把高档优质项目的品牌引进较低质量的产品线；每个新的品牌都可以造成新刺激、建立新信念，有利于企业产品向多个细分市场渗透。

当然，采用个别品牌策略也受一定条件的制约，房地产企业采用此策略时应注意以下几个问题。首先，企业应审视自己是否具有个别品牌管理的能力和技巧。对企业来说，个别品牌比统一品牌的管理难度要大，因为各品牌之间要实施严格的市场区分，如果引入的新品牌与原有品牌没有明显的差异，个别品牌战略则毫无意义。其次，个别品牌策略具有一定风险，推出新品牌需要相当大的费用。对于缺乏实力的企业来说，品牌销售额不足以支持它成功推广和生存所需的费用，就很难实施个别品牌策略。最后，个别品牌策略应根据企业的经营目标来具体设计。对于房地产企业来说，确定品牌线的最佳长度（品牌个数）是个重要问题。如果公司欲追求较高的市场占有率，一般则要具有较长的品牌线；如果追求最大的利润，品牌线的长与短则需要经过实际的估测。企业对每一个品牌所投入的力量也不应是均等的，主要品牌应重点培育，其他品牌则处于次要地位。

7.5.3.2 统一品牌策略

统一品牌也称家族品牌，是指房地产企业对所开发的多种产品都使用一个品牌的情形。这种策略的优点在于：企业不同的产品之间形成了一种最强的品牌结构协同，使品牌资产得到最充分的共享，使每一个项目都能够共享品牌的优势。采用这种策略，品牌宣传的成本较低，这里的成本不仅仅指市场宣传、广告费用的成本，同时包括品牌管理的成本，以及消费者认知的清晰程度。统一品牌策略有利于企业在消费者心目中建立稳固的品牌形象。采用该策略的企业集中资源于单一品牌的宣传推广，可使品牌知名度在短期内得到快速提高，极大地发挥企业的品牌效应，有利于企业进行市场扩张。

统一品牌策略，也存在着一定的风险，如果该品牌名下的某一楼盘出现了问题，那么该品牌下附带的其他项目也会受到较大的影响，甚至造成整个产品体系的崩溃；再者，统一品牌策略难以兼顾个别楼盘的独特性，往往不能区分不同产品的差异性，既不利于房地产企业开发不同类型的产品，也不利于消费者有针对性地区分这些差异性。

7.5.3.3 统一品牌和个别品牌策略

该品牌策略又称母子品牌策略，企业在考虑产品之间既有相对统一性又各有独立性的情况下，往往会采用这一策略，一般是在每一种个别品牌（子品牌）前冠以企业品牌（母品牌），如万科开发的楼盘名称是万科—青青家园、万科—城市之光、万科—城市花园等楼盘。采用这一策略出发点是企图兼收以上两种策略的优点，即既可以使新楼盘享受企业的声誉，节省广告宣传费用，又可以使各品牌保持自己的特点和相对独立性。

在这种情况下，企业品牌作为母品牌一般更加关注企业的整体风格，通常不带有典型产品属性。具有较高知名度和美誉度的母品牌，对于子品牌的营销有极大的推动作用；而子品牌通常能直观、形象地表达该楼盘的推广概念和个性形象，有利于消费者了解产品的特点。鉴于房地产业的特殊性，企业品牌加个别品牌策略，是一种较好的选择，企业品牌可展示自身的统一性，产品品牌又可表现个案的独特性。一个品牌的成功非常不易，往往需要耗费大量的财力，经历几年甚至几十年精心培育。如果每开发一个项目都要树立一个新品牌，对企业是一种巨大的浪费。如果企业的不同楼盘，能共用一个母品牌，以企业的品牌效应来带动楼盘的品牌营销，则可以最大限度地利用品牌资源，同时能够充分展示企业的强大实力。这样的方法尤其适合于在市场上有过成功开发经历，并且在市场上有较高知名度的开发企业。

案例分析

力高的健康住宅

最近几年，由于新冠肺炎疫情的影响，行业内掀起了一股健康建筑的热潮。很多房企也都结合疫情，推出了新的健康设计体系。虽然各家有各家的做法，但很多房企只是把自家产品中和健康相关的设计亮点重新进行了梳理，并不能算是真正体系化的健康建筑。那么健康建筑到底是什么？和过去提到的绿色建筑有什么不同？

力高在2019年就推出了“健康住宅”的产品理念和标准化体系，将健康因素嵌入每一个设计细节中。与一些房企对产品进行概念包装不同，力高的研发过程和研发成果都相当硬核：一是和深圳大学合作，共同成立健康建筑研发中心，和四川洲宇建筑设计有限公司合作，将学术成果转化为技术创新，实现产学研一体。深圳大学和深圳市疾控中心合作，专门研究城市规划和疾控的关系。因此，针对防疫这个此前没有人关注的细节，早在此次疫情暴发前，力高就研发了全套的防疫设计标准，并且所有的新项目落地了。据说有500多个细节，涉及100多个生活场景。二是力高成立了专门的水质、空气质量检测实验室，并且研发了小区水质的在线监测系统。有专业实验室监控空气、水质这两项与健康密切相关的指标，相当硬核。三是力高有独立的健康产业，提供社区的健康服务。其硬核配套——怡邻健康客厅，从2017年就已经在重点项目试点落地。其中的345健康家庭计划，能在社区里解决业主大部分的就医和生活健康需求，远远超过普通社区诊所的接诊能力。这些健康医疗配套，由于行业内公认为不赚钱，过去很少有房企真正作为战略去推动。力高却坚持作为核心竞争力去打造，目前已经拥有全套超前的社区健康服务配套体系。

一、另类的新东方健康建筑，打造“上风上水”的空间环境

力高目前的产品标签是“新东方健康建筑”，相较于行业内这两年很火的中式住宅，力高认为中国传统的居住理念，对现代住宅的意义不仅在于审美，更多的还在于人居和自然相处的智慧，也就是“天人合一”宇宙观的环境理论——“风水”。这个风水不是迷信，而是顺应自然，在自然环境中寻找最恰当的位置和形态，“相地立基”。用现代的语言来表达，就是力高倡导“健康的空间环境”。例如，在规划前期，所有建筑都会进行模拟分析，而力高为了找到更有利于人体健康的排布方式，还对整个社区的日照、通风、热舒适、噪声、景观等，进行计算模拟和综合分析，只要有一项不理想就会重新调整规划，从而实现建筑排布和配套模块布局的精确设计。

1. 空间规划兼顾风、光、声、热、空气，追求每一户都“上风上水”

例如，力高某项目在规划时，通过模拟发现，原版的设计会造成小区30%以上面积通风不畅或风速过大，于是把中间两栋楼向北移动2米，北向4栋高层间距分别调大0.5米，其他建筑的位置和平面布局相应调整，使得大

部分区域通风都得到了改善。据说，为了让所有的指标都达标，力高有时候甚至会牺牲项目的总销售额。这些健康因素在过去可能是隐性的价值，在销售中很难变现，但是在疫情之后，消费者购房观念发生变化，像通风这样涉及健康的价值点也会获得更高的溢价能力。

2. 业主活动的每一个空间、每一个场景都要完美

除了建筑的排布外，力高对室外活动空间的布局也会充分考虑使用体验。例如，力高认为，为了保证老人、儿童的身体健康，平时他们的活动空间，就必须要有充足的阳光、温柔的风速。因此，在选择活动空间位置时，力高会要求场地有2小时以上的日照，能够满足儿童成长和老人健康的需要，增强他们的耐力和活动力。风速则不能超过3.5 m/s，否则风速过大，会出现读报困难、吹乱头发的干扰，活动人群出汗后还容易感冒。

另外，为了让户外活动更健康，社区内的活动场地还要满足热舒适的要求，不能太冷也不能太热。为了达到这种效果，力高采用PMV指标对活动场地进行热舒适评价，通过对场地的铺装、植物、设施、园路的设计，让90%区域的温度都处在舒适范围，打造四季宜人的活动区。通过日照、通风对活动场地进行择址，通过热舒适指标来指导园林设计，力高的目标是让整个社区的每一个有人活动的空间，都能达到健康标准。儿童、老人在社区里活动，不用担心在潮湿阴冷的地方久待，也不用担心被大风吹感冒。所谓风水，其实很大程度上，就是对房子的采光、通风这些影响健康的因素以一种东方传统方式的表达。力高通过这些规划设计，将传统的“风水”环境理念，用科学的现代建造技术融合，能做到每一户都“上风上水”，用建筑来呵护业主健康。

3. 单体设计上，成熟的标准化防疫体系，保障室内健康

除了社区外，力高在建筑的单体设计上，也有大量的健康设计，能够温柔照顾到居住者的每一种感官。在室内，业主的视觉、听觉、嗅觉、触觉都处于健康的环境中。

（1）视觉方面，力高提出了“光健康”的思路，对室内的自然光和照明光都制定了严格的标准，并通过模拟计算，优化照明设计。例如，在自然光照方面，采光系数要达到2%，居室天然光照度大于300lx等要求，甚至还要求夜间社区的照明灯不能直接照向建筑和天空，减少光污染。在照明灯方面，力高对室内不同区域、公共区域照度、均匀度，灯具的频闪、色温都有明确的要求，避免照明灯具的频闪、蓝光、炫光对人的精神、视力等产生影响。

定量要求到这种程度，可以说，严格到近乎偏执了。

（2）听觉方面，除了前面提到的社区噪声模拟外，在楼栋内，力高也要进行分户的楼板隔声计算，如果隔声量不达标，就需要增加隔声措施，并且要求与卧室相邻的电梯井都要采用隔声措施。

（3）嗅觉方面，在疫情下，很多人开始关注室内的新风系统，但事实上，并不是所有的新风系统都能有效地隔绝病毒。力高采用的是PM2.5净化单向流正压新风系统，和火神山医院通风设计原理一样，能够有效防止不干净的空气倒流进室内。在平常时期，也是很好的健康防护。

（4）触觉方面，社区入口、入户大堂门通过人脸识别实现感应式开关，电梯实现无触碰式智能呼梯，能做到零接触归家。

值得一提的是，在疫情暴发前，从来没有房企专门做过社区的防疫设计。而力高早在2019年，就已经和深圳大学合作成立健康建筑研究中心研发了全球首套住宅防疫体系，并且已经形成企业标准。例如，小区的自然通风必须经过CFD模拟计算，防止发生香港淘大花园SRAS病毒在楼栋之间的传播情况发生；规定三居室以上的住宅产品均保证至少两个卫生间。卫生间排水存水弯的强制设置且必须采用50 mm的高水封，防止病毒在层与层之间传播；卫生间排气扇、厨房的排烟道设置止回阀，防止室外或烟道内污浊的空气倒流回室内；社区出入口配套人脸识别技术，免触碰进入小区、进入楼栋、进入电梯；电梯配备紫外线消毒灯，在无人状态自动开启，保证公共空间卫生；户内在非必要情况下不使用再生水……类似的防疫细节，多达78项。从社区规划、单体设计到室内设计全覆盖，非常体系化。

二、利用健康配套设施，打造健康的生活方式

除了健康的空间设计外，在景观配套设施上，力高也做了大量的健康设计。例如，这两年很火的功能化景观，强调儿童活动、健身跑步等功能模块的配置，在力高内部，这些都纳入健康配套设施的考虑范围。

1. 功能模块增加健康维度的标准

例如，在目前越来越普遍的童梦空间，儿童游乐场除了娱乐设施和看护座椅外，力高还会在附近50米内设计洗手池和卫生间。让孩子既能放肆玩耍，也能第一时间洗手，保持卫生，避免病从口入。成人的健身步道，则采用海绵道路，防滑、不积水，道路高出草地30~50 mm，便于排水。道路坡度控制在3%以下，避免大坡度对膝盖造成伤害。还有隐形垃圾用房，很多业主

丢垃圾都是出门时，顺手带出去，很多时候难免会把手弄脏。针对这个场景，力高在垃圾房外设计了洗手池，让业主能够及时洗手，减少患病风险。垃圾房内也设置有消毒喷淋装置，避免交叉感染。

2. 在社区内部，配置大量的全龄化设施

例如，社区的公共卫生间，就设置有高端商场才有的婴儿打理台、水池、座椅等设施，带娃出门的家长或老人，遭遇紧急事件时，可以就近解决，省去不少麻烦。针对老人，力高要求小区内道路纵坡均小于3%，以及室内均采取无高差设计等，便于轮椅行走。针对儿童，力高甚至将1.30 m以下的室外墙面都采用光滑材料，室内墙角、窗台、窗口竖边等棱角部位采用圆角设计，儿童经常活动的区域，也会设置防滑铺装、防护栏和儿童低位扶手，最大程度避免意外伤害。

3. 营造以人和关系为核心的社区氛围

为了回归中国式的社区邻里关系，一些房企近几年开始强调“社交”概念。在力高的社区中，也有一个非常重要的模块——一亩阳光，作为社区业主最主要的交流活动中心，举办大量的活动，类似于过去祠堂前的空地。这个区域设置在整个小区日照最好的位置，邻居可以沐浴在阳光下聊家常、办活动，营造和谐的邻里关系。

三、高标准的健康社区运营，力高健康住宅的“核武器”

如果说，在空间环境、社区配套方面的健康设计，还算是开发商的老本行，其他房企也能借鉴，那么力高在社区运营服务方面的成果，则是真正的“护城河”，也是它在市场竞争中的“核武器”。早在2018年，力高就已经开始试点落地“怡邻健康客厅”项目，提供全方位的康养综合服务。只要成为力高业主，就能够加入力高的“345”家庭健康计划，能享受三个方面的硬核服务……

1. 社区康养，也就是日常的照护服务

针对一些有老人的家庭，“怡邻健康客厅”能提供托老服务或是上门看护，甚至还能提供远程看护，通过安装在卧室、客厅、卫生间等处的感应设备，提供安全有效的居家保障，避免老人因为独自在家，发生意外伤害，让子女放心、老人安心地在家养老。尤其是一些有术后病人，或是有记忆障碍成员的家庭，这种日常照护，能够解决特殊时期的家庭难题。考虑到家庭生命周期的成长，这种服务对大部分家庭都有很大的吸引力。

2. 社区服务，一种创新的社群运营模式

近几年，一些房企开始搞社群，通过组织活动、提供服务，让业主和开发商之间产生黏性。力高的怡邻健康客厅也具有类似的功能，但主要围绕业主的心理和生理健康提供服务。例如，社区食堂为业主提供日常的健康营养餐食；邻里活动中心和长者学院，不定期进行健康讲座，培养老人的兴趣爱好，保持老人的心理和生理健康；时间银行则借鉴城市的义工机制，让业主成为社区志愿者，通过累积时间来兑换相应的健康服务，激励每一位社区成员参与社区志愿者服务，与社区共同成长。这些服务，让社区和业主形成一种紧密的共生关系。

3. 综合健康管理

怡邻健康客厅提供的医疗服务，已经远远超过了一般的社区门诊的功能，除了不具备住院的条件，医疗功能一应俱全，包括综合门诊、社区健康生活、健康商城、自助检测等。综合门诊提供基础疾病的医疗，怡邻健康客厅门诊甚至还配置了便携式 AED 除颤仪、呼吸设备等，这些在其他地产项目中几乎是没有的。如果病情发展到住院治疗的程度，运营人员还可以帮业主开通就医绿色通道，与大型医院的治疗计划打通。除了线下的门诊，怡邻健康客厅还能提供线上的医疗服务。例如，在线问诊、远程健康照护和健康咨询，甚至可以开具医疗处方。在疫情期间，这种在线医疗相当有必要。而在日常生活中，对于没有时间去医院的上班族、定期需要拿药的慢性病患者，力高提供了一个 24 小时的随侍医生。

除了服务病人外，怡邻健康客厅也针对普通健康人群，提供日常的健康管理服务，如体质检测、运动指导、亚健康调养等。在某种程度上，怡邻健康客厅可以看成家门口的康养服务综合体。例如，南昌象湖新城的怡邻健康客厅配置了健康中心（门诊）、口腔中心、中医中心、康复中心、照护中心、美容中心、儿童发展中心（幼儿园）、社区食堂、怡邻学院等，其运营人员达到 42 人，包括执业医师、护理人员、社工、康复师、后勤保障等。这种程度的健康配套，对业主进行无死角的健康保护，还为业主建立健康档案，持续跟踪健康状态。同业主之间这种深层次的绑定关系，未来或将成为力高在竞争中突围的利器。

力高的新东方健康住宅，过去一直默默无闻，在这一次的疫情中，过去长时间积累的独特竞争力，或许能极大地凸显。从硬件建筑和软件运营上，

都贯穿健康的理念，既能形成差异化的产品标签，也能形成独特的企业护城河。

讨论题：

1. 请根据房地产产品的整体概念分析本案例中的产品策略有哪些亮点？

2. 新冠肺炎疫情过后，健康概念越来越被重视，真正的健康建筑应该是什么样的？

第 8 章
房地产价格策略

房地产营销中的价格策略与营销组合中的其他因素相比，需要做什么特别的考虑吗？房地产企业在进行价格制定时是该更看重自己的成本，还是更看重竞争对手的价格抑或是消费者的需求？一个房地产项目的价格制定通常分为几步？房地产企业在制定项目的调价策略时，是应该低开高走还是应该高开低走？有没有一个两全之策，可以使企业和顾客对所定的价格都满意？

8.1 房地产价格的种类与构成

房地产价格是房地产市场营销组合中的一个重要因素，也是营销组合中一个十分敏感而又难以控制的因素。由于房地产产品信息的非对称性且又是大宗消费品，与其他产品相比，消费者对于房地产价格的关注度更高，房地产价格的变化直接影响消费者的购买行为，影响房地产开发企业的销售业绩和利润目标。房地产价格的合理性，关系市场对房地产产品的接受程度，影响房地产产品的市场需求和企业的利润水平，涉及房地产企业和消费者等各方面的利益。因此，房地产企业应从营销角度出发，尽可能合理地制定房地产价格，并随着环境的变化及时调整和修订价格。

8.1.1 房地产价格的种类

房地产价格与一般商品价格相比有许多不同，受区位的影响很大，是在长期的市场作用下形成的，同时房地产价格通常是个别形成的，容易受交易者个别因素的影响，一般随交易的需要而个别形成，并容易受买卖双方的个别因素（如偏好、讨价还价能力、感情冲动）的影响。这就说明房地产价格本身是个丰富的概念，其种类包括单价和总价、买卖价格和租赁价格、实际价格和名义价格、现房价格和期房价格等。

8.1.1.1 单价和总价

（1）单价。单价是指单位建筑面积的市场价格。对于一个拥有上百套甚至上千套房屋的房地产项目来说，一个单价并不能说明全部的问题，下面本书所列的几个特殊单价可以从不同侧面让读者加深对房地产价格的了解。

a. 起售单价。因为楼盘存在层数、朝向等因素的差异，同一楼盘每套单元的单价不可能整齐划一，通常将底层某单元的单价确定为计算基准，同时设定不同的层次系数和朝向系数，各个单元的单价由此计算，这个基准就是所谓的起售单价。

b. 最低单价。最低单价往往是层次、朝向等条件最差的单元所标定的单价。有时为了快速促进销售，有些条件好的单元也以最低单价销售，以此来带动整个项目的人气。

c. 最高单价。最高单价通常是层次、朝向等条件最好的单元所标定的单价。

d. 平均单价。平均单价是指总销售金额除以总销售面积得出的销售单价，也就是我们通常所说的“均价”。

e. 主力单价。主力单价是指占建筑面积比例最高的单元所标定的销售单价，是确定楼盘目标市场定位的关键单价。

（2）总价。总价是指一个销售单元总的价格。销售总价等于销售单价与单元建筑面积的乘积。

a. 最低总价。最低总价一般是面积最小、朝向等条件最差的单元所标定的总价。

b. 最高总价。最高总价一般是面积最大、朝向等条件最好的单元所标定的总价。

c. 总价范围。总价范围是指最低销售总价和最高销售总价之间的摆幅范围。

d. 主力总价。主力总价是指占建筑面积比例最高的单元的销售总价。

e. 总价配比。总价配比是指依总价范围的不同，各个范围的总价及其所对应的单元数量在总销售额中所占的比例。

8.1.1.2 买卖价格和租赁价格

（1）买卖价格。买卖价格是指房地产权利人通过买卖方式将其房地产转移给他人，由房地产权利人（卖方）收取或他人（买方）支付的货币额、商品或其他有价物。

（2）租赁价格。地租和房租，是房地产权利人作为出租人将其房地产出租给承租人使用，由出租人收取承租人支付的货币额、商品或其他有价物。我国目前的房租有以下几种：

a. 市场租金。市场租金是由市场供求状况决定的租金。

b. 商品租金。商品租金是以房地产价值为基础确定的租金，包括折旧费、维修费、管理费、贷款利息、房产税、保险费、地租和利润八项。

c. 成本租金。成本租金是按出租房屋的经营成本确定的租金，包括折旧费、维修费、管理费、贷款利息、房产税五项。

d. 福利租金。福利租金通常低于成本租金。

8.1.1.3 实际价格和名义价格

（1）实际价格。实际价格是指在成交日期时一次付清的价格，或者将不是在成交日期时一次付清的价格折现到成交日期时的价格。房地产在营销过程中，应按照折扣比例、交款时间、优惠条件等情况明确计算房地产的实际价格。

（2）名义价格。名义价格是指在成交日期时讲明，但不是在成交日期时一次付清的价格。

8.1.1.4 现房价格和期房价格

（1）现房价格。现房价格是指以现状房地产为交易标的的价格。该房地产的现状可能是一块准备建造，但尚未建造建筑物的土地，可能是一项在建工程，也可能是已建成的建筑物。

（2）期房价格。期房价格是指以目前尚未建成而在将来建成的房屋（含土地）为交易标的的价格。

期房价格=现房价格-预计从期房达到现房期间现房出租的净收益的折现值-风险补偿

8.1.2 房地产价格的构成

经济学意义上房地产价格是指，房地产开发、建设及其经营过程中，凝结在房地产商品中活劳动与物化劳动的货币表现。它是房屋建筑物价格和地产价格的统一，是房地产商品价值和地租资本化价格的综合表现。一般来说，在房地产市场正常运转的情况下，房地产作为一种商品，其销售价格由以下几个部分构成。

8.1.2.1 土地取得成本

目前，房地产开发企业获取建设项目用地主要有三种方式，即出让、划拨和转让。土地使用权出让是指国家将国有土地使用权在一定年限内出让给土地使用者，由土地使用者向国家支付土地使用权出让金的行为；土地使用权划拨是指经县级以上人民政府依法批准，在土地使用者缴纳补偿、安置等费用后将该幅土地交付其使用，或者将土地使用权无偿交付给土地使用者的行为；土地使用权转让是指通过出让方式获得土地使用权的土地使用者，通过买卖、赠予或其他合法方式将土地使用权再转移的行为。现在的房地产商一般都是以出让的有偿方式取得土地使用权，土地使用权出让金是国家作为土地所有者所享有的土地所有权经济权利的实现。除此以外，土地使用者要对取得土地使用权过程中发生的费用负责，即契税、征地补偿费、房屋拆迁费等。

8.1.2.2 开发成本

这主要包括以下几方面的成本：勘察设计和前期工程费、基础设施建设费、房屋建筑安装工程费、公共配套设施建设费和开发建设过程中的税费等。

8.1.2.3 管理费用

管理费用包括开发商的人员工资及福利费、办公费、差旅费等，可概括为土地取得成本与开发成本之和的一定比率。在估价时管理费用通常可按土地取得成本与开发成本之和乘以这一比率来测算。

8.1.2.4 投资利息

投资利息包括土地取得成本、开发成本和管理费用的利息，无论是借贷还是自有资金，都应计算利息。开发商自有资金应得的利息也要与其应获得的利润分开，不能算作利润。

8.1.2.5 营销宣传费

它包括房地产项目从前期市场调查到销售阶段所进行的各种调研、广告宣传、房展会、销售现场包装、样板房装修、公关活动的费用及向代理公司支付的佣金等。

8.1.2.6 销售税费

房地产商品价格中的税费部分主要包括增值税、城市维护建设费、教育费附加和人防工程费等。

8.1.2.7 开发利润

房地产作为一种商品，盈利是价格形成中需要考虑的一个部分。估计开发利润应掌握以下几点：

（1）开发利润是所得税前的，即

开发利润=开发完成后的房地产价值-土地取得成本-开发成本-管理费用-投资利息-营销宣传费-销售税费

（2）这里所指的开发利润是在正常条件下开发商所能获得的平均利润，而不是个别开发商最终获得的实际利润，也不是个别开发商所期望获得的利润。

（3）开发利润是按一定基数乘以同一市场上类似房地产开发项目所要求的相应平均利润率来计算的。

8.2 房地产价格的影响因素

影响房地产价格的因素有很多，归纳起来有以下几类。

8.2.1 房地产产品因素

房地产产品对房地产价格的影响主要体现在以下几个方面。

8.2.1.1 自身投入的因素

房地产商品的生产和销售以取得经济效益为前提。经济效益是投入与产出的比较，在产出大于投入的情况下，才会产生好的效益。自身成本是投入的体现，而能够实现销售的房地产价格是产出的体现。如果自身投入小于房地产价格，房地产企业就可以获得利润；反之，自身投入大于房地产价格，房地产企业就要亏本，就谈不上经济效益。因此，自身投入与房地产价格关系非常密切，一般来说，自身投入大的房地产价格高，自身投入小的房地产价格低。

8.2.1.2 品牌、信誉、物业管理等因素

品牌是一种产品乃至一个企业区别于其他产品和企业的标志。对企业而言，品牌代表着一种潜在的竞争力和获利能力；对消费者而言，它是质量和信誉的保证，减少了消费者购买的成本和风险。房地产商品作为一项具有不可移动性的耐用消费品，其品牌形象是通过一个个项目形象加以表现的。近年来，我国房地产业在管理、设计、施工材料等各方面都取得了长足的进步，消费者可以选择的范围更加广泛了。而房地产商品又是消费者生活的必需品，房地产商品的购买是影响消费者一生的重大购买决策，消费者在购买时总是慎之又慎，会去多个楼盘参观、考察、比较，然后相对理性地做出是否购买、购买哪一个企业产品的决定。在激烈的市场竞争中，房地产企业利用品牌参与竞争尤显重要。产品可以很快被竞争对手模仿、超越，而品牌却难以逾越。强势品牌可以增强房地产商品的不可代替性，降低客户对房地产价格的敏感程度，这就使具有优质品牌的楼盘可以按更高的价格销售，使企业获得更高的利润。

物业管理因素反映物业管理企业对物业的维修、管理、服务的质量高低。优秀的物业管理企业，不仅能对物业加以维护，使其“青春永驻”，而且一流的物业加上优质的服务形成最佳组合，可以使企业形象潜移默化地进入市场，深入顾客心中，形成物业自身建筑以外的价值，即无形资产。这种无形资产的形成必将在房地产价格中体现。

房地产品牌、信誉、物业管理等方面的因素反映了房地产的品质，显然房地产品质优则价格高，房地产品质差则价格低。

8.2.1.3 权益因素

权益因素包括权利性质（所有权、使用权、完全产权、不完全产权等）、他项权利限制（设定抵押）、土地使用年限、城市规划限制条件（用途、容积率、建筑高度、覆盖率、绿化率等）等影响房地产价格的因素。

一般来说，权益受到限制的房地产比不受限制的房地产价格低，使用权房地产比所有权房地产价格低，不完全产权房地产比完全产权房地产价格低。

8.2.1.4 区位因素

区位因素包括地理位置、繁华程度、交通条件、工作及生活方便程度、

环境景观等。区位的形成，一是先天的自然条件，二是后天的人工影响。一般情况下，凡是接近人们经济活动的中心，交通流量较大，房地产价格就较高；反之，价格较低。不同用途的房地产对区位的要求不同，对价格的影响也不相同。

8.2.2 供求关系

供求关系对房地产价格的影响主要体现在下列几个方面。

8.2.2.1 房地产市场供给

房地产供给是指房地产开发商和拥有者（卖者）在某一特定时间内，在某一价格水平下，对某种房地产所愿意而且能够出售的数量。形成供给有两个条件：一是房地产开发商和拥有者愿意供给，二是房地产开发商和拥有者有能力供给。

现实中，某种房地产在未来某一时间的供给量为

供给量=存量-拆毁量-转换为其他种类房地产量+其他种类房地产转换为该种房地产量+新开发量

某种房地产的供给量是由许多因素决定的，除了随机因素外，经常起作用的因素有：

（1）房地产的价格水平。一般来说，某种房地产的价格越高，开发该种房地产越有利可图，开发数量就越多；相反，开发数量就越少。

（2）房地产的开发成本。在价格不变的情况下，开发成本上升会降低开发利润，供给就会减少；相反，供给就会增加。

（3）房地产的开发技术水平。开发技术水平的提高可以降低开发成本，增加开发利润，从而增加开发量。

（4）开发商对未来的预期。开发商预期某种房地产的价格会上涨，就会使未来的供给增加，同时会减少该种房地产的现期供给，以便待价而沽；如果开发商对未来的预期是悲观的，其结果会相反。

总的来说，房地产市场供给与房地产价格关系十分密切，呈负相关关系。在房地产需求一定的情况下，房地产供给增加，就会增加房地产的积压和滞销，则房地产价格呈现下降的趋势；反之，在房地产需求一定的情况下，房地产供给减少，就不能满足房地产的需求，则房地产价格呈现上涨的趋势。

8.2.2.2 房地产市场需求

房地产市场需求是指消费者在某一特定时间内，在某一价格水平下，对某种房地产所愿意而且能够购买的数量。形成需求有两个条件：一是消费者愿意购买，二是消费者有能力购买。

某种房地产的需求量是由许多因素决定的，除了随机因素外，经常起作用的因素有：

（1）该种房地产的价格水平。一般来说，某种房地产的价格上升，需求会减少；价格下降，需求会增加。其他商品一般也如此，但炫耀性物品（用以显示人们的身份和社会地位的物品）和吉芬物品（某种生活必需品）除外。

（2）消费者的收入水平。消费者的收入水平提高，需求会增加；收入水平降低，需求会减少。

（3）消费者的偏好。当消费者对某种房地产的偏好程度增强时，该种房地产的需求就会增加；相反，需求就会减少。

（4）相关房地产的价格水平。当一种房地产自身的价格保持不变，而与它相关的替代品（能满足类似需要、可替代它的其他房地产）或互补品（能与它相互配合的其他房地产）的价格发生变化时，该种房地产的需求也会发生变化。在替代品之间，一种房地产的价格上升，对另一种房地产的需求就会增加；在互补品之间，一种房地产的消费增加，对另一种房地产的消费也增加。

（5）消费者对未来的预期。预期未来收入增加，就会增加现期需求；相反，就会减少现期需求。当预期某种房地产的价格会在下一时期上升时，就会增加对该种房地产的现期需求；相反，就会减少对该种房地产的现期需求。

房地产市场需求与房地产价格关系十分密切，呈正相关关系。在房地产供给一定的情况下，房地产需求增加，就会导致争抢购买房地产的现象，则房地产价格呈现上涨的趋势；反之，在房地产供给一定的情况下，房地产需求减少，就会增加房地产的积压和滞销，则房地产价格呈现下降的趋势。

8.2.3 经济因素

经济因素对房地产价格的影响主要体现在以下几个方面。

8.2.3.1 经济发展

经济发展，预示着投资、生产活动对厂房、办公楼、商场、住宅和各种文娱设施等需求的增加，由此会引起房地产价格上涨，尤其会引起地价上涨。

8.2.3.2 居民收入

居民收入水平提高，生活水平随之提高，改善居住条件的欲望和能力增加，从而会增加居民对房地产的需求，导致房地产价格上涨。

8.2.3.3 房地产投资和投机

一般来说，投入房地产的投资和投机资金的增加，会增加对房地产的需求，从而引起房地产价格上涨。但当房地产的投资和投机资金大量退出时，会引起房地产价格下跌。

8.2.3.4 物价

物价对房地产价格的影响是物价水平的总体变动，会带动房地产价格随之变动。但不论一般物价总水平是否变动，其中某些物价的变动也可能引起房地产价格的变动，如建筑材料价格、建筑人工费的上涨，会增加房地产的开发成本，从而可能使房地产价格上涨。

8.2.3.5 通货膨胀

一般来说，当物价上升、货币贬值时，因房地产具有保值增值功能，房地产需求增加，房地产价格会上涨。

8.2.3.6 利率

一般来说，利率提高会增加房地产开发成本，从而引起房地产价格上涨；利率降低会降低房地产开发成本，从而引起房地产价格下降。

8.2.4 人口因素

人口因素对房地产价格的影响主要体现在以下几个方面。

8.2.4.1 人口数量

城市人口（包括外来人口、流动人口）增加，对房地产的需求必然会增加，从而引起房地产价格上涨。

在一定的城市范围内人口的增加，导致人口密度提高。人口密度从两个方面影响房地产价格：一方面，人口密度高的地区对房地产的需求较大，一般来说房地产会供不应求，因此房地产价格有上涨的趋势；另一方面，人口密度过高会导致生活环境恶化、社会问题增多，从而有可能降低房地产价格。

8.2.4.2 人口素质

如果一个地区中居民的素质低、构成复杂、秩序欠佳，人们大多不愿意在此居住，则此地的房地产需求减少，房地产价格下降。

8.2.4.3 家庭人口规模

一般来说，随着家庭人口规模小型化，即家庭平均人口数的下降，对房地产的需求相应增加，房地产价格有上涨的趋势。

8.2.5 市场竞争因素

价格作为企业参与市场竞争的最基本的工具，受市场竞争程度和竞争状况的影响极大。不同的市场竞争条件下卖主定价的自由度不同，企业定价时必须对其产品的市场模式予以考虑。企业所面对的市场按市场竞争程度可分为完全竞争、垄断竞争、寡头垄断和完全垄断四种情况，针对不同的市场竞争状况，房地产企业应采取不同的定价策略。

8.2.5.1 完全竞争条件下价格接受者

在完全竞争的条件下，任何卖主和买主都对现行市场价格没有决定性影响，卖主既不可能按高于现行市场价格出售产品（那样买主就会买其他卖主的产品），也没必要降低价格出售（因为按现行价格就能卖掉其全部产品）。因此，买卖双方只能按照由市场供求关系决定的市场价格来买卖商品。无论买主还是卖主，在完全竞争的市场上，都只是价格的接受者，而不是价格的决定者。同时，由于产品完全同质，卖主无须在市场营销上花很多精力。完全竞争的市场在现实是不存在的，它主要被用于理论分析。对于某些房地产产品差异性很小、有大量买主和卖主的近似完全竞争的市场，房地产企业的主要竞争策略是降低成本。

8.2.5.2 垄断性竞争条件下强有力的价格决定者

现实中，垄断性竞争广泛存在于日用工业品、服装、百货、家用电器、食品等竞争性行业，目前中国国内的房地产行业也面对着这种市场竞争模式。这些行业的企业定价往往利用心理因素，通过强调本企业产品的与众不同使消费者接受其价格。

8.2.5.3 寡头垄断条件下，少数几家大公司的相互依存、相互影响

寡头垄断竞争有两种形式：完全寡头垄断竞争与不完全寡头垄断竞争。

完全寡头垄断竞争模式下，各个垄断企业生产的产品都是同质的（如钢铁、石油、轮胎）。在这种情况下，每个企业都时刻注意其竞争对手的战略和行动，调价非常慎重，市场价格相对稳定，而竞争主要集中于广告、促销等非价格方面。不完全寡头垄断竞争模式下，各个寡头垄断企业的产品都有某些差异。每一个企业都千方百计地突出本企业产品的特色，使顾客建立对其产品的偏好，某些名牌产品的价格甚至可以定得很高。

8.2.5.4 纯粹垄断条件下的随意定价者

从理论上讲，在纯粹垄断条件下，一个卖主完全控制了市场，它可以在法律允许的范围内随意定价。但实际上，不同类型的垄断，定价有所不同。一种是政府垄断，由于定价目标的不同，价格高低相差很大，一些与居民生活关系极大的产品（如城市公用产品）的价格可能低于成本价格；一些限制消费的产品价格可能定得很高。另一种是私人垄断，理论上讲可以随意定价，但也不是无限度地抬高价格。

在现实的环境中，卖方都有一定的定价自由，因而根据综合因素确定适当的价格就非常重要了。

8.2.6 政策因素

政策因素对房地产价格的影响主要体现在以下几个方面。

8.2.6.1 房地产法律法规制度

房地产法律法规制度和政策体现国家对房地产市场和房地产价格进行调控，其对房地产价格的影响是巨大的。由于房地产在国民经济中的重要地位和作用，房地产是政府的重点调控对象。当房地产市场低迷、房地产价格过低时，政府就要出台政策，启动房地产市场，促进房地产价格的上涨；当房地产市场过热、房地产价格过高时，政府就要出台一些法规政策，抑制市场过热，促使房地产价格的下降。比如，《中华人民共和国城市房地产管理法》规定：“以出让方式取得土地使用权进行房地产开发的，必须按照土地使用权出让合同约定的土地用途、动工开发期限开发土地。超过出让合同约定的动工日期满一年未动工开发的，可以征收相当于土地使用权出让金百分之二十以下的土地闲置费；满二年未动工开发的，可以无偿收回土地使用权。”此项规定的严格执行，将有效控制因恶炒地皮而带来的地价的大幅上升。再比如，政府通过增加经济适用房的供应，并限制经济适用房的价格，影响整个房地产市场的价格。

8.2.6.2 地方特殊政策

在一些地方建立经济特区，实行特殊的政策，往往会提高该地区的房地产价格。城市发展战略、城市规划、土地利用规划对房地产价格也有较大的影响，如城市规划对某个地块的用途、建筑高度、容积率等的规定，会直接影响该地块房地产的价格。

8.2.6.3 税收政策

直接或间接地对持有房地产课税，实际上是减少了房地产的收益，因而会造成房地产价格低落；相反，降低甚至取消对持有房地产课税，会导致房地产价格上升。

8.2.6.4 金融政策

金融机构为控制房地产信贷风险，会根据房地产市场的变化及时调整信贷政策、利率政策或改变首付款比例。常用的降低风险的方法有：提高利率、降低贷款成数、提高第二套以上住房贷款的利率或取消利率优惠政策、提高首付款比例、控制房地产信贷规模等。金融政策的变化对消费者预期有很大影响，会直接导致买房者负担加重，从而抑制其房地产需求，使房地产价格下降。

8.2.7 其他因素

其他因素对房地产价格的影响包括以下几个方面。

8.2.7.1 心理因素

心理因素会影响房地产的成交价格，如：急于购买或急于出售；因为不可替代性，个人对某宗房地产情有独钟、特别偏好；接近名人住宅，追求流行时尚；讲究风水或吉祥名称号码等。这都会降低购房者对房地产价格的敏感性。

8.2.7.2 社会因素

社会因素包括城市化、社会政治稳定和社会治安状况等，对房地产价格会产生一定的影响。一般来说，城市化进程加快，人口向城市地区集中，造成城市房地产的需求不断增加，从而会带动城市房地产价格上涨。社会政治稳定和社会治安状况良好，会增强人们的投资置业信心，从而增加对房地产的需求，引起房地产价格的上涨。政治不稳定、社会治安差，会减弱人们投资置业的信心，从而减少对房地产的需求，造成房地产价格的低落。

8.2.7.3 国际因素

国际因素包括世界政治状况、外交关系、军事冲突、国际竞争状况等，都会对房地产价格产生一定的影响。

8.3 房地产定价目标

定价目标是指，企业通过特定水平价格的制定或调整所要达到的预期目的。定价目标是企业市场营销目标体系中的具体目标之一，它的确定必须服从企业营销总目标，也要与其他营销目标（比如促销目标）相协调。在实际操作中，企业在取得利润最大化这一目标下，可以根据企业所处的地位、竞争环境及房地产自身的特点，来制定具体有效的定价目标。常见的企业定价目标有以下几种。

8.3.1 追求利润最大化

利润最大化目标是房地产销售者以获取最大限度的利润为定价目标。实现利润最大化目标的途径主要有两种：一是通过追求高价位而使利润最大化。当某宗房地产品质优异、独特性较强，不易为其他房地产所替代时，按较高价格销售可为销售者带来丰厚利润。但高价位需要有市场的认同，如果市场不认同，会导致购买欲下降、需求减少，而且其他房地产企业会以更低的价格争夺市场。由于市场竞争的存在，任何企业要想长时间维持一个过高的价格都几乎是不可能的。二是通过扩大房地产销售量而使利润最大化。销售者根据房地产市场状况制定合适的价格，通过促销激发需求，同时增加供给，也可以获得更多的利润。利润是一个综合性很强的指标，尤其对房地产项目而言，从预售开始到销售结束往往需要很长时间，房地产开发商必须根据市场情况随时调整产品价格。所以，追求利润最大化目标，要考虑各种因素对房地产价格的影响，动态地分析企业的内部条件和外部环境，不能单纯着眼于眼前利润，要将市场相关因素和公司整体经营战略有机地结合起来，在可行的基础上追求和实现利润最大化。

8.3.2 提高市场占有率

市场占有率是指在一定的时期内，房地产企业的房地产产品的市场销售量占当地同一类房地产产品市场销售总量的比例。市场占有率是企业经营状况和产品竞争力状况的综合反映。市场占有率高意味着公司的竞争能力强、公司对市场信息把握得较准确、充分，易于形成企业长期控制市场和价格的垄断能力，并为提高企业盈利率提供了可靠保证。事实证明，高市场占有率往往伴随着高盈利率。以保持或扩大市场占有率为定价目标的开发商，要依据自身实力结合市场环境，兼顾本企业的近期和远期利益，制定有利于抢占市场的房地产价格。提高市场占有率的定价目标并不意味着价格一定要比竞争产品的低，而是要让价格具有较强的竞争力，能够较快地实现房地产销售。这种具有竞争力的价格，要与房地产产品的品牌、品质、信誉、服务等相联系；同时，提高市场占有率的关键在于扩大房地产的产量和市场促销等。一般来说，成长型公司适宜采用提高市场占有率的定价目标，如以比同类产品偏低的价格进入市场，迅速打开销路，提高企业所占有的市场份额，再逐步提升产品品质和价格，追求长远发展和广阔的利润空间。

8.3.3 实现预期的投资收益率

这是一种以投资成本为基础的定价目标。房地产企业将项目的预期收益水平规定为占该项目投资额的一定比率，叫作投资收益率。在这种定价目标下，投资收益率的确定与价格水平直接相关。投资收益率的确定根据企业的具体情况会有所不同，企业要认真研究分析行业平均投资收益水平、投资回收期和本项目的特色及竞争力，使所定的价格能普遍被顾客接受。

8.3.4 稳定价格

良好的企业形象是企业无形的资源与财富，是企业成功运用市场营销组合取得的消费者信赖，是长期累积的结果。有些行业的市场供求变化频繁，但行业中的大企业为维护企业信誉，往往采取稳定价格的做法，不随波逐流，给顾客以财力雄厚、靠得住的感觉。

稳定价格并不等于价格绝对不变，始终按一种价格销售。由于房地产的不可移动性和独一无二性，以及影响房地产价格的因素在不断发生变化，特别是房地产自身价值（生产成本）和市场供求关系的变化，房地产销售不可能实施和推行同一种价格。所以，稳定价格是要求前后销售的价格相对保持一致，不要有太大的波动。

就整个行业而言，为了减少在不必要的价格竞争中造成损失，增强市场的安定性，保持收益均衡，一些大企业或独立或联合有意识地将价格稳定在一定的水平。而处于追随地位的中小企业往往采取接近于领导者价格或与领导者价格保持一定比例的定价方式，不会轻易突破大企业的定价，以免遭受价格报复。

8.4 房地产开发项目定价方法与流程

定价方法是企业为了在目标市场上实现定价目标而给产品制定的一个基本价格或浮动范围的方法。房地产项目的定价在确定好基本方法后，就应当以定价结果表得到的楼盘均价为基础，按照既定的流程完成整个项目可售楼盘的价格制定，最终形成整个项目的价目表。

8.4.1 定价方法

定价方法是根据定价目标确定产品基本价格范围的技术思路。由于房地产商品的价格主要受成本费用、竞争状况，以及市场需求等诸多因素的影响，从对这三个方面的不同侧重出发，也就形成了成本导向、竞争导向和需求导向三类定价方法。

8.4.1.1 成本导向定价法

成本导向定价法是指房地产企业在定价决策中，主要按开发成本和人为订立的利润比率确定价格，不考虑或很少考虑市场需求和竞争等方面因素的一种定价方法。依据不同的财务模型，其又分为固定成本加成法、变动成本加成法、盈亏平衡法和目标利润法。

（1）固定成本加成法主要从静态出发，立足房地产销售前与销售中发生的一切成本费用，再加上预期盈利作为销售价格。固定成本加成定价法具有计算简单、简便易行的优点。在正常情况下，按此方法定价可使企业获取预期盈利。缺点是其忽视市场竞争和供求状况的影响，缺乏灵活性，难以适应市场竞争的变化形势。

（2）变动成本加成法是把单位变动成本与单位产品贡献额之和定为售价，

在这里，产品售价超出可变成本的部分被视为贡献。贡献的意义在于，单位产品的销售收入在补偿其变动成本后，首先用来补偿固定成本费用。在盈亏分界点之前，所有产品的累积贡献均体现为对固定成本费用的补偿，企业无盈利可言。达到盈亏分界点之后，产品销售收入中的累积贡献才是现实的盈利。补偿固定成本费用是企业获取盈利的前提，因此，所有产品销售收入中扣除其变动成本后的余额，不论能否真正成为企业盈利，都是对企业的贡献。在实践中，由于以可变成本为基础的低价有可能刺激产品销售大幅度提高，因此，贡献额有可能弥补固定成本甚至带来盈利。当物业面临着严峻的竞争形势时，短期内用此种方法可排挤竞争对手，获取市场份额。

（3）盈亏平衡法和目标利润法分别从保本不亏和获得预期利润率两个层面计算企业所能承受的价格底限。由于它们以预测的销售量为参数，而销售量又是价格的函数，互动的两种变量很难把握，以此制定的价格也难以与顾客的要求相适应。

8.4.1.2 竞争导向定价法

竞争导向定价法是企业为了应付市场竞争的需要而采取的特殊定价方法。它是以竞争者的价格为基础，根据企业所处的行业地位和竞争定位等情况，制定较竞争者更低、更高或相同的价格，以达到增加利润、扩大销售量或提高市场占有率等目标的定价方法。竞争导向定价法主要包括领导者姿态定价、挑战者姿态定价和追随者姿态定价。

（1）领导者姿态定价。房地产市场具有明显的地域性，在区域市场上处于行业领导者地位的开发商，可凭借良好的品牌形象和较强的市场动员能力的优势，使产品价格超过同类物业的价格水平。高价不仅符合其精品定位市场目标，也与以稳定价格维护市场形象的定价目标相一致。采取该定价策略的条件是：产品的需求价格弹性较小，由于消费者的特别偏好，或受求新心理的驱使，购房者求购心切，愿出高价，因此可以取得最大利润，并把握今后降价的主动权。但值得注意的是，该策略易诱发竞争，在潜在竞争者纷纷参与竞争时，这种类型产品的优势会逐渐消失，房地产开发商这时可适当降低价格以保持竞争力。

（2）挑战者姿态定价。对于具有向领导者挑战实力但缺乏品牌认知度的企业，适宜以更好的性能、更低的价格将看得见的实惠让利于消费者，这样可以扩大自身的市场占有率，促进销售总量的提升，提高企业在行业里的声望与地位。运用这种方法一般要对可比性强的领导者物业进行周密分析，并在促销中突出宣传自身优势。该定价策略的前提是：市场容量大、需求价格弹性明显、潜在竞争比较激烈。采用这种策略可以实现薄利多销、先发制人，有助于阻止竞争者的进入，对市场进行快速渗透，取得最大的市场占有率，通常又称为“别进来”策略。在市场已被他方抢先占领的情况下，这也是挤入市场的较好选择，待销路打开，形成一定的市场影响力后，企业可适当提高价格。

（3）追随者姿态定价。这是竞争导向定价法中广为流行的一种。当物业推出时，企业可选择当时市场同类物业的平均价格作为自己定价的基准。一般认为平均市价是供求均衡的结果，常被人们认为“合理价格”，因此易被消费者接受。与同类物业价格保持一致，既可以为企业带来合理的利润，又可与竞争者和平相处，避免激烈竞争产生的市场风险，因而常被市场追随者普遍采用。该种定价目标虽然缺乏特色，但对于竞争激烈、信息充分、需求弹性较低的房地产市场，不失为一种稳妥之法，特别适用于那些产品特色不明显、开发者行业地位一般的物业。

8.4.1.3 需求导向定价法

需求导向定价法是指以消费者的需求强度、认知价值及对价格的承受能力为定价依据，真正按照有效需求来制定房地产价格的方法。这是伴随着营销观念更新而产生的新型定价方法，在实际运用中其分为理解价值定价法和需求差异定价法两种。

（1）理解价值定价法。理解价值定价法也称觉察价值定价法或认知价值定价法，是以消费者对商品价值的感受及理解程度为定价的基本依据。有些营销学家认为，把买方的价值判断与卖方的成本费用相比较，定价时更应侧重考虑前者。因为消费者购买商品时总会在同类商品之间进行比较，选择那些既能满足其消费需要又符合其支付标准的商品。消费者对商品价值的认知与理解不同，就会形成不同的价格限度。这个限度就是消费者宁愿付出货款而不愿失去这次购买机会的价格。认知价值的形成一般基于消费者对有形产品、无形服务、促销宣传及公司信誉的综合评价，品牌形象好、社会美誉度高的物业往往能获得较高的评价，无形中就会提升消费者心中能接受的价格限度。如果物业的实际销售价格刚好定在这一限度内，消费者就会顺利购买。

为了加深消费者对商品价值的理解程度，从而提高其愿意支付的价格限度，企业定价时首先要搞好物业的市场定位，拉开本企业产品与市场上同类产品的差异，突出项目的特征，并综合运用各种营销手段，与潜在消费者进行充分的沟通，加深消费者对物业的印象，使消费者感到购买这些物业能获取更多的相对利益，从而提高他们接受价格的限度。企业则据此提出一个可销价格，进而估算在此价格水平下产品的数量、成本及盈利状况，最终确定实际价格。

（2）需求差异定价法。这种定价方法是指某一物业可根据不同时间、地点、产品及不同消费者的需求强度差异作为定价的基本依据，针对这种差异决定在基础价格上是加价还是减价。例如，在房地产销售中，通常对同一项目中那些楼层好、朝向理想、视野开阔、设计合理的户型定高价，相反对楼层、朝向、视野、面积、口彩等不是特别理想的单元定稍低的价格，但这种价格的差异绝不是因为其成本的差异而产生的，而主要是因为消费者的需求强度不同而造成的。

实行需求差异定价要具备以下条件：市场能够根据需求强度的不同进行细分，细分后的市场在一定时期内相对独立、互不干扰；价格差异适度，不会引起消费者的反感。

8.4.2 定价流程

房地产项目可售楼盘的价格制定通常分为以下几个步骤。

8.4.2.1 决定分期均价

由于房地产产品的销售周期较一般商品要长，需算出项目各期的面积及占总面积比例，根据销售阶段的价格策略的总体安排，找出项目在开盘期、旺销期、持续期、尾盘期等不同阶段最适宜的均价。

8.4.2.2 决定分幢均价

（1）决定分幢均价之前，先算出各幢面积及占总面积比例，以方便找到平衡。

（2）定分幢均价：根据各幢的差异因素及程度，如栋距、楼层数、景观等进一步细化，决定各幢的均价。

8.4.2.3 水平价差的确定

（1）水平价差的含义。所谓水平价差是指在同一楼层不同户别每平方米的价格差异。在制定水平价差时，首先需确定同一水平层面的户数或单元数。如果只有单栋建筑，则以同一楼层的不同户别制定水平价差；如果有多栋建筑，通常是先制定各栋之间的水平价差，再分别就各栋同一楼层的户别制定价差。如果建筑物各个楼层的户数都相同，而且相对位置也相同，则只需制定一个楼层的水平价差，其余楼层均可参照；但如果楼层之间的户数不同，或者户数相同，但相对位置不同，则要各自制定不同楼层的水平价差；还有一种情况是，户数及相对位置均相同，但楼层之间的邻近环境却不同，例如，某住宅四楼以下均有邻栋建筑，五至七层则无遮挡，这就会影响其相互间的水平价差。

制定水平价差的最关键程序是对项目的平面规划及同一水平下其他相关环境（包括各栋的栋距、朝向、视野等）进行准确分析，找出影响水平价差的主要因素，并确定这些因素对于水平价格的影响程度，从而最终确定合适的水平价差的正、负相对价差金额。

（2）影响水平价差的因素。一般来说，影响水平价差的因素包括下列几项：

a. 朝向。朝向通常是指客厅的朝向，简易的判断方式是以客厅连接主阳台所朝的方向为坐向。一般来说，根据我国独特的地理环境和文化背景，朝南的单元最贵，东南向、西南向的次之，朝北的则最便宜。在空调未普及的年代，住宅朝向确实影响人们居住的舒适度，消费者自然就会考虑得多一些。而现在由于空调已走入寻常百姓家，人们在注重朝向的同时，会兼顾窗外的景观，这说明传统的住宅朝向观念已经有所改变。

b. 采光。采光通常是指房屋临接界采光面的多寡或采光面积的大小。对公寓而言，三面临空三面采光的房屋最贵，二面临空二面采光的房屋次之。对别墅而言，四面临空的独栋别墅最贵，三面临空的双拼别墅次之，二面临空的连体别墅最便宜。至于调整幅度多大，则视暗房、栋距、道路宽度、日照时间等的不同而做上下调整。若以单面采光者为标准单位，再以同楼层做比较，两面采光者的单价可比单面采光增加 2%~3%，三面采光者的单价再增加 2%~4%。

c. 私密性。私密性是指私有空间与公共空间或其他户别私有空间隔离的程度，可用栋距来评估，至于调整幅度，则视同一楼层的户数多少、管理好坏、防火间隔、与邻房高低差等的不同而做上下调整。

d. 景观。景观对于住宅而言，常具有决定性的影响力。如果房屋临公园、湖泊、永久性绿地，视野较佳，人们生活会感到轻松自然，这样的房屋一般价格较贵；而面临闹市区或视野较差的房屋，价格要相对便宜。在制定景观价差时，最好事先观察该区域的现况图及城市规划图，搞清楚是否有遮挡、正对某景观及潜在景观条件等因素。由于人们对生活质量的追求，目前景观的有无已明显决定了楼盘是否具有竞争力，通常有景观者的售价可比无景观者每平方米多10%左右，有的甚至更高，若景观不止一面，则每多一个景观面，每平方米可再增加2%~3%。至于价差的调整幅度可参考下列原则：面临公园、湖泊、永久绿地的单元，调整幅度大，反之则小；没有面临主要交通干道、噪声污染严重的单元，调整幅度大，反之则小；附近没有景观或景观较差及环境污染较重的设施的单元，调整幅度大，反之则小。

e. 户型。在同一楼层中，平面户型最好的与最坏的单位应有适当价格差距，价差调整幅度可参考下列原则：格局方正、形状完整，调整幅度大；反之，调整幅度小。室内动线规划简单流畅的，调整幅度大；动线冗长而浪费的，调整幅度小。室内空气流通，调整幅度大；室内开窗位置不佳，空气无法对流者，调整幅度小。产品单价高，调整幅度大；产品单价低，调整幅度小。房屋面积一般有一个适度规模，面积太大或太小的房屋价格都不可能太贵，而以最适宜人们生活尺寸的房屋价格较贵。水平价差制定的目的在于，适当反映同一水平层面各户之间相对优劣的程度。就楼盘销售而言，水平价差制定得越成功，各户销售的速度和可能性越一致。这在一定程度上可以避免好房很快被卖光，而出现大量位置、景观、朝向等不好的尾房销售不畅的局面。

8.4.2.4 垂直价差的确定

（1）垂直价差的含义。所谓垂直价差是指同一幢建筑物中不同楼层之间的价格差距，通常以每平方米的单价差额来表示。随着城市规模的不断扩大及城市化的进程加速，楼盘已从一般的多层发展到带电梯的小高层、高层及至摩天大楼，垂直空间上的价值差额问题也越来越明显。对于带电梯的小高层、高层住宅而言，其通常是由低层向高层逐渐趋贵，但最顶层的则比它下面两三个层面要便宜。对多层住宅而言，以楼高为6层的多层为例，一般情况是三、四层单价最贵，二、五层次之，一、六层最便宜。一旦决定了各楼层之间价格高低的顺序后，接下来就要选定垂直价格的基准层，即垂直价差为零的楼层，其他楼层可根据基准层来制定正负价差。有关基准层的确定一般要视住宅楼层的数量而定，且以取价格顺序居中的楼层为最常见，如楼高为 6 层的多层，可选择三层或四层为基准层，15 层的小高层可选择七层或八层为基准层等。至于各楼层与基准层的价差也因产品而异。例如，由于多层住宅高度较低，各楼层的采光、通风等条件相差不像高层住宅那样明显，因此最低单价与最高单价的价差自然也没有高层住宅大。

（2）影响垂直价差的因素。制定垂直价差，最低单价与最高单价之间的价差，可反映各楼层之间可能存在的价差空间。楼层数越多，则最低与最高单价楼层的价差也越大。除了楼层数之外，影响垂直价差的因素还包括市场状况、均价水平及目标客户购房习性等。

a. 市场状况。当市场状况较好时，价差幅度大；反之，价差幅度小。

b. 均价水平。当房地产产品单价水平高时，价差幅度大；当房地产单价水平低时，价差幅度小。例如，单价在 8000 元的产品，其最大价差幅度可能达到 800 元；而单价 5000 元的产品，其价差的最大幅度可能只有 500 元。

c. 目标客户购房习性。如果目标客户的购房习性比较保守（通常为区域性较强的楼盘），大多无法接受差异大的价格，因此价差的幅度不宜过大；反之，若客户多来自本区域之外，或顾客的背景多元化，则价差的幅度可较大。

8.4.2.5 形成价目表

经过以上步骤，项目的价格方案就可以大致确定下来，且要形成最终的价目表。在制定价目表时，首先要划分总价/单价区段，最好用色彩区分和标注清楚，以便于在销售过程中检查价格方案与销售阶段目标的配合程度；要根据目标客户的感受，选择总价/单价表示，甚至是月供或每平方米月供表示。价目表的制作要给客户以清晰、可以把握的感觉。

8.4.2.6 付款方式

（1）根据目标顾客设计相适应的付款方式，并确定主打的付款方式。

（2）设计折扣率时要注意，一般在八五折至九八折之间，超过两头的情况除非有意引导，一般情况下慎用。

（3）根据各付款方式的估算比例和折扣率，计算出综合折扣。

（4）在综合折扣基础上，考虑如下因素，形成最终折扣率。

a. 关系购房的面积比例和再折扣范围，如可以考虑客户情况，先预留 1% 的折扣率。

b. 销售过程中的促销用再折扣范围，如举办促销活动，要给予适当的折扣。

c. 尾盘的再折扣比例和范围。

d. 分阶段上调折扣比例和范围。

8.5 房地产开发项目定价策略

房地产开发项目定价策略是指房地产企业在根据适当的定价方法确定了基本价格以后，针对不同的销售条件、市场情况、消费者心理及销售数量等情况对价格进行适当的调整，以追求更好的销售效果。

8.5.1 新开楼盘定价策略

根据房地产企业的主要定价目标，新开楼盘的定价策略一般可分为低价开盘策略、高价开盘策略和中价开盘策略三种。

8.5.1.1 低价开盘策略

低价开盘策略，即以低于市场行情的价格开盘销售。采用低价开盘策略企业的主要目标一般是提高市场占有率，而营销利润往往为次要目标。低价开盘策略一般适用于以下情况：扩大市场容量，转换有效需求，让无法支付高价的消费者成为实际购买者；企业的产品多为较低档次的产品，其价格弹性较大，低价可促进销售，提高利润总额；产品优势不突出，市场上同类楼盘相对过剩，市场竞争激烈；作为先发制人的竞争策略，有助于企业获得市场占有率；低价可阻止实力不足的竞争者进入市场，使企业在竞争压力较小的情况下获得大量顾客。

低价开盘策略的缺点是：利润相对较低、投资回收周期长；楼盘形象难以提升，低价开盘的初期定价容易给消费者低档次的心理印象，在一定程度上限制了消费者群的层次和购买能力，不易提升楼盘形象。

8.5.1.2 高价开盘策略

高价开盘策略，即以高于市场行情的价格开盘销售。采用高价开盘策略企业的目标是在短时间内获取高额利润，回笼资金。高价开盘策略一般适用于以下情况：具有竞争楼盘没有的显著特点、产品综合性能强，如先进的户型设计、完善的产品配套、全新的购买体验等，这样的楼盘即使定价较高，也会受到客户欢迎；产品的开发量适宜，并且开发商具有卓越的品牌形象，市场信誉好，高价开盘仍会有良好的市场反应；在一定时期内，这一类型的楼盘供应缺乏，企业希望通过高价策略获得较多的利润。

高价开盘策略的缺点是：其价格偏离当地主流价位过多，则较难聚集人气，有时会形成有价无市的局面；减缓楼盘的销售速度，影响资金周转和现金流动；后期的价格调控余地较小。

8.5.1.3 中价开盘策略

中价开盘策略又称温和定价策略或平价策略，即以与市场行情一致的价格开盘销售。采用中价开盘策略的目标是使开发商保持现有的市场占有率，降低销售风险，相对来说，这种定价策略对于开发商和消费者都比较容易接受。中价开盘策略一般适用于房地产市场状况较为稳定、竞争度低、成交量大的楼盘，也比较适用于新进入的房地产企业。在充分竞争市场条件下，资本的进出较自由，市场利润会逐步趋向平均化，因此，一般企业只能以取得平均利润为目标。

8.5.2 楼盘销售过程中的调价策略

房地产企业开发的楼盘从开始预售到全部售完为止的过程一般较长，不同的房地产项目自身的差异较大，加之市场状况不同，每个房地产项目都要根据自己的特点采取不同的价格调整策略，以保证项目的顺利销售。概括来讲，房地产项目的整体销售过程调价策略分为以下几种。

8.5.2.1 低开高走定价策略

低开高走调价策略就是根据项目的施工进度或销售进度情况，每到一个调价时点，按预先确定的幅度调高一次售价的策略，也就是价格有计划地定期提高的定价策略。这是房地产商品在发售时较常见的一种定价策略，多用于中低档项目的期房销售。

（1）低开高走定价策略的主要方式。

a. 根据工程形象进度调整。根据工程形象进度来实施低开高走的价格调整策略，可以按照以下几个阶段来确定调价时机。

一是项目开工。此时项目尚未正式开盘、项目的形象无法充分展示，价格也最低。若采取预先认购的方式，主要目的是试探市场、检验项目定位是否准确。

二是项目开盘。此时项目形象包装、卖场包装准备就绪，主力客户即将到来，为确保利润，价格自然要比认购期高出一筹；至实景样板间开放（或其他工程进展中标志性时间），工程形象日臻完善，销售高潮已经形成，此时调整价格，客户抗拒心理一般不大。

三是项目主体结构封顶。主体结构封顶意味着项目主体完工，购买风险大大降低，项目的大部分优势、卖点大多都能充分展示；至项目完全竣工，项目优劣一览无余，客户资金垫付时间短，适当调高价格，消费者也能理解。对于分多期开发的大盘或超大盘来说，随着工程不断展开，商业配套设施逐渐到位，一期比一期价高更是常见策略。

b. 根据销售进度灵活调整。这种调整策略通常是指在项目销售进度完成情况较好，并且聚集了十足的人气后，为进一步制造销售热潮，以调高价格的方式来对犹豫中的客户形成压迫性氛围，通过公告调价信息或调价方案来向客户表明该项目的畅销，如不快速行动，将不得不高价购买甚至错失良机。

c. 根据销售周期灵活调整。开发项目的销售周期会随着开发产品的不同而存在差异，一般来说，对于总销售周期为一年左右的项目，销售期达两个月左右时即有调价的必要，同时调价的动机可结合销售率来确定，当销售率达到20%时即可调价。若销售期仅三四周时间即达到30%的销售率，此时就有了调价的必要；若30%的销售率经过很长的时间才达到，此时调价危险性较高。以上情况还有一种处理方式就是及时“封盘”，即暂时停止销售，以避免机会损失或长期销售不利而带来的负面效应。

（2）低开高走定价策略的主要优点。

a. 吸引客户注意，快速聚集人气。追求较高的性能价格比是每一个消费者的愿望，项目以低于行情的价格开盘，有利于在前期推广时吸引客户关注，尽快形成良好的市场氛围，以抢占市场先机。客户在对产品进行多方面了解，确认楼盘品质并不差的情况下，便很容易促成成交。

b. 给客户保值、增值的信心。调价会造成房地产增值的印象，给前期购房者以信心，并通过其口碑传播，能营造热烈的气氛，刺激有购房动机者的购买欲，促使其产生立即购买的想法。

c. 便于日后的价格控制。低价开盘，价格的主动权掌握在开发商手里，当市场反应热烈时，可以逐步提高销售价格，形成热销的局面；当市场反应平平时，则可以维持低价优势，在保持一定成交量的情况下，静观市场的反应。

d. 加速资金周转。有成交便会有资金注入，公司的运转才能良性循环。

特别是在市场状况不好或市场发展趋向不明朗时，与其死守着价位让银行吞噬利息，不如自己主动出击。

（3）低开高走定价策略的主要缺点。

a. 首期利润不高。以低于市场行情的价格开盘入市，往往会造成首期利润不高，有的甚至没有利润。因此，开发商常常将主要利润的获取寄希望于后续的调价。

b. 楼盘形象难以提升。高价位不一定代表高品质，但高品质是需要高价位来支撑的。低价开盘，作为局部的促销活动问题不大，但作为公司的一项长久的策略，则势必会影响楼盘的档次定位和市场运作。

（4）低开高走定价策略的适用范围。若一个楼盘面对以下一种或多种情况时，较适合采用低价入市的策略。

a. 项目的均好性不强，没什么特色。给产品定价受许多因素的制约，但自身条件仍是最根本的。通常情况下，一定的价格总是对应着一定的产品品质。如果一个楼盘的地点、规划、户型、服务等综合性能和其他产品相比，不但没有优势，而且还有或多或少的劣势，以低价开盘入市是理所当然的。

b. 楼盘的开发量相对较大。房地产市场具有明显的区域性特征，而区域性客源是有限的。如果项目的开发量较大，而市场的吸纳量相对较小，就容易造成销售期拉得过长的不利局面。如果项目以低价入市，便可以在先期尽快积聚人气，以抢占市场先机。待项目达到一定知名度后，再逐步抬高售价将是一个比较明智的选择。

c. 市场竞争激烈，类似产品过多。在项目附近地区如果相似产品过多，产品定价则应该以增强产品竞争力为主，否则大量的广告只是“替他人作嫁衣”。虽然吸引了不少客户，但因为购房属于典型的复杂型购买，客户在决定购买之前，必然会做大量的考察，会认真地进行比较，如果企业的产品没什么特色，价格也不吸引人，客户就会流失。

8.5.2.2 高开低走定价策略

高开低走定价策略是开发商在新开发的楼盘上市初期，以高价开盘销售，迅速从市场上获取丰厚的利润，然后逐步降低价格，吸引其他消费层次的顾客购买，以求尽快收回全部投资。

（1）高开低走定价策略的优点与缺点。与低价开盘、不断调高的价格策略相对应，高价开盘的利弊正好相反，其优点主要表现在以下几个方面：

a. 在项目初期便于获取最大的利润。

b. 开盘价格水平定位较高，容易形成先声夺人的气势，便于展示楼盘的品质和口碑，与领导者形象相呼应，创造企业无形资产。

c. 由于高开低走，价格先高后低，或者定价高折头大，后续消费者也会感到一定的实惠。

其缺点主要表现在以下几个方面：

a. 价格高，难以聚集人气形成“抢购风”，楼盘营销有一定的风险。

b. 先高后低虽然迎合了后期的消费者，但是对前期消费者是非常不公平的，有时还容易造成产品销售后的混乱局面。

c. 后期的价格调控余地小。

d. 若价位偏离当地主流价位，则资金周转会相对缓慢。

（2）高开低走定价策略的适用范围。

a. 一些高档商品房，市场竞争趋于平缓，开发商以高价开盘取得成功后，基本完成了预期的营销目标，希望通过降价将剩余部分迅速售出，以回笼资金。

b. 楼盘或小区销售处于宏观经济周期的衰退阶段，或者由于竞争过度，高价开盘并未达到预期效果，开发商不得不调低售价，以推动市场吸纳，尽早收回投资。

当然，如果房地产项目综合素质较高、市场状况好、竞争不激烈，而且项目自身规模又不大，项目完全可以采取突出房地产项目优秀品质，大规模营造项目知名度和美誉度，高价报盘、高价成交，在短期内迅速获得市场认同，可以形成与高开低走完全相反的高开高走价格策略。

8.5.2.3 平稳推进策略

这种价格策略是指在整个营销期间，楼盘的售价始终保持相对稳定，既不大幅度提价，也不大幅度降价。在房地产项目素质一般，而市场状况稳定的情况下，有些项目可采取这种价格策略，报价符合房地产项目实际成交价，给客户以放心的心理满足感，最终获得较好的市场业绩。

8.5.3 心理定价策略

心理定价策略是为适应和满足消费者的购买心理对销售价格进行微调，以加速销售或取得更大效益的定价策略。常用的策略有以下几种。

8.5.3.1 尾数定价策略

这种定价策略是根据消费者求廉的购房心理，尽可能地取低一位数，如许多商店的商品的标价尾数为 9、5、7 等，如 1.9 元、3.7 元、7.5 元等，都属于这种定价策略。商品房由于价值量巨大，其价格要比普通商品高得多，所以一般不会精确到小数点后面的位数，如将每平方米 8000 元的定价修改为 7998 元，每平方米 5000 元的价格修改为 4989 元等，则更能被消费者接受。其原因主要有两点：一是尾数定价会给人便宜很多的感觉；二是有些消费者认为，整数定价是粗略性的定价，不够准确，尾数定价会让消费者感觉比较科学、认真，从而在心理上产生对经营者的信任感。

8.5.3.2 整数定价策略

这种定价策略与尾数定价策略恰恰相反，采用合零凑整的方法，制定整数价格，如将每平方米 9998 元的定价修改为 10000 元，每平方米 14899 元的价格修改为 15000 元等，使价格上升到较高一级档次，借以满足消费者的高消费心理。对于一些高档商品房，其消费对象多是高收入者，他们往往更关注楼盘的档次是否符合自己的要求，而对其单价并不十分关心，往往还会以价格的高低作为辨别商品质量的“指示器”，这类消费者购买商品的目的除了自我享用以外，还有一个重要的心理因素，就是显示自己的身份、财富或地位。因此，这类商品房，采取整数定价反而会比尾数定价更合适。

8.5.3.3 声望定价策略

声望定价策略是指，针对消费者的“价高质必优”的心理，对在消费者心中享有声望、具有信誉的产品制定较高价格。价格档次时常被当作商品质量最直观的反映，特别是在消费者识别名优产品时，这种心理尤为强烈，因此，高价与性能优良的品牌产品配合，更易显示物业特色、增强物业吸引力，产生扩大销路的积极效果。

8.5.3.4 系列定价策略

针对消费者比较价格的心理，将同类物业的价格有意识地拉开档次，形成价格系列，使消费者在比较价格中能迅速找到各自习惯的档次，得到“选购”的满足感。

8.5.4 折扣定价策略

折扣定价策略是房地产企业通过减少一部分价格以争取顾客的策略，灵活运用折扣定价技巧，是企业扩大销售的重要方法。常用折扣定价策略有以下几种。

8.5.4.1 现金折扣

现金折扣是指房地产企业为鼓励买方提前付款，按原价给予消费者一定的折扣。它能加强卖方的收现能力，降低信用成本并阻止呆账的发生。折扣的大小一般根据付款期间利息和风险成本等因素确定。

8.5.4.2 数量折扣

数量折扣是为刺激客户大量购买而给予其一定折扣，购买量越大，给予的折扣率越高。数量折扣可以按每次购买量计算，也可按一定时间内的累计购买量计算。由于房地产产品的价值量较大，个人批量购买的可能性较小，因此，这种折扣策略大多用于单位或团体购买。数量折扣的关键在于，合理确定给予折扣的起点、折扣档次及每一档次的折扣率。

8.5.4.3 职能折扣

职能折扣是根据各类中间商在房地产营销中所担负的职能不同而给予其不同的折扣，也称为交易折扣。职能折扣的目的在于利用价格折扣刺激各类中间商充分地发挥各自的组织市场营销活动的功能。

8.5.5 产品组合定价策略

房地产企业在市场营销活动中，通常是开发产品大类，每类中又包含几种相关产品，以形成适当的产品组合。由于每种产品的成本、用途、市场供求状况、竞争状况、期望贡献度等均有所不同，故可在产品定价时合理安排相互关联的产品的价格差额，以求得良好的整体营销效果。例如，某房地产企业在进行项目开发时，对普通住宅以微利销售，对商业物业和写字楼物业以高价出售，既可取得可观的经济效益，也有利于树立企业良好的形象。

产品组合定价的优点在于，把定价作为一个完整的系统工程来考虑，不求每个因素都获取高额利润，而是求得总体效益的最优化。

案例分析

定价的差距是如何造成的

在同一个城市，相距不到 1 公里，原始地价接近、容积率接近、建安成本一样的项目，价格差距达到 5000~10000 元的，这应该也不是什么稀罕事。对买房客户来说，房地产企业做项目花了多少钱没有任何意义，重要的是：项目花的每 1 分钱，客户都能看得到；客户愿意为项目花的钱买单，甚至愿意为 1 分钱买 2 分钱的单；你找来的愿意买单的客户，确实能买得起单。上述内容看似简单，要实现却很难。

一、如何让客户看到项目花出的每 1 分钱

一是要让客户看到空地的价值，客户都知道现在地价很贵。所以，在同样容积率的情况下，要让客户看到尽可能多的空地，特别是看到社区内被围合的花园空地，这样的空地有使用价值，而围合会让人有获得感、安全感。空地多了，刚需项目可以升级为改善项目，改善项目可以升级为豪宅。二是要让客户看到景观的价值，有人重视能否在景观里玩耍，有人重视景观能否用来炫耀。而最省钱又能做出“高大上”的景观的办法，是保留自然的地形、水系、树木。三是要让客户看到房子场景化的细节，而房屋本身，如果在同等造价情况下想获取溢价，就要尽可能地做出各种场景化的细节，只要有一个细节打动了客户，他就会愿意买单。

1. 同容积率下，尽可能降低建筑密度，留出空地

很多人认为，容积率都固定了，留出多少空地，还有选择吗？其实还是有的。社区整体规划可以通过不同的住宅类型的搭配，来控制建筑密度。在一个小区内，建造 20 栋小高层和建造 8 栋高层，最终获得的建筑面积可能是相同的。但留出的空地面积，却有很大不同。只建造 8 栋高层，小区中心的绿地花园会很大。相同容积率下可以有不同的组合，以深圳中信红树湾为例，其容积率高达 3.18，但由于规划几乎为清一色的 100 米高层建筑，因此最大可能地增加绿地率，实现了其豪宅盘特有的低密度和高舒适性。

房子本身的排布也有很多文章可以做，核心点在于：尽可能减少道路面积；尽可能减少地面配套设施的面积；尽可能减少社区地块的边和角浪费掉

的面积。减少地面配套设施的面积好理解，比如，地上规划的会所可报建为商业用房，物管用房、垃圾站和居委会用房等转入地下；减少道路面积，可以通过将车行动线和停车场完全转入地下，实施人车分流来解决，这样可以节约大量地面建设用地，在建筑楼栋之间提供更多空间，但如果道路无法转入地下，也可以通过优化房子的排布来增加空地。如果中心想留出尽可能大的花园，小区的房子就要尽可能接近外墙的红线，让房子中心围合出的空间尽可能扩大，减少地块边和角的浪费。当然，这样一来，如果小区靠近道路，会比较吵，那就要通过墙体和窗户的设计去弥补。

2. 要让客户感知到景观的价值，并能充分利用景观的价值

在一、二线城市，景观最大的价值可能是使用，那就要求小区的景观不仅是看的，还是用来“玩”的，人们可以进去“玩”。而在三、四线城市，景观可能是用来炫耀的。碧桂园在三、四线城市的一些业主，就喜欢邀请亲戚朋友去自己家，顺便“逛公园”，因为县城可能就没有好的公园。湖北宜化的一个碧桂园项目，景观在当地创造了 18 个第一，业主们也就有了“秀晒炫”的资本。最好的景观和众多的第一对楼盘品质提升帮助很大，但其占总成本的比例实际上只有两三个点。景观分为两种——软景观和硬景观，硬景观花钱更多。

一般来说，软、硬景观配比遵循以下原则：硬景观只要做了，就要做出气势，做成可以成为卖点的景点。点可以多，但总面积要小；软景观花木是否名贵并不重要，关键是层次要多，如果选用名贵花木，也要能形成宣传点，如橡树很多，称为“橡树庄园”。特别要注意的是，硬景观面积如果太大，软景观因为面积有限，很难做出层次上的效果，因此必须要追加投入，最终形成恶性循环，成本越来越高，最终无人买单。景观里面，最节约成本又能形成高大上的景观效果的，是保留原有的自然、历史风貌，并适当改造。云南的一个项目，把原生地貌保留下来以后，项目充分利用原生的阳光、山风、古钟楼、森林、水库、建筑，为顾客创造不一样的体验。天津的一个项目，是原天津玻璃厂厂址，是中国第一个以保留工业时代历史遗迹为主题的大型社区。而根据“玻璃厂”的内涵，小区取名叫水晶城。水晶城有着丰富的植被和人文资源。几百棵大树、古老的厂房、巨大的吊装车间及原有的调运铁轨、烟囱等遗留物都被保留下来，形成了独特的社区景观和文化。

3. 要让客户能看到场景化的细节

在一个项目的建安成本统计里，钢材通常占总投资的 14.3%，断桥铝合

金占10.64%，混凝土含量占项目总投资的9.14%，外保温材料占总投资的7.98%。这几项加到一起，约占总成本的40%，而这些客户并不容易看到。所以，这些看不到的成本，在能保证安全、质量的情况下，要能省则省。还有一些其实和成本无关，但是和客户体验紧密相关的东西，如阳台，有58.3%的人希望阳台和客厅在一起；有39.8%的人希望阳台和主卧在一起；有91%的人，希望在面积固定的情况下，拥有更大的客厅。在根本不增加成本的情况下，如果能通过设计来满足客户的需求，为什么不满足呢？现在，各大房企都流行在房子里面做“细节”，有的多达几十、上百个，都是针对不同的生活场景设计的，一个场景打动了客户，他可能就会愿意买单。如果你花钱的地方客户不敏感，客户就很难爽快买单。问题的关键是如何做出对的产品、找到对的客户，让他们愿意买单也买得起单。

二、要找准客户

怎样才能让客户愿意买单？前提就是，企业在制造产品之前，就已经基本锁定了自己的客户群体，知道他们讨厌什么、喜欢什么。而企业后期做推广的时候，就要精准找到之前锁定的群体，并且挠到他们的痒处。具体来说，客户敏感点有购房决策敏感点、使用功能敏感点，使用功能敏感点又分为交房、装修、居住、精神敏感点等。

1. 设计定位的时候就应该想明白，自己的产品谁会喜欢

营销策划不应该是在产品定位后再进行，更不应该是在产品设计完成后再进行，而应该是在拿地之后就开始。营销就是产品的一个组成部分。定位要明确三个问题：一是目标客户是谁？二是目标客户需要什么产品？三是竞品是谁？如何明确这三个定位的问题呢？一是调研周边已出售的楼盘和竞品，获得直观感受；通过各种大数据，进行深入的客户画像。如果能拿到相同消费层次的其他商品的销售数据，可以填补自身的空白。

绿城在上海的某项目卖得很好，就是因为定位好。其主力产品之一是精装的130平方米三房、141平方米四房，签约均价为4.5万/平方米，总价在600万~650万元的公寓。而从2013年11月25日到2014年11月25日，上海有73376户购买了一手住宅，其中20.4%的家庭购置面积占全市商品住宅的25.9%，但成交金额却占全市成交总金额的45%，达到968.9亿元，这20.4%的家庭的共同特点是“住在外环内的家庭”，他们买房的户均面积为141.25平方米，户均总价为646.9万元、单价为4.58万元/平方米。对比一

下会发现，这一统计数字和绿城这个项目的主力公寓的面积、单价、总价几乎完全重合。绿城该项目又一个主力产品为180平方米的大平层，签约均价为5万元，总价在900万元左右。而上述“住在外环内的家庭”中又有22.7%属于“住在外环内的高端家庭”，他们购买的住宅单价超过5万元的3400套房的户均面积为178.63平方米。其中单价5万~6万元的住宅的套内总价平均为861万元。对比一下，你会再次惊奇地发现，这与该项目大平层的面积、单价、总价又重合了。

那么，客户的喜好到底有什么变化呢？部分房企认为有以下两点：一是从关注自家房子到关注公共区域。客户以前更多地关注自家房子的问题，现在则更关注整个小区的公共绿化等，也就是说，关注小区的整个形象能不能和自己匹配。二是更加追求个性化。“80后”“90后”更追求个性化，公共意识更强。招商蛇口通过调研了解到，中年人群对大堂和电梯厅的要求高，因此要特别注意大堂的装修品质，电梯厅要注意配置空调，虽然投入的成本不一定多，但是给客户的感受和体验比较好；年轻人可能更看重建筑外立面，对电梯厅和大堂的要求没那么高，因而对外立面的设计可以多加重视。

2. 发现客户需求不一定能满足，挖掘并满足其需求是一种能力

挖掘客户需求并满足其需求是一种综合的能力，具体来说有以下几个方面：一是精确研究细分市场的能力。一个市场，大体来看，可能供过于求了，但是在某一个细分市场，还是供不应求。很多中小企业没有这种精确研究细分市场的能力。二是挖掘相关需求的能力。发现了相关需求是一回事，而要把这种潜在需求挖掘成为真正的消费行为，则需要更多的能力。这是企业经营的一种综合能力，如品牌的号召力，产品打动客户的能力，营销引发置业、消费的兴趣的能力等。三是提供高性价比产品，进而提升利润的能力。许多房企看到了相关需求，却没有提供相关产品的能力。这种能力除了打磨产品本身外，更重要的是能否管控好成本，提供高性价比产品。

3. 找准宣传推广的目标群体、找对参照系都很重要

已经建造好的楼盘，是不是就没有操作空间了呢？其实还是有的，那就是客户心理。相邻的两个住宅楼盘，甲比乙单价贵3000元，却卖得很好；乙卖不动，后来被迫降价，仍然卖得不好。类似的故事在两栋相邻写字楼之间也发生过。这种区别，一方面在于推广到达的人群不同。相对贵的楼盘利用的渠道客户相对高端。最终，贵3000元的楼盘宣传所到达的群体的平均月收入比便宜楼盘宣传所到达的群体多5000元。后期看房者向自己亲戚朋友进行圈层传播，两个楼盘的准客户群体就逐渐固化。月收入多 5000 元的群体，在相信楼盘符合自己身份的情况下，不在乎多花 3000 元；而月收入少 5000 元的群体，对价格非常敏感。另一方面，参照系不同，楼盘地段如果不好，可以改变参照系。举例来说，深圳的“星河丹堤”在梅林关口，是传统的“关外”，但其定义自己为“西银湖”，与传统的豪宅区域银湖相类比；别墅项目“圣莫丽斯”在龙岗区大众陌生的地方建设，其定义自己为“香蜜湖上游”，与香蜜湖豪宅区类比。这样，对于看好银湖和香蜜湖区域的客户来说，可以形成一个“好”的印象。

讨论题：

1. 结合案例材料，请分析造成相近项目定价差距的原因主要有哪些？

2. 案例中提到的项目成功定价的可取之处有哪些？为提升项目的定价能力，最关键的因素是什么？

第9章

房地产营销渠道策略

营销渠道创新已经成为房地产开发商的重要营销理念，全员营销、精准营销、微信营销等新的营销渠道已经超越了传统营销渠道的范畴，如何理解营销渠道创新与传统营销渠道之间的关系？委托代理商或中间商的营销渠道已经被广泛采用，选择房地产开发商直销、委托代理商销售和通过房地产经销商销售的前提条件有哪些？采用非直销的营销渠道管理难度和冲突会比房地产开发商直销更加不易掌控，管理难度和冲突主要有哪些？当冲突来临时该如何解决？

9.1 房地产营销渠道概述

在商品经济条件下，随着社会分工的发展，绝大部分生产企业并不是直接把制造出来的商品输送到消费者手中，而是需要经过一系列中间环节的组织配合和协调活动。在房地产业不断发展成熟的今天，各种形式的中间商直接或间接参与房地产买卖将不可避免，而且这种销售形式会越来越普遍。

9.1.1 营销渠道的概念、构成与结构

9.1.1.1 营销渠道的概念

营销渠道又称分销渠道，在市场营销理论中，营销渠道是指产品从制造者手中转至消费者所经过的各类中间商连接起来形成的通道。营销渠道的起点是生产者，终点是消费者，中间环节包括各个参与了商品交易活动的中间商。

企业作为生产者，只有把生产的产品销售出去，其商品价值才能得到实

现，再生产才能继续进行。对消费者来说，其获得了消费品，消费需求得到满足。因此，营销渠道实现了商品从生产者向消费者的转移，连接了生产者和消费者。

营销渠道选择是管理者面临的最重要决策之一。公司所选择的渠道将直接影响其他的营销决策。产品策略要受中间商的品牌选择政策、存货意愿、通过提供服务增加产品价值的能力等因素的影响；定价策略直接受中间商加成率和折扣率政策的影响；促销策略的有效性也部分取决于渠道中间商的数量、地理集中度和他们发挥促销功能的意愿和能力。同时，营销渠道是企业一项关键的外部资源，它的建立通常需要若干年，而且不易改变，其重要性不亚于其他内部资源，诸如开发建设部门、研究部门等。

9.1.1.2 营销渠道的构成

营销渠道由五种流程构成，即实物流、所有权流、付款流、信息流及促销流，如图 9-1 所示。

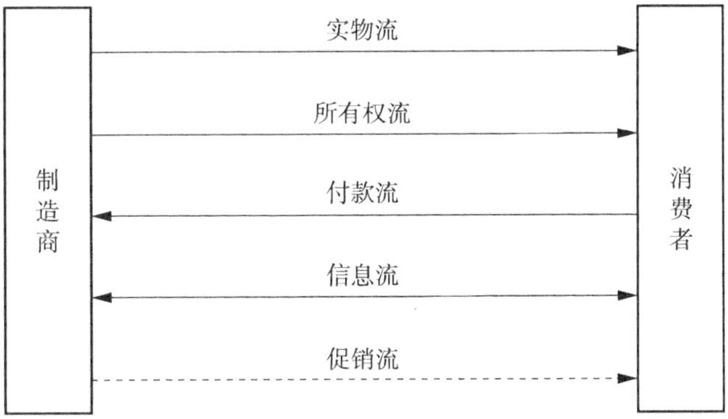

图 9-1 营销渠道的五种流程

实物流又称实体流，是指实物从制造商转移到最终用户的过程；所有权流是指，实物的所有权在渠道成员之间转移的过程；付款流是指，货款在各渠道成员之间流动的过程；信息流是指，在营销渠道中各渠道成员之间相互传递信息的过程；促销流是指，通过广告、人员推销、公关宣传，以及销售促进等由一个渠道成员向另一个渠道成员施加影响的过程。从生产商流向中间商的促销流称为贸易促销，而从生产商直接指向最终消费者或用户的促销称为用户促销。

其中，实物流、所有权流和促销流属于“前向流”，即由开发商指向批发商、零售商及最终消费者；信息流是双向流动的；付款流则是“后向流”。营销者必须认识到，营销渠道的五种流程都必须是畅通无阻、高效率、低成本运行的。实物流不畅，难以保证及时交货，产品会失去销售机会；付款流不畅，制造商不得不筹集大量的信贷资金并支付高额的利息，导致资金周转效率低下，并容易引发呆账。

9.1.1.3 营销渠道的结构

营销渠道的结构可以用两个基本维度来描述，即渠道的长度和渠道的宽度。

（1）渠道的长度。在产品从生产者转移到消费者的过程中，任何一个对产品拥有所有权或负有推销责任的机构，就叫作一个渠道层次。营销渠道的长度是指产品从生产者转移至最终消费者或用户时所经过的中间商的个数。图 9-2 和图 9-3 分别展示了消费品和工业品的分销渠道。

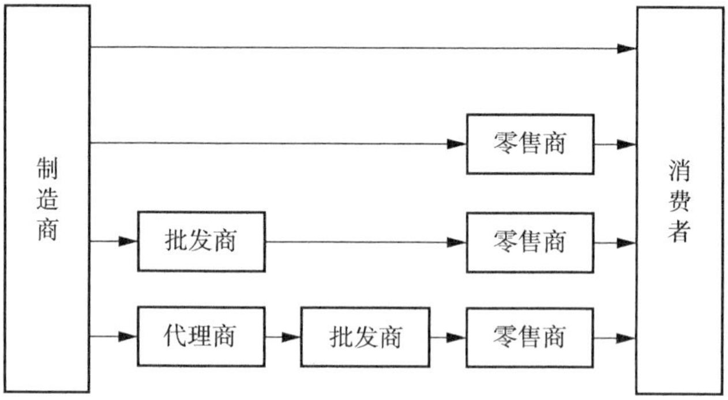

图 9-2　消费品的分销渠道

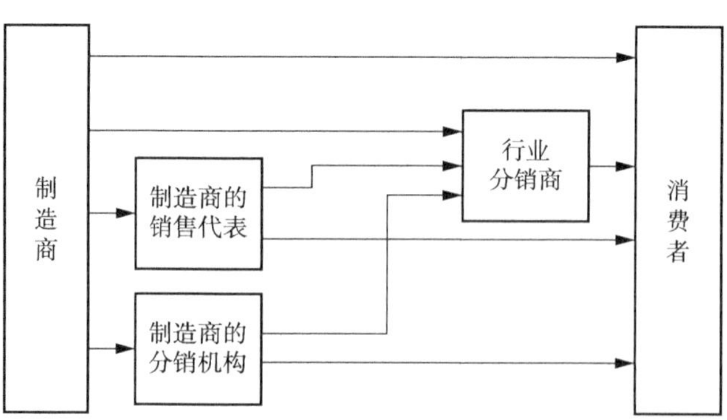

图 9-3　工业品的分销渠道

a. 零级渠道。零级渠道是指，由制造商不经过任何中间商而直接到达消费者的通路，也称直接渠道。直接营销就是采用了零级渠道，其主要方式有上门推销、家庭展示会、邮购、电话营销、电视直销、网上销售和制造商的专营店等。

b. 一级渠道。一级渠道是指，在制造商和消费者之间只有一级零售商的渠道。

c. 二级渠道。二级渠道是指，在制造商和消费者之间有两级中间商，即批发商和零售商的渠道。这是消费品分销渠道的典型模式。一些品牌在各省城均设有独家的总代理商，再由该代理商发展零售商，这就是二级渠道的模式。

d. 三级渠道。三级渠道是指，包含代理商、批发商和零售商的三级渠道结构。使用省级的总代理商发展市县级的批发商，然后再由市县级的批发商发展终端零售商的模式就是三级渠道。

更多层次的分销渠道比较少见。比较普遍的渠道结构是两级到四级。零级和一级渠道称为短渠道，其余的称为长渠道。渠道的长短可以影响制造商对渠道的控制程度。若想对产品分销施加更高程度控制，房地产开发商则会使用短渠道。技术密集型产品像银行自动柜员机、医用 CT 机等，由于需要专业化程度高的技术支持而使用短渠道。长渠道的劣势是效率低、总体成本高，因为每一级中间商都追求特定的加成率。

（2）渠道的宽度。制造商在分销渠道的某一层次上使用同类中间商数量的多少，称为渠道的宽度。使用同类中间商非常多的情况称为宽渠道，如宝洁公司几乎使用了所有的零售商来销售其产品。使用同类中间商很少的情况称为窄渠道，如属于特殊品的劳力士手表仅在一个地区设立一个零售商。营销渠道结构的密度有三种常用的概念，即密集分销、独家分销和选择性分销，如图 9-4 所示。

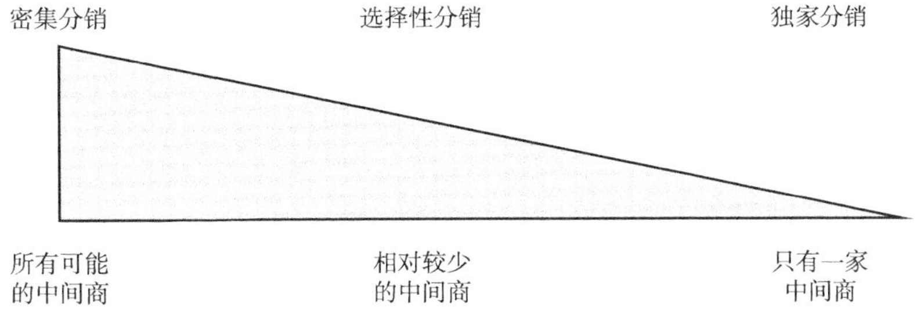

图 9-4　分销渠道结构的宽度

a. 密集分销，即要在某一层级（通常多为零售商）使用尽可能多的中间商，以构成覆盖面宽广且密布的分销网络。便利消费品如食品、洗化产品等，多采取密集分销，以提供密布的购买地点和便利性。

b. 独家分销，即在某一层级只使用一家中间商来覆盖特定的区域市场。独家分销是最窄的分销渠道，仅适用于特殊品，如某些技术性强、单价昂贵的耐用消费品或高端名牌商品等。

c. 选择性分销，即介于前两者之间的情况，指开发商按照特定条件精选几家中间商营销商品。选择性分销一般适用于选购品的营销，如大型家用电器、服装、图书等。选择性分销既有适当的市场覆盖面，又有利于开拓市场、扩大销售，也比较容易对中间商施加控制，避免渠道冲突。

9.1.2 房地产营销渠道的分类

房地产商品的营销渠道相对于一般产品而言，其销售渠道较短，中间环节较少，这主要是由于房地产产品的位置固定、价值大和销售周期长等原因。在房地产市场营销中，房地产商品的营销渠道主要有开发商直销、委托代理商销售和通过房地产经销商销售，如图 9-5 所示。

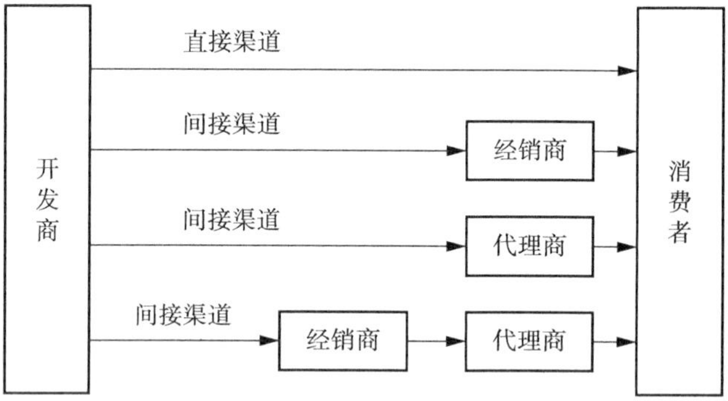

图 9-5 房地产的营销渠道

上述各种房地产营销渠道根据中间环节的多少又可以归纳为两种基本类型，即直接营销渠道和间接营销渠道。

9.1.2.1 直接营销渠道

直接营销渠道是指，房地产开发企业通过自己的营销人员直接销售其房地产产品的行为，简称为直销或自销。它是我国目前房地产营销的主要渠道。

直接销售可以使开发商迅速了解购房者的需求及变化，对购房者的要求做出较快的反应，同时减少流通环节、降低费用、提高企业利润率，但这种方法对开发商的生产和营销能力要求都比较高，并可能会分散企业的人力、物力和财力，而且要承担比较大的风险。

9.1.2.2 间接营销渠道

间接营销渠道是指，房地产开发企业通过中间商将产品销售给消费者的一种营销方式。间接营销渠道有多种方式。一般来说，按照所有权是否发生转移可以将间接营销渠道分为两种类型：一是产品所有权发生转移，即由经销商承担营销，房地产开发企业将产品所有权全部转移给经销商，产品销售的利润和营销风险与房地产企业无关；二是产品的所有权不发生转移，代理商只是接受房地产开发企业的委托，办理代销、代购业务，从中收取一定的佣金或手续费。由于房地产产权转移涉及巨额资金和税费，所以间接营销一般以代理营销为主。

间接营销渠道可以充分整合其他营销中介的资源和营销能力，较快地形成销售力量、分散营销风险，同时有利于开发商集中精力于产品设计，提升房地产项目的品质。但是，在间接营销中，由于中间商的介入，相应地要增加商品的经营费用，在一定程度上会提高房地产产品的价格。同时，中间商为购房者提供的售前和售后服务往往不如房地产开发企业那样及时和周到，容易引起购房者的不满。

房地产商品的价值量巨大，决定了经营房地产产品的风险也大，所以它不同于一般商品，直接营销的比重较大。事实上，间接营销特别是委托代理营销在规范化的房地产市场中经营是十分重要的。随着我国房地产市场的逐渐成熟和规模的不断扩大，代理商营销的优越性将越来越明显。

9.1.3 房地产营销渠道的形成原因

受房地产企业的大小、经营水平、开发量等因素的影响，不同的房地产企业采取了直接销售、委托代理商或经销商销售等不同渠道。自身营销力量较强的房地产开发企业可以选择最短的营销渠道，即将房地产直接销售给消费者，而不需经过其他中间商；自身营销力量较弱的或者开发量较大的房地产企业，可以利用中间商较完善的营销网络和熟练的营销技巧销售其开发的房地产产品。即便是通过中间商进行销售，中间商的形态也不一样，有的房地产企业采用经销商，有的采用代理商，房地产营销渠道呈现多样性的特点。

9.1.3.1 房地产市场发展的结果

由于房地产不可移动的特性，房地产商品不能像其他一般商品那样通过运输到处流动，因此在房地产买卖过程中，只有顾客流动而无商品流动；而且房地产销售组织和机构的设立在地理位置上有很强的区域性。同时由于房地产行业的专业性较强，短时间内很难培养出一批优秀的销售人员；房地产销售具有很强的季节性，在开盘前后需要大量的销售人员，而此后则只需要少量的销售人员即可维持，这在客观上就产生了专门从事房产销售的行业，即房地产中间商。

9.1.3.2 房地产开发商的理性选择

房地产开发商往往依据市场需求状况的不同，采取不同的销售策略。在卖方市场条件下，房地产产品供不应求，开发企业的销售人员可以等客户上门，若利用中介渠道，不仅浪费周转时间，而且耗费更多的人力、物力、财力，使经济效益受到影响，而且会提高产品价格，增加消费者购买成本。但在房地产商品空置率较高或自行销售成本相对较高的情况下，房地产开发商可以利用中介机构和个人通过多种渠道进行销售，这样不仅可以扩大销售量，而且可以缩短销售时间，提高效益。

9.2 房地产营销中间商的分类及功能

房地产营销中间商在房地产商品流通中起着连接房地产开发企业和消费者的桥梁作用，选择合适的渠道成员能为房地产开发企业的渠道控制和协调打下良好的基础。

9.2.1 房地产营销中间商的分类

房地产营销中间商是处在房地产开发商和消费者之间，参与房地产商品流通业务，促进买卖行为发生和实现的组织和个人。按照营销过程中是否拥有房地产商品的所有权，房地产营销中间商可分为房地产经销商和房地产代理商两种。

9.2.1.1 房地产经销商

房地产经销商是指，拥有房地产商品所有权和处置权的中间商。房地产经销商将开发商所开发的房地产产品的所有权购买下来，再通过自己的营销网络进行销售，其产品的利润和风险与开发商无关，全部由经销商承担。

因现行政策的制约，我国房地产市场中房地产经销商与国外的房地产经销商有所不同。我国房地产经销商一般具有以下特点：

（1）职能具有多元性。我国房地产经销商兼有批发和零售两种作用。他们向建筑企业投资建设或大批量购置房地产，再批量提供或出售给房地产代理商、团体客户；同时，为社会零散的个人消费者提供商品房房源。更具特色的是，房地产经销商既向用户销售房地产商品，也经营房地产租赁业务。由于房地产价格昂贵，以转卖为主的经销业务一般都带有投机性质，经销商较少开展这种业务，而以经营（出租）为主的经销业务则是经销商的主要业务，这是房地产经销商与其他经销商在业务性质上的一个主要区别。

（2）经销具有兼容性。因为房地产产品大多价格高、市场风险大，因此大多数房地产经销企业在从事房地产经营活动时也从事其他的工商活动。这与房地产经销企业的形成渊源有关。不少企业是由原来承担房地产行政管理职能的或者其他的有关行政部门投资策划转变而成的。另有一些企业是由原来不从事房地产业务的大企业衍生的，因房地产交易保值、增值、投机性强的特点，它们转向从事房地产产品营销活动，房地产经销的兼容性与市场经济的发育程度有一定的关联性。

（3）需要大量的启动资金。房地产经营的特点，对经销企业的流动资金要求极高，其资金不可能完全由银行贷款取得，经销企业必须拥有大量的注册资金，才能保证其在经销投资建筑或买卖房地产产品过程中获得利润。

9.2.1.2 房地产代理商

房地产代理商是指，受房地产开发企业、用户或经销商的委托，从事房地产销售或租赁业务，但不拥有房地产商品所有权的中间商。经销商的目的是获取投资收益（经营收益）和转卖差价。代理商只为房地产开发企业、经销商、购买者及承租者提供咨询、代办业务，其目的是向交易双方或单方（多为卖方）收取一定数额或一定比例的佣金。随着房地产代理业的发展，目前代理市场上常见的代理模式有以下几类：

（1）联合代理与独家代理。对于功能复杂的大型综合性房地产开发项目或房地产，开发商经常委托联合代理，即由两家以上的房地产代理销售公司共同承担项目的房地产代理工作。房地产代理公司之间有分工也有合作，联合代理合约规定各代理公司的职责范围和佣金分配方式。对一些功能较为单一的房地产开发项目或房地产，或者对于综合性房地产中具有特定用途的部分，开发商常委托某一家拥有销售此类房地产经验的房地产销售代理公司负责销售工作，称为独家代理。当然，某些大型房地产代理公司亦可能独家代理综合性房地产开发项目或房地产。

（2）买方代理、卖方代理和双重代理。依代理委托方的不同，房地产销售代理还可分为买方代理、卖方代理和双重代理。对于前两种情况，房地产销售代理只能从买方或卖方单方面地收取佣金；对于第三种情况，房地产销售代理可以同时向买卖双方收取佣金，但佣金总额一般不能高于前两种代理形式，而且双重代理的身份应向有关各方进行事先声明。

（3）首席代理和分代理。对于大型综合性房地产开发项目或房地产，开发商或业主可以委托一个房地产代理公司作为项目的首席代理，全面负责项目的房地产销售代理工作；总代理再委托分代理，负责房地产某些部分的销售代理工作。有时，分代理的委托还必须得到开发商或业主的同意。在特殊情况下，开发商或业主还可以直接委托分代理。此时，代理公司的佣金按照各代理公司所承担的责任大小来分配。

9.2.2 房地产营销中间商的功能

9.2.2.1 市场调查和预测功能

房地产开发经营必须建立在市场调查和预测的基础上，通过中间商进行市场调查和预测，是最佳途径之一。由于房地产中间商处于市场第一线，他们直接接触消费者，最了解消费者的心理及要求，对市场供求关系变化和发展趋势也最有发言权，更适合承担对市场的调查和预测功能。一般情况下，开发商通过中间商填报的报表了解消费者，通过中间商的预测数字预测市场，避免开发中的盲目性。

9.2.2.2 推销功能

房地产中间商的主要任务是推销房地产，确保房地产产品的实体、所有权或使用权尽快传送到消费者手中，实现房地产商品价值，从而保障房地产开发企业的效益。为此，房地产中间商要积极寻找潜在购买者，并向其推荐、介绍商品，说服其发生购买行为；与客户达成交易后，要协助客户办理购买手续，收回房款。

9.2.2.3 咨询功能

房地产业是一个十分复杂的产业。从投资角度来看，其包括区位选择、用途确定、规划设计、报建审批、建设监理及物业租售等；从影响房地产市场的因素角度来看，其包括国家政策、经济发展水平、金融环境、市场成熟度、物价、市场供求关系、人口状况、社会心理及文化因素等；从交易角度来看，其涉及估价、签订合同、产权转移、银行信贷及保险等各个专业领域。任何一个房地产开发企业或消费者都很难把它全部搞清楚。而中间商由于对这些复杂的领域有较为丰富的经验和知识，既可为消费者提供购房服务，又可为房地产开发企业提供相应的咨询服务。

9.2.2.4 融资功能

房地产投资与交易金额较大，自然离不开金融机构的支持；购房者同样面临资金的融通问题。中间商可以利用自身的资质和商业信誉，从中做大量的协调、融通工作。其既可帮助房地产开发企业向银行争取建设贷款，也可帮助购房者准备贷款所需的文件，协助办理相关手续。

9.2.2.5 促销功能

房地产中间商的促销功能是指，通过介绍房地产，把有关信息传递给目标市场的消费者，希望消费者引起注意，加深其对商品的认识，形成好感并产生兴趣，激发购买欲望、增强购买信心，从而有效地促进商品的销售功能。房地产中间商承揽房地产营销任务后，就要实施各种促销手段，如举办展览、接待来访、散发宣传品、制作电视广播节目，以及在报纸、杂志上刊登广告等。这些措施在促进房地产商品销售、加速资金回笼的同时，有助于房地产开发企业提高知名度，树立良好的社会形象。

9.2.2.6 分担风险功能

房地产经销商由于将开发商的商品购买后再进行销售，或者采取包销的形式，因而承担了一部分的销售风险。让中间商分担一些经营风险，可以减少开发商的负担；同时，可以促进中间商加强营销管理，更利于产品的销售与产品信誉的维护。

9.2.2.7 售后服务功能

售后服务是产品生产单位对消费者负责的一项重要措施，也是增强产品竞争能力的有效办法。房地产是一种特殊的商品，市场交易完成后，仍然有许多服务项目需要继续完成，如房产的保险、维修，以及公共建筑的配套和继续施工、处理消费者来信来访和解答消费者的咨询等。这些售后服务需要中间商配合房地产开发企业统筹安排，该服务属于房地产产品的附加产品层次，这些服务做得好将有助于提高产品和企业在市场上的信誉及形象，是市场促销的重要手段。

9.3 房地产营销渠道的选择

房地产企业在选择使用何种营销渠道时，必须在考虑所要达到的目标服务水平的基础上，使整个渠道费用最小化。为此，必须考虑下列几个主要问题。

9.3.1 影响房地产营销渠道选择的因素

房地产所有者在选择使用何种营销渠道之前，必须对影响营销选择的各种因素进行分析，然后做出决策。影响房地产所有者选择营销渠道的因素主要有以下几方面。

9.3.1.1 市场因素

（1）潜在消费者的分布状况。在一般情况下，如果潜在消费者多且分布分散，产品销售市场范围越大，就越要利用房地产中间商进行推销。若市场范围小，消费者少且相对集中，则一般采用直接的营销渠道，由开发商自行销售。

（2）需求量的影响。所需面积较大或套数较多的用户一般都直接向开发商购进，从而减少产品的中转环节，如单位的集体购买或消费者联合购买；反之，则通过中间商销售的可能性更大。

9.3.1.2 房地产商品本身的因素

不同的房地产商品选择的房地产营销渠道也不同，房地产商品本身的许多因素，如价格、开发量、利润等，都会影响房地产营销渠道的选择。

（1）房地产价格。房地产产品的价格越高，营销渠道应越短。例如，别墅、高档住宅、高级公寓等高价格的房地产产品，一般应由开发商直销。相反，价格低的、大众化的产品，则营销渠道可以长一些，可以借助于中间商的力量加强销售力度。

(2) 房地产商品的技术性或复杂性。技术性强或复杂的房地产商品，营销渠道不宜过长。因为技术复杂的房地产商品，其目标市场相对较窄，由房地产开发企业介绍产品的性能及维修保养等远比中间商要优越得多。

(3) 市场供求情况不同，选择的营销渠道有别。市场供不应求的房地产产品，营销渠道要短；反之，则应该充分借助于中间商的力量，把渠道放长一些。

(4) 房地产开发量。房地产开发量会影响房地产营销渠道的选择。开发量大的房地产往往要通过房地产中间商，以扩大房地产的租售面，如那些开发量 10 万平方米的楼盘大多都委托房地产中间商代理，有的同时委托多家中间商帮助销售。

9.3.1.3 企业自身因素

除了市场和产品因素外，房地产企业自身的因素也会影响营销渠道的选择。

(1) 企业规模和声誉。一般来说，企业的规模越大、声誉越高、资金越雄厚，越有条件自由选择各种营销渠道，有些甚至可以建立自己的销售系统，基本不需要利用任何中间商；反之，一些名气小、资金少的中小企业，则对中间商提供的各种销售服务依赖性较大。

(2) 企业的销售经验与服务能力。若房地产开发企业租售经验丰富，且在售前、售中和售后为顾客服务的能力较强，可采用直接租售渠道，或短而窄的间接渠道；反之，应尽力采取与精明能干的代理商密切合作的策略。

(3) 企业对控制渠道的要求。如果企业采取间接控制渠道模式，则要与中间商协调配合，中间商有其自身的经济利益，企业也要适当兼顾，一旦处理不当，就必将造成渠道各环节之间或同一环节各成员之间的矛盾，影响企业对市场情况的了解与控制。如果企业有较强的控制渠道欲望，又有较强的销售能力，就可以把产品直接出售给消费者，或者选择较短的销售渠道。

(4) 企业愿意提供服务的状况。中间商一般都希望房地产开发企业能承担更多的广告、展览、培训，或经常派服务人员驻店或提供现场服务等项目，为产品销售创造条件。如果企业能提供这些服务，也能增强中间商的兴趣；反之，企业就需要多依靠自身力量进行销售。

9.3.1.4 环境因素

各种环境因素及其变化对营销渠道的选择具有很大影响。

（1）政治环境因素。政治环境包括国家对房地产业的支持程度，制定的政策法规对房地产业的保护、限制等。房地产企业在选择营销渠道时，必须遵守国家的有关法律和规定，使用合法的中间商，采用合法的销售手段，否则不仅要受到法律制裁，还会影响企业长远的发展。

（2）经济环境因素。经济环境是指一个国家或地区的经济制度和经济水平。后者包括居民收入、经济周期、通货膨胀等。经济环境对房地产营销渠道的选择有很大影响，例如，经济萧条时，开发商就要考虑使用费用低廉的方式将房地产商品租售给消费者，企业必须尽量缩短营销渠道的长度；经济繁荣时，则可选择相反的渠道策略。

9.3.2 房地产营销渠道选择的原则

9.3.2.1 效益原则

在确定房地产营销渠道策略时，房地产企业首先应考虑的是效益。也就是说，能做到以最小的投入获得最大的产出。采用不同的营销渠道策略会增加不同数额的流通费用。一般情况下，房地产企业直接销售费用最低，采用经销商渠道居中，委托代理商较高。但这不等于都要采用直接销售策略，因为除了考虑流通费用外，还要考虑综合成本、营业额、销售速度等因素。因此，哪种营销渠道策略能带来最大效益，房地产企业就应采用哪种策略，但无论选择哪种营销渠道，必须先评估其不同的销售额成本。如图 9-6 所示，雇用销售代理商的成本一开始低于本公司设立的销售部门的成本，但销售代理商的成本增加较快，因为其收取的佣金较公司自己的营销人员要高。因此，当销售额低于 A 点时，应雇用销售代理商进行销售；当销售额高于 A 点时，应当采用自己的营销人员进行销售。因此，当房地产企业的营业额、项目或者企业规模较小时，房地产企业倾向于选择中间商进行销售；而一些营业额、项目都较大的大型房地产企业，多通过训练内部的营销人员进行销售。在追求经济效益的同时，还应兼顾社会和环境效益，充分考虑企业在社会公众心目中的声誉，树立企业的良好形象。事实上，房地产企业良好的企业形象会给企业带来更好的经济效益。

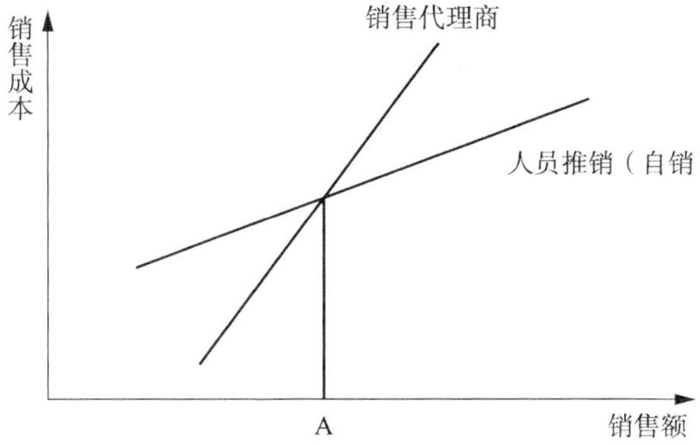

图 9-6　代理商销售额与销售成本的关系

9.3.2.2　优质原则

在选择中间商时，房地产企业应挑选素质较好的中间商作为自己的合作伙伴，对中间商的素质条件主要从下面几个方面进行考虑：

（1）实力素质。一般而言，中间商的实力雄厚，其销售成功的概率就越大。因此，在同等条件下，应该选择实力强大的中间商。

（2）管理素质。中间商的管理水平是与销售成功率相联系的。管理水平高的中间商，销售的成功率和效益也会高；管理水平低的中间商，销售的成功率不会很高。

（3）信誉素质。中间商的信誉如何，不仅关系到双方能否合作顺利，而且关系到企业产品的销售。信誉好的中间商使顾客有安全感。房地产不是一般的商品，顾客往往要倾家投资，对销售者没有十足的信任，是不会下定购买决心的。

（4）经验素质。经验素质是指对产品的熟悉程度，对产品的性能、用途、维护有很深的了解，并有过良好的销售绩效历史。一般而言，房地产产品营销经验丰富的中间商，销售成功率比较高，所以在同等条件下，应选择营销经验丰富的中间商。

9.3.2.3　协同原则

营销中间商要与房地产开发企业密切合作，形成一条流畅的价值链，使房地产商品在营销过程中实现其应有的价值。哪一类中间商能与本企业密切合作，能够在兼顾双方利益的前提下灵活销售本企业的产品，就应该选择哪一类中间商。房地产开发商与中间商的矛盾焦点往往表现在竣工验收时间、定价变化幅度、信息通报、不可预测的风险（如意外损失、补税、罚款等）的共负比例、销售利润分成等涉及双方责、权、利的问题上，这些问题不仅应在合同上写明，而且要在行为上严格遵守。对那些无故不遵守协议、不守信誉的中间商应坚决不合作。

9.3.2.4 控制原则

控制原则是指房地产企业在选择营销渠道时，必须始终掌握主动权，充分体现主体地位，对整个营销行为起到有效的控制作用。控制原则包括两个方面：

（1）对哪种营销渠道能够充分实施有效控制的，就选择哪一种渠道，在衡量各种营销渠道策略的利弊得失时，可控性是一个重要的价值判断标准。

（2）一旦选定中间商代理后，为防止失控现象发生，要注意两点：首先，在签订经销代理合同时，力求全面完整、不留漏洞；其次，在寻求到中间商后，房地产企业仍然要保留一部分自销渠道，万一中间商撕毁协议，擅自提价、压价，欺骗用户等，房地产企业仍能有力量制止其不当行为，挽回损失。

9.3.2.5 适应性原则

房地产开发商为了发展营销渠道，常常会与房地产代理商签订一些协议，承诺在一定时期内履行双方的义务。但如果市场环境发生变化，这些承诺将会降低房地产开发商的适应能力。例如，当某一房地产开发商决定利用代理商销售房地产产品时，可能要签订为期两年的合同。在这段时间内，即使采用其他销售方式会更有效，房地产开发商也不能任意取消销售代理商。所以，采用一个涉及长期承诺的营销渠道，只有在经济性和控制性方面都很优越的条件下才能予以考虑。

9.4 房地产开发商与代理商的双向选择

9.4.1 房地产代理商的选择

每个房地产开发商都希望找到一个优秀的、可以信赖的物业代理商为自己服务；代理商也希望获得更多房地产开发商的委托代理权。一般情况下，房地产代理商的选择程序如图 9-7 所示。

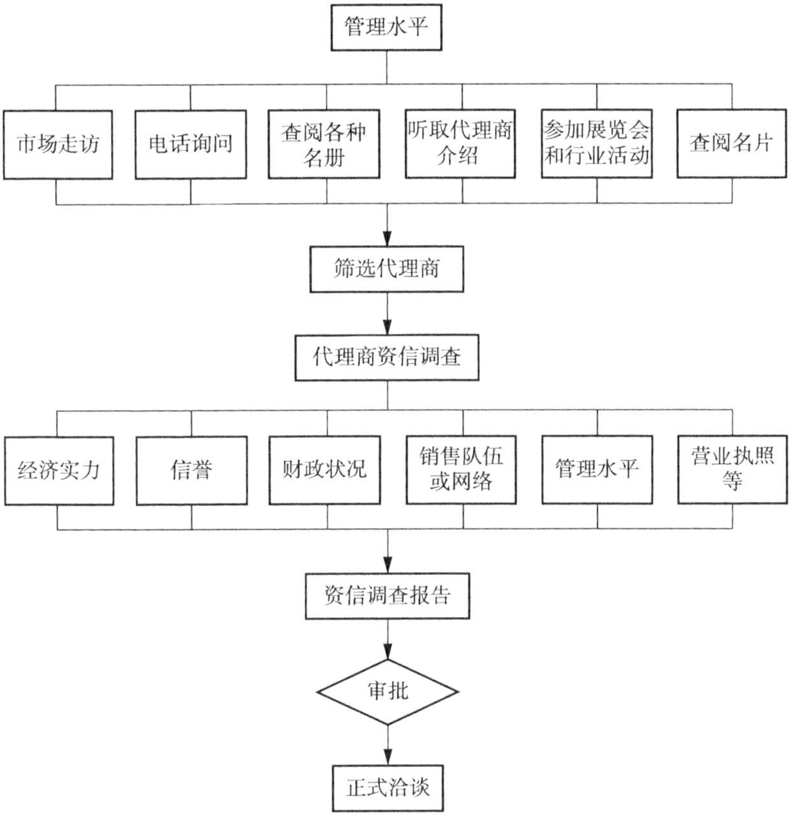

图 9-7 房地产代理商的选择程序

如图 9-7 所示，在选择代理商时，房地产企业首先要通过各种方式进行市场调查，以了解代理商的信息。这些方式包括市场走访、电话询问、查阅各种名册、听取代理商介绍、参加展览会和行业活动、查阅收集到的名片等。在市场调查的基础上初步筛选代理商，对其进行资信调查，调查的内容包括经济实力、信誉、财政状况、销售队伍或网络、管理水平、营业执照等，提出资信调查报告，经有关决策人员审批后就可以进入正式洽谈环节了。具体来说，开发商选择代理商的基本程序如下。

9.4.1.1 组成评审小组并制订选择计划

在营销总监的领导下，组建一个 3~5 人的评审小组，其主要任务如下。

（1）如果已有项目委托代理商销售，那么评审小组应对其工作进行评估。

（2）如果还没有项目委托代理商销售，那么应该收集市场上代理商的有关资料。

（3）制定选择代理商的市场标准，并根据该标准初选一批代理商作为重点考察对象。

（4）拟订一个详细的考察选择计划，对各项活动及所需时间和经费做出具体安排。

9.4.1.2 考察初选代理商

评审小组要按照计划安排考察初步选定的代理商，到代理商驻地和其代理的楼盘进行实地考察，收集所需的各种资料。资料包含以下几个方面：

（1）代理商的基本状况，包括代理商及其员工的素质、经验、能力、实力、管理水平和财务状况等。

（2）代理商的主要服务领域和服务范围。

（3）代理商代理楼盘的规模及主要客户、成功代理项目占所有代理项目的比例。

（4）代理商与客户的关系及诚信度调查，重点了解其是否有经济纠纷或诉讼等。

9.4.1.3 邀请候选代理商访问本公司

在考察初定代理商之后，评审小组按照标准筛选出候选代理商 3~5 家，邀请其考察本公司。这一阶段的主要工作包括以下几个方面。

（1）介绍本公司的发展历史、组织结构、企业发展规划等。

（2）介绍所开发项目的基本情况、项目优势、特点及差异化营销的战略。

（3）介绍楼盘推出和销售计划、销售目标。

（4）请各代理商在规定的时间内，给出各自的营销方案。

9.4.1.4 确定代理商

评审小组根据选择代理商的市场标准和评分标准，确定 1~2 家代理商人选，并在反复讨论商议、通过代理商公开演讲营销方案的基础上，进一步讨论营销策划方案细节，以及代理酬金、溢价佣金、违约责任等，并在交由决策者做出最终选择后，签订代理合同。

9.4.2 房地产开发商的选择

房地产代理商选择开发商的工作流程一般包括寻求代理委托、洽谈委托、签订委托合同、制订代理计划和实施控制等五个阶段。

9.4.2.1 寻求代理委托

房地产代理商的首要任务是寻求代理委托，通过寻找有意通过代理商销售楼盘的开发商并与之洽谈，最终达成代理委托协议。

9.4.2.2 洽谈委托

在洽谈委托时，第一，要确认洽谈的关键问题，应尽可能厘清问题的本质。第二，要了解开发商的销售政策，提出希望开发商给予的政策。第三，要设立洽谈的底线、原则，确保洽谈是在既定原则的基础上展开的。第四，要注意洽谈的技巧，学会巧妙地让步，以达成相关的委托代理协议。

（1）审查委托人。审查委托人，即房地产开发商时，可以通过查验开发商的营业执照来确定委托者是否具有法人资格。只有具有法人资格的企业，才可以承担签约责任，才是合法的委托人。

（2）审查委托人的经济能力和经营范围。在寻求代理委托时，房地产代理商首先要看开发商的经营能力，主要包括房地产开发商自有资金流动的数量及注册资金的数量；有职称的各类专业人员的数量；从事房地产开发的年限；累计竣工的房屋建筑面积和房地产开发投资数额；工程质量的合格率和优良率等。除此之外，经纪人还应该从其他渠道了解开发商的业绩、信誉、管理的状态水平等。有实力的房地产公司的经营一定是有一套非常完整的商业计划的，与之配套的是相关的整合营销方案，公司的目标、价值观、经营的理念及以客户为中心的现代运作机制。另外，有实力的开发商运行比较专业和规范，如企业的资料、政策、文件格式、企业上墙的制度及文化内容；企业人员的精神面貌、礼仪言行；或从最简单的一张名片，或从一个电话接打的水平都可以观察出企业的品牌基础实力。另外，还要认真审查合作伙伴的经营范围，确保合作是在合法的前提下开展的。

（3）审查委托的标的物。该项审查包括两个方面：一是审查委托出售的房屋是否符合交易或转让的条件，二是了解委托出售房屋的基本情况。第一项审查涉及对建成房相关权属的确认和预售商品房的预售许可问题，需要经纪人和代理商熟悉相关法律法规和国家政策。对于房屋基本情况的审查，其目的在于通过对房屋基本情况的了解，使代理商对于房屋销售的难易程度、销售价格、完成销售的大致时间、应选择的营销方案，以及大约的费用有一定了解，使他们在与委托人签订委托合同，议定有关委托期限、委托价格以及佣金等条款时，做到心中有数。该项审查的内容主要包括：了解房屋的一般情况，如坐落地点、朝向、面积、建造年限；了解房屋的质量情况，如房屋结构、质量等级、内部设施、装修标准等；了解房屋的地理环境情况，如交通情况、配套设施、居民情况、发展规模等。

9.4.2.3 签订委托合同

洽谈任务完成后，就要签订委托合同。签订合同是将洽谈达成的共识用文字形式表述，需要指出的是，这种表述要使用有关法律术语，最好聘请专业的律师进行审核，以免合同签订后出现不必要的纠纷。

9.4.2.4 制订代理计划

签订合同之后，要依据项目的基本情况，制定代理计划，作为指导房地产代理销售工作的方针。代理计划的可行性、有效性决定了代理合作的成败，因此制定的代理计划要充分调动企业营销、销售人员的积极性，认真分析房地产的销售环境、企业的优劣势，制订切实可行、有效的代理计划。

9.4.2.5 实施控制

实施代理计划要注意随时关注实施情况，控制实施进度和方向，确保营销活动有利于促进产品的销售。遇有偏差时，要及时进行调整，确保营销活动处于控制之下。

9.5 房地产营销渠道管理

假设房地产市场营销渠道已经设计完成，且所有的渠道成员都已经选择完毕，那么房地产开发企业面临的下一步工作，就是营销渠道的管理问题。房地产开发企业和中间商之间往往会出现一些矛盾和冲突，这是两者之间的角色差异所造成的。房地产开发企业与中间商都追求自身的经济利益，例如，中间商可能同时经营许多房地产开发企业的产品，其目的就是追求总体经济效益，不一定以某一个企业的产品为核心，这就要求房地产开发企业对整个渠道系统进行合理有效的管理。

所谓房地产营销渠道管理是指，房地产开发企业为实现企业营销目标而对营销渠道进行的计划、实施、协调和控制，以确保渠道成员间、企业和渠道成员间相互协调和通力合作的一切活动。房地产开发企业对渠道的管理主要是从合作和冲突两个方面进行的。

9.5.1 对中间商的合作管理

营销渠道实际上是由各个渠道成员基于相互利益而组成的。各成员由于相互合作而得到的利益，要比自己单独从事这项工作获得的利益大得多。房地产开发企业为了较好地与中间商进行合作，务必切实了解中间商的需要与欲望，对中间商提供必要的激励，从而确保中间商能够把更多的精力投入营销工作中，使中间商感受到合作是有价值的。

9.5.1.1 了解中间商的需求

马斯洛认为，人的需求由低到高分为五个层次：生理需求、安全需求、社会需求、尊严需求和自我实现。处在不同的发展阶段或是不同的层次的人，其需求是不同的。依据这一理论，本书区分房地产中间商（主要是其负责人）所处的不同层次，以此来判断出中间商的需求。

9.5.1.2 对中间商进行必要的激励

在了解中间商需求的基础上，房地产企业可以进行有针对性的激励，如表 9-1 所示。

表 9-1 对房地产中间商的激励措施

需求层次	激励措施
生理需求	利润、达标奖励、年终奖、溢价分成
安全需求	订立合同明确区域和保障利益，提供人员培训、合理的任务指标、广告促销支持，提供信用额度，帮助制订销售计划，与关键客户谈判等
社会需求	良好的客户关系、中间商会议、旅游奖励等
尊严需求	独家代理，提供特殊待遇，扩大区域和权利，邀请中间商在特别会议上发言，颁发奖状
自我实现	向中间商请教，听取其意见和建议

激励中间商的形式多种多样，从本质上讲，无外乎直接激励和间接激励两种。

（1）直接激励。直接激励是指，房地产开发企业通过给予中间商物质、金钱奖励激发其积极性，从而实现企业的营销目标。企业可以通过给予各种折扣优惠及营销业绩奖励等对中间商进行激励。此外，房地产开发企业可以奖励其生活用品、参加旅游，或者奖励一些经营设备等，既可以改善中间商的经营条件，又可为日后双方长期、稳定的合作打下基础。

（2）间接激励。间接激励是指，通过帮助中间商进行营销管理，以提高房地产产品的销售量和效果，激发中间商的积极性。房地产开发企业进行间接激励的做法比较多。比如，帮助中间商了解市场的潜在、帮助其管理其客户网络，以加强对其营销管理，以及帮助其建立客户档案，促使它们更好地服务不同性质的客户，提高客户的忠诚度。在营销渠道管理的实践中，很多企业都能非常熟练地运用直接激励的各种形式，很少甚至不会运用间接激励的方法来赢得中间商的合作。事实上，间接激励的积极性远远大于直接激励的积极性，间接激励手段的运用更能促进房地产开发企业与中间商的密切合作，通过间接手段进行激励所建立的渠道关系不容易被破坏，通常会保持得更长久。

9.5.1.3　对中间商进行绩效评估

对中间商进行绩效评估，一方面是为了保证销售计划得以完成，另一方面据此确定是否应对现有渠道成员进行适当调整或奖励。房地产开发企业在选择中间商时，一般都对中间商有一定的要求，如在一定时期内完成的租售量，为消费者提供的服务水平等，这些构成了企业评价中间商的标准。企业根据对中间商的要求，定期检查它们对各项要求的执行情况，若任务完成得好则对中间商给予激励；若完成得不好则要进行诊断，找出不好的原因，以决定是剔出这些中间商还是帮助它们改进工作。一般来说，衡量标准主要有以下几个方面：

（1）销售量指标及其完成情况。

（2）对本企业商品经营的态度。

（3）对消费者的态度和服务水平。

（4）对企业广告宣传及培训等方面的合作情况。

（5）经营管理水平、信誉状况及发展趋势。

9.5.2　中间商的冲突管理

对渠道无论进行多么好的设计和管理，各个渠道成员是不同的利益主体，在实践中总会存在利益不一致，因而常常会产生冲突。如果潜在的冲突得不到及时的关注和解决，就会影响分销目标的实现和企业在消费者心目中的整体形象，并最终影响企业的经营业绩。

9.5.2.1 房地产营销渠道冲突的含义

房地产营销渠道冲突是指，房地产营销渠道成员通过有意或无意的市场行为所触发的存在于公司营销渠道系统外部及内部的各种矛盾的总称。

9.5.2.2 房地产营销渠道冲突产生的原因

产生渠道冲突的原因有很多种，从本质上说，营销渠道中的购销业务关系本身就存在矛盾。比如，开发商与房地产代理商有不同的发展目标与方向，开发商与房地产代理商都希望自己的库存房产少一些，而希望对方保持更多的库存房产等。此外，渠道成员的任务与权利不明确，也是导致产生渠道冲突的一个重要因素。在很多情况下，开发商与代理商对市场的认识存在差异，比如，开发商预测近期的经济前景良好，而代理商或经销商则可能对其并不看好。

在更多的情况下，房地产渠道冲突的产生有其直接诱因。比如，不同渠道成员之间的价差水准、存货水平以及开发商与不同渠道成员对大客户的争夺等，都是导致渠道冲突的直接原因。除此之外，开发商与代理商、经销商都试图挤占对方的资金、双方对售后服务的分歧，以及渠道成员经营的竞争性等，这些也是造成渠道冲突的重要原因。

9.5.2.3 房地产营销渠道冲突的类型

房地产渠道冲突的分类有不同的标准。依据冲突发生在渠道系统外部还是内部，可以把渠道冲突分为外部渠道冲突和内部渠道冲突；依据冲突产生的结果好坏，可以把房地产渠道冲突分为良性渠道冲突和恶性渠道冲突。

（1）外部冲突。外部冲突也称为同质冲突，是指发生在一个宏观市场环境下的两家开发商渠道系统之间在同一渠道层面的冲突，这也是广义的渠道冲突，主要是由市场竞争引起的。在两个渠道系统中，开发商A与开发商B之间、开发商A的代理商与开发商B的代理商之间的冲突就属于外部的同质冲突。

在大多数情况下，外部冲突对一个渠道系统内的各渠道成员都有一定的促进作用。这种由市场竞争所引起的一个渠道系统内的、不同层面的渠道成员所共同感觉到的一种危机感，通常能让该渠道系统的各级渠道成员团结一心、同仇敌忾，从而产生一种积极向上的动力。因此，外部冲突在多数情况下都属于良性冲突。

（2）内部冲突。内部冲突是指，在同一渠道系统内在各级渠道成员之间产生的一种冲突，即“系统内耗”。开发商与自己的代理商之间、代理商与经销商之间的冲突就属于内部冲突。根据产生内部冲突的渠道成员间的层级位置的不同，内部冲突可以分为两类，即水平性冲突和垂直性冲突。

水平性冲突是指，产生于某一开发商的渠道系统中、处在同一层级的不同渠道成员之间的冲突。例如，某一开发商既有代理商，也有经销商，其代理商与经销商之间的冲突就属于水平性冲突。在一般营销实践中，水平性冲突往往发生在以区域为划分单位的渠道系统中。目前，房地产市场中很少有以区域为划分单位确立的渠道系统，因此渠道成员更容易产生水平性冲突。

垂直性冲突是指，产生于某一开发商的渠道系统中、处在不同渠道层级的渠道成员之间的冲突。开发商与其代理商之间的渠道冲突就属于垂直性冲突。因此，垂直性冲突又称为渠道上下游冲突。

无论是水平性冲突还是垂直性冲突，它们在大多数情况下，对开发商渠道系统中的不同渠道成员都将造成某种不同程度的伤害，严重的还可能引起开发商渠道系统的动荡。因此，通常情况下，内部冲突都被视为恶性冲突，是营销实践中要竭力避免和努力解决的冲突。

渠道冲突管理是渠道管理的一个重要组成部分。对渠道冲突的充分正确认识以及积极有效的解决是渠道管理者的重要工作内容之一。从长远来看，对渠道冲突的视而不见，或无力采取措施避免或降低渠道冲突的产生，不仅会危及开发商渠道系统的稳定性，而且还直接影响开发商营销目标的实现及客户满意度等。

9.5.2.4 房地产营销渠道冲突的解决方法

渠道冲突有良性与恶性之分，开发商的目标不是去规避所有的冲突，而是要有效地利用良性冲突，努力避免或化解恶性冲突，尽量将渠道冲突中的压力转化为发展中的动力，进而推动渠道的健康发展。解决渠道冲突的办法多种多样，包括发展超级目标、劝说、协商谈判、诉讼、退出等。

（1）发展超级目标，是指为房地产渠道系统中的渠道成员设立一个共同的发展目标，而且这个共同目标通常是单个渠道成员所不能实现，而只有在渠道系统中的所有成员通力合作的情况下才能实现。超级目标的内容包括渠道生存、市场份额、高品质和客户满意等。发展超级目标，犹如生死存亡的关键时刻，“攘内必先安外”。因此，发展超级目标仅适用于化解外部冲突。比如当某开发商的渠道系统遭遇另一家开发商渠道系统的强力挑衅时，发展超级目标就是渠道系统内的所有渠道成员立即放弃内部斗争，全力以赴抵制外来的“侵略”以求生存。

（2）劝说，就是为存在冲突的渠道成员提供沟通的机会。强调通过劝说来改变其行为而非信息共享，也是为了减少渠道系统中有关职能分工引起的冲突。劝说的重要性在于使各渠道成员清楚地认识到自己处于渠道系统的不同层级，自然需要扮演相应的渠道角色，遵守相应的游戏规则。

（3）协商谈判的目的在于停止渠道成员间的冲突。从实质上说，谈判是渠道成员间讨价还价的一种方法。在谈判过程中，通常每个渠道成员都会做出某种程度的让步，从而避免冲突发生或避免已发生的冲突愈演愈烈。不过，利用协商谈判来解决渠道冲突，需要看渠道成员的沟通能力和是否依然保持愿意合作的意愿。

（4）诉讼渠道冲突有时需要借助于外力来解决，如诉讼、法律仲裁等。不过，通过诉讼来解决渠道冲突则意味着渠道中的领导力没有起到相应作用，即通过沟通、协商谈判等途径都没有起到效果。通过诉讼来解决渠道冲突成本较高，应尽量避免。

（5）退出，就是退出原来的营销渠道系统。无论是开发商还是其他渠道成员，退出显得有些残酷。不过事实上，退出某一营销渠道系统恰好是解决渠道冲突的普遍方法。当水平性冲突、垂直性冲突不可调和时，退出是一种可取的办法。不过，从现有渠道系统中退出可能意味着中断与某个或某些渠道成员的合同关系。因此，确定退出一个渠道系统一定要慎重。

9.5.3 房地产营销渠道控制

房地产营销渠道控制是指，房地产销售渠道中某个领袖成员以各种标准制约该渠道中其他成员行为的活动过程。作为领袖成员的房地产企业一般具备下述条件之一：其一，大型房地产企业，这种大型企业实力雄厚、声誉高，产品开发处于领先地位，能为中间商提供较优厚利润和强大支持；其二，虽属中小型企业，但具有优良的或独特的适销对路产品，产品优势十分明显。为控制营销渠道，房地产开发商要做好如下工作。

9.5.3.1 制定渠道控制标准

控制标准应为评估和确定中间商各种绩效的具体标准，如销售目标任务、顾客指标、改革宣传效果、信息反馈水平等。制定的指标要切实可行，不宜过高，标准过高中间商会望而却步。

9.5.3.2 控制标准的修订与检查

既定标准应保持相对稳定，但市场发生动荡时，则应适时修订。标准确定后，要做好充分的说服工作，使中间商接受。生产企业应按时以既定标准评估中间商的工作绩效。对达标者，应给予规定的激励；对绩效较差的，应帮助进行经营诊断，分析失误原因。确是中间商主观原因造成的，应予以适当的惩罚，切不可轻易终止合同，更换中间商。

9.5.3.3 强化对经纪人的控制措施

在我国房地产市场形成初期，房地产市场交易中一些人借用职权搞非法中介，利用场外黑市交易，大发不义之财。房地产开发商有义务协助政府有关行政部门，加强对经纪人的管理，增加经纪人活动的透明度，将其纳入法治化的轨道。

房地产企业为了社会和自身利益，应该积极创造条件提高经纪人的素质，以各种激励措施，促使经纪人奉公守法、信用诚实，合法地开展经销中介活动。

案例分析

雅居乐的自建渠道

2020 年，由德勤公布的第二届中国卓越管理公司获奖企业榜单，雅居乐地产置业有限公司豁然在列，是什么因素促使雅居乐成为卓越管理者之一？答案就是雅居乐从成本管控出发构建敏捷性组织。

雅居乐早在2016年就意识到成本管控的重要性，于是在2019年就开始自建营销渠道，希望从组织调整上有效管控成本，雅居乐自渠1.0正式上市。经过一年的探索执行，在积累经验迭代进步的基础上，雅居乐于2020年升级成为2.0版本，在管理上形成了扁平化管理格局。营销中心作为全局管理支持平台，和一线大区管理体系互为依托，营销中心作为标准制定者，起到了指导和监督的作用；一线大区管理成为具体实施执行者，将实际执行状况及时反馈，和营销中心保持信息通畅，有利于标准的完善。如图9-8所示。

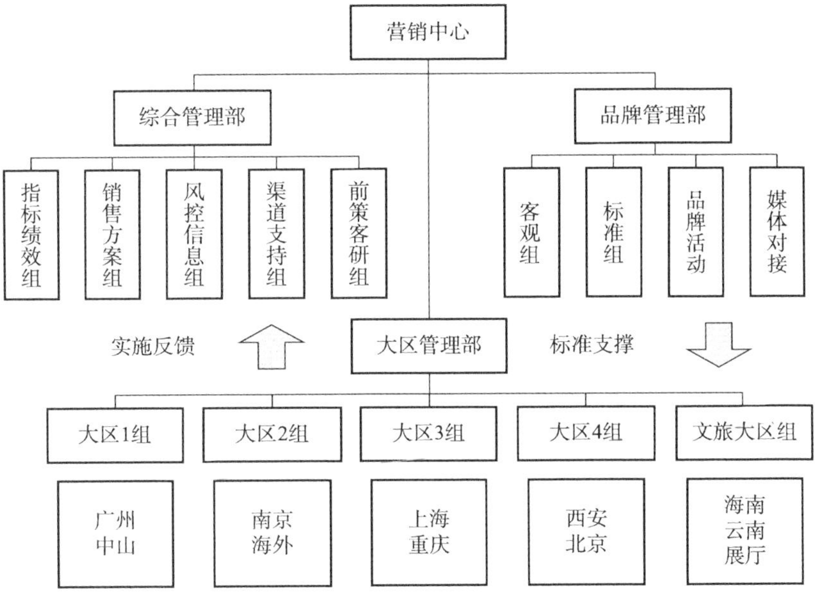

图9-8 雅居乐地产营销中心组织架构

扁平化组织体系，有利于自建渠道形成金字塔管理结构，其中包含集团渠道管理、区域渠道管理和项目渠道管理三个层级，并在区域渠道管理体系中增加了呼叫中心，成为上传下达的最有效的中继枢纽，保证集团渠道管理对下的指导监督，也促使项目渠道实际情况得到快速及时的反馈，如图9-9所示。

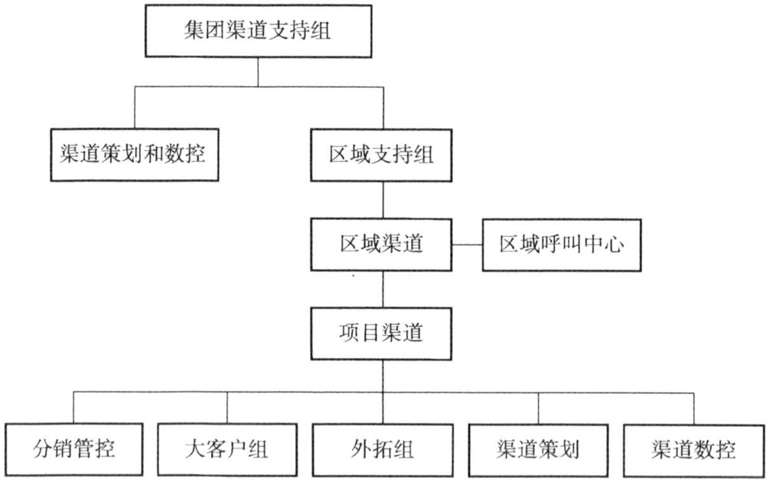

图 9-9　雅居乐地产自有渠道结构

一、聚焦于用户最佳体验的三级渠道体系

截至 2020 年 7 月底，雅居乐自渠体系中在职人数总共 477 人，全国已有一半以上的雅居乐地产项目覆盖了自渠模式；2020 年 1—7 月份，自渠模式所取得的业绩接近 40 亿元。

雅居乐在自建渠道管理体系中，区分了数据管理和实际执行管理，保证始终以客户体验为根本出发点，着眼于线上和线下，通顺检查客户的各种数据，如图 9-10 所示。根据数据分析，深度挖掘客户的需求，在实际工作中更好地做到有的放矢。这一原则基本贯穿雅居乐自建渠道的集团、区域和项目三大层级，如图 9-11 所示。

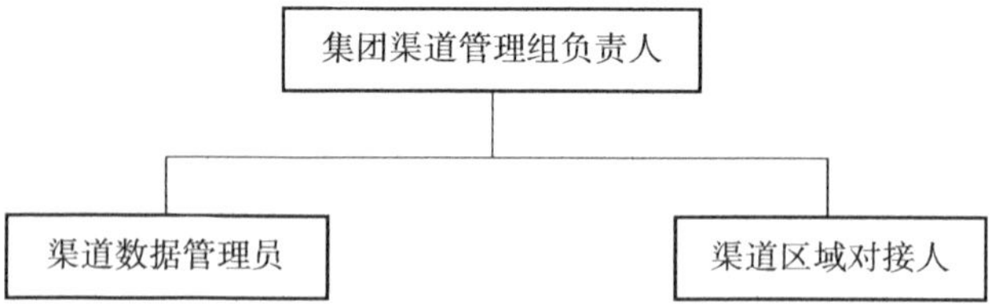

注：渠道区域对接分别管控国内 11 个大区渠道工作。

图 9-10　雅居乐渠道团队管理架构

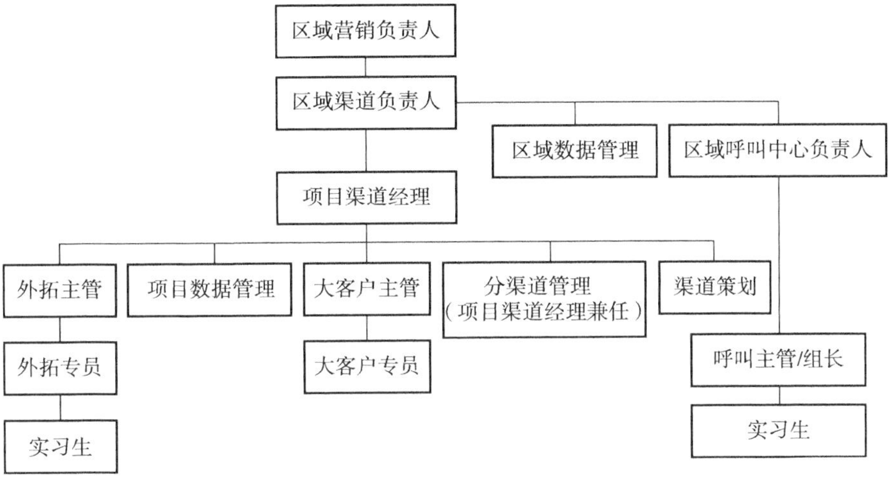

注：区域呼叫中心下设各项专属呼叫小组，统一办公地点，便于管理，各呼叫小组同时对项目渠道经理及区域呼叫中心负责人汇报工作。

图 9-11 区域渠道团队组织架构

二、强化自渠人才素质和技能建设

好的组织体系有利于促进业务的发展，有利于成本的管控，这其中发挥至关重要作用的因素正是对人才素质的培养。正因如此，雅居乐成为地产行业中最负盛名的“学习型组织”。从雅居乐 2018 年和 2019 年的财报数据中不难对比发现，员工培训时间长度不断攀升，尤其明显的是领导层面，一年的培训时间增加了 4 倍之多。仅在 2019 年，雅居乐员工人均接受培训时长达到了 56.87 个小时，总计达到 2178860 个小时，如表 9-2 所示。

表 9-2 2019 年雅居乐员工按职级类型划分的培训时数

划分类别		单位	2019 年数据
全体员工接受培训时长		小时	2178860
按职级划分	领导层	小时	945
	高级管理层	小时	18231
	中级管理层	小时	57440
	非管理层	小时	2102244

续表

划分类别		单位	2019 年数据
平均每位员工接受培训时长		小时	56.87
按职级划分	领导层	小时	55.59
	高级管理层	小时	59.77
	中级管理层	小时	64.54
	非管理层	小时	56.66

雅居乐的“三乐文化”正是雅居乐始终重视提升人才素质和技能的重要体现。“乐家”聚焦于员工的成长和快乐生活；“乐行”优化工作流程和高效会议、廉洁管理；“乐创”为企业搭建创新平台，激发全员创新激情。内激活力、外引效力是雅居乐重视培训的核心，其所开展的“π计划”，不仅成为企业内生专业人才的最大源泉，也成为吸引优质应届毕业生的不可缺乏的力量。知识赋能成就了雅居乐自建渠道组织体系的卓越能力，促使雅居乐在“2019年大中华区雇主品牌创意大赛”中斩获“最佳雇主品牌实践奖”和“员工福利创新奖”。

三、自渠重塑营销架构，实现扁平化管理

自建渠道，不但能够节约成本、控制和提高成交质量，还可以沉淀客户资源，培养自己的战队。雅居乐自建渠道砥砺前行，可以从中获取以下几点值得学习的经验。

1. 集团重视程度高，支持力度大

雅居乐营销中心的扁平化结构，有利于指导和监督整个自渠三层级结构的工作。自渠结构从集团到区域，再到项目，三个层级结构定位清晰，职责分明。针对不同业务线的配合，雅居乐首先从集团层面着手，采用自上而下的模式把策划、销售和渠道三条线的工作内容明确化，并制定相应的流程以保证相互之间的配合。在拓客阶段，策划负责前期策略，渠道负责明确客户画像和客户旅程，销售负责案场接待，促进客户转化。在平行部门之间，通过制度保障相互之间有极强的执行力度。

2. 健全和完善物质和精神激励机制

雅居乐要求，新项目、流量项目开盘，优先保证自渠利益，给予足够的时间保证自渠团队开拓客户，等到客户已经完成一轮的收割，项目进入平销期再选择启动分销渠道。除了底薪和佣金提成外，还有各种各样的物质激励，

渠道专员设立了绩效考核制度，并与年终奖、绩效和升级挂钩。设立日常奖励，包含来访奖励、成交奖励和最佳建议奖励三种模式。对于表现较好的渠道人员设立了轮值主席的管理体验奖励，可以临时获得主管的管理权限。措施给予了自渠员工较多的学习机会，使其能够看到长远的职业前景、适当合理的放权，提高了渠道人员的积极性。

四、笃实根基，保证自渠建设的可持续性发展

自渠建设最关键也是最核心的就是基础渠道的建设，如果只有组织架构，没有相应的基层人才去执行落实，也只是纸上谈兵。所以，房企要建立线上自渠，最终需要建立一支既懂地产又懂线上营销的队伍。

1. 建立既懂地产又懂线上营销的队伍

雅居乐自渠架构中的基层，不管是外拓管理，还是呼叫管理，都集中了大量的年轻执行群体。对他们的培训如果仅仅在精神层面鼓励实习生能言善辩，加上大胆、心细脸皮厚，而 90%搭讪率、三次拒绝原则和 50 米追击等方式，很有可能招致客户厌烦，对于拓客工作的实际指导意义并不是很大，基层渠道工作人员积极性也容易因此受挫。开发商自建渠道的新房经纪人流失率会更高这是不争的事实，雅居乐意识到，基础渠道人员的稳定性并不是很高，通常两周左右就会流失一批，以单纯做好人员随时补充的准备为应对方式，对于自渠的长远建设而言，绝非良策。笃实基础的重要性，仅依靠鸡汤式的鼓动成效不大，给予实实在在的工作指导，才能培养人才、留住人才，让人才真正懂地产知识，又对互联网传播具有高度敏感度。

2. 面对竞争，建立话语权

开发商建设自渠，无疑是直接瓜分了分销中介渠道的蛋糕，在“后房地产”时代，分销中介不会坐以待毙，眼睁睁地看着自己的市场被迫萎缩，势必会利用人员优势和渠道优势誓死捍卫自己的利益。所以，外渠的挑战是自渠不得不正视的问题。

自渠社区渗透率低下：随着客户需求的变化，刚需减少，改善型提升住房客户数量增加，大量新房客户分布在广域社区，自渠最大的难点就是社区渗透率严重不足，导致案场自然到访客户数量减少，这是开发商自渠建设过程中面对的最大挑战之一，毕竟分销中介多年扎根社区，形成了独有的优势，要打破这样的优势，没有时间的积累和大量的财力投入难以实现。

自渠转化率不高：目前新房销售都是同一时间竞争性匹配，开发商销售

的只能是自己的项目，虽然具有品牌优势，但是销售的项目非常分散，这就必然导致客户的转化率远远低于分销中介，毕竟他们销售所覆盖的项目更多，意味着客户的选择面更广，转化率相对提高。直面短板，利用自身优势提升转化率，将是自渠建设中长期面临的挑战。

2021 年度，雅居乐地产将自渠升级到 3.0 模式，自渠团队计划覆盖所有主力项目，实现翻三倍的业绩目标，增长率计划超过 300%。2021 年 1—3 月，雅居乐地产板块销售创历史新高，第一季度预售金额合计 395.3 亿元，同比增长 152.6%；预售面积合计 248 万平方米，同比增长 135.6%。在 2020 年业绩整体上涨的基础上，一季度仍延续了 2020 年的上涨势头。

讨论题：

1. 许多地产企业已经把自建渠道作为营销工作的重中之重，对于已经习惯了利用分销渠道发展的房企，在自建渠道的过程中会面临哪些挑战？

2. 结合雅居乐的做法，请分析房地产企业应如何保证自建渠道的有效性。

第10章 房地产促销策略

在进行房地产促销时，面临两个最大的任务：一是如何将更多的产品信息更准确地传递给目标消费群，二是要了解目标消费群对产品有什么看法。要想让消费者喜欢甚至偏爱自己，房地产企业该如何在消费者面前表现自己？是通过广告、公共关系、人员推销还是利用营业推广，哪种手段更有效？网络营销在促进房地产企业与消费者之间进行信息传递与沟通，从而有效地引导、说服消费者采取行动时有什么特殊优势？新的网络营销模式将如何发挥作用？

10.1 房地产促销概述

在市场竞争激烈的条件下，房地产企业为取得营销活动的成功，不仅要以适当的价格、通过适当的渠道向市场提供适销的房地产产品，而且需要采取适当的方式促进产品的销售。

10.1.1 促销的定义

促销是指，营销人员通过各种方式将有关企业及产品的信息传递给消费者，以达到影响目标顾客购买决策行为，或至少促使潜在顾客对该企业及其产品产生信任和好感的活动。

房地产企业的促销活动与其他市场营销活动有所不同。企业产品开发、产品定价以及渠道选择等方面的营销活动，主要是在企业内部或企业与市场营销伙伴之间进行的。企业在进行促销活动的过程中，要向其目标顾客传播有说服力的产品信息来说服顾客购买本产品，也就是说，促销活动是在企业与其目标顾客或社会公众之间进行的。促销的实质是一种说服性的沟通活动，企业作为沟通者，发出作为刺激物的信息，并借助于某种沟通渠道，把信息传播到目标顾客或公众，从而试图影响目标顾客购买态度与行为的过程。

10.1.2 促销的作用

在日益成熟的买方市场条件下，企业与顾客或公众之间的信息沟通对于企业的生存与发展具有关键性作用，成为企业营销活动的重要组成部分，促销策略也成为企业营销决策的重要内容。促销的作用，概括起来有以下几个方面。

10.1.2.1 传递信息，沟通供需

在产品尚未进入市场或进入市场以后，企业通过各种促销活动可以及时地向消费者、中间商提供产品信息，以引起他们的注意，使顾客明确在什么地方可以买到所需要的产品，起到沟通供需的作用。

10.1.2.2 突出特色，利于竞争

房地产产品的一大特性是异质性，因此房地产促销的任务之一就是找出本企业产品与竞争者产品相比的不同之处并进行信息的有效传递。企业通过促销活动，突出宣传本企业产品的优点，可以使更多的消费者产生对本产品的偏爱，激发其潜在的购买欲，从而达到提升产品竞争力、扩大销售量的目的。

10.1.2.3 引导需求，扩大销售

消费者对房地产商品的认识和随之而来的购买行为，在很大程度上来自企业的信息传递，具有一定的可诱导性。企业通过促销活动向顾客介绍产品的性能及所能提供的完善服务，可以诱发需求，促使购买，有时还可以创造新的需求，从而扩大市场对该产品的总需求量，进而增加销售额。

10.1.2.4 稳定销售，开拓市场

由于受各种因素的影响，某种商品的销量在某个时期可能会呈下降的趋势。这时企业就可以有针对性地开展各种促销活动，如改变广告的内容、进行适当的营业推广或者加大人员推销的力度等手段，使更多的消费者了解、喜欢和信任本企业的产品，从而稳定乃至扩大企业的市场份额，巩固企业的市场地位。

10.1.2.5 提高声誉，树立形象

在房地产营销活动中，预付购房款、期房成交的情况较多，顾客只能从房地产企业以前的产品及其在社会上的形象和信誉决定是否购买其产品。房地产企业通过促销活动，可以宣传本企业产品的突出特点以及它给消费者带来的特殊利益，并让更多的潜在顾客了解企业的规模、实力、风格和所取得的成绩，提高企业知名度和美誉度，为企业树立良好的社会形象。

10.1.3 房地产促销方式

为了实现房地产的销售目标，房地产企业可以使用不同的促销方式。一般来说，房地产企业可采用的促销方式主要有广告促销、人员推销、营业推广和公共关系四种。

10.1.3.1 广告促销

广告是指房地产企业通过付费的方式，通过大众媒体向公众传递产品、服务以及其他信息，以刺激顾客产生需求，扩大销售量的一种促销方式。广告作为一种主要的促销工具，相对于其他促销工具，显示出以下鲜明的特征：

（1）公开展示。广告是一种高度公开的信息沟通方式，它的公开性本身就赋予了产品一种合法性，这对消费者的购买可以形成一种强有力的支持。

（2）传播广泛。广告是通过大众传播媒介进行的信息沟通，由于大众传媒能够大量地复制信息并广泛地进行传播，所以广告的信息覆盖面相当大，可以使企业及其产品在短期内迅速扩大影响。

（3）丰富的表现力。广告可以借助于各种灵活的表现方式，艺术化地将图像、声音、色彩和文字等有机地结合起来，提供一个将企业及其产品感情化、性格化、戏剧化的表现机会，增大其吸引力与说服力。

（4）非人格化。广告是非人格的促销方式，广告主同广告的接受者并不直接见面。就传播的效果而言，广告不能使消费者直接完成行为反应，广告被消费者接收的时间与消费者完成购买的时间往往存在时间差。在这一时间里，消费者可能会受到其他广告的冲击，从而改变其购买意图。

广告的上述特性决定了广告一方面适用于创立一个企业或产品的长期形象，另一方面可用来刺激当前的销售。广告可用较低的成本费用有效地将信息传递给地理上比较分散的消费者，由此广告成为被广泛使用的一种促销方式。

10.1.3.2　人员推销

人员推销是指销售人员以面对面交谈的形式向顾客做口头宣传和介绍，以满足顾客需求，并出售商品实现企业目标的经营活动。人员推销是最古老的一种促销方式，也是四种促销方式中唯一直接依靠人员的促销方式。目前，大多数的房地产开发企业都设有销售部，由该部的业务人员负责接待顾客，与之洽谈磋商，并促使交易达成。人员推销这种方式的特点有以下三个方面：

（1）直接沟通。在人员推销过程中，推销员与顾客直接接触，通过直觉和观察，可以探究消费者的动机和兴趣，随时调整促销手法，有的放矢地开展促销，提高促销效果。

（2）直接的行为反应。销售人员在促销过程中，可以及时带回顾客的意见和建议，也可以促使买方产生直接的行为反应。

（3）培植效应。推销人员在与顾客接触的过程中，可能会建立除交易关系之外的其他各种人际沟通关系，即人员推销的培植效应。培植效应一方面可以使销售人员得到购买者更多的理解，另一方面可以使消费者发挥推荐和介绍房地产的作用。

由于房地产是价格较高的商品，一般消费者不会仅凭一个广告就随便做出购买决定。对于处于一定销售阶段的房地产商品，人员推销是一种最有效的促销方式，尤其是在争取顾客偏好、建立顾客对本企业房地产产品的信任和促成交易等方面有显著的效果。但是，人员推销也存在接触成本高、优秀销售员少，以及销售人员的流动会影响目标消费者的转移等缺点。

10.1.3.3　营业推广

营业推广是指房地产企业运用各种短期诱因鼓励消费者进行购买，以促进房地产产品销售的措施。尽管营业推广的各种工具——打折、抽奖、赠品等是不同的，但总的来说，营业推广具有下述三个明显特征：

（1）迅速的信息沟通。营业推广可以迅速地引起消费者注意，并传递能将消费者引向实际购买的产品信息。

（2）强烈的刺激性。打折、抽奖、赠品等办法可以带给消费者某些利益，使营业推广具有强烈的刺激作用。

（3）明显的邀请性。营业推广以一系列具有短期诱导性的手段，显示出诱导顾客前来与之交易的倾向。

在企业促销活动中，运用营业推广方式可以产生更为强烈、迅速的反应，有时能帮助企业快速扭转销售下降的局面，有时能使企业短期内迅速收回现金。然而，它的影响常常是短期的，如果运用不当，可能会使顾客产生对产品的怀疑。所以，营业推广不适于形成产品的长期品牌偏好。

10.1.3.4 公共关系

公共关系是指房地产企业利用双向信息交流手段，有计划地加强与公众的联系，以赢得相关公众的信任和支持，从而树立良好企业形象的一系列活动。在促销沟通中，公关活动的主要形式有新闻宣传报道、提供赞助、特殊事件等，公共关系对于和谐企业与公众的关系、提高企业声誉的重要性已逐渐得到大多数房地产企业的认同。公共关系这种促销方式的特点有以下几个方面：

（1）高度可信性。公共关系活动通常不直接对企业的商品进行促销，而主要是为了加强与公众之间的信息沟通，形成公众对企业的良好社会舆论。尤其是新闻报道这种公关活动方式，与商业广告相比更加真实、可信，有助于改善企业的营销环境。

（2）消除防卫心理。购买者对推销人员和商业广告或许会产生回避心理，而公共关系是以一种隐蔽、含蓄、不直接触及商业利益的方式进行信息沟通的方式，从而消除购买者的回避、防卫心理。

（3）新闻价值。公关和宣传具有新闻价值，可以引起社会的良好反应，甚至产生社会轰动效应，从而有利于提高企业的知名度，促进消费者做出有利于企业的购买行为。

企业开展公共关系活动也要花费一定的费用，但这与广告或其他促销工具的费用相比较要低得多。公共关系的特有性质决定了在企业促销活动中，如果将公关宣传活动与其他促销方式结合起来，可以取得极好的效果。

10.1.4 房地产促销策略的实施程序

一般来讲，房地产促销的实施程序由界定传播对象、选择传播目标、设计促销信息、确定促销预算和决定促销组合五个阶段构成。

10.1.4.1 界定传播对象

有效的营销沟通一定要先确定目标沟通对象，要知道将产品价值信息传播给哪些人，分析这些人的特点，这样才能进行有效的信息沟通。传播对象有可能是潜在购买者或实际购买者，也有可能是购买过程中的影响者或决定者。

10.1.4.2 选择传播目标

消费者的购买决策是一个复杂的、多阶段的过程，房地产产品的购买尤其如此。在决定购买之前，消费者大多依次经过认识、情感和行为等阶段，相应地形成一系列认识、情感和行为反应层次。因此，传播的目标应根据消费者所处的购买决策过程的不同阶段来决定，确定沟通目标，即确定如何把沟通对象从他们目前所处购买过程的层次推向更高的准备购买阶段或准备购买状态。

10.1.4.3 设计促销信息

信息设计是将营销沟通者的意念用有说服力的信息表达方式进行呈现的过程。有效的信息设计必须能引起消费者注意、提起其兴趣、唤起其欲望、导致其行动。在设计信息时要注意以下几个问题：

（1）设计信息内容。为了使传播对象产生一种预期的购买欲望和购买行为，营销环节就必须决定究竟要对其说什么。信息内容又叫促销主题，一般来说，促销主题可以分为理性诉求和感性诉求两种。

一般而言，消费者出于理性的考虑，会对房地产产品的质量、价格、户型设计、地理位置、配套设施、绿化环境等方面提出各种要求，强调产品本身具有更好的功能属性正是一种理性诉求。理性诉求通过宣传产品的特质，特别是本企业产品区别于其他同类产品的个性优势，而且承诺产品能给消费者带来更多的实际利益达到说服消费者的目的。所谓感性诉求是指，通过极力渲染美好的感情色彩，传达房地产产品能给消费者带来的精神享受，把商品融入优美动人的生命力和丰富的情感内涵，促成传播对象对产品的审美观赏与接受。理性诉求的逻辑是，“我们的产品更好，所以应该购买我们的产品”。理性诉求客观上不断地提醒和鼓励消费者寻找具有更好功能属性的产品，当市场上出现具有更好性能特点或价格的产品时，理性定位的逻辑鼓励消费者转向新的产品。而感性诉求的逻辑则大不相同，感性诉求强调的是无形的感觉，“这正是我所需要和想要的”。感性诉求会在消费者心里产生种种感觉，并引导和直接影响消费者的主观认知。消费者一旦将某种产品与特定情感联系起来，在情感的驱动下，他们将不再会与其他产品做比较，从而形成相对稳固的品牌偏好和忠诚度。

（2）选择信息形式。一个好的信息内容，还离不开具有吸引力的表达形式。营销沟通者必须为信息内容找到效果显著的表达形式。对于这一问题，本书留待在本章第 10.2.3.3 节“广告信息决策”部分进一步阐述。

10.1.4.4 确定促销预算

促销预算是企业为从事促销活动而支出的费用，促销预算支撑着促销活动，它关系着促销活动的实施以及促销活动的效果。确定促销预算的关键问题是，如何以相对少的投入产生尽量好的促销效果。在企业营销实践中，促销费用大起大落不足为怪，因为促销预算通常会受到企业内部和外部各种因素的制约和影响，如目标市场大小及其潜力、市场竞争情况、房地产产品所处的销售阶段、企业财务的承受能力等。确定促销预算一般有量入为出法、销售百分比法、竞争对等法和目标任务法四种。这些方法既适用于编制总的促销预算，也适用于编制分项预算，如广告预算。

（1）量入为出法。量入为出法是根据企业财务的承受能力确定促销预算的方法。在经济繁荣时期，企业利用量入为出法从事大规模的销售活动，有利于充分利用市场机会、扩展产品市场。然而，这种确定预算的方法忽视了促销对销售量的影响，因而容易导致年度促销预算的不确定性，给制订长期市场计划带来困难。

（2）销售百分比法。销售百分比法是以一定期间的销售额的一定比率来确定促销预算的方法。使用销售百分比法确定促销预算的主要优点有：促销费用可以因企业财务承受能力的差异而变动；可以使企业管理者依据销售成本、产品售价和销售利润之间的关系考虑企业经营管理问题；有利于保持同类企业之间竞争的稳定性。销售百分比法也有不足之处：一方面是将销售看成促销的原因而没有将它看成促销的结果，这会导致进取性的促销策略得不到应有的重视；另一方面是百分比的选定要么依据已有的做法，要么依据竞争者的做法，缺乏逻辑基础。

（3）竞争对等法。竞争对等法是以主要竞争对手的促销费用支出为基准，确定足以与其抗衡的支出额。显然，确定促销预算不能仅考虑本企业的情况，而是必须与竞争企业进行比较。需要注意的是，由于各个企业的营销目标和资源状况存在差异，不能盲目攀比投入促销费用，竞争对等法只能作为企业确定促销预算的辅助方法。

（4）目标任务法。目标任务法是根据营销计划确定的企业特定目标，确定为达到这一目标必须完成的任务，以及估计为完成各项任务所需的费用，从而综合确定促销预算。目标任务法的优点在于，促销费用的确定和直接促销目标挂钩，具有较强的科学性，也因此受到许多企业的青睐。

在决定促销预算时，不同的企业应根据本企业的特点、营销战略与营销目标，选择合适的促销预算决定方法，尽量合理地确定企业的促销预算。

10.1.4.5 决定促销组合

促销组合是指，为实现企业的促销目标，将不同的促销方式进行组合所形成的有机整体。前面提到，房地产企业促销的主要方式有广告促销、人员推销、营业推广和公共关系四种，促销组合就是这几种促销方式的选择、运用与组合。一个成功的促销组合策略应当可以使企业市场营销组合的其他因素更好地发挥作用。影响营销管理者选择促销组合的因素有很多，促销组合的确定是以影响促销组合的因素分析为基础的。促销组合的一般影响因素包括以下几个方面：

（1）产品种类和市场状况。不同类型的房地产，其面对的消费者是不一样的，因此所使用的促销组合也不同。目标市场的特征决定了其对于信息的接受能力和反应规律。如果企业面对的是地域分布广阔且分散的目标市场，广告的作用就显得很重要；当目标市场比较狭窄且相对集中时，人员促销和营业推广等就比较奏效，而此时的广告成本则可能较高。比如，人们基本的安身立命需求的一般普通住宅与体现身价、讲究舒适享受的高级别墅所使用的促销组合差异就很大，对于前者，广告是最重要的促销方式，然后才是人员推销、营业推广、公共关系；而对于后者，最重要的促销方式是人员推销，其次才是营业推广、广告、公共关系。但这不是说人员推销对前者不重要，广告对后者不重要。实践证明，广告在高档房地产的市场营销中是推动人员推销的有力工具，广告可使推销人员的工作难度降低、效率提高。同样，购房者对普通住宅这类价值量比一般消费品大得多、情况又复杂得多的商品，也需要人员推销来帮助其做决定。

（2）房地产建设的不同阶段。房地产产品建设周期一般较长，从项目开始建设，取得预售证，直到项目建成人员入住以后，都是房地产的租售期。房地产建设各阶段需要使用不同的营销组合。一般来说，项目开工的前期阶段，可以采用广告和公共关系的促销组合，以提高企业及项目的知名度；项目施工阶段可以采用广告和营业推广相结合的促销组合进行促销，此时也要加强人员推销的力度；项目竣工以后，促销组合中人员的推销作用将增强，同时广告、营业推广、公共关系等促销方式要进行调整并组合使用。

（3）购买过程阶段。顾客的购买准备过程一般分为四个阶段，即知晓、了解、确信和准备购买。在不同阶段，企业应采用不同的促销组合策略。在知晓阶段，广告和公共关系的作用较大；在了解阶段，广告作用较大，其次是人员促销；在确信阶段，人员促销的作用最大，广告的作用略小于人员促销；在准备购买阶段，则主要是人员促销在发挥作用。

（4）促销策略。促销策略对促销方式的选择有直接的影响，企业根据营销战略的要求，可以从推动和拉引两类策略中规划促销策略。推动策略主要是利用人员推销与房地产中间商积极促销，将房地产租售出去；拉引策略则着重于最终消费者，即花费大量资金开展广告和公共关系活动，以促进消费者形成需求。企业对推动策略和拉引策略的偏好各有不同，这种策略选择显然会影响促销资金的分配，并影响促销方式的选择。在房地产营销实践中，一般是两种策略结合使用。

房地产企业促销组合决策是一个很复杂的系统决策，其影响因素很多，且每种影响因素是相互作用的。因此，在制定促销组合时，企业应综合考虑各种影响因素并制定最佳的促销组合。

10.2 广告促销

房地产广告和其他广告一样，都是通过大众媒体向公众传递产品、服务以及其他信息的一种促销方式。在企业营销实践中，广告是房地产开发企业进行促销最为有力的一种手段，是房地产开发企业与消费者之间的一条重要纽带。

10.2.1 广告的定义

广告是向人们介绍商品信息，传达某种观念的一种公开的宣传形式。近百年来，研究广告的专家给广告下了许多定义。《英国大不列颠百科全书》将广告定义为：“广告是传播信息的一种方式，其目的在于推销商品、劳务，影响舆论，博得政治支持，推进一项事业的发展。”而最有代表性的是美国营销协会（AMA）的定义，即“广告是指由明确的广告主，在付费的基础上，采用非人际传播形式，对观念、商品以及服务进行介绍和宣传”。

在理解广告的概念时，需要注意以下几个方面。首先，广告是一种非人际信息传播方式，要通过报纸、杂志、广播和电视等大众媒体进行信息传递，并非个人与个人之间的信息传播；其次，广告要有明确的广告主公开支付广告费用，这与一般的新闻报道不同；最后，广告是一种说服的艺术。广告在把信息传播给消费者的同时，希望消费者能够接受广告信息，并按照广告主的意愿去行动。现代社会信息传播量大，所以广告要利用特殊的表现艺术和技巧，吸引对方，在不知不觉中使对方悦服，进而改变其心理，影响其行动。

10.2.2 广告的功能

广告的功能是指广告的基本作用与效能。在消费者行为中，广告的作用是传播使消费者产生特定行为或一定条件下的预期行为的有说服力的产品信息。因此，广告可以成为一种有效的促销手段。广告对消费者产生的作用与影响一般表现在以下几个方面。

10.2.2.1 显露功能

所有的广告都有显露功能。所谓显露是指，广告主通过广告，将企业名称、实力，以及商品特征、功能、品牌、价格等信息传达给消费者。广告是借助于大众传媒进行信息传递的，具有传播速度快，影响范围广的特征，在信息显露方面有突出的功效。

10.2.2.2 认知功能

广告是消费者初步认识企业或商品的工具。消费者通过广告可以了解企业的历史、规模、社会地位、经营宗旨，可以了解商品的质量、特点、价格、购买地点等信息。

10.2.2.3 激发功能

广告是激发消费者购买的诱因。广告不能强迫消费者或用户购买某种商品，而是通过语言、文字或视觉形象，以劝说的方式迎合客户的心理，引起他们的兴趣，从而达到激发用户需求和促成购买的目的。

10.2.2.4 引导功能

广告的引导功能有三层含义。广告能使某种新产品或新的消费意识迅速流行，形成消费时尚；广告可以使消费者在众多的企业和品牌中进行比较，有消费选择、考虑的余地；广告可以引导消费者接受新的消费意识，形成科学的消费行为。

10.2.3 广告决策

广告决策是企业在总体营销战略的指导下，对企业的广告活动进行一系列的规划与控制。在确定企业目标市场和明确购买者动机的前提下，广告决策制定过程包括广告目标确定、广告预算决策、广告信息决策、选择广告媒体和评估广告效果五项决策。

10.2.3.1 广告目标确定

制定广告决策的首要步骤就是确定广告目标。企业的广告目标，如为提高企业的知名度做宣传、介绍楼盘情况、向社会公布房地产信息等，取决于企业的整个营销目标。但企业在实现其整个营销目标的过程中，又可以分为若干不同的阶段，在每个阶段，广告起着不同的作用，即有着不同的目标。归纳起来，房地产广告的目标主要有下述几种：

（1）以提高产品知名度为目标。以提高产品知名度为目标的广告通常称为通知性广告，广告的目标主要是向目标消费者提供各种信息。例如，介绍一处新楼盘即将推出面市，向顾客说明某处新楼盘的价格、地段、配套设施及其开盘时间等；纠正顾客对产品的误解，减少顾客的顾虑；向外界展示其房地产产品开发建设的进度，通知会展的地点或告知某楼盘的价格变动等。这都是为了及时向购房者提供信息。通知性广告主要适用于房地产销售过程的前期，主要目标是促使初步需求的产生。

（2）以建立需求偏好为目标。以建立消费者需求偏好为目标的广告通常称为诱导性广告或竞争性广告，这一类广告的目标主要是加深消费者的认知深度，提高本企业或本品牌的竞争力，旨在建立选择性需求。这类广告主要是劝导顾客购买本企业的产品，通过与同类产品的比较，突出本企业产品特色，显示其优势，促使顾客形成对本企业产品的偏好，强化消费者的购买信心。诱导性广告一般是在房地产销售过程中期运用较多，此时消费者对房地产产品已有一定了解，但还不够深入，没有形成购买冲动，需要企业更进一步地为他们提供购买理由。

（3）以提示、提醒为目标。这类广告的目标主要是保持消费者、用户和社会公众对产品的记忆。提醒性广告较常用于房地产销售的后期，或用于新旧楼盘开发的间隙期，以引起消费者的注意，加深消费者的印象。

10.2.3.2　广告预算决策

广告预算决策是企业广告决策的一项重要内容。在确定广告目标后，企业即可以着手制定广告预算。在前面本书已经描述了制定促销预算的一般方法，这些方法同样适用于广告预算的制定。本部分主要对影响房地产广告预算的因素进行分析。

（1）竞争程度。在竞争激烈的房地产市场中，竞争者数量越多，房地产开发企业的广告投入也就越大，因为只有这样，才能使潜在的顾客有机会在众多的广告中，注意并熟悉本企业的房地产产品。

（2）市场占有率和市场规模。当企业的市场占有率达到一定程度后，广告费用的边际效用将呈递减趋势。因而，对于市场占有率低的产品，企业则应适当提高广告预算。市场规模的大小，即广告所要覆盖的目标顾客的数量，对广告预算的大小也有一定的影响。一般来讲，市场规模越大，则广告预算越大。

（3）广告频率。对于一般的广告信息，潜在消费者通常需要接触几次才能产生记忆或印象。为了防止广告传递的信息被目标消费者遗忘，企业往往要多次重复进行广告促销。有研究发现，目标沟通对象在一个购买周期内需要接触三次广告信息才能产生对该广告的记忆；接触次数达到六次被认为是最佳频率；当广告频率超过一定限度，一般认为八次后，将会产生负面影响。因此，房地产开发企业在进行广告宣传时，要考虑广告的有效传递情况，确定适当的频率，而广告的频率必然会影响广告预算。

（4）房地产的销售进度。对房地产企业要销售的某一特定楼盘来说，销售总量是固定的，从开始预售到全部售完为止需要一个过程。即使市场形势不好，产品既然已经开发出来了，总是要努力卖出去的，这与一般商品销售多少就生产多少不同，所以就有了房地产销售进度的概念。在销售刚开始时，为了营造良好的营销氛围，企业的广告预算通常较高，当销售进度近半时，许多企业往往投入最多的广告支出，但当销售进度到尾声时，广告预算就很低了。

（5）房地产的可替代性。房地产产品尽管具有异质性，但从使用功能的角度来讲，房地产产品仍具有一定的可替代性。可替代性强的房地产产品，一般要求做大量的广告以突出其与同类产品的差异性，这就需要广告预算多一些；相反，广告预算则可少些。

（6）企业的品牌。一个知名的品牌所需要投入的广告费用可能远远少于一个普通的企业。因为是知名的品牌，往往不再需要为提高企业的知名度而花费巨额的广告费用，而只需告知目标顾客企业相关信息，消费者可能就会争先恐后地购买其开发的楼盘，广告费可能仅需其他楼盘的几分之一就可以顺利地把楼卖出去。

10.2.3.3 广告信息决策

广告的作用是传递信息、刺激需求、树立信誉。这些都要通过房地产广告信息决策来实现，决策质量的高低直接关系广告的效果。广告信息决策包括广告主题的确定、广告文案的写作及广告传播策略等内容。

（1）广告主题的确定。房地产产品因要介绍的内容很多，如果平铺直叙，囿于普通说明，人们就不会对房地产广告留下深刻印象，因此应根据房地产产品的特点，提炼新颖而又鲜明的主题，再围绕主题推进，使人印象深刻，从而达到广告的目的。确定广告主题必须经过科学分析，在对项目进行深入了解的基础上，广告策划人员要对项目本身的卖点进行甄选，最终围绕优势卖点组织广告的主题。广告主题一经确定，要与项目产品具体要素支撑与体现相一致，打造实现这一主题概念的支持体系，使广告主题能站稳脚跟，不至于是空洞的概念。支持体系由项目选址、规划设计和物业管理等方面构成。

（2）广告文案的写作。广告文案写作是将广告信息诉诸文字的过程。文案写作的重点是如何安排广告的标题、正文、附文、插图的内容和形式。

（3）广告传播策略。科学的传播策略是房地产广告取得实效的保证。其中的关键问题涉及广告诉求对象和广告目标的界定、广告内容和广告风格的明确。在信息量激增的今天，企业更要讲究广告“说什么”的策略，以具有强烈吸引力和说服力的广告来打动目标顾客；否则，信息传递就会与目标受众产生很大的距离。

10.2.3.4 选择广告媒体

（1）媒体类型及特点。传统的广告媒体一般来说主要包括报纸、电视、广播、杂志、户外广告及自制印刷媒体，这几种媒体各有其利弊。一般情况下，房地产广告多选用报纸为媒体，再以电视、杂志、户外广告为辅。而新兴媒体，如网络、分众传媒等的发展也为房地产广告增添了新的载体，并日益显示出蓬勃的发展势头。

a. 大众媒体。大众媒体是指针对全面人群，具有广泛社会影响力和阅读率的媒体。这类媒体发行渠道广泛、发行量大，阅读人群涵盖普遍阶层。由于房地产行业具有区域性特点，地区性党报是这个媒介类型的典范，而综合性、民生性的电视、杂志、广播也属此类。大众媒体之前一直都占据着媒体的主流地位，对房地产企业建立公众形象是不可或缺的。

b. 分众媒体。随着中国社会的快速发展，不同的社会环境因素影响并促成了当代受众的不同特征。由此部分媒介也从满足大众需求向满足部分人、满足某些方面需求进行转变，也就是从“广播”向“窄播”、从“大众”向“分众”转变。

当前的房地产项目在市场化的要求下广泛地应用定位理论，对消费群体进行了细分，因此，大众媒体的广泛性覆盖无法有效到达细分化的消费者，这势必会使广告效果大打折扣。为了更好地针对特定的目标客户群精准深入地进行广告信息传达，从而提高广告效果，房地产企业开始考虑分众媒体投放。

在这一类别中，户外广告和互联网广告作为其重要代表迅速发展，已经成为房地产企业媒体投放方案中必不可少的阵地。在这种形势下，四大传统媒体也开始走上了分众的道路，另外 DM 直投及新兴的广告媒体和新型融合性应用媒体（电梯广告、公交广告、商务楼宇电视广告）也随之出现并同样获得了发展；同时，在新科技日益发展的今天，手机的互动传播性也被广泛地挖掘和利用。

c. 自有媒体。自有媒体指的是广告主自己创造的广告载体。房地产行业鉴于自身的优势，是自有媒体应用最广泛的行业之一。自有媒体大致有以下几类：印刷类，即房地产项目楼书、海报、户型单张、手提袋等；定点类，即售楼处看板、样板房、工地围墙及户外等；会员类，即房地产企业为了更好地服务客户和打造企业品牌，建立业主数据库，并成立俱乐部或其他团体，内部发行会员卡或业主刊物等载体，如万科会、绿地会等；社区类，项目建成、业主入住形成一定人气后，社区就有了广告价值，如电梯广告、导示系统广告等。还有一些媒体也属于自有媒体，如房地产企业发行的书刊，这种媒体对项目短期销售没有直接帮助，但对企业品牌建设大有益处。

（2）广告媒体的选择策略。不同的媒体种类有不同的特点，需要精心选择及组合，才能达到好的效果。具体来说，企业在媒体的选择方面要注意以下要点：

a. 项目的规模。规模越大，开发周期越长，企业应选择车身、路牌等固定广告位以使项目能长期被人认知。

b. 楼盘的档次。楼盘的档次决定其目标客户群的身份层次，企业在媒体选择上应注意目标客户群对媒体的喜好，以增加接触机会，加深印象。

c. 项目的区位。区位体现了目标客户的区域，因此企业要根据项目的所在区域有针对性地发布广告。

d. 目标客户的媒体偏好。不同的消费者接触媒体的习惯是不同的。如果项目的目标客群定位为中老年人，企业应选择报刊、电视及广播等为主要媒体；如果是针对年轻白领的单身公寓，则不妨考虑网络、楼宇广告等比较新潮的媒体。

e. 竞争对手的媒体策略。了解竞争对手的媒体策略，有助于做到知彼知己、扬长避短，并在广告战中获胜。竞争对手的媒体策略主要包括总体媒体花费、媒体选择组合、投放方式及是否用特殊广告创意等。

f. 预算资金。广告预算的资金实力是开展广告攻势的先决条件。若实力雄厚，项目规模又够大，企业就应开展立体广告攻势，尽可能地把目标客户囊括其中；若资金有限，则应尽量节省费用。

10.2.3.5 评估广告效果

广告效果是广告媒体传播之后所产生的影响。对广告效果进行评价和测定，是完整的广告活动过程中不可或缺的内容，是企业上期广告活动结束和下期广告活动开始的标志。房地产广告效果的评估一般可以从广告传播效果和广告销售效果两个方面进行分析。

（1）广告传播效果。广告传播效果测定是指广告信息传播的广度、深度及影响力，表现为顾客对广告信息的注意、理解、记忆程度，一般称作广告本身效果的测定。测定广告本身效果的方法，主要有广告事前测定和广告事后测定。广告事前测定，是在广告作品尚未正式制作完成之前进行各种测验，或邀请有关专家、消费者小组进行现场观摩，或在实验室采用专门仪器来测定人们的心理活动反应，从而对广告可能获得的成效进行评价。广告事前测定，是根据测定当中产生的问题，及时调整已定的广告策略，改进广告制作，提高广告的成功率。事前测定的方法主要有消费者评定法、组合测试法和实验室测试法。广告事后测定，主要用来评估广告出现于媒体后所产生的实际效果。事后测定的主要方法是回忆测定法与识别测定法。

（2）广告销售效果。广告销售效果测定，就是测定广告传播之后增加了多少销售额和利润额。这种评估是有一定缺陷的，因为房地产销售额的增加，不仅取决于广告，而且取决于许多其他因素，如经济发展、顾客可支配收入的增加、房地产产品本身质量的提高和功能改进、价格的合理调整及其他促销方式的效果提高等。因此，单独衡量广告对销售额的影响比较困难。即便如此，广告的销售效果并非不可捉摸。测定广告对销售状况的影响，可以通过两种方法进行：

a. 历史资料分析法，是指由研究人员根据同步或滞后的原则，利用最小平方回归法求得企业过去的销售额与企业过去的广告支出之间关系的一种测量方法。

b. 实验设计分析法。用这种方法来测量广告对销售的影响，可以把某种房地产产品的销售市场按地区划分，在甲地区使用电视广告，在乙地区使用杂志广告，在丙地区使用报纸广告等，各种媒体的广告预算相同，经过一定时期后，检查各地区销售额增长情况。这种检查可以大致分析出哪种媒体最有效。此外，企业还可以采用另一种做法，即在甲地区进行比平均广告水平强的广告活动，在乙地区进行比平均广告水平弱的广告活动，在丙地区的广告强度保持平均水平。这样，在一定时期后，从三类广告水平地区的销售记录中，就可以看出广告活动对企业销售究竟有多大影响。

10.3 营业推广

营业推广也称销售促进，是指房地产企业在某一段时间内采取的能够迅速刺激需求、鼓励购买的各种促销方式。营业推广活动常以直接利益来刺激目标顾客，在很短的时间内可产生立竿见影的效果，甚至引起轰动效应，因此在房地产销售中，被众多企业重视。

10.3.1 房地产营业推广的目标

房地产企业运用营业推广策略，一般根据目标市场的要求、企业的营销计划来确定。它具有针对性和灵活性较强的特点，不仅要明确推广的对象，而且要明确推广的具体目标，这样才能成功有效地运用具体的战术。根据营业推广对象的不同，营业推广可以分为三种类型：对消费者的营业推广、对房地产中间商的营业推广、对房地产推销人员的营业推广。不同类型的营业推广有不同的目标。

10.3.1.1 对消费者的营业推广目标

（1）刺激消费者购买或租赁本公司的房地产。利用营业推广，能起到刺激消费者购买的目的。如某房地产公司宣布，在三天内以八折出售 10 套房子给最先签约的 10 位消费者，这样的信息对于购房者具有极强的刺激性，很容易使消费者在短期内做出购买的决定。

（2）鼓励原有租户继续承租。有相当数量的消费者是租赁房地产而不是购买房地产，如许多企业租用办公用房，许多个人也租住公寓或别墅，房地产的所有者通过减租金、免物业管理费、赠送物品等方式鼓励他们继续租赁。

（3）吸引竞争者的客户成为本企业的客户或潜在消费者。房地产市场竞争激烈，常有企业采用营业推广的方式刺激消费者在不同房地产企业之间转换或选择，如某写字楼通过 6 个月免租期，可吸引对面办公楼里的租户；某住宅楼提出免 2 年物业管理费吸引原已中意其他楼盘的消费者。

10.3.1.2 对房地产中间商的营业推广目标

对房地产中间商的营业推广目标是促使中间商参与企业的促销活动，帮助中间商改善营销工作，吸引新的房地产中间商加入销售行列，提高中间商的工作效率等。房地产开发商常常通过价格折扣、高比例佣金、馈赠礼物等手段实现以上目标。

10.3.1.3 对房地产推销人员的营业推广目标

对推销人员的营业推广不单是指房地产开发商对本企业推销人员的营业推广，也包括对房地产中间商推销人员的营业推广，其目标显然是鼓励推销人员积极工作、努力开拓市场、增加销售量。

10.3.2 房地产营业推广活动的方式

营业推广运用的范围非常广，为了实现营业推广的目标，企业可以在多种营业推广形式中进行选择。企业可根据营业推广目标、竞争形势及各种营业推广形式的成本及效果等因素，做出适当选择。

10.3.2.1 展销会促销法

房地产展销会促进房地产项目的销售是开发商的一贯做法。房地产展销会免去了消费者来回奔波的劳累，集中了大量的房地产项目，增加了购房者的选择余地。房地产交易的开发企业、产权交易部门、银行等的一条龙服务及交易会期间的多种优惠措施，均有助于促进消费者的购买行为。

10.3.2.2 赠品促销法

为了吸引消费者购买，开发商常推出“买就送”的赠品活动。房地产界的赠奖范围从赠送厨卫精装修、家用电器、物业管理费、家具到赠送面积，现在又上升到赠汽车，相比价格明显下调，这种温和的“暗降”方式既达到了促销的目的，又不影响已购业主的忠诚度。

10.3.2.3 抽奖促销法

抽奖促销是指只要顾客购房，即可参加抽奖，奖品有旅游、附赠家电用品等。比较受顾客欢迎的是现金奖项，或者是可用作抵冲房款的现金奖项。例如，广州某楼盘就在竣工典礼上抽出10位购房者（或预订者），给予每人每平方米400元的价格优惠。这种促销方法具有一定的投机性，虽然对有些消费者而言，它不如送装修、送家电等实在，但此法兼顾了人们的博弈心理，反而会使消费者产生刺激的感受，因而对消费者而言还是有一定诱惑力的。

10.3.2.4 价格折扣促销法

这是房地产营业推广中常用的方法。无论是对消费者，还是对中间商，这个方法都很有效。对消费者来说，价格折扣可以使房价降低很多，刺激他们的购买欲望；对中间商来说，价格折扣可以让他们在代理时更有利可图，从而鼓励他们更多或更快地推销本企业产品。

10.3.2.5 先租后售促销法

购房者可以先租住，到购房者认为有能力买下房屋产权时，开发商将如数退还此前的租金总额，并且按租住时议定的房价将房售出。这是在淡市下房地产企业常用的有效手段。先租后售的另一种情况是：租户不一定就是购买者，开发商可以先将物业出租，而后再找购买者，购买者购买后，开发商此前所收的租金总额连同对租客的权利和义务一并转给购买者。此种情况下的购买者一般都是投资者，写字楼的营销经常采用这种方式，因为已经有了租金回报，投资者很容易算账，因此可以很快做出决定，这样做效率极高。

10.3.2.6 试住促销法

有意购房的消费者可先在预购房屋试住一段时间，满意后再购买，不满意分文不收，只管搬走。这种销售方式是颇得人心的。一般情况下，试住销售需要消费者交纳一定数目的定金，然后每月只需支付相当于房款七成 20 年按揭月供额的租款，便可入住现楼，在 3 年后再决定是否买下这一住宅。顾客在试住期的任何时间若想购买，即可将前期所交纳的全部月供房款抵作首期房款，补齐首期后，即可办理产权过户手续，并进入正常的银行供款阶段。

10.3.2.7 自由退房促销法

购房者只要一次性付清房款，那么，在房子交付使用时，购房者如果要求退房，可以不说明任何理由，房地产企业便可一次性退还房款，而且给予一定比率的风险补偿金，这一比率通常要比当期银行利率高。自由退房法和试住促销法都是在设法降低购房者的购买风险，如果开发商对项目有足够的信心，利用此法常可尽早收回投资，有利于资金周转。房地产界最早实施“无理由退房”策略项目可能是北京的现代城，当时现代城推出这个方案后在北京乃至全国引起了广泛的争议，一方面，消费者对活动拍手称快，给予很高的评价，纷纷支持和欢迎更多的开发商加入“无理由退房”的行列，认为“无理由退房”是开发商实力的象征，是消费者的“定心丸”；另一方面，地产同行大多持怀疑的态度，有的提出非议甚至是责难的声音，认为这只是一种商业炒作活动。与此同时，各大媒体纷纷加入讨论的行列，一时间，现代城的“无理由退房”成了舆论焦点。

10.3.2.8 售后返租促销法

售后返租方式是指购房者买下物业后将物业返租给开发商，租价和租期由双方议定。此种方式常见于商铺销售推广中。

10.3.2.9 无贴息返本销售促销法

无贴息返本销售是指购房者到一定时期后（一般是 10~20 年），开发商按原价将本金免息返还给业主，而房屋产权仍归业主所有。这种销售方式往往是在社会经济发展稳定和法律保障健全的形势下才会流行的。

10.3.2.10 分期付款促销法

分期付款又分免息分期付款和低息分期付款，对顾客来说分期付款时间越长越好。但对开发商来说却很不利，损失利息是一个方面，另一个方面是资金回笼的速度慢，这是在淡市比较吸引人的销售方式。

10.3.2.11 推广津贴促销法

推广津贴，这是为了感谢中间商的一种津贴，有广告津贴、展销津贴以及宣传物津贴等。推广津贴是一种报酬，是为了鼓励中间商积极推销自己的产品而设置的。

10.3.2.12　销售竞赛促销法

销售竞赛是为推动中间商努力完成推销任务的一种促销方式，获胜者可以获得房地产开发商给予的现金或其他奖励，如海外旅游奖励等。销售竞赛应事先向所有的参加者公布获奖的条件、获奖的内容等相关的信息。销售竞赛可以极大地提高中间商的工作热情。

在实际运用的过程中，上述营业推广方式可以联合使用，也可独立使用，房地产企业需要根据房地产项目的自身素质和实际情况，灵活地进行选择。

10.3.3　房地产营业推广策略的实施步骤

房地产企业在实施营业推广策略时，要对推广目标、推广形式、推广规模、推广时间及推广预算等做出决策。

10.3.3.1　界定营业推广策略的目标

营业推广策略的目标受企业市场营销目标的制约，且面对的目标市场对象不一样，营业推广策略的具体目标也不同。针对消费者的营业推广活动，目标在于从其他竞争者手中夺取顾客，或留住老顾客；针对中间商的营业推广活动，目标在于鼓励他们经销或代理本企业开发的房地产商品，提升中间商的工作效率、增加销售量。

10.3.3.2　选择营业推广形式

不同的营业推广目标，选择的营业推广形式也会有所不同；不同的营业推广对象，选择的激励手段也不一样；不同的推广效果要求选择的推广策略更有明显的不同。一般来说，对中间商开展的推广活动实现效果的持续期较长，而对消费者的刺激一般是帮助企业实现阶段性的销售目标。

10.3.3.3　选择营业推广规模

以多大的费用投入来刺激消费需求决定着销售业绩的好坏。要使推广活动取得成功，必须使活动具有一定的刺激强度，能够刺激目标对象的参与。刺激强度越高，促进销售的反应越大，但这种刺激也存在边际效应。因此，房地产企业不仅要了解各种营业推广手段的效率，还要清楚地认识刺激强度和销售量的变化关系，以取得合理的、预期的推广效果。

10.3.3.4 确定营业推广的时间

营业推广的时间决策包括营业推广活动的起始时间和持续的时间长短。营业推广的起始时间安排必须妥当。比如，某开发商要组织一次针对广大教师的价格折扣售房活动，选择在教师节到来前的某一日期为开始时间，效果可能会比较理想。营业推广活动的时间应有一定的持续长度，但要恰当。持续的时间太短，一些顾客可能会失去参与的机会，影响营业推广的效果；持续时间过长，则推广的号召力会逐步递减，起不到刺激消费的作用。如前面所讲的针对教师的房价折扣活动，持续时间为教师节前后的一周或 10 天左右就比较合适。

10.3.3.5 安排促销预算

营业推广预算的决定可以采取两种方法。一种是总和法，即根据营业推广目标、推广方案的各方面，分别算出营业推广活动每个环节所需要的费用，然后汇总得出营业推广活动的总预算。另一种是总促销预算百分比法，即根据企业的促销组合策略，将总预算在不同促销方式上，以一定的比例关系进行分配。

10.4 公共关系

公共关系是企业促销的又一重要策略。公共关系是企业利用各种传播的手段，同包括顾客、中间商、政府机构、合作者及新闻媒介在内的各方面公众沟通信息、思想和情感，建立良好的社会形象和营销环境的活动。公共关系不同于其他促销方式，它并不直接介绍、宣传和推销企业产品，而是通过双向的信息沟通，协调与相关公众的关系，赢得社会各界的理解、支持与信任，进而树立良好的企业形象，间接达到扩大企业产品销售的目的。

10.4.1 公共关系的作用

公共关系之所以受到企业越来越多的重视，主要是因为公共关系具有其他促销方式无法比拟的作用，在房地产企业营销中的作用主要有以下几个方面。

10.4.1.1 树立良好的企业形象

企业形象是指社会公众和企业职工对企业的整体印象、看法和评价。它反映了公众对一个企业总体特点、精神的了解和情感倾向。开展公共关系活动有助于企业建立良好的内部和外部形象。通过开展内部公关，可以增强企业的向心力和凝聚力，促使每一位员工能更好地为企业服务。在外部公关活动中，企业可以通过富有创意的信息沟通活动吸引相关公众的注意，让社会公众在企业的实际行动中体会到企业所宣传的内容和宗旨，以此扩大企业的影响，树立企业的形象。

10.4.1.2 分析监测环境的变化

在快速变化的环境中，收集信息、快速反应对企业的生存至关重要。公共关系按其活动的工作程序和周期，一般是从信息的采集开始的。收集的信息内容通常包括：组织形象信息、产品形象信息、公众需求信息和一般社会信息。及时的信息收集能使企业对环境的变化保持高度的敏感性，为项目开发决策提供可靠的依据。

10.4.1.3 消除公众的误解

房地产开发企业在经营过程中，难免会出现某些失误，这些失误一旦处理不好，就可能使企业与相关公众的关系快速恶化。在这种情况下，公关活动可以起到缓冲作用，使矛盾在激化前及时得到解决，为企业重新赢得良好的声誉。为此，企业平时应该有应急的准备，一旦与公众发生冲突，要尽快掌握事实真相，及时做好调解工作。

10.4.1.4 促进产品的销售

公共关系活动并不能立即生效，也不可能马上促成房地产交易行为的发生，但从企业的最终目标来看，产品促销也是公共关系活动的潜在和根本目的。经过有计划的公关努力，企业一旦在社会上形成企业良好的口碑，就能在较长时间内带动产品的销售，获得更多收益。

10.4.2 公共关系的主要活动方式

房地产公共关系的促销活动很多，根据公关活动内容的不同，常见的方式主要分为以下几种。

10.4.2.1 开展新闻宣传

公共关系专业人员使用的几种工具中，新闻是最主要的一个。公共关系专业人员会找出或创造与其产品和人员相关的有利新闻。有时新闻事件自然而然就形成了；有时公共关系人员会有意制造一些新闻事件，以吸引新闻媒介的注意。制造新闻并不是捏造事实，而是对事实进行适当的加工。例如，利用新闻人物的参与，创造一些引人注目的活动形式，在公众所关心的问题上表态亮相等，都可以使事实的新闻色彩增强，从而引起新闻媒介的关注并予以报道。这样做可以达到两个目的：一是广泛传播有关本企业的重要信息，二是与新闻界保持密切的联系。

10.4.2.2 发表演说

演说能提升企业和产品的知名度。越来越多的企业领导人必须学会圆满地回答媒体的提问，或者在行业协会或销售会议上发表讲话，这都能够建立或者破坏企业的形象。

10.4.2.3 举办专题活动

对市场营销人员和公关人员来说，专题活动无疑可以引起相关公众的注意，有利于企业向公众传递信息。专题活动通常包括隆重的开幕典礼、企业周年庆典、展览会、研讨会、联谊会、茶话会等公关活动，这些都是为有效接触目标公众和激发他们的兴趣而设计的。

10.4.2.4 准备企业识别材料

企业识别材料有助于企业建立公众一看便知的组织形象。企业的办公系统、经营系统、运输系统、制服系统、环境系统等，所有能与公众发生联系、能够吸引公众注意力的工具，都可以成为传达企业识别符号的媒介。

10.4.2.5 参与公益活动

企业应积极参与各种有意义的公益活动，如既可以赞助以房地产企业名称冠名的体育比赛、文艺演出、智力竞赛等活动，也可以资助教育、社会福利和慈善事业的发展。这不仅可以充分显示企业的雄厚实力，充分体现企业积极承担社会责任的精神，在公众中树立企业关心公益事业的美誉，同时可以为企业赢得政府及相关公众的支持，为企业生存和发展创造良好的外部环境。

10.4.2.6 发布公关广告

公关广告不同于商品广告，商品广告是直接宣传企业的产品和服务，达到促销盈利的目的，而公关广告主要是宣传企业的整体形象、经营理念、企业文化和企业精神，从而树立企业形象，提高企业声誉，融洽企业和公众之间的关系，增进公众对企业的信赖感和支持度。

10.4.2.7 建立健全内部公关制度

房地产企业应建立健全内部公关制度，协调企业内部关系，创造和谐的人际关系，充分调动职工的工作积极性。

10.5 房地产网络营销

房地产促销面临两大任务：一是如何将更多的产品信息更准确地传递给目标消费群，二是要了解目标消费群对产品有什么看法。传统的促销方式多以企业为主体，通过一定的媒体或工具对顾客进行单向式促销，顾客多数处于被动地位，企业缺乏与顾客的直接沟通。网络营销存在一定的双向选择机制，可以将这种大规模互动营销的设想在一定程度上变为现实。

10.5.1 房地产网络营销的特点

网络营销在房地产经营中的最重要应用领域是信息互通。网络营销有助于买卖双方发生交互式的双向沟通，顾客能够处于主动地位，直接参与企业的营销活动、与营销人员沟通，使企业更准确地了解顾客需求，及时把握市场机会。

10.5.1.1 节省房地产营销活动的费用

在房地产网络营销中，房地产不可避免地要进行各种网络推广，包括付费推广和免费推广。付费网络推广常见的形式有网络广告、搜索引擎关键词广告等，而免费网络推广方法更多，应用也更灵活，常见的免费网络推广方法包括搜索引擎自然检索、网络分类目录、网站链接、博客推广、论坛推广等。与传统营销需承担的包括房地产广告费用、公关费用、推广费用、店面租金等在内的大量昂贵支出相比，这些多样的免费推广资源能更好地为企业节省开支和预算，如果企业能巧妙地对其加以利用，会达到事半功倍的效果。

10.5.1.2 多媒体展示、虚拟社区

与传统的电视广告、报刊广告及广播广告相比，网络媒体通过软件技术集现有各种媒体的功能于一体，运用三维展示、电子地图、语音解说等手段

传播信息，甚至可以利用计算机虚拟现实技术让观看者能“身临其境”地看房、选房，开发商可以进行项目的实景展示与虚拟展示，也可同时接入在线视频讲盘、在线客户咨询系统等。网络作为一种新媒介有其他媒介无法比拟的优势，即虚拟空间。对于房地产企业来说，虚拟社区不仅是业主或潜在顾客沟通的场所，它所代表的在某种程度上是一种深层次的亚文化形态、一个具有相同价值取向的群体。虚拟社区的建设和管理，直接影响目标顾客的选择乃至企业的发展方向。

10.5.1.3 拓宽房地产营销的活动空间

房地产属于不动产，具有地域的固定性，因此传统的房地产营销活动一般在房屋所在地进行。但是随着人们生活水平的提高和信息传播速度与广度的进一步加快、加深，本地优越的自然资源、人文景观对异地顾客也越来越具有吸引力，特别是高档别墅项目的出售，往往打破了地区的界限，商品房销售对象不再局限于某些地区和某些部门。房地产企业要让全国各地甚至境外的潜在购房消费者知晓自己的产品，就要借助于互联网平台，详细地介绍商品房设计方案、装饰材料、设施功能、交通环境、价格、付款、购买方式等信息。购房者想要选择满意的房子，只要用手指轻轻点击鼠标就可以把项目的相关信息一览无余，在对各种项目信息进行全面而审慎的比较后，可做到“足不出户，选天下房”，极大地拓宽了顾客的选择余地，使房地产的营销活动在更广阔的舞台开展。

10.5.1.4 消费者可以互动参与营销活动

传统的营销通常是企业主动做宣传，顾客被动地做听众或观众，彼此直接交流的机会很少，沟通的机会也很少。与传统营销相比，房地产网络营销最大的特点在于，其本质是一种互动营销，即房地产企业利用互联网，通过对广告平台、销售平台、信息平台、交流平台的架设，与目标消费群、业主、公众等群体进行信息交流，其信息流向是双向而并非单向的。顾客可以通过网络主动查询分散的、感兴趣的房地产的价格、地理位置、品牌等信息，同时可以便捷地把自己的意见及时反馈给营销者，如可以在网页上留言，可以填写在网页上的市场调查表格，进行购买需求登记等。企业可以通过有效的沟通，充分地了解消费者的需求，根据收集到的意见和建议，对企业的营销策略和行为做出相应的调整。网络营销的最终发展趋势是实现网上的菜单式选择，客户可以根据个人喜好选择定制户型、建筑风格、家居布置等，房地产企业在技术和环境许可的情况下，最大限度地满足消费者的个性需求，把消费者对该产品的感受和建议融入产品设计和建造中，真正做到产品设计、建造过程的“以人为本”，实现产品的全过程营销。

10.5.1.5 营销效果易于测量

传统营销最让人头疼的是如何得知营销效果。而网络营销只要在网页程序中插入流量统计和探测流量来源的代码，那么多少人看过此广告、多少人点击详细查看等数据都易于测出，网络运营商提供的“广告运营报表”可以对每一个投放的广告进行监控。

10.5.1.6 提供全天候的不间断房地产营销服务

网络营销的虚拟性突破了传统工业化社会的时空界限以及企业经营活动范围的束缚，以全天候的形式为消费者提供服务。只要企业愿意，可以全年365天不知疲倦地持续工作，随时响应消费者的需求，这给平时白天工作繁忙的消费者带来了极大的便利。理论上，通过网上支付，买卖双方还可在网上签订购房合同。不过在现实生活中，房地产作为大额投资消费，消费者直接通过网络进行交易的情况非常少，房地产网络营销的最主要的目的，还是通过网络给浏览者创造一个虚拟体验的环境，让其充分感受房地产项目的特性，吸引其进入售楼现场或者打电话进一步沟通。

10.5.2 房地产网络营销模式

房地产网络营销经历了多年的发展，新的网络营销模式不断出现，原有模式不断创新，网络营销在促进房地产企业与消费者之间进行信息传递与沟通，从而有效地引导、说服消费者方面发挥着越来越明显的作用。

10.5.2.1 房地产网络广告

房地产企业通过建立自己的网站，或者通过其他网站发布广告等手段，对产品进行广告宣传。这是继报纸、广播、电视、杂志后，进行房地产广告投放的第五大媒体，这也是房地产企业最早采用的网络营销模式，仍将占有重要地位。所谓房地产网络广告就是利用网站上的广告条幅、文本链接、多媒体等形式，在互联网上发布的房地产广告，包括硬广告和软广告两种形式。

（1）网络硬广告。网络硬广告就是在网络上直接展现品牌、产品与服务、一眼就能看出是广告的广告。网络硬广告一般具有以下特征：具有明显的品牌信息；以文字、图片 Flash、视频等形式展现；需要付费给第三方平台，自建网站除外。早期房地产网络硬广告大多形式简单，通常做法是在房地产企业自建网站或者在其他门户网站上设专题页面，其中有详细的图文介绍，如项目的开盘信息、项目的价格、优惠信息、销售情况等与项目密切相关的内容。目前的网络硬广告早已逐渐向复杂化、动态化、多样化的方向发展，几乎涵盖了所有网络广告形式，如横幅式广告、按钮式广告、浮标式广告、对联式广告、弹出式广告、文字链接广告等。在设计要求上，网络广告一般图案简洁、文字精练、引人注目。

（2）网络软文，也称网络软广告，是相对于网络硬广告而言的。网络软文以互联网作为传播平台，主要以文字为载体，形式表现为企业新闻稿、公关软文、广告软文等。大部分的企业开始采用软文营销进行推广，然后在大型行业门户或者是大型网站进行传播，人们愿意看新闻而不愿意接受广告，网络软文正是抓住了人们的这种偏好，为企业的宣传发挥了更有效的作用。房地产网络软文营销需要注意几个方面：一是内容的真实性，二是内容的价值性，三是内容的推广方向。好的网络新闻软文具有二次传播特性，即一个网站首先发布后，别的地方和专业网站会转载这篇新闻，这样无形中形成了更好的信息传递效果。

10.5.2.2　房地产搜索引擎模式

综合搜索引擎是网民最基本的搜索工具，除了少数大型互联网站可以获得大量独立域名访问外，一般网站的访问来源有 75%或以上都是来自各搜索引擎，其重要性可见一斑。房地产搜索引擎是指根据一定的策略、运用特定的计算机程序搜集网站内或网站外的房源信息，在对房源信息进行组织和处理后，将处理后的信息显示给用户，这是为用户提供房源搜索的网站。比较知名的房产搜索引擎，如搜房网、新浪乐居、搜狗房产、搜狐焦点、安居客等，为用户提供各类房产供求信息，极大方便了用户查询。在房地产企业自建网站的情况下，为了让用户快速搜索到自己的信息，搜索引擎优化（SEO）成为关键技术。搜索引擎优化可以分为内容优化和技术优化。内容优化就是通过百度产品（百度百科、百度知道、百度文库）或者各大门户网站软文发布，让互联网充满自己楼盘的相关信息，容易被搜索。在内容建设上，可以多些关于项目的特色、卖点、相关配套、户型介绍等，这类的信息一般都是别的网站没有的，这样就更容易被搜索引擎收录。技术优化主要通过搜索算法规则，改进网站在搜索引擎中的关键词自然排名，获得更多流量，从而达成网站销售及品牌建设的预期目标。房地产行业网站的目标客户群一般是当地的居民，因此房产销售在选取关键词时可以加上地区，如“北京房地产，北京××楼盘”，这样才会更有针对性，同时避免了与“房地产”这样指数更高的关键词的竞争，可以降低网站的优化成本。

10.5.2.3 社交媒体模式

互联网的发展使得受众不再是信息传播的被动接受者，而是共同的信息生产者和信息传播的参与者。以博客、论坛、微博、微信等为代表的社交媒体网络平台逐渐受到房地产企业的关注和重视。在社交媒体网络平台，网络传播是交互式的、全方位的，传播者与受众相互交流、相互影响，受众的参与意识被大大地激发。这些社交媒体营销具有传播速度快、信息二次传播能力强等优势，将商务活动、生活服务引入社交网站，可以进一步挖掘营销价值。

（1）博客营销。博客又称网络日志，特指一种特别的网络个人出版形式，内容按照时间顺序排列，并且不断更新，是一种十分简易的个人信息发布方式。任何人都可以进行免费电子的注册、写作和发送，完成个人网页的创建、发布和更新。个人可以充分地利用超文本链接、网络互动、动态更新的特点，将个人工作过程、生活过程、思想历程等及时记录和发布，更可以以文会友，结识和汇聚朋友，进行深度交流沟通，能够让读者以互动的方式留下意见。博客营销是利用博客这种网络应用形式开展网络营销，企业或个人利用博客这种网络交互性平台，发布并更新企业或个人的相关情况及信息，并密切关注、及时回复平台上客户对于企业或个人的相关疑问以及咨询，通过较强的博客平台帮助企业或公司零成本获得搜索引擎的较前排位，以达到宣传目的。博客能够加强企业或个人与客户、用户、公众及员工之间的沟通交流，因而博客成为房地产办网络营销的新宠。企业和个人纷纷开设博客，与粉丝交流互动，如博客使任志强、潘石屹、冯仑这些地产名人与相关企业的知名度都得到大幅度提升。在微博和微信兴起之前，博客曾占据了网络的半壁江山，直到今天，博客营销依然有它独特的优势。

（2）论坛营销。论坛营销就是企业利用论坛这种网络交流的平台，通过文字、图片、视频等方式发布企业的产品和服务的信息，从而让目标客户更加深刻地了解企业的产品和服务，最终达到企业宣传企业品牌、加深市场认知度目的的网络营销活动。论坛营销可以成为支持整个网站推广的主要渠道，尤其是在网站刚开始运营的时候，这是个很好的推广方法。由于论坛话题的开放性，几乎企业所有的营销诉求都可以通过论坛传播得到有效的实现。论坛营销与传统营销相比，成本低廉且信息发布迅速、覆盖面广。在论坛营销中，参与者不仅是信息的接收者，更是进一步传递信息的节点。网民与企业的良性互动，也大大增加了网民对企业的好感，对企业良好的印象有助于网民的购买行为。企业还可以根据目标用户的不同特质，如行业、爱好、性别、年龄等，对“大众”论坛的受众进行“窄众”细分，从而大大提高营销推广的精准性。

（3）微博营销。微博，即微博客的简称，是一个基于用户关系的信息分享、传播及获取平台，用户可以利用电脑、手机等多种终端方便地访问微博，以 140 字左右的文字更新信息，并实现即时分享。微博营销是指通过微博平台为商家、个人等创造价值而执行的一种营销方式，也是指商家或个人通过微博平台发现并满足用户的各类需求的商业行为方式。微博营销以微博作为营销平台，每一个受众（粉丝）都是潜在营销对象，企业通过更新自己的微型博客向网友传播企业信息、产品信息，树立良好的企业形象和产品形象。每天更新内容可以跟大家交流互动，或者发布大家感兴趣的话题，达到营销的目的。人气是微博营销的基础，有足够的粉丝才能达到传播的效果，名人效应能够使事件的传播当量呈几何级放大。与传统博客相比，微博内容则短小精悍，重点在于表达现在发生了什么有趣（有价值）的事情，而不是系统的、严谨的企业新闻或产品介绍。在微博的传播渠道上，其除了相互关注的好友（粉丝）直接浏览之外，还可以通过好友转发的方式向更多的人群传播，因此是一种快速传播简短信息的方式。

（4）微信营销。微信营销是企业用微信和用户建立连接，通过不断的信息互动和服务来获得品牌影响力和提升业绩的营销行为。微信营销是网络经济伴随着微信的火热而兴起的一种网络营销方式。微信不存在距离的限制，用户注册微信后，可与周围同样注册微信的“朋友”形成一种联系，用户订阅自己所需的信息，商家通过提供用户需要的信息，推广自己的产品，从而实现点对点的营销。进行微信营销的商家通过微信公众平台，结合转介率微信会员管理系统展示商家微官网、微会员、微推送、微支付、微活动，已经成为一种重要的线上线下互动营销方式。

微信营销是在智能手机快速发展的背景下成长的，其灵活性和自由性远远超越了报纸、电视等传统营销载体。作为一种新兴的营销手段，微信营销具备了其他媒介所不能及的特征。用户可以免费注册微信账号，使用微信的各种功能均不收费，官方公众平台的认证也是免费的，所以商家开展微信营销的成本非常低。运用微信进行营销只需要投入维护人员的工资，因此微信营销获得了许多商家的关注。微信的点对点产品形态使其能够通过互动的形式将普通关系发展成强关系，从而产生更大的价值。通过互动的形式与用户建立联系，企业可以解答疑惑、讲故事甚至可以“卖萌”，用多种形式让企业与消费者成为朋友。微博的天然特性更适合品牌传播，作为一个自媒体平台，微博的传播广度和速度惊人，但是传播深度及互动深度不及微信。基于微信的种种优势，借助于微信平台开展客户服务营销也成为继微博之后的又一新兴营销渠道。

案例分析

从冰墩墩火爆看房企如何打造自己的 IP 形象

近期，国内外“破圈”的“冰墩墩”已经成为北京冬奥会乃至中国文化的一个新 IP。这只裹着“糖衣”的小熊猫持续火爆，有人排队 24 小时，有人官方旗舰店蹲点秒杀只为买一个“冰墩墩”。“冰墩墩”是潮流 IP 形象的体现，随着“Z 世代”人群成为潮流文化的主要消费群体，不少地产商也在打造属于自身的潮玩 IP，紧跟时代的步伐。

一、TOP 50 房企超半数有 IP 形象，拉近企业与客户距离

据克而瑞研究中心（CRIC）统计，目前 TOP 50 的房企有 28 家有自己的 IP 形象。其中，除了万科地产、保利发展、中国铁建和佳兆业是在区域层面打造吉祥物外，其他房企皆是集团层面的吉祥物 IP 形象，代表企业做品牌推广等工作。此外，除去自行打造 IP，融创中国和知名的 IP 形象阿狸联名，通过这种方式直接获得先发优势。碧桂园、华润和龙湖 2015 年推出 IP 形象，其他多数房企设立于 2019 年后，如表 10-1 所示。2019 年房地产政策环境整体偏紧，在“房住不炒”的政策基调下，楼市热度较 2017 年和 2018 年略显乏力，热度有所消退。因此不少房企开始注重产品品牌打造升级，在更加关注产品力的同时，也更注重品牌的开发与维护，借助于 IP 来完善自己的品牌内

容，延伸品牌内涵。也有嗅觉敏锐的房企如碧桂园、华润置地和龙湖在 2015 年设立了 IP 形象，成为地产 IP 潮流的先行者。九成房企在名字中注入企业名称中的字，如华润置地的嗨皮润、龙湖的龙小湖、金地的大眼金等，这类既能使客户联想到房企本身，又更加“萌”的名称，加上吉祥物多为圆润可爱的形象，意在打破房地产企业固有的钢筋水泥的硬朗形象，拉近与客户之间的距离。

表 10-1 TOP 50 房企 IP 形象名称及首发时间

企业简称	IP 形象名称	首发时间	企业简称	IP 形象名称	首发时间
华润置地	嗨皮润	2015 年	金地集团	大眼金	2019 年
龙湖集团	龙小湖	2015 年	中南置地	中仔（ZOZO） 南妮（NANA）	2019 年
碧桂园	凤凰 P 仔	2016 年	金科集团	金小宝	2019 年
安徽保利	阿宝	2017 年	正荣集团	小正、小荣、 荣荣球	2019 年
奥园集团	奥仔	2017 年	中国铁建地产 西南公司	铁 sir	2019 年
新希望地产	New Sir	2017 年	中梁控股	梁小狮	2020 年
中骏集团	小骏骏	2018 年	金辉集团	金小瑞	2020 年
绿城中国	绿小城	2018 年	海伦堡	海小宝	2020 年
雅居乐	乐乐	2018 年	新城控股	驼小新	2021 年
禹洲集团	小禹儿	2018 年	越秀地产	越越和秀秀	2021 年
新疆万科	万小可	2019 年	宝龙地产	龙宝	2021 年
旭辉集团	旭小熊	2019 年	阳光城	阳光家族	2021 年
祥生集团	祥祥、生生	2019 年	佳兆业集团	佳小狮	2021 年

资料来源：CRIC。

二、IP 形象需立体，增强互动且满足消费需求

IP 形象在品牌活动及宣传方面，相比简单的宣传更加吸引眼球，易于传播。为了达到良好的效果，在 IP 形象维护上面，企业需要注意以下几点：

首先，从图文营销升级到人设、故事营销，使 IP 形象更加立体。以龙湖为例，2015 年“龙小湖”刚刚推出时，主要是作为吉祥物进行线上线下的营销活动。2019 年，龙湖集团任命“龙小湖”为集团首席亲善官兼龙湖形象代言人。新版“龙小湖”的形象不仅局限在视觉层面，还打造人设、背景故事等，迭代后的“龙小湖”更具龙湖品牌辨识度。

其次，要打造IP形象完整体系，增强互动双向沟通。在数字化时代，房企IP形象推广需要社交媒体矩阵辅助完成。集团公司、区域公司及各个板块可以在微信、微博及抖音上注册账号，这些官方账号通过集团IP形象进行连接，延伸企业品牌矩阵覆盖度；且矩阵互动内容接地气、具有亲和力，拉近了品牌距离，实现了人格具象化，提升了品牌软实力，如绿城中国和宝龙地产2021年在企业官微公众号上提到IP形象的文章篇数超过100次，分别占全年发文数的43%和57%。中梁地产开设“梁小狮课堂”视频号传授小知识，龙湖官方微博账号分区域、分领域，涵盖旗下各个区域及板块，这些官方账号以“龙小湖”IP为连接，通过“小湖夜话”等话题，抽奖赠送IP形象周边的方式与网友互动，如表10-2所示。

表10-2　2021年房企官微提到IP形象文章数

企业简称	IP形象名称	2021年官微提到次数	企业简称	IP形象名称	2021年官微提到次数
绿城中国	绿小城	142	金辉集团	金小瑞	14
宝龙地产	龙宝	122	中南置地	中仔、南妮	12
金科集团	金小宝	32	中骏集团	小骏骏	3
融创中国	阿狸	31	旭辉集团	旭小熊	2
新城控股	驼小新	30	正荣集团	小正、小荣、荣荣球	2
碧桂园	凤凰P仔	29	阳光城	阳光家族	1
禹洲集团	小禹儿	28	中国铁建地产西南公司	铁sir	1
中梁控股	梁小狮	26	雅居乐	乐乐	1
越秀地产	越越和秀秀	26	祥生集团	祥祥、生生	1
龙湖集团	龙小湖	18	新希望地产	New Sir	1

资料来源：CRIC。

三、丰富IP形象周边产品，提升IP消费力

周边是对品牌文化的延伸和完善，尤其可以吸引年轻消费群体的注意力，更容易进行传播，为品牌带来不少的流量。很多地产品牌周边已经不局限于只设计一个毛绒公仔或抱枕，雨伞、充电宝、托特包、台历、盲盒甚至雪糕模具等产品都有，还有房企通过旗下商业地产打造“快闪店”等方式售卖及赠送IP形象周边，满足“Z世代”潮流IP消费。

IP 形象并非一成不变，而是逐步迭代的过程。除去其首发之前的多次打磨，很多 IP 形象需要随着时代变化逐步迭代，以求更加契合企业形象，如龙湖的“龙小湖”更新换代后形象更加可爱具有辨识度；大唐地产的 IP 形象“唐唐”，2019 年开始有了一系列新的形象延展，年轻化的形象在校园招聘、足球联谊赛等活动中更有亲和力。

从 2021 年末玲娜贝儿火爆让迪士尼风头再度超越新建环球影城，到如今“一墩难求”的冰墩墩为冬奥会锦上添花，地产企业中如“龙小湖”等 IP 形象的成功，说明打造自身的潮流 IP 是大势所趋。“Z 世代”已经成为潮流 IP 的主要消费群体，房企应当进行更深入的市场调查，赶上打造潮流 IP 的这趟列车。IP 形象打造的最终目的，是在其基础上建立良好的产业生态系统，实现 IP 带来的体验升级、知名度的提高、识别力的增强。在打造的过程中房企要讲好故事做品牌、用心孵化推产品、连接不同线条扩张建生态，让 IP 形象在推动企业品牌立体化呈现的同时，在更多场景发挥企业品牌宣传的作用。

讨论题：

1. 为提升项目的传播势能，案例中房企在新媒体与传统媒体的联合使用方面有哪些可取之处？

2. 随着“Z 世代”人群成为潮流文化的主要消费群体，房企该如何利用 IP 形象讲好品牌故事？

第11章 房地产人员销售

房地产人员销售是目前房地产销售中的主要形式，如何才能组建一支高效销售团队？怎样能招聘到优秀的销售人员？如何使绩效考核更科学准确并成为有效的激励因素？从识别客户、接触客户开始，到成交收定、正式签约，房地产销售如何做到步步为营，顺利实现销售？

11.1 房地产人员销售概述

在竞争日趋激烈的房地产市场环境中，房地产企业想要在竞争中制胜，除了要有优于竞争对手的产品外，还必须有优秀的销售队伍和有效的管理。房地产销售人员作为房地产企业与购房者之间信息沟通的桥梁，承担着满足购房者居住、商业办公需要，以及为房地产企业创造利润的双重任务，是销售环节的重要资源。人员销售在房地产营销促销组合中具有不可代替的地位，是达成促销目标的最有效的方式。

11.1.1 房地产人员销售的概念

房地产人员销售是指，房地产企业委派销售人员直接同目标市场的客户建立联系、传递信息、促进商品和服务销售的活动。房地产人员销售是消费者的引导者和专业顾问，也是房地产企业的市场信息收集者。对企业来说，销售人员既是房地产企业的形象代表，又是房地产企业与目标客户信息的传递者，能够从客户那里带回企业需要的相关客户信息；对购房者来说，销售人员就是房地产企业，一言一行代表着企业的形象，并为客户提供全方位的服务。

11.1.2 房地产人员销售的功能

房地产销售人员一方面要与目标客户保持着长期的关系；另一方面，要不断寻求和发掘潜在的市场，培养和发展房地产企业的客户圈。人员销售的主要功能有以下几个方面。

11.1.2.1 销售功能

房地产销售人员接受房地产产品的销售任务，积极努力寻找目标客户，开发市场，促进产品的销售，激发消费者的购买欲望；通过房地产买卖行为的达成，实现房地产企业的销售目标，扩大市场占有率。

11.1.2.2 宣传功能

房地产企业的销售人员，直接代表企业面对客户，以房地产企业代表者的身份，积极扩大房地产企业及其产品的社会影响力；通过自身的行为树立和维护企业的良好形象，扩大房地产企业和产品的知名度、美誉度。

11.1.2.3 协调功能

销售人员直接面对目标客户，能够及时发现房地产企业与客户之间所存在的矛盾，协调解决企业与客户之间的摩擦。销售人员对房地产企业的产品和服务了如指掌，当遇到矛盾时能够设身处地为客户着想，并取得对方的信赖，也更容易化解企业与客户之间的矛盾。

11.1.2.4 服务功能

房地产产品具有价值大、权属交易复杂的特点，消费者在购买时会有许多的信息需要咨询，而销售人员可及时给予专业的帮助，为其提供良好的建议，帮助消费者解决购房过程中遇到的各种技术问题。

11.1.2.5 反馈功能

对于消费者来说，销售人员可以向其提供所需要的买房信息，而对于房地产企业来说，销售人员能够开展市场调查和情报收集工作，向企业反映客户的意见和市场的变化状况，使房地产企业对销售决策能够及时响应与处理，树立房地产企业良好的形象。

11.2 销售团队的组建与管理

销售团队的组建与管理受到房地产企业人力资源、财务状况、产品特性、消费者及竞争对手等因素的影响，房地产企业应根据自身的实力及企业发展规划，精心组织、量力而为，争取用最少的管理成本获得最大的经济效益。

11.2.1 销售团队的组建模式

企业的销售团队采取何种组织结构，以便使它产生更高的工作效率，是一个重要问题。在实践中，销售人员的组织结构可依企业的销售地区、产品、客户类型这三个因素的结合来设置。

11.2.1.1 地区型组建模式

这种结构是指各销售人员被派到不同地区，作为该地区经销该房地产企业全线产品的唯一代表。这种结构优点是：第一，销售代表的责任明确；第二，地区责任能促使销售代表与当地商界和个人加强联系，有助于提高销售代表的销售效果；第三，由于每个销售代表只在一个地区工作，因而差旅费开支相对较小。

11.2.1.2 产品型组建模式

按照产品结构组织销售队伍，是目前比较流行的一种组织结构。随着事业部制的建立和产品管理的发展，许多房地产企业采用了这种销售结构；特别是当产品技术复杂、产品之间联系少或数量众多时，销售和营销工作更具有针对性，尤其适合这种销售结构。这种结构的缺点也是比较明显的，不同事业部间的销售队伍可能会在客户追踪时造成交叉，导致费用、时间、精力的浪费，如两个事业部的销售代表可能会同时走访同一个客户。

11.2.1.3 客户型组建模式

按客户结构组织销售队伍的情况也很常见。房地产企业对不同的目标客户安排不同的销售队伍，如针对大客户的销售队伍、针对目标零星客户的销售队伍等。按客户结构组织的销售队伍比较明显的优点是每个销售人员能够了解消费者的特定需要，有时还能降低销售队伍的费用，更能减少渠道间的摩擦，为新产品开发提供思路。缺点是如果各类客户遍布全国，那么房地产企业的每一个销售人员都要花费很多管理成本，如高昂的差旅费支出等。

11.2.1.4 复合型组建模式

复合型的销售队伍实际上是最为广泛的一种销售结构，许多房地产企业根据自身的业务特点建立更为灵活有效的销售队伍。销售人员可以按地区产品、产品市场、地区市场等加以组织，一个销售人员可能同时应对一个或多个产品的部门经理负责。

房地产企业在一个广阔的地域范围内向各种类型的消费者推销产品时，通常将以上几种结构方式混合使用，以吸收各种组织方式的优点，规避其缺点。

11.2.2 销售人员的管理

11.2.2.1 人员的招聘

招聘工作是人力资源系统的输入环节，其质量的高低直接影响房地产企业人才输入的质量，一个有效的招聘系统能使房地产企业获得优秀人才。

（1）销售人员特征。房地产销售人员应具备的基本条件，主要有以下几个方面：

a. 热爱销售工作。销售人员必须热爱销售工作，具有敬业精神和饱满的工作热情，客户更容易认可和接受这样的销售人员及其提供的服务。

b. 具备自我激励能力。成功的销售人员在销售房产过程中，能够充分与客户分享生活追求，并不断激励自己，加强自我学习，不断提高自身素质，自我激励成为销售人员努力进取的原动力。

c. 拥有良好的沟通能力。良好的沟通能力是一个合格的销售人员必备的基本条件，沟通是一个听与讲的双向交流过程，聆听对于销售人员尤为重要，而有效的沟通往往是建立在善于聆听的基础上的。通过有效的沟通，销售人员能清楚地了解客户的观点和需求，从而为客户推荐所需的产品。

d. 具有多元化的知识结构。房地产销售环节众多，相关知识涉及建筑业、房地产业、建材业、金融业、风水、营销及相关法律范畴等。因此，销售人员掌握的知识应该是多元化的，只有这样才能胜任市场对现代营销人员的要求，成为客户真正的置业顾问。

e. 具备分析问题的能力。在销售过程中，销售人员会面对客户提出的各种异议。销售人员要顺利实现销售，就必须通过自身的分析判断，设法克服和解决客户的异议。

f. 诚实守信。树立为客户全面服务的观念，以诚实、友好和热情的态度服务客户，是对销售人员最基本的要求。由于房地产交易过程复杂、程序烦琐、金额交易量大，客户更需要一个忠实可靠的置业顾问。因此，销售人员应具备良好的职业道德，在销售过程中不仅要忠诚于房地产企业，更要忠诚于客户，只有这样，销售人员才有可能成为优秀的置业顾问。

（2）招聘渠道。房地产销售人员的招聘渠道有很多，一般的招聘渠道有以下几种：

a. 公开招聘。公开招聘是利用大众传播媒体或人才市场招聘会等媒介，房地产企业在网络、企业网站及报刊上刊登招聘广告，面向公众招聘销售人员。其优点是传播面广，可以吸引更多的人才前来应聘；缺点是招聘周期长、费用高、工作量大，筛选求职者的过程耗费时间。

b. 院校招聘。房地产企业与有关院校建立长年联系，每年从房地产相关专业的应届毕业生中集中选聘优秀人才。这种形式的优点是：刚毕业的学生，对工作和生活充满激情，拥有专业知识和较强的学习能力，可塑性强，容易培训成为符合要求的销售人员；缺点是房地产企业对应聘者的考察过程较短，对应聘者的了解也不够深入。企业可以通过有计划地接收毕业实习生，然后从中考察、选拔来弥补这种招聘形式的不足。

c. 猎头猎取。房地产企业在招聘高级营销管理人员和有特别要求的专业人才时，可委托猎头公司进行。这种渠道，一般针对性强，命中率较高。这种形式招聘费用多，房地产企业选择信誉良好的猎头公司是非常重要的。

11.2.2.2 人员的培训

销售培训能使销售人员的专业水平不断提升，更好地为客户提供专业服务，同时有利于销售人员职业生涯规划的发展。

（1）销售培训的主要内容。房地产企业的销售培训的主要内容有基本素质培训、专业技能培训、房地产企业及产品培训和政策法规培训等。

a. 基本素质培训。基本素质培训应本着以人为本的精神，其核心内容是对人类生存意义和价值的关怀，包括价值观、人生哲学和道德精神，以人的价值、人的感受、人的尊严为终极标尺。此类培训偏向于“学”的方面，培训应在销售人员职业道德、职业目标、进取心等方面挖掘和激发每位销售人员的潜质，使其主动投入工作，以实现销售人员与房地产企业的共同发展，如某地产企业的素质培训要求抓好“一个中心”“两种能力”“三颗心”“四条熟悉”“五必学会”的培训工作。一个中心，即以客户为中心；两种能力，即应变能力、协调能力；三颗心，即对工作的热心、对客户的耐心、对成功的信心；四条熟悉，即熟悉国家政治经济形势、熟悉房地产政策法规、熟悉房地产市场行情、熟悉本公司物业情况；五必学会，即学会市场调查、学会分析算账、学会揣摩客户心理、学会追踪客户、学会与客户交朋友。

b. 专业技能培训，也称专业素质培训，目的是使销售人员掌握完成本职工作所必备的技能，此类培训比较偏向于“用”的方面，属于“操作领域”的培训，通常划分为三种类型：其一，销售技巧培训，包括聆听与询问、表达技能、时间管理、处理异议、合同缔结等。其二，人际关系技能培训，包括领导技能、管理技能、沟通技能、协调技能、谈判技能、解决冲突技能等。其三，解决问题技能培训，包括通过逻辑推理和综合分析并确定问题，对因果关系做出评价，如客户异议处理等培训。

c. 房地产企业及产品培训。主要包括房地产企业基本知识，即房地产企业的历史、经营目标和发展战略；组织架构的设置和主要负责人员；各项规章制度；薪资福利和奖励计划；职业进阶、服务规范要求等。产品知识，即与建筑相关的基础理论、房地产法律知识及一些专业术语含义，如建筑平面、立面、规划、绿化率、容积率、建筑面积等。

d. 政策法规培训。其主要为房地产交易程序和相关法规内容的培训，如《中华人民共和国城市规划法》《中华人民共和国建筑法》《中华人民共和国招标投标法》等相关法律法规。

（2）培训方式。一般采用课堂讲授和实战培训两种方式，实战培训又分为案例分析与实战模拟。

a. 课堂讲授。培训教师在固定课堂内讲授课程内容，受训销售人员在课堂上听讲。课堂讲授主要由专业教师、营销总监或经验丰富的营销人员讲解，比较适合对新受训销售人员进行系统的理论培训。

b. 实战培训。其一，案例分析。培训教师把房地产营销的实例给受训销售人员研读，然后提出问题或让受训销售人员提问讨论，针对个案进行有针对性的分析和讲解，让学员在互动过程中分享其他学员的学习体会，比较适合对有一定营销经验的受训销售人员进行能力的培训和提升。其二，实战模拟。由受训销售人员假扮销售人员及客户，针对拟售房产的沙盘模型、户型优势、周边配套、样板间等进行讲解演练。讲师设定情境，学员进行销售过程模拟，演练结束后由全体受训人员针对模拟销售过程进行讨论，再由讲师点评，提出改进意见。

11.2.2.3 人员的绩效考核

绩效考核是指房地产企业组织以既定标准为依据，对其人员的工作行为表现和工作结果，进行收集、分析、评价和反馈，以便形成客观公正的人事决策。绩效考核可以客观合理地评价销售人员在整个产品销售过程中创造的价值和为企业创造的综合效益，从而确定销售人员应得的报酬。

（1）绩效考核的步骤。绩效考核实行“奖优罚懒”的方法，一般步骤如下：

a. 设定绩效目标。考核期初，公司人力资源部门的考核者与被考核者就本考核期内的销售任务进行沟通，考核者与被考核者经过充分沟通，共同设定考核期内的绩效目标并签字确认。

b. 目标变更。销售工作受客观因素的影响较大，如公司销售战略的调整、销控工作的重新定位或国家政策变化等，导致工作任务或销售目标的变化，被考核者已签订的绩效目标也可能需要随之调整。

c. 考核实施。考核期结束，考核者根据双方沟通的工作任务和目标，按照绩效管理体系要求的评价标准和考核指标评价被考核者的绩效，并提交分管领导审核。公司人力资源部门对考核结果进行汇总，并对考核过程进行监督，将考核结果适当予以公开，起到激励的作用。

d. 绩效反馈。考核者就审核后的评价结果与被考核者进行面谈沟通，依据绩效考核的结果，找出销售人员在日常销售工作中存在的不足，以帮助销售人员改正缺点，并与被考核者共同制定工作绩效改进计划。

（2）绩效考核内容。销售人员的考核内容分为业绩评定和行为准则评定两类，业绩评定一般按年度和项目销售业绩进行，重点是对关键绩效指标（KPI）的确定；行为准则评定一般依据管理制度按照月度进行，年终进行汇总。根据房地产销售的特殊性，房地产企业的考核和评估内容主要包括工作业绩考核、工作态度考核、工作能力考核，并适当增设基本素质考核和加减分项等内容，从而使考核内容更能全面地反映房地产销售人员的工作绩效。

a. 工作业绩考核。工作业绩考核是绩效考核的核心，是对销售人员履行职责、工作效率及工作成果的考核。其主要考核销售人员接洽的总客户数、成交量、客户履约情况、客户投诉、直接上级评价、同事的评价等指标。工作业绩考核不能仅以一个总量值来衡定，还要充分考虑销售效率导致工作绩效的下降，如滞销、尾房的销售情况等。

b. 工作态度考核。销售人员工作态度的好坏不仅对房地产销售产生影响，其工作态度带来的口碑效应也会对房地产企业的品牌建设构成重大影响。工作态度考核主要是指工作人员工作中体现出的纪律性、积极性、协作性、责任感、敬业精神、团队精神等。

c. 工作能力考核。工作能力是销售人员创造工作业绩的基础条件，销售人员的工作能力主要包括销售讲解能力、专业知识能力、沟通能力、团队协作能力等。一个好的销售人员不仅要具备房地产销售行业的专业知识，还要具备建筑学、市场营销学、消费心理学等相关学科知识，这些能力往往是通过销售人员的销售过程展示给客户的。

d. 基本素质考核。房地产销售管理实践证明，绝大多数房地产企业都将销售人员的基本素质作为绩效考核的内容之一，包括销售人员形象、精神面貌、品质修养、基本学历等内容。销售人员所接触的不会是一两位客户，其销售活动呈现多向性和复杂性。因此，销售人员的基本素质对房地产的销售及企业的发展都有较大影响。

e. 加减分项。为了客观合理地评价销售人员对房地产企业综合贡献的程度，销售人员的绩效考核中可以设置一定的加减分项。设立加减分项不仅可以客观合理地量化销售人员对房地产企业的贡献，还能增加销售人员的积极性和销售团队凝聚力，客观地体现销售人员之间存在的差异。考核加分项的内容一般包括除销售业绩外的有益于房地产企业整体利益的行为；减分项内容一般包括房地产销售过程中出现的损害房地产企业整体利益的行为。

房地产企业应定期对销售人员进行考核，将绩效考核的结果用于销售人员薪酬体系的设计和激励，直接应用于人力资源计划、招聘、选拔、薪酬、晋升、调配和辞退等各项具体工作。

（3）绩效评价方法。房地产企业的绩效评估方法比较多，常见的有行为观察量表法、排序法、强制分配法、尺度评价表法、360 度评估方法、行为定位等级评价法、关键事件法、目标管理法等。房地产企业应根据销售队伍规模选择适用于本企业的考核方法和指标，选择评估方法的首要因素是评估考核对象的工作特征，企业只有全面分析考核对象的工作特征，确定绩效考核的评估维度，才能制订适合的绩效考核指标，对被考核者进行公正、全面的绩效考核。

11.2.2.4 人员的激励

（1）激励的含义。“激励”从字面上看是“激发”和“鼓励”的意思。在管理工作中，激励可以被认为是一种心理力量，它决定了组织中人的行为方向、努力程度、耐力，即管理者通过各种手段和方式刺激、激发人，使其产生内在的动力，从而调动其积极性，努力朝着有利于组织期望目标前进的一种管理活动。

（2）销售人员激励手段。针对销售人员的需求不同，激励办法一般以物质激励为主、其他激励手段为辅。

a. 物质激励。销售人员的薪酬是物质激励的基本方式，主要包括工资和各种公共福利。由于固定薪酬模式不具备奖励、激励的作用，一般房地产企业很少采用，大部分房地产企业的销售人员往往采用下面的薪酬发放方式：

“底薪+绩效工资”模式，即在房地产企业销售总提成不变的情况下，将提成部分按照销售人员绩效考核结果进行分配。该模式不改变房地产企业的工资成本，在促进团队合作的同时，体现了销售人员之间的差异，有利于销售人员之间的良性竞争。

绩效工资模式，即取消销售人员的底薪，在不改变房地产企业工资成本的前提下，按照绩效考核结果进行收入分配，在绩效考核指标体系中全面衡量各种指标。这种模式能够促进销售人员发现自身不足，全面改进自身缺点，提高销售效率。但这种绩效工资模式会使销售人员缺乏归属感和安全感，不利于绩效功能的充分发挥。

“底薪+团队提成+绩效工资”模式，即将销售总提成分成团队提成和绩效工资两个部分。团队提成由每个销售人员共享。这种工资模式进一步缩小了员工工资差异，不仅会增强团队合作意识、建立和谐的销售环境，也会提升团队的销售效率。

b. 辅助激励手段。辅助物质激励的手段，是从物质激励以外的其他渠道满足销售人员需要的方法。

参与激励。现代销售人员都希望能够得到公司对自己和工作的认可，并有参与管理的愿望。因此，房地产企业可以提供更多的机会让销售人员参与销售管理、出谋划策，这是调动销售人员积极性非常奏效的方法。

目标激励。目标激励是根据人们期望获得的成就或结果，通过设置科学的目标，使个人的需要、期望与组织的目标挂钩，以引导行为、激发工作热情的一种常用激励方式。目标的设定应有一定的高度和难度，但目标值又不能让销售人员望而却步，确定的原则是既要保证房地产企业销售目标的完成，又要使销售人员感到要通过努力才有可能实现目标；否则，对于遥不可及的目标，销售人员反而会因无法完成而放弃对完成目标的努力。

荣誉激励。根据马斯洛的需要层次理论，人都有自尊和受人尊重的需要，自尊和受人尊重体现了一个人社会存在的价值，它在人的精神生活中占有重要的地位。荣誉激励恰恰是满足了销售人员的这种心理需求，是一种激发人们积极进取的内在精神力量。房地产企业应重视运用表扬、认可等荣誉激励手段来激励销售人员。

成就激励。马斯洛需要层次理论的最高层次就是自我实现，每个销售人员都有不同程度自我实现的愿望。因此，房地产企业应使销售工作本身更具意义和挑战性，使每个销售人员都能获得工作的成就感，进而更加努力完成销售工作。如果销售人员从事自己喜欢的工作，则工作本身也就具有激励作用。

情感激励。情感激励是从销售人员的感情需要出发，通过情感上的关心、尊重、信任来满足销售人员精神上的需求，从而激发销售人员的工作热情。人的情感决定了人的价值取向和心理强度。销售人员都有情感的需要，“滴水之恩，当涌泉相报”是中华民族的传统美德，情感激励可以创造和谐的上下级关系和同事关系，满足销售人员的情感需要，加强领导与销售人员的感情沟通，能使销售人员保持良好的工作热情。

企业文化激励。企业文化本身具有通过各组成要素满足销售人员的需要、调动销售人员的精神力量，使他们产生归属感、自尊感和成就感，从而充分发挥其巨大潜能的作用。企业通过引导、灌输、示范、融入、传播等一系列过程，在关注销售人员理想、前途的本质性需求的基础上，准确把握销售人员阶段性需求重点，对其重点需求加以理性满足和有效引导，最大限度地提高销售人员的满意度，增加其归属感和企业的凝聚力。

知识激励。当今社会信息化、网络化和知识更新速度日益加快，“知识充电”已成为发展趋势。知识激励主要是向销售人员提供必要的知识更新和获取信息的机会，如定期输送销售人员到大专院校进行深造、参加各种培训讲座、到先进地区参观学习等，从而大大提高销售人员的满意度，增加销售人员的归属感。

总之，房地产企业在进行销售人员激励的过程中，要恰当地选择激励方式，用不同的方式激励不同类型的销售人员，只要激励方法选择得当，做好销售人员的职业生涯规划，一般都能收到良好的预期效果。

11.3 房地产人员销售的流程

11.3.1 准备阶段

准备阶段是指销售人员或者销售团队在销售前，详细地研究消费者心理和房地产产品的相关资料，估计销售期可能遇到的各种问题及相应的对策，准备销售中所必需的各类辅助销售工具的全过程。销售案场的准备是销售前准备工作的重要环节，案场状况将直接影响购房者的购买行为。

11.3.1.1 产品的资料准备

房地产销售人员应熟悉和掌握楼盘的基本资料要点，并在销售准备阶段拟定销售提纲，一般的销售提纲主要包括以下内容：

（1）区位与交通情况。主要包括楼盘所处区域、区域特色；区域公共投资与重大建设及长远规划；区域科教文卫分布状况；交通及日常生活方便程度等消费者所关心的内容，同时应准备配合沙盘的销讲解说词。

（2）配套设施情况。主要包括小区内配套、市政配套、商业配套、银行、会所、收费标准、配套的可持续性发展等，同时应详细准备销售产品的配套设施资料，即设备名称、品牌、装修标准、材质、环保、节能、科技含量等。

（3）建筑结构及风格。重点需要准备建筑风格、规划特点、建筑与结构形式、材质、色彩资料；不同户型的功能分区、开间与进深、通风、采光、视野范围、家具布置建议、相关的风水知识资料及项目主要技术经济指标等，如项目按照组团设计有功能分区；还需准备各组团的设计资料，突出组团设计的差异性。

（4）区内交通。需准备项目小区内道路、人车分流、交通干扰规避、车库（位）及停放情况、车位和物业管理收费标准等资料。

11.3.1.2 销售环节的资料准备

（1）资质证书和销售资料。主要指国家机关和行政、行业主管部门颁发或下发的关于销售产品的批件、文件、证书，以及企业销售期间用于销售和展示的资料。

a. “五证”（《国有土地使用权证》《建筑用地规划许可证》《建设工程规划许可证》《建设工程施工许可证》《商品房销售（预售）许可证》）；

b. 房地产企业或开发商、前期物业公司的简介及业绩资料；

c. 楼书、DM 单、效果图及户型图；

d. 房屋面积、得房率及其使用权、所有权情况；

e. 价格表、付款方式、交房标准、入住流程、预售合同标准文本；

f. 区域配套设施及科教文卫的服务内容和收费标准。

（2）房产证办理资料。办理房屋所有权证书需要的详细资料清单和程序文件，主要用于销售期间为客户提供专业的服务和咨询。

a. 办理房产证程序及税费一览表；

b. 个人住房抵押合同文本；

c. 个人住房公积金贷款合同文本；

d. 个人住房商业性借款合同文本；

e. 银行按揭办理办法；

f. 银行贷款利率表。

11.3.1.3 案场的设计与包装

（1）售楼处设计与包装。售楼处是房地产企业与潜在客户直接沟通交流的载体，也是目标客户初步了解房企、考察项目、认知产品和谈判成交的重要场所。因此，售楼处的设计与包装十分重要。售楼处设置与设计包装应遵循以下几点要求：

a. 位置醒目、停车方便；

b. 人员出行安全方便；

c. 功能分区明确，重点打造展示区和销控区；

d. 户外导示抢眼、明晰；

e. 营造并渲染活动氛围；

f. 建筑设计风格与产品定位相符。

（2）销售道具的设计与包装。其主要包括谈判成交的辅助工具，项目展示和成交收定是设计和包装的营销前提，并注意在以下几个方面集中体现：

a. 规划沙盘、户型立体模型集中展示；

b. 多媒体宣传片的案场播放；

c. 挂墙式优越区位展示的动态灯箱；

d. 各类展板、图片应宣传产品，制造成交紧迫感；

e. 接待工具、小礼品等应体现企业或产品标识，促进销售。

（3）样板房的选择与装修。样板房是提升楼盘形象的直接表现形式，可以激发客户的购买欲望，其设计、装修与文化展示均具有积极的促销作用。其位置选择和设计装修应重点考虑以下几个方面：

a. 选择主力户型或全部户型精装；

b. 选择朝向通透、视线良好、环境宜人的楼盘作为样板房；

c. 选定在安全区域设置和包装看房通道；

d. 售楼处与产品实景园林全面展示，营造理想家园；

e. 室内装修风格、家具、家电等与产品定位保持一致；

f. 新技术、新产品结合声光电的运用，打造引领科技前沿态势。

（4）营销的气氛营造和看房通道视线保障。良好的项目区域导示系统可以让客户顺利到达售楼处，削弱客户对区域的陌生感和忐忑心情，为后续的初次接待和成交进行铺垫。房地产企业应建立以客户为导向的销售动线设计及营销气氛营造，并从以下四个方面着手准备：

a. 形象墙、围墙的设置应将施工现场与看房人员完全隔离；

b. 形象墙、围墙的喷绘应展示项目信息，营造营销氛围；

c. 广告牌、导示牌、彩旗烘托营销气氛，将客户从四面八方引导至售房现场；

d. 在建楼盘的看房通道宜半封闭，要在保障客人安全情况下提供良好的视线通透性。

11.3.2 识别潜在客户

要想把房子销售出去，首先要寻找到有效的客户。一般而言，房地产潜在客户的挖掘方法有如下几种。

11.3.2.1 广告宣传法

广告宣传法，即利用媒体资源，通过各种媒体进行广而告之，在此期间利用电话营销等方式，邀请潜在客户上门。一般而言，打来电话的客户只是想对项目有一个初步的了解，如果感兴趣，才会来现场参观，而销售人员一定要抓住这个接触的良机展开营销。

11.3.2.2 房展会法

房展会一般由政府或房地产行业主管部门组织，邀请各房地产单位参加的大型展示活动，企业应借此契机对销售的房地产产品进行有效的宣传，高调展示企业形象和产品，提升品牌知名度。房地产企业往往采取各类促销活动吸引参观者光顾售楼现场，展开营销，如安排免费的看房直通车、当日购房下定金总房款给予一定的价格优惠等，都是卓有成效的促销方法。

11.3.2.3 组织关系法

组织关系法是企业利用其企业资源和员工资源，发挥他们的优势、有效网络关系和渠道，协助企业寻找潜在目标客户的方法。由于这些潜在的目标客户有熟人或中间人推荐，其在购买心理上会占据一定安全和价格的心理优势，加上销售人员周到热情的服务，其成交的可能性一般较大。

11.3.2.4 权威介绍法

权威介绍法是充分利用人们对各种行业权威的崇拜心理，有针对性地邀请权威人士向相应的人员介绍商品，达到吸引客户目的的方法。由于组织行为理论中的“光环效应”和“从众”行为，名人的宣传和推介，往往能使崇拜者相信他们的推荐而促成房产成交。

11.3.2.5 交叉合作法

不同行业的推销员都具有人面广、市场信息灵的优势。交叉合作法是销售人员利用这种优势，达到加强相互间的信息、情报交换，互相推荐和介绍客户的目的，以便进一步展开营销的方法。

11.3.2.6 重点访问法

重点访问法是销售人员对手头上的客户，有重点地适当选择一部分直接上门拜访或约谈，开展推销“攻势”的方法，这种访问一般只针对大客户或集体购房者使用。销售人员事先约定拜访时间和地点，并做好约见前的准备工作，如合同文本、楼书、价目表的准备、客户异议的处理等，并准时赴约。在重点访问法中，销售人员一定要注意对约谈内容的把握，约谈内容宜简单明了，使客户熟悉了解即可，并尽可能邀请其参观楼盘，利用“主场”心理优势展开营销。

11.3.2.7 口碑传播法

口碑传播法是指利用老客户及其关系，通过其“现身说法”，不断寻找和争取新的客户，层层扩展，以良好的口碑使客户队伍不断发生扩大。通过朋友介绍来的新客户，一般对项目已经有了充分的了解，房地产产品也基本符合其要求，因此，这类客户的购房意向性较强，易于成交。

11.3.3 现场接待

11.3.3.1 珍贵的第一次接触

现场接待作为销售环节中最重要的一环，尤其应引起销售人员的重视。前期所有的工作都是为客户上门做准备，而营销中所谓的第一印象就是在这个时候形成的。房地产企业或代理商对销售人员应设计一整套语言、行为、仪表要求和规范，目的是吸引客户注意力，同时暗示本项目的品质与风格，为进一步营销做准备。销售人员往往需要在3~5分钟赢得客户的信任，展开产品营销，建立基本的信任是首次接触中最重要的目标。

（1）现场接待的基本要求。消费者对销售人员的相貌、仪表、风范及开场白都十分敏感，销售人员应亲切、礼貌和真诚，争取给消费者留下良好的第一印象。如果可能的话，要尽量留下客户名片或电话，现场接待应做好下面几个方面的工作：

a. 迎接客户。客户进门，销售人员应主动大方地打招呼，同时引起其他销售人员的注意。销售人员应仪表端正、态度亲切，引导来者入座，并帮助客户摆放随身携带的非贵重物品，如衣帽、雨具等。接待客户或一人，或一主一辅，以二人为限，不要超过三人，过多的接待人员反而会对客户造成较强的防范心理，反而不利于下一步销售。

b. 试探性接触。客人落座后，同组或其他同事配合倒水，拿宣传资料及烟灰缸等，并双手递交本人名片给客户。对首次来访者，需先问是否与哪位同事有联络或预约过，对到访过的客户，先引导其入座后再找已联络的同事接待。礼貌地寒暄之后，在正式向目标客户销售之前，销售员宜先做一些试探性的接触，而不要急于向目标客户直接销售，可以先对产品进行一般性介绍，然后观察目标客户的反应，进一步了解目标客户需求的紧迫性，以及对产品的评价和可能接受的价位等。

c. 基本判断和营销。在同客户聊天接触的短时间内，销售人员应对客户的购买意向有一个大概判定。在谈话的过程中，销售人员最好能了解客户的年龄、文化及品位、房间面积需求等，为后续的销售做好准备。聆听是首次成功接待最为有效的法宝，可配合户型图、沙盘模型等做简单的项目讲解，使客户对项目形成一个大致的轮廓概念，此时可侧重强调本楼盘的整体优点。销售人员对房地产产品的介绍，关键是要针对消费者的需求真诚地做好参谋，提供合适的房产产品给消费者。

d. 客户信息管理。销售人员在客户推广、客户接待过程中，会获得很多第一手的信息，如客户心理、客户对项目的具体要求等。这些信息对于制定适当的营销策略有重要的指导作用，所以销售人员应及时保存、整理这些信息，做好分类标记，并及时反馈给售楼部经理。同时，销售人员能获得市场有关畅销户型、周边竞争对手的动向及市场行情等信息反馈。

总之，首次接待客户，销售人员应努力与其建立信任关系，将自己的友善与真诚展现给客户，赢得客户的信赖是非常重要的。销售人员通过交谈要正确把握客户的真实需求，并据此迅速制定应对策略，并在介绍项目时，充分运用销售道具，如沙盘、楼书、DM 单、户型图、销控展板和样板间等。在第一次接触中，销售人员要注重倾听客户的意见，观察客户的反应、真诚平等地同客户交流是非常重要的。

11.3.3.2 带看现场

在案场或售楼处做完基本介绍，探询客户需求及购买意图后，销售人员应尽可能地邀请客户参观样板间和工地现场，目的是使客户对户型和产品有更深层次的切身感受。销售人员带客户看工地现场一般有以下基本要求：

（1）带看工地现场的路线应事先规划好，并注意沿线的整洁与安全。

（2）提醒客户戴好安全帽及其他随身所带物品，并介绍现场安全知识。

（3）结合工地现况和周边特征，边走边介绍，以吸引客户，但切记不能贬低其他楼盘抬高自己。

（4）在通道、房门较窄处要注意对客户的引导，并提醒客户注意安全。

（5）若客户与销售人员发生分歧时，销售人员应保持镇定，绝不能与客户发生争吵。

（6）统一口径，不对客户承诺、透露公司未完全确定的销售政策、优惠条件及其他事项。

参观样板房或工地现场阶段，销售人员应结合工地现场和周边特征，重点推介项目的优势，并迎合客户的喜好做一些辅助介绍，最大限度地增加销售人员与客户的接触机会。此时，销售人员要注意对客户的语言引导，集中客户的注意力，通过讲解展示项目魅力，以赢得客户偏爱，为下一步的谈判和营销工作做准备。

11.3.4 客户追踪

在楼盘销售中，客户从第一次接触到最终成交，一般要经历 1～2 个月的时间。据统计，其中有望成交的客户通常只占总客户的 10%左右，而 90%的客户都是在这一个多月的时间里流失的。客户流失一方面是因为房地产产品本身无法满足客户的需求，另一方面是因为销售人员在第一次接触后没有对客户进行有效的追踪。

11.3.4.1 客户追踪的形式

客户追踪一般有电话追踪和人员拜访追踪两种形式。进行客户追踪时，注意不要总是以同一理由约见客户，而使客户觉得是在进行硬性推销。客户追踪要体现出企业对客户的关心和重视，销售人员一般可采用邀请其参加公司举办的各种促销活动、关心客户的近况及最新购买需求、通报本楼盘及周边楼盘的价格变动、建设进度和销售进度等方法，建立与客户的经常性联系，实现客户追踪目的。

（1）电话追踪。电话追踪客户一般是按事先拟定好的理由或开场白导入拜访主题，或告知公司目前的项目进展情况，或真心地赞赏客户的眼光，适时告知客户购买产品的利益关系，最好能够用数据制造客户的紧迫感，促使客户再次光临销售部。销售人员在给客户打电话时，要做到通话时间短、口齿清楚、言辞恳切、理由充分，切忌出现说教的口气，以免引起客户的反感而破坏谈话气氛。

（2）人员拜访追踪。人员拜访主要针对大客户采用，是指销售人员采用预约或陌生拜访等形式到目标客户或潜在客户处推介产品。集团大客户购买房地产产品，往往具有一定的特殊需求和限制，这类大客户可能的购买人数众多，影响销售的因素也更加复杂。所以，销售人员必须进行多方面、多渠道的了解，做好充分的准备工作后，选择合适的机会进行拜访，并应掌握一定的拜访技巧。

拜访客户时，开场白对销售人员直接地挖掘客户需求是十分重要的。通常，客户会在最初的几分钟里对销售人员进行判断，决定是否与其继续交谈下去，因此开场白决定了拜访过程的走向。精心准备的开场白往往可以打开双方的谈话空间，拉近彼此的距离。在拜访过程中，销售人员要体现出是真正想帮对方解决问题，时时刻刻观察客户的兴趣点，所提建议要能打动客户，争取再次拜访的机会。

11.3.4.2 客户追踪的要点

（1）持续的联系。联系要不间断，但不要在一段时间内过于频繁地联系，以免引起客户反感。联系的主要目的是建立销售人员与客户亲密的个人关系，实施关系营销。

（2）良好的沟通。经常向客户通报市场信息，若有楼盘最新消息，要第一时间通知客户，并鼓励客户说出疑虑，但销售人员注意不要轻易向客户许诺，以免无法兑现而失信于客户。

（3）委婉的推销。客户追踪要注意切入话题的选择，不要给客户留下销售不畅、死推硬销的印象。无论最终是否成交，都要婉转要求客户帮忙介绍新客户，将每一次追踪情况详细记录在案，便于日后分析和判断，总结成败的原因。

（4）适宜的话题。每一次追踪客户之前都要根据记录做好准备，寻求一个交流的切入点，如解答客户的提问、合理的托词、关心近况等。谈话语气要求干脆和善、亲切率直，销售人员要有足够的耐心。

（5）平和的心态。销售人员的每次跟踪都要抱着平和的心态，切勿流露强烈的销售渴望。对于重点客户，销售人员要与其保持密切的联系，协调相关资源对客户进行说服。

11.3.5 谈判

11.3.5.1 初步洽谈

对于通过客户追踪再次光顾售楼处的客户，或在引导客户参观完毕样板间及现场后，销售人员应根据客户的购房意向，尽可能地将客户引导到谈判区进行初步洽谈，进行进一步的营销谈判，初步洽谈一般有以下基本程序：

（1）入座时，注意将客户安置在一个视野愉悦的空间范围内，并适时制造现场旺销气氛，强化客户的购买欲望。

（2）引导客户在销售桌前入座，送上宣传资料并了解客户的真正需求。在客户未主动表示时，销售人员应主动地选择一种户型作为试探性的介绍。

（3）销售人员在向客户推荐户型和楼层时，应避免提供太多的选择。要根据客户喜欢的单元户型，在肯定客户意向的基础上，做更详尽的介绍和说明。

（4）根据客户要求，当面算出其选定的楼层单元的价格、首付款、月均还款及各种相关手续费用等，并填单交给客户留存。

（5）注意判断客户的诚意、购买能力和成交概率，针对客户的疑点进行客观的解释说明，说明不应有夸大、虚构的成分，并逐一帮助客户克服购买的心理障碍。

（6）在客户对产品有较大认可度的基础上，设法说服客户付定金购买。

上述程序完成之后，客户也许会拿齐资料回家考虑，此时销售人员应询问客户何时联络方便，并委婉告知销售的旺销势头，给客户制造一定紧迫感后，礼貌送其出门并与其道别。

11.3.5.2 实质性谈判

客户经过与销售人员的初步洽谈和有效的客户追踪，客户大都会重新回到谈判桌前，进行购买细节的商谈和成交谈判，谈判的根本目的是达成协议和交易。

（1）谈判的前期准备。销售人员与每位客户的谈判都需要逐项提前进行精心准备，这样才能掌握谈判的主动权。需要准备的内容有：对客户资料的熟悉，明确谈判目标，制定谈判策略与技巧等。

（2）谈判的过程。在谈判中，销售人员的言谈举止要尽可能地为客户营造友好、轻松、良好的谈判气氛，不可有傲慢之嫌。微笑示意稍作寒暄后，销售人员可先选择双方共同感兴趣的话题进行交谈，以进一步沟通感情。谈判之初最重要任务是理解客户的真实意图，因此，销售人员要认真听取对方的谈话，细心观察对方的举止表情，并适当给予回应，这样既可了解对方意图，又可表现出对客户的尊重与礼貌。

细节谈判是销售的实质性阶段，是销售人员与客户针对购房合同细节进行磋商并达成一致的过程。销售人员在谈判的每个环节要有不同的侧重点，如报价时要准确无误，不得变化不定，对方一旦接受价格，便不再更改；讨论合同条款时，态度要开诚布公，切忌气氛冷淡，或以公司规定来要挟客户等，言辞不可过激或追问不休，以免引起客户的反感甚至恼怒。销售人员对原则性问题不能随便退让，而对职权范围以内的问题可做适当的妥协和让步，以利于达成协议。

因合同条款事关买卖双方的利益，容易因情急而失礼。所以，销售人员更要注意保持风度、心平气和，在谈判过程中求大同、存小异，对客户提出的异议要就事论事，保持耐心和冷静，杜绝因分歧而怒气冲冲甚至侮辱客户的现象发生。在双方谈判过程中，若遇到僵局或冷场时，销售人员要灵活处理，如暂时转移话题或转谈客户喜爱的内容来缓解一下气氛，然后再慢慢引导客户重新切入谈判主题，使客户慢慢转变思路。如果确实无法达成协议，销售人员应客气委婉地告知客户，但无论谈判结果如何，都要使客户对这次会谈留下美好的回忆，并微笑送客至门外。

（3）谈判技巧运用。谈判的核心是价格问题。据统计，房地产谈判中由于谈判失败而丧失客户的主要原因往往不是价格，而是谈判的态度和方法。由此可见，不断提升销售人员的谈判技巧是至关重要的。

a. 积极聆听。有效沟通的重要环节在于有效聆听，销售人员要学会认真倾听对方的谈话内容，不能随便插嘴或经常打断客户的谈话，对客户提起的话题做适当的附和，在理解客户的意图后，抓住发言机会，适时围绕产品展开介绍。

b. 巧妙提问。销售人员应该学会巧妙发问，使销售沟通始终以客户为中心。成功的销售人员会采用边听边问的谈话方法，通过有技巧地提出问题，从客户有没有搭话猜到其对所谈话题的关心程度。提问后，销售人员应以客户的回答为线索，拟定下一步的沟通对策。

c. 善于表达。好的沟通者也是一个有效的表达者，听和说同样重要。首先要注意说话的方式。切忌用对方反感的方式说话，比如，讲话声音太小、咬字不清，啰唆、只顾自己讲话而不给客户讲话机会，正面反驳，伤人自尊心的说话方式等。其次要注意用字遣词及语气。比如，不可用轻浮的语气，让人感觉不稳重、不成熟，过分的敬语、奉承会给人虚伪的感觉。要想得到客户的信赖，销售人员要活用果断、反复、感染的语言表达。果断是将问题有信心并直截了当地说出，反复是将项目的优势突出介绍给客户，感染则是将对项目的自信与自身的热情传递给客户从而消除客户的对立心理。

d. 肢体语言运用。销售人员在谈判过程中要注意肢体语言的作用，仪容端庄、着装得体，干净整洁是必要的待客礼貌；要充分注意眼睛、双手、双脚等肢体语言的表达，动作的幅度和力度都应尽量以轻柔为宜。

11.3.5.3 议价成交

当营销和谈判进行到尾声时，客户往往用能再便宜一点就可以签约来压价，以此来诱惑销售人员做最后降价。此时销售人员应在心理上和营销策略让步的前提下，动用销售人员或案场经理掌握的优惠权限为客户争取优惠的成交条件。确实无法让利或客户的要求突破销售底线时，销售人员要用真诚的语言委婉拒绝客户的降价要求，并再赠送些礼品用作对客户的心理安慰，从而促成下定或签订合同。议价成交对客户和销售人员来说都是要重点把握的环节，一旦处理不好，产生对抗情绪后双方都有可能会终止谈判甚至导致营销失败。

（1）成交收定

通过销售人员详细的销讲，客户决定购买并下定金时，销售人员一般应按照一定的程序完成成交收定工作。第一，应征求客户意见，视具体情况，收取客户的小定金或大定金，并告知定金对买卖双方的约束力；第二，销售人员应详尽解释订单填写的各项条款和内容，填写完订单，并请客户、销售人员、案场经理三者在订单上签字确认；第三，带领客户到财务部点收定金，定金回执交于客户妥善保存，并叮嘱客户在补足定金或签约时带回；第四，告知客户定金补足日或签约日应注意的事项和需携带的各类证件，并送客至大门外或电梯间。

成交收定工作作为营销中重要的中间环节和策略，销售人员往往因为某些主客观原因而不能很好地完成。因此，这项工作要求销售人员要善于从客户身上捕捉到有望成交的信号，如客户的身体动作、评论、提问等，从而达到快速成交的目的。快速且连贯地完成洽谈、谈判、成交、收定和签约工作是销售人员必须掌握的基本技能。

（2）暂未成交

对于未决定购房或拒绝销售人员的进一步跟踪与推销的客户，销售人员应该予以理解，并要保持形象和风度。同时，要及时分析暂未成交或未成交的真正原因，并记录在案，报告案场经理，由案场经理视实际情况决定是否采取相应的补救措施。

客户无论成交与否，销售人员在每接待完一个客户后，都应立刻填写客户资料表，注明客户的联系方式、客户对房产的基本要求，以及成交或未成交的真正原因，并按照客户成交的可能性，将其进行分类和保存，以便日后追访或客户追踪。

11.3.6 客户异议的处理

客户异议又称销售障碍，是指在销售洽谈中被客户用来作为拒绝购买理由的各种问题、意见和看法。销售过程中不存在客户异议几乎是不可能的，销售成交经常是通过客户异议的产生和消除而得以实现的。销售人员应当充分利用客户提出异议这一契机，及时给客户以满意的答复，使客户加深对商品的认知，改变他们原有的看法，而不能将客户异议认为是对方不感兴趣的表现，从而放弃促成交易的宝贵机会。

11.3.6.1 客户异议产生的原因

（1）客户的原因，这是客户异议产生的主要方面。

a. 客户没有购买意愿。客户在参观、对比房地产产品的过程中，其购买的意愿并没有被产品或销售人员激发出来，客户因缺乏兴趣而提出异议。

b. 产品无法满足客户的需求。销售人员推介的产品不能充分满足客户的需要或是不认同产品的某种功能，如对户型、质量等问题而提出异议。

c. 购房预算不足。客户的购买预算不足，与销售人员在价格上存在分歧，往往导致异议的产生。

d. 客户情绪处于低潮。客户在谈判过程中，心情正处于低潮或沮丧时，往往没有心情提出进一步的商谈意愿，容易提出异议。

e. 客户抱有隐藏异议。隐藏异议指客户并不把真正的异议提出，而是提出其他的各种异议，主要是希望借此假象达成隐藏异议的目的。

（2）销售人员的原因，这是客户异议产生的次要方面，但却是销售过程中不可忽略的原因。

a. 未能赢得信任。销售人员的言谈举止不能赢得客户的信任和好感，导致客户存在较多的疑虑而提出异议。

b. 专业术语过多。销售人员在销讲过程中使用了过多的专业术语，让客户觉得自己无法在短时间内熟悉该产品或相应的服务内容，因而提出异议。

c. 不当的沟通。销售人员说得太多或没有进行有效的聆听和沟通，在销讲过程未能正确把握客户的真实意愿，而产生沟通中的异议。

d. 展示失败。销售人员对产品了解深度不够，在展示过程中缺乏充分的准备和技巧，未能给客户带来潜在的利益驱动和需求上的满足。

e. 主客倒置。销售人员以置业顾问自居，以专业人士的姿态说服客户，发生争论后又未能及时予以挽回，忽略了“占争论的便宜越多，吃销售的亏越大”的营销警句，使客户感觉不快而提出异议。

11.3.6.2 客户异议处理的方法

客户异议总会存在，关键是销售人员如何面对。处理客户的异议，销售人员需遵循正确的原则和方法。

（1）处理客户异议的原则。首先，对待客户的异议，销售人员首先是要积极面对，将异议视为机会，把处理变为服务，具备良好的心态是异议处理的先决条件。其次，防患于未然是消除客户异议的最好方法。销售人员觉察到客户会提出某种异议，最好在客户提出之前，就主动提出来并给予解释，这样可使销售人员争取主动，从而避免因纠正客户看法或被动处理异议而引起客户不快。

（2）处理客户异议的方法。由于客户异议发生的时间、地点、环境条件各不相同，因此处理客户异议的方法必然是多样的，最常用的处理客户异议的方法有以下几种：

a. 规避异议法。这种方法主要用于客户异议表现在销售过程中非重点因素或者是与销售无关的因素上。比如，客户对产品的广告语、代言人或者销售人员衣着、售楼部的布置等产生的异议，对此类异议的解决方法是销售人员只要面带笑容同意客户的观点就可以了。

b. 异议补偿法。这种方法主要用于客户针对产品的某个短处提出异议的情况，补偿法一般能够有效地弥补产品本身的弱点和不足。销售人员对此类异议的处理方法是使客户看到异议的另一方面，比如，对于主卧没有卫生间的情况，可以解释为这样的户型虽有些不方便，但对主人的身体健康大有益处，避免了潮湿环境对主人造成的潜在危害。

c. 询问异议法。当客户提出的异议比较笼统时，销售人员为了找到客户异议产生的根本原因，可以通过询问客户有针对性地加以解释和解决。

d. 间接否定异议法，即“是的……但是”法，基本构成是用“是的”同意或肯定客户的部分意见，再用“但是”表达出在另外一种状况下是否更好。这种方法的好处是既能够比较委婉地解决客户的异议，又不伤害客户的自尊心。

e. 直接反驳法。大部分时候，销售人员都不应该直接反驳客户的意见，只有在特殊情况下才可以采用直接反驳法。所谓特殊情况就是出现客户对企业的服务、诚信持怀疑态度时，或者客户引用的资料不正确又以此进行谈判等原则性问题的情形。

f. 放过异议法，即对不需要处理的异议，采取弃而不理的方法。许多客户异议不需要回答，如容易造成争论的话题、明知故问地发难等。销售人员的处理可采取沉默、继续介绍、答非所问、引导扭转客户话题等方式，使客户异议最后不了了之。

11.3.7 签订合约

签约对客户来说是一件大事，客户往往比较小心谨慎，也会提出各式各样的异议。因此，工作人员要做好签约的准备工作。由于签约涉及的接待面较广，一般要求销售部、财务部、行政办公室等部门都要提供礼貌、热情、周到的服务。

11.3.7.1 签约前的准备

（1）销售人员需提前通知客户签约的时间、付款方式，办理合同登记备案和办理银行按揭所需的相关资料，以及携带原始订单等注意事项。

（2）销售人员汇总通知签约客户的情况，并向案场经理汇报，视客户的具体情况（如客户提出的异议等）进行事先分析，对签约时可能发生情况和问题，事先准备好解决办法。

（3）销售人员申领正式合同文本或在线签订的合同授权号，事先填写好合同文本的格式内容，并备齐所需的户型图、交房标准等资料。

11.3.7.2 签约

（1）按照商品房购房合同文本内容，逐条解释合同的条款，并同客户协商，妥善解决客户的所有异议；若有补充的非格式条款，销售人员可在职权范围内做出适当让步，以求交易达成。签约过程中，不能让客户有紧迫感，应以镇定的态度签约，不能急于求成。

（2）告知公司并帮助客户办理登记备案程序和银行贷款的办理时间。

（3）核对客户身份证原件及相关资料，保证复印件与原件相符。

（4）双方签字成交，带领客户持交款通知单到财务部门交款，财务按合同收取房款开具发票后收回订单，同时抵扣已付定金。

11.3.7.3 签约后客户的维系与经营

（1）签约成交后，销售人员应建立与客户的长期联系，及时建立客户档案，在各种节假日和公司重要活动时向客户电话问候或发祝福短信，定期或不定期地与客户进行沟通，对其要求和不满及时予以了解。目的是使客户经常想到公司和销售人员，为企业建立与客户的联系，逐步在市场中形成良好的口碑，以及为老客户介绍新客户打下坚实基础。

（2）签约后的合同，在房地产交易管理机构完成审核备案后，应尽快通知客户交纳契税、印花税和物业维修基金等税费。

（3）在客户办理相关入住手续时，销售人员或物业公司应准备一份小礼物表示祝贺，协助客户办理入住手续，并提供相关物业咨询和服务。

销售人员要清楚地意识到，唯有行动才是做好营销不变的法则，每个销售人员要从第一天做销售就开始行动，通过自己不懈的努力，就有可能成为一名优秀的销售人员和置业顾问。

案例分析

探寻贝壳的“终极算法”——做价值观的生意

2018 年 4 月，由链家网升级而来的贝壳找房（简称贝壳）上线，贝壳作为科技驱动的新居住服务商，致力于推进居住服务产业数字化、智能化进程，通过聚合、助力优质服务者，为 3 亿中国家庭提供包括二手房、新房、租赁、装修等在内的全方位的高品质、高效率居住服务，实现“对消费者好、帮助服务者对消费者好”的目标。贝壳成立两年后便成功登陆美国纽交所，成为中国居住服务第一品牌。在成立后的第二年即 2019 年，贝壳促成了约 1.3 万亿元的存量房交易和 0.75 万亿元的新房交易。从 2019 年的店均存量房成交额来看，贝壳的效率是行业平均水平的 1.6 倍。贝壳联合创始人彭永东在所写的《贝壳找房 CEO 给伙伴们的一封信》中这样写道：“我们有一个愿望，希望我们的价值观是面向全行业而共享的，面向全社会而创造价值的。我们的价值实践，在于让行业变得更好，在于培养和服务大批优秀的从业者、服务者，在于让全行业的用户都获得更好的服务体验。”

一、链家与贝壳

链家（全称为北京链家房地产经纪有限公司，以下简称链家）于 2001 年 11 月在北京成立，最初有员工 27 人。2004 年，链家在业内首次提出“透明交易、签三方约、不吃差价”的阳光作业模式。2006 年，链家开始搭建经纪人职业化培养体系。2008 年，链家开始创建业内首个“楼盘字典”，对存量房屋进行信息采集，建立了行业首个房源数据库，为真房源管理提供了强有力的技术支撑。2009 年，链家成立链家学院，建立经纪人全职业周期培训体系。2011 年，链家发起“真房源”行动，承诺“假一赔百”，成为第一家在中消协建立先行赔付金的房地产经纪公司。2013 年，链家推出四大安心承诺，成为业内第一家为客户风险买单的企业。2014 年，链家布局互联网，上线链家网，通过线上线下的结合提升作业效率和服务体验。2015 年，链家开始打造基于移动互联网的房产综合服务品牌，并向全国扩张；这一年年底，链家全国门店突破 5000 家，经纪人共有 80000 名。2017 年，链家引入外部监督机制，成立行业首个安心监督团；同年 10 月，链家以加盟模式进入郑州市场。2018 年 1 月，链家启用德佑品牌在 10 个城市开展特许经营业务；同年 4 月，被视为链家网升级版的、科技驱动的新居住服务商贝壳正式上线，链家成为贝壳首批入驻的品牌之一。2020 年 8 月 13 日，成立不过两年时间的贝壳正式在纽交所挂牌上市，贝壳创始人左晖在上市时表示，“贝壳是 18 年的链家和 2 年的贝壳的组织结合体。”截至 2021 年 6 月 30 日，贝壳连接门店超过 5.2 万家，连接经纪人超过 54.8 万人。

二、贝壳的价值观

“我们这个组织的独特性在于坚定地选择长期利益，选择做‘正确’的事情而不是快速成功的事情，我们对走捷径有天然的反感，做难而正确的事，是我们理解并相信的成功之道。我们经历过一次次艰难的‘无产出期’，之后迎来长期增长和消费者的正反馈，从而更坚定了这种信念。”

——链家/贝壳创始人左晖

“坚持做难而正确的事，需要我们以五到十年为时间跨度去兑现喜悦，先竖再横未必是产业互联网的唯一路径，却是我们相信的路径，这本质上是价值观的生意。”

——贝壳联合创始人彭永东

彭永东所说的“先竖再横”，是指从链家到贝壳的变化。无论是链家还是贝壳，都将“坚持长期主义、做难而正确的事”，作为组织共同的价值观底色，这也是贝壳区别于其他企业的地方。2011 年，链家首推真房源时，曾遭遇三个月的无产出期，之后流量开始回升。这样的微笑曲线在链家历史上出现过多次，每次艰难的“无产出期”之后，都会迎来长期增长和消费者的正反馈，而链家正是在一次又一次的考验中，培养出了适应“无产出期”的能力，形成了“坚持做难而正确的事”的价值观。2011 年，真房源引发的离职潮后，链家再招经纪人时，开始倾向于没有从业经验的新人，转业士兵、应届大学毕业生等。2019 年，贝壳统招本科学历的经纪人占比达到 31.3%，高学历团队让贝壳统一价值观的难度降低了。2019 年 4 月 23 日，在贝壳成立一周年的日子里，彭永东首次对外公布了贝壳的“终极算法”——企业的使命与核心价值观：

使命：有尊严的服务者、更美好的居住。

价值观：客户至上、诚实可信、合作共赢、拼搏进取。

三、价值观是如何形成的

2019 年，链家的 13 位销售冠军接受了媒体的采访，他们都表达了共同而强烈的职业愿景，即成为受尊重的职业经纪人。在他们的眼中，自己从事的职业不仅是过去大家口中的“中介”，而是能够带给客户更好的居住体验的经纪人，并且能够凭借自身的努力赢得客户的尊重。基于这个认知，他们在服务客户时不再是“短线思维”，而是能用一种“长线思维”去思考问题。比如，来自北京链家的张春雷表示：“我的想法就是成为一个职业经纪人，哪怕是在五六十岁，甚至退休了以后，我还能开着车带着客户去看房。客户的儿子甚至孙子也会找我买房。对我来说，挣多少钱不是最重要的，而是获得可以长远经营的口碑，获得职业尊重。”“哪怕单子有万分之一的风险，我都不会让客户签”，武汉链家李福燚的做法在链家十分具有代表性。

除了冲在一线的经纪人外，当贝壳的管理者被问及如何看待今日成就时，贝壳执行董事、运营高级副总裁徐万刚说：“客户至上、诚实可信、合作共赢、拼搏进取，既是贝壳的价值观，也是贝壳的竞争策略，坚持对客户好，坚持对经纪人好，我们所坚持付出的，最终都能变成商业价值，让我们受益，这也是对‘做价值观的生意’的一种解读。”为何选择“做价值观的生意”呢？左晖曾说：“链家最开始做生意，吃差价，很多消费者就找过来。我们吃到差价的那种欣喜是很真实的，消费者找过来，那种愤怒也是很真实的。这种矛盾、这种对抗，来自什么呢？一定是基础的价值观的问题。人都需要被激励，人性的本质就是需要被激励，今天的服务业来自消费者的激励太少了，但是如果能得到的话，对服务者的激励价值就非常大。而在这个行业里，只要你正确做事情，一定会得到消费者的激励。”

四、用制度和规则让无形的价值观化为行动

每个企业都致力于打造企业独有的文化，但文化是无形的，容易务虚，往往止步于墙上的口号，很难融入企业和员工的具体行为当中。贝壳没有将企业文化仅作为一种理念束之高阁，而是通过一个个具体的制度规则、服务承诺、活动设计，将所倡导的文化理念具化成一个个具体的行为。

1. 不吃差价+真房源，构筑护城河

一直以来，在二手房交易市场普遍存在着经纪人先使用虚假房源诱骗买房人入门，待“上钩”后再以真实存在的其他房源促成交易的风气，行业吃差价的现象也很普遍。一开始，链家也不能免俗。但客户的负面反馈，让左晖很难受，他说：“我们不太喜欢那种状态——能赚到钱，但是周围都不太满意。”2004 年 10 月，链家开始推行“签三方约、不吃差价”的透明交易模式。2011 年，链家开展“真房源”行动——真房源让客户的找房效率更高、更快、体验更好。然而，在普遍使用虚假房源诱骗买房人的行业环境下，这一行为却造成大量经纪人短期内无法获得客源，并陆续选择了出走。又是一次长达三个月的无产出期，在经历了经纪人动荡和业绩下滑之后，链家的形势终于发生逆转。自那以后，留下的经纪人便具有了更加趋同的价值观。

2. 基于贡献分配报酬的房产交易合作模式

在房产经纪行业，房产交易额非常大，经纪人收入主要依赖成交量，房屋信息属于经纪人誓死守护的领地，不同经纪人、品牌之间，存在着大量的竞争与零和博弈行为，“利己”往往是经纪人的第一出发点。在只有签单才能获利的前提下，经纪人、经纪公司各自为政，房屋信息并不互通，形成一个个信息孤岛。这样的结果是，客户无法在最短的时间内找到最适合自己的房源；经纪人“捂盘”“跳单”现象屡屡发生，行业内竞争极为激烈。

为了打破原有的信息孤岛，实现合作共赢，贝壳推出了基于贡献分配报酬的房产交易合作模式，具体规则是：一单交易如果由多个品牌经纪人合作完成，那么每个参与方都会得到相应收益。这是在遵守房源信息充分共享等规则的前提下，同品牌或跨品牌的经纪人之间以不同的角色协同合作，参与的一笔交易，成交后按照各个角色分工的分佣比例进行佣金分成的一种合作模式。具体来说，基于贡献分配报酬的合作模式把一个完整的房产交易划分为 10 个角色设置，部分情况下一个经纪人可以有多个角色，某个角色也可能

由多个经纪人共同完成，每个角色的名称和职责如表 11-1 所示。

表 11-1　基于贡献分配报酬的贝壳合作模式

	角色	职责
房源方	房源录入人	将业主委托交易房源录入系统
	房源维护人	熟悉负责小区的业主、住宅结构及周边；在客源方带看时陪同讲解
	房源实勘人	在贝壳系统内申请对于委托房源拍摄照片或录制 VCR
	委托备件人	获得业主委托书、身份信息、房产证书信息并上传至政府指定系统
	房源钥匙人	征求业主同意，获得业主出售房源的钥匙
客源方	客源推荐人	将契合的客户推荐给其他经纪人
	客源成交人	向买房人推荐合适房源并带看；与业主谈判和协商，促成双方签约
	客源合作人	辅助客源成交人，帮助匹配房源，在带看和交易时准备文件、预约
	客源首看人	带客户首次看成交房源的经纪人
	交易/金融顾问	签约后相关交易及金融服务

从结果来看，加入贝壳一年之后，一些门店的业绩普遍比加入贝壳之前有明显的提升，也许是因为新的合作模式使得各方的合作比过去更融洽了。

3. 价值观落地“七化”法

为了让看不见、摸不着的企业文化“落地”，加强员工对价值观的认同，徐万刚在工作中逐步总结出了“七化法”，“七化”分别是：

故事化：在门店每天的例行晨会中，会议主持人在带领大家朗读完核心价值观之后，会请员工分享发生在自己身边能够彰显价值观的小故事，每周投票评选出最佳价值观故事。

日记化：大家每天在微信群里轮流撰写价值观案例分享（内部简称“观享”），或者自我反省当天有哪些事做得还不够好。

讨论化：贝壳城市公司每季度召开一次全员价值观研讨会，请每位参与者讲述自己对于价值观的理解，分享价值观案例，并自省不足之处，通过讨论和交流，加深对于价值观的理解。

考评化：每季度进行一次价值观考评，将不同的行为表现与价值观分值挂钩，将员工的价值观表现标准化、分数化，对员工进行考核和约束。

榜样化：贝壳建立了“新经纪榜样”荣誉体系，每个季度在全国范围内评选出四大价值观标杆，对入围决赛的标杆候选人，贝壳将发起全平台数十万经纪人对他们的价值观案进行投票，借由投票过程，对经纪人进行一次价值观的传播和塑造。

可视化：将价值观标语和含义阐释通过文化栏、微信公众号、内刊等渠道进行展示。

仪式化：每天晨会或重要会议上唱司歌，背诵公司使命、愿景、价值观，对价值观标杆人物进行颁奖等，通过这些仪式化的动作打造一个庄严的“场”，借助于无形的力量让价值观渗透进每个员工的心灵。

4. 博学大考

“博学”大考由链家于2011年10月创立，一年举办两次，考试内容为房地产经纪服务、房地产基础知识、交易法规以及价值观和规则等。贝壳通过系统化的专业培训和博学大考，提升行业准入门槛和经纪人留存率，提升从业者的品质。博学大考旨在传递知识、提升经纪人的专业素养，同时希望借由经纪人备考的过程，以考促学，对经纪人的价值观起到塑造和引导的作用。2018年11月，博学大考向与贝壳合作的所有房产经纪品牌开放，累计参加考试人数已达百万人。

5. CG 文化圈

贝壳在运营的过程中发现，部分门店之间合作时气氛不是太友好，协同效率低下。合作不好的很大一个原因是，同一个商圈（区域）的经纪人之间互相不熟悉，从而影响了分工协作。于是从2017年开始，链家推出了CG文化圈（culture group，CG）活动，希望通过组织以地域为基础的商圈文化活动，促进员工之间的相识相知，从而为业务合作甚至共赢打下基础。通过一两年的实践，从数据上明显看到了CG文化圈的价值：高品质CG的房屋流通率平均高于未加入CG的门店17.65%，高于全国平均值3.99%，高于低品质CG 4.36%；高品质CG跨店陪看率平均高于未加入CG的门店12.30%，高于全国平均值9.34%，高于低品质CG 7.67%；高品质CG的合作单量平均高于低品质CG 2.13单。（高品质CG是指5—8月连续4个月活动量每月均大于等于2次且月度平均活动参与率、平均满意度均大于80%；低品质CG是指5—8月连续4个月没有做CG活动。房屋流通率，指每年交易的二手房数量与存量房总量的比率。）

6. 不断升级的安心服务承诺

2015年，链家在全国范围内启动了安心服务承诺亿元先行赔付基金，陆续在不同城市推出了交易不成佣金全退、物业欠费先行垫付、过户枉跑安心补偿、房屋筛查原价回购、真实房源假一赔百、签前查封先行垫付、不吃差价吃一赔十、房屋漏水保固补偿、税费精算差额补偿、资金托管保障安全、签约不成补偿交通费等多项安心服务承诺，保障客户从签约前到签约后的权益。为了保障这些举措的推行，链家成为业内第一家与银行合作进行资金托管的经纪公司，也是国内第一家获央行颁布第三方支付牌照的房地产企业。截至2021年8月底，链家已累计为消费者赔垫付安心保障金167664笔，金额超29.27亿元。

五、终极使命：有尊严的服务者成就更美好的居住

在贝壳的词典里，“有尊严的服务者、更美好的居住”是指“通过提升经纪人整体职业操守及专业能力，推动经纪人的职业化、行业的规范化，让更好的作业环境、工具及赋能予以从业者更强的职业尊严，才能为消费者提供更美好的居住服务体验。当消费者能够从实际服务中感知到经纪人的职业操守及专业能力，并因此能获得更美好的居住服务体验时，他们也会更愿意给予行业及从业人员更高的职业尊严”。

也许是“安心服务承诺”真金白银的付出，也许是每一次“客户至上”的发心和行动，也许是每一次互相协作带来的效率提升，总之，客户对房产中介行业的印象正在一点点地改变，房产中介不再是与客户博弈的对象，而是逐步转变成“居住服务”的“服务提供者”。当贝壳的价值观被更多从业者认同时，整个行业也会形成一个正循环。

讨论题：

1. 请结合贝壳的发展历程，分析影响房地产企业营销工作的关键环境因素有哪些。

2. 基于案例中贝壳的相关做法，请分析一位好的房地产销售人员应具备哪些特质。

第12章 房地产营销策划

房地产营销策划已成为营销管理中不可或缺的部分，为了保证策划取得好的执行效果，如何做出体现项目本质和特点且兼具操作性的策划案呢？一项完整的房地产营销策划该如何进行？营销策划是对房地产营销活动的决策，如何才能让这项决策得到更好的实施呢？

12.1 房地产营销策划的原理与类型

策划是指人们决策前为了达成某种特定的目标，借助于一定的科学方法和艺术手段，构思、设计、制定科学方案和执行计划的过程。房地产营销策划是指，房地产企业或营销策划代理公司为了取得理想的销售推广效果，运用整合营销的思想针对房地产企业内外部环境，在准确分析的基础上，利用或动用各种外部和内部资源进行资源整合和优化组合，对一定时间内的企业营销活动的行动方针、目标、战略、实施方案和具体措施进行构思、设计、计划并统筹执行的过程。

12.1.1 房地产营销策划的特点

12.1.1.1 前瞻性

房地产营销策划是对未来营销活动所做的当前决策，因而具有前瞻性。

12.1.1.2 创新性

创新性是房地产营销策划的灵魂所在，一个营销策划切忌模仿他人，没有创意，否则就会失去策划的生命力。

12.1.1.3 目的性

房地产营销策划一定要设定企业的营销目标，即企业希望达到的预期目标。例如，在销售量、市场份额、利润等方面，应对这些目标应该进行量化的表述。

12.1.1.4 人本性

房地产开发企业经营活动，必须围绕消费者的愿望、需求和价值观来展开，以人为本是房地产营销的根本所在。

12.1.1.5 科学性

房地产营销策划是一门思维的科学，要求定位准确、审时度势、把握主观与客观，辩证地、客观地、发散地、动态地把握各种资源。

12.1.2 房地产营销策划的原理

房地产营销策划的原理是指，科学总结而形成的、对房地产营销策划活动具有理性指导的规律性知识。房地产营销策划依据的原理主要有以下几个方面。

12.1.2.1 人本原理

人本原理是指营销策划以人力资源为本，通过发挥策划人的创造性推动企业发展的理论系统。这里涉及的人既包括企业内部的管理者和员工，也包括企业外部的消费者。在拟订营销策划方案时，房地产企业一方面要调动和激发企业内部相关人员的积极性和创造性，以企业员工的智慧来充实和丰富营销策划方案；另一方面要体现“以消费者为中心”的理念，把企业行为与销售对象紧密地连接在一起，使营销方案有利于目标顾客的接受。

12.1.2.2 差异原理

差异原理是指在不同时期、对不同主体、视不同环境而做出不同选择的理论体系。差异性应着重强化创新性和个性化，即策划案应体现观念新、概念新、主题新、手段新、方法新的“五新”原则。所以，营销策划没有固定的模式，营销策划工作不能刻舟求剑、生搬硬套。不同的策划主体和客体及不同的时间和环境都决定了营销策划案的差异性。

12.1.2.3 整合原理

整合原理是指营销策划人员要把策划对象视为一个系统，用集合性、动态性、层次性和相关性的观点处理策划对象各要素之间的关系，以正确的营销理念将各要素整合统筹，达到“1+1>2”的效果，从而形成完整的策划方案并达到优化的策划效果。整合原理要求营销策划围绕策划的主题应把策划所涉及的各方面，以及构成文案的各部分统一起来，形成一个有机整体。

12.1.2.4 效益原理

效益原理是指营销策划活动要以成本控制为中心，追求企业与策划行为本身的经济效益和社会效益。企业在进行各种活动时都会考虑盈利性问题，这种盈利既可能是短期的，也可以是长期的；企业在进行营销策划时要注重其投资回报率，即营销策划活动能为企业带来多少利润。营销策划如果不能为企业带来利润，那么就丧失了它存在的意义，也就不会有公司愿意进行营销策划。

12.1.3 房地产营销策划的类型

房地产营销策划按其策划的对象及应用的范围不同可以划分为如下三种类型。

12.1.3.1 策划型营销策划

策划型营销策划是为房地产开发商尚未推出的房地产项目实现一定的市场目标而做出的全盘营销计划，也称项目策划。在项目启动之前，房地产企业制定一份完整的项目策划是完全有必要的。即使这个阶段的一些市场信息还不是很明确，但仍需在投入大量资源之前尽早做出筹划，这样可以提高房地产投入营销资源的有效性、竞争性。制定项目策划的人员可以是房地产企业营销部门或企划部门的人员，也可以是外聘的咨询与策划人员。

12.1.3.2 诊断型营销策划

房地产企业在运营活动中不可避免地会出现各种问题，有了问题就要找出原因，提出改进的对策和方法，这就是诊断型营销策划所要解决的问题。这类营销策划通过分析调查房地产企业经营的实际状况，发现运营中存在的问题，然后运用科学的方法，有针对性地进行分析，查找产生问题的原因，提出切实可行的改进方案，从而调整行动方向、绕过阻碍，以最小的代价实现企业目标。房地产企业内部营销人员和外部策划人员都可以为企业进行营销诊断。

12.1.3.3 计划型营销策划

计划型营销策划是房地产企业基于自己的业务战略规划提前对未来一段时间的营销工作做出的规划。其中，最常见的就是年度营销计划。年度计划需要接受企业高层管理人员的正式审核、批准，一般为当年年底做出，每年一次。当然也要随着环境的变化做出相应的调整和修改。年度营销计划是由企业内部营销人员做出的。

制定营销策划能够帮助企业最大限度地利用资源，成效事半功倍。它可以帮助房地产企业扬长避短，并在竞争中发挥差别优势，也可以帮助房地产企业精简不必要的开支，集中优势资源实现营销目标。

12.2 房地产营销策划的流程与内容

营销策划一般的基本程序有：界定问题、收集信息、产生创意、撰写策划文案、执行策划五个阶段。一个完整的房地产项目营销策划，主要包括项目背景分析、项目市场研究、目标市场战略、营销策略组合策划、营销计划与实施策划，各阶段流程与内容见表12-1。

表12-1 房地产策划流程与内容

序号	策划流程	策划内容	工作成果
1	项目背景分析	企业地块分析	初步考察报告
		项目策划思路	
2	项目市场研究	宏观环境分析	实地调研报告
		市场需求分析	
		竞争态势分析	
3	目标市场战略	目标市场细分	初步策划案
		目标市场选择	
		目标市场定位	
4	营销策略组合策划	产品策略	营销策划案
		价格策略	
		分销策略	
		促销策略	
5	营销计划与实施策划	营销组织与计划	策划实施方案
		营销控制与管理	

12.2.1 项目背景分析

12.2.1.1 企业地块分析

一般来说，项目策划都是从土地使用权获取开始的。营销策划人员要在对城市规划和当地房地产市场进行充分把握的基础上，研究哪个地块具有开发价值，以及如何获得这个地块的使用权，或者对已经取得的土地进行全方位的地块价值分析；要重点了解分析项目基本资料，包括对所在区域的市政规划、规划红线图、用地性质、地块周边配套设施、相关的法律手续和批文等进行初步了解，确定初步印象。

12.2.1.2 项目策划思路

本阶段重点分析项目地理位置、地块周边交通状况、城市规划要求及项目自身特点、新技术应用、差异化营销的卖点、主要技术经济指标、土地升值潜力等方面的内容，为产品策略的制定奠定基础。

12.2.2 项目市场研究

12.2.2.1 调研准备

调研准备是指根据对初步背景资料的了解和分析，制订详细的正式市场调查计划，制定调查方案，组成市场调查小组和策划专家小组，根据项目的状况拟定考察内容、范围，设计调查问卷，赴项目所在地进行正式市场调查。

12.2.2.2 宏观环境分析

本阶段重点进行人口环境、经济环境、政策环境、科技环境和社会文化环境的分析，具体对城市经济特点、城市常住人口、流动人口、新技术应用、城市消费水平、政治法律环境等进行详细考察。

12.2.2.3 市场需求分析

首先，应详细了解土地资源情况、地块地形地貌状态、工程进度、资金、广告投放与进度、项目实施现状等相关内容。其次，针对项目所在地消费者行为进行分析调查，着重考虑分析消费者对房地产项目的需求与消费动机、购买模式、购买行为的影响因素，以及消费者的购买决策行为和过程，从而为后期对项目的潜在客户施加购买影响力提供原始资料。最后，对项目区域条件进行调查分析，对项目所在地段土地资源、旅游资源和环境资源等独特资源的优势与劣势进行调查、筛分。

12.2.2.4 竞争态势分析

本阶段主要针对项目建设区域和可竞争区域的同类产品的竞争态势进行调查和分析，主要内容有市场供求状况、价格现状和趋势、产品类型及市场缺位与空隙、竞争对手的情况及销售渠道的调查。

12.2.3 目标市场战略

12.2.3.1 目标市场细分

一个新建的地产项目，市场细分一般分三轮进行。第一轮市场细分是针对房地产市场总的供求关系进行的，以确定拟建项目的性质（商业或住宅）和区位（城市或郊区）；第二轮市场细分是针对消费者进行的，以确定拟建项目市场地位和定位，重点关注消费者的地域分布、家庭组成、知识层次等，进而寻找差异性，为确定目标市场和目标客户奠定基础；第三轮市场细分是在基本确定目标市场和目标客户的基础上，对目标客户的消费行为、消费习惯和消费偏好等特定内容进行的调研分析。

12.2.3.2 目标市场选择

房地产市场是指房地产企业决定追求的满足要求、合格的有效市场。有效市场是指对特定的房地产产品有意愿且具有足够消费能力的消费群体；合格的有效市场是指对特定的房地产产品具有消费资格的消费者。目标市场的选择应考虑市场规模、资源条件、环境条件、盈利因素、风险因素和竞争对手营销策略等因素的影响，采用适用的目标市场模式来完成。

12.2.3.3 目标市场定位

房地产目标市场定位也称房地产市场定位，是指房地产开发企业拟开发的特定产品的市场定位和目标客户定位。房地产企业根据产品的某些特征或属性，为其塑造与众不同的、鲜明的、符合目标客户需求的特殊形象，将无差别产品转变为有差别产品，并使其在目标客户中占有一席之地。

房地产企业一般常采用突出优势策略、挑战式策略和补缺式策略来突出产品的“特殊”地位，为后期差异化营销奠定基础。

12.2.4 营销策略组合策划

12.2.4.1 产品策略

产品策略主要解决为目标客户开发什么产品的问题，即确定产品属性的问题。内容主要包括在对目标市场细分的基础上，进行项目规划、主题概念设计、整体形象设计、园林景观设计、户型设计、建筑风格与形式、项目命名与产品 LOGO 设计等，进而明确产品属性，完成目标市场的产品定位，为制定价格策略和促销策略服务。

12.2.4.2 价格策略

价格策略主要包括定价目标、基本定价方法、定价技巧及调价策略等。房地产企业按照战略目标对价格制定提出总的目的和要求，结合企业实际情况，分析目标顾客预期的心理价位，以企业追求的某种目标为导向确定企业的定价目标，估算项目开发成本，建立定价模型，制定均价、基价及可销售产品的价格。价格技巧可以通过不同的形式表现，如折让定价策略、差别定价策略、心理定价策略等，而价格调整策略依据营销的需要和促销策略确定。

12.2.4.3 分销策略

分销策略主要解决房地产产品如何由房地产企业以最快速、最经济的方式转移到客户手中，也称渠道策略。根据渠道中是否存在中间商，可将其划分为直接渠道和间接渠道。房地产企业一般有自行营销和委托营销两种方式。

12.2.4.4 促销策略

促销策略作为整合营销的一部分，其内容主要包括：项目入市时机把控、销售进度与节奏控制、差异化营销的宣传推广、广告创意及主题表现、营业推广的推进及销售培训等。

12.2.5 营销计划与实施策划

12.2.5.1 营销组织与计划

房地产营销组织是指为了实现房地产企业的营销目标，而对企业营销活动从整体上进行平衡协调的有机体。该组织是企业实现营销目标的核心职能部门，也是保证营销计划实施的保障部门。房地产营销计划是对目标市场营销活动方案的具体描述，明确了房地产企业对各类营销活动的目标、策略、任务、措施和指标，使各项营销活动按照既定计划有序执行，尽量减少营销活动的盲目性和混乱发生。

12.2.5.2 营销控制与管理

营销计划在执行过程中难免会出现执行与计划发生偏差的情况，因此营销组织需要对营销进行控制和调整。营销控制也称“销控”，是房地产企业通过对营销计划执行监督检查时，发现实施与计划有偏差，而提出纠正、调整、干预执行的对策，甚至暂时停止执行计划，以达到最大限度满足营销目标的需要。其步骤一般包括确定控制对象、设置控制目标、建立衡量尺度、确立控制标准、比较实绩与标准、寻找分析偏差原因和采取改进措施等。

营销控制与管理是房地产企业营销过程中的重要环节，营销组织需要定期或不定期地进行营销策划的实施效果评价，对造成不利影响的因素加以修正，使房地产营销策划能够达到预期目标。

12.3 房地产营销策划的组织与管理

房地产营销策划是一种复杂且富有创意的智慧行为。选择有效的策划实现途径，能使企业的营销活动取得事半功倍的效果。而建立完备的策划机构和选取优秀的策划人才，则是营销策划活动顺利开展的重要前提和保证。

12.3.1 选择有效的策划实现途径

房地产企业进行营销策划时，主要可以通过两种途径来实现：一种是通过“自力更生”的方式，即组织企业内的营销管理人员建立自己的策划部门进行策划；另一种是借助于“外脑”，即通过外聘专门的策划人员或专业的房地产策划公司进行策划。当然，企业也可以把“自力更生”与借助于“外脑”的方式结合起来进行综合运用。具体采用哪种途径，企业应根据实际情况灵活掌握。

实力较强的大型房地产企业，可以建立自己的策划部门，委派专人负责企业的策划工作。自己组建策划部门，一方面能为企业节约大量的咨询费用，另一方面能适应大企业发展对策划工作的客观需求。作为企业自身的一个职能部门，自我组建的策划部门对企业的各种情况较为熟悉，也较易获得来自企业内部的各种相关信息和数据，由其制定的策划方案也更贴近企业需求，更易与企业的发展战略相一致。

而对于大多数中小房地产企业来说，借助于“外脑”进行策划则比建立专门的策划部门负责策划有效得多。一方面，企业规模小，专门组建策划部门会增加企业成本、降低效率；相比之下，借助于“外脑”更省事。另一方面，大多数中小房地产企业并不具备组建策划部门的条件。当然，借助于“外脑”也要有一定的度。“外脑”的作用应当是参谋性或辅助性的，而不是代替企业进行决策。过度迷信或依赖“外脑”，反而容易使企业走入营销策划的误区。

究竟是自己策划还是依靠“外脑”，并没有什么统一的标准。房地产企业应在综合考虑自身的规模、实力、策划工作的频度及复杂程度等多项因素的前提下，认真分析投入产出比，从而选择一种适合企业的有效策划实现途径。

12. 3. 2 建立完备的策划组织机构

房地产营销策划过程虽然可以通过不同途径来实现，但都需要围绕策划的主题设置专门的行动机构，以保证策划工作的顺利进行。

营销策划组织，一般以营销策划委员会或营销策划小组的形式存在，它将策划活动所需的各类人员整合在一起，是在充分发挥策划主创人智慧的基础上形成的团队合作的组织系统。这种组织机构依策划主题而设立，具有临时性的特点。当营销策划项目任务完成，策划小组便可以宣告解散，其后续工作可由企业的常设组织机构（如企划部）来负责实施、监督及控制等。虽然是临时性的组织，但营销策划组织仍具有较强的权威性、专业性和严密性，其对整个策划活动的成败起着关键性作用。通常，营销策划组织结构通常包括以下成员。

12. 3. 2. 1 策划总监

策划总监全面负责监督和管理营销策划委员会（小组）的各项工作，其主要工作职责和任务是协调营销策划组织与房地产企业各部门及各方人士的关系，安排、保证工作进度和效率等。其一般由企业的总经理、营销副总经理或策划部经理担任。

12.3.2.2 主策划人

主策划人如同编导一样，在策划过程中起着关键性的作用。他不仅指挥各类策划人员的调研活动，而且牵头组织策划人员的创意活动并负责最终策划文案的拟定。营销策划的成功，很大程度上就是在主策划人充分发挥聪明才智的基础上集思广益的结果。主策划人不仅应具备较强的业务素质和能力，同时应富有企业营销策划的成功经验和高度的责任感。

12.3.2.3 市场调查人员

准确、完备的市场信息，对于策划活动来说是十分关键的。策划组织必须设立专门的人员负责策划活动所需的相关信息的调查、收集、整理和分析等工作。对于调查人员来说，敏锐的观察力、准确的判断力和有效获取信息的能力都是其应具备的最基本的素质和能力。

12.3.2.4 文案撰写人

通常情况下，策划文案的撰写应在主策划人的领导下由多个撰写人共同完成，这样既能保证策划工作的效率，也有利于集思广益，提高策划工作的质量。单个文案撰写人虽然只负责文案的部分撰写，但其必须熟悉和了解整个策划过程。娴熟的文字表达能力，认识问题的深刻性和富于创新思维是衡量文案撰写人水平的主要标准。

12.3.2.5 美术设计人员

优质的商品都要有精美的包装，营销策划的过程实际上也是一个对企业、产品美化包装的过程。美术设计人员可以利用美学原理，通过创造性思维丰富和完善企业的视觉形象、商品标识、广告等，以增强策划文案的感染力和冲击力，提高策划活动的有效性。

12.3.2.6 高级电脑操作人员

数据库的建立与整理、提案中特殊图形制作等任务的电脑处理是比较复杂的，需要专业技术人员来完成。高级电脑操作人员为策划活动能及时有效地获取信息提供保证。

总之，营销策划的组织应尽量完备，同时它应是一个由多方人士组成的、富有创造性的机构。只有这样才能集思广益、博采众长，使营销策划这项复杂的活动顺利进行。

12.3.3 选取优秀的策划人才

房地产营销策划活动的成功与出彩，不仅取决于理念和创意，还与高效的组织管理密切相关。然而，无论是理念、创意还是管理，都是与策划人的素质与能力密切相关的。当今社会，是依赖人才竞争的社会，离开高素质的策划人才，营销策划活动根本无法顺利开展。

一个优秀的房地产营销策划人，首先应是一个既有广博理论知识，又有丰富实践经验的复合型人才；其次，要有敏锐的观察力、判断力和驾驭市场的能力；再次，要具备良好的社会公德和职业道德；最后，要具备深厚的文字功底和善于运用各种表达技巧。这些要求，不仅说明了一个优秀的营销策划人所应当具备的素质和能力，同时为策划组织选拔人才提供了基本的参考依据和标准。

房地产企业在选取组织所需的各类策划人才时，企业的领导者首先要了解一个完备的营销策划组织是由哪些人员构成的，从而确定组织对策划人员的具体需求；同时，要根据组织对策划人员条件的具体要求进行甄选，并且在甄选的过程中，还要有“最优秀的并不一定是最合适的，最合适的才是最好的”这样的科学用人观。

12.4 房地产营销策划的创意与方法

房地产营销策划的创意与方法和大多数行业营销策划的创意与方法类似，了解通用的创意与方法，并结合房地产行业的实际情况，创造性地灵活运用，就能产生良好的创意效果。

12.4.1 创意的内涵与实质

所谓创意，首先就是一个好的主意、别出心裁的想法或高明的点子。但是，如果把创意仅理解为好的主意、别出心裁的想法或高明的点子的话，那么就无法准确把握住创意的真谛。一个好的创意包含众多新奇的想法、好的点子或主意，但就这些想法、点子或主意本身来说，却还不是真正意义上的创意，它们只是创造性思维的成果。真正意义上的创意，应当是一种创造新事物、新形象的思维方式和行为，应当是一个进行创造性思维的过程。创造性思维是创意的核心，通俗地讲，创意的过程也就是想出好点子的过程。

全面、准确地把握创意的内涵与实质是十分重要的。如果理解得不全面或不到位，那么创意活动将是盲目的或不科学的。只有将创意看作进行创造性的思维而不是一个个静止的已有的思维成果，创意的“创”才能真正得到发挥，才可能会有更多的新奇想法或主意源源不断地被创造。

12.4.2 创意的来源

创意是创造性思维的过程，常常会给策划工作带来神奇的效果，因此，创意也常常被人们看成一种非常神秘的事物。其实，创意并非想象的那样难以捉摸，其实它并不神秘，它就来源于我们的身边。

12.4.2.1 创意来源于生活

我们的日常生活是丰富多彩的，它能为创意提供大量有价值的素材，而且能引发策划人员创意的灵感，很多优秀的创意都源于对生活深入细致的观察。另外，创意的产生是为了满足实际的需要，只有贴近生活，人们才能更好地接受这些新奇的想法或点子，创意才更容易取得成功。

12.4.2.2 创意来源于幻想

创意的产生，很大程度上是来源于人们的幻想。想象力是人类特有的一种思维能力。想象力的发挥，能使人们突破各种思维定式以及条件、环境的阻隔，使人们的创造性思维得到最大限度的发挥。很多看似不可能的事情，正是由于大胆合理的想象，才成为了现实。人类正是有了像鸟儿一样在天空自由飞翔的幻想，才有了后来飞机的发明。所以，要想获得好的创意，充分发挥策划人员的想象力是必需的。

12.4.2.3 创意来源于兴趣

兴趣对创意的形成也有着重要影响。只有对某个问题产生了兴趣，策划人员的思维才能够兴奋和活跃起来，想象力和创造力才能得到充分发挥。假如人们对某个事物丝毫不感兴趣，那又怎么可能会去不断地认识它、研究它呢？既然不去认识它、不去研究它，创意灵感又将从何而来呢？

12.4.2.4 创意来源于积累

灵感的获得也许只是一瞬间的事，然而在灵感到来之前却是需要有大量的思考和准备过程来铺垫的。如果策划人员日常没有对知识、经验的广泛积累，那么要有好的创意几乎是不可能产生的。

12.4.2.5 创意来源于“看”的方法

事物之间的关系是相当复杂的，从不同的角度来思考，得出的结论可能会有很大的不同。在创意的过程中，当按一种思路进行而无法产生创造性的想法时，换个角度、换种思考方法，或许很快就能发现“另一片天空”。由此看来，创意也是来源于人们对事物不同的“看法”中的。

12.4.3 创意的一般方法

创意是一种进行创造性思维的活动，思维的方法对于创意的形成与产生有着巨大影响。因此，掌握多种思维的技法对于有效提高创意水平和创意效果是很有帮助的。创意过程中常用的思维方法有以下几种。

12.4.3.1 灵感思维法

对于“灵感”一词也许我们并不陌生，它是一种说不清道不明，但又确确实实存在的东西。它既可能是我们长久思考的结果，也可能是我们受某种启示而出现的顿悟。总之，它的形成与产生是没有固定模式的。

对于策划活动来说，灵感思维就是在策划活动中，思维处于最活跃状态时的“思想火花”。这些“思想火花”，对于创意活动是极为重要的，正是有了它们才有了优秀创意的产生。因此，运用好灵感思维、激发更多的“思想火花”是策划人员在进行创意时必须努力追求的。这就要求策划人员一方面要了解和把握住灵感思维的特点，另一方面要掌握一定的运用灵感思维的技巧。

灵感思维的特点主要有三个，即突然性、稍纵即逝性与创新性。突然性是指灵感的到来是无法被准确预测的，它既可能在这个时候出现，也可能在那个时候出现，更多的则是出现在我们毫无准备的情况下。稍纵即逝性则表明灵感的到来是瞬间发生的，如果策划人员不能及时抓住它，它会很快消失得无影无踪。创新性是对灵感本质的说明，灵感是创造性思维的结果，是对常规思维的一种突破，“新、奇、特”是其最基本的特征。只有抓住了灵感思维的这三个特点，策划人员才能较好地利用它来进行创意构思。

12.4.3.2 群体思维法

群体思维法是一种集思广益的创意方法，它最大的优势就在于能够利用集体智慧的发挥，来弥补个人思维与能力的不足。因此，利用这种方法进行创意，更容易获得好的创意灵感和创意思路。

群体思维法的具体方法有多种，但最常见、最具代表性的是“头脑风暴法”，即“脑力激荡法”。所谓“头脑风暴法”，就是通过组织一种特殊的小型会议，使参与者无所顾忌地发表各自的看法，彼此激励、相互启发，以产生众多创造性设想。“头脑风暴法”在具体实施中一般有以下几个要点：

（1）参与讨论的人数要适当，既不宜过多，也不宜过少，最好控制在6~10人。这样既能保证每个人都有充分发言的机会，也能使集体思考保持较高的效率。

（2）在讨论开始前，主持人不明确告知此次讨论的最终目的，而只是把需要讨论的问题交代清楚。

（3）讨论开始后，鼓励每一个参与者积极发言，阐述各自对问题的看法。

（4）对每个人的发言做好记录，点子越多越好，可暂不计质量。

（5）整个讨论的过程中，不允许对别人的意见进行反驳，也不许过早下结论。

在“头脑风暴法”的实施过程中，参与者是在一种轻松、开放和没有限制的环境中进行问题思考的。这样使各种不同的观点和想法大量涌现。经过相互启发、相互影响，更多更好的创意思路和创意方案就会在这种群体思维的激荡中产生。

需要注意的是，由于“头脑风暴法”强调的是点子的数量而不是质量，这就导致了由它产生的想法和观点并不一定都是有效的，其中也不乏大量无用信息的存在。为使“头脑风暴法”能产生更好的效果，可以通过一定方法对其进行改进。例如，在进行“头脑风暴法”时，每次只讨论一个问题，或尽量使讨论的题目明确具体等，对于提高结果的有效性都是有帮助的。

12.4.3.3 侧向思维法

所谓侧向思维法，就是利用一些与问题无正面联系的信息来寻找解决问题的途径的思维方法。在创意过程中，侧向思维的灵活运用是非常重要的。因为在很多情况下，人们直接从正面的角度思考问题是得不到满意答案的，这时，采取“迂回”的策略，从问题的侧面进行思考，往往能收到很好的效果。

侧向思维法是巧妙的，它体现的是一种不按正常套路“出牌”的非常规思想。它既是出于对问题整体性的把握与策略性的思考，也是对常规思维的一种突破。要想运用好侧向思维法，最关键的是要善于发现事物之间隐藏的或看似不相关的联系。只有把握这些联系，人们才可能找到问题的突破口。如果在缺乏对事物全面分析与深刻认识的情况下贸然运用侧向思维法，很有可能弄巧成拙，将事情变糟。

12.4.3.4 逆向思维法

所谓逆向思维法，就是从正常思考路径的反面去寻求解决问题的途径。逆向思维法也是一种反常规的思维方法，该方法最大的特点在于，思维行进的方向是逆向的。如我们日常所见的“反潮流生产”“反时尚设计”“反季节销售”等“反其道而行之”的现象，都是运用逆向思维的具体表现。

对于策划的创意活动来说，逆向思维法的最大作用在于，它可以激发创新思想。这是因为，“思维倒转”不仅改变了人们思考问题的固定方式，而且还为人们看问题、想问题提供了一个全新的角度，从而使许多看似不可能的事情得以实现。其实，很多优秀的创意和创新的想法就是在这种“思维倒转”的过程中产生的。

12.4.3.5 类比思维法

类比思维法主要是指，通过对两种或两种以上的客体进行比较、认知与推理而获得创造性设想。类比的两个事物既可以是同类的，也可以是不同类的，即使是差别很大的两个事物之间依然可以进行类比。通过类比，策划人员创意的视野会得到极大的拓展。

类比思维法的具体方法有多种。其中较具代表性和典型性的主要有四种，即直接类比法、象征类比法、因果类比法和综合类比法。

（1）直接类比法。所谓直接类比法，就是简单地在两事物之间直接建立联系的类比方法。它是最简单也是最常用的一种类比方法。直接类比的对象既可以来自自然界，也可以来自人类社会。在很多情况下，直接类比法只需通过与类比对象的直接比较与推理，就能得出大量具有创新性的想法或点子。

（2）象征类比法。象征类比法是一种用具体事物来表示某种抽象概念或思想感情的思考方法。象征类比法由于借助于一定事物的形象和符号来比喻、形容、替代或突出另一个事物，借助于有形的物体表达抽象的感情，因此，也具有较高的美学价值。例如，店面设计、商品包装、企业形象塑造等方面，经常都用到象征类比法。正是借助于一定的标志与符号，才有效地突出了这些事物所要表达的内容与诉求。

（3）因果类比法。所谓因果类比法，就是从已知事物因果关系同未知事物因果关系的相似之处出发，来寻求未知事物的一种思维方法。因果关系是事物所具备的最基本的关系，因此，利用因果类比法进行事物之间的类比与推理，效果往往是非常明显的。

（4）综合类比法。综合类比法主要是在策划客体本质属性非常复杂的情况下而使用的一种类比方法，它的主要特点是对策划客体相似特性进行综合，进行全方位的比较与思考。例如，各种模拟演练、模拟测试、模拟试销等利用的就是综合类比法原理。通过客体在模拟情境中的表现，人们可以基本推测出其在真实情景中的表现。如果客体在模拟情境中能够有好的表现，以此就可以推测它们在真实情景中的表现也不会太差。

12.5 房地产营销策划书的制定

为了能制定出一份出色的营销策划书，营销策划人员需要有效地把握营销策划书的结构和技巧。

12.5.1 房地产营销策划书的基本内容

房地产营销策划书一般包括以下内容。

12.5.1.1 封面与目录

（1）策划方案名称和策划制作者。

（2）策划方案目录。目录将策划方案的主要内容列出，一般罗列至三级标题为宜。

12.5.1.2 项目背景

项目背景主要描述策划项目市政规划、规划红线图、建筑风格、单体平面设计、用地性质、地块周边配套设施等主要内容，要求内容简明扼要，一目了然。

12.5.1.3 项目市场分析

通过对项目或产品进行宏观环境分析、市场需求分析和竞争态势分析，确定项目或产品属性，确立目标市场。具体有以下内容：

（1）投资环境分析，主要包括经济环境分析、政策环境分析、房地产市场分析、城市环境分析等。

（2）项目 SWOT 分析，即在项目地块的基本情况分析、建设条件分析、项目区域分析和项目配套分析基础上，对项目进行 SWOT 分析，分别评估房地产企业内部的优势（Strengths）与劣势（Weaknesses），外部环境的机会（Opportunities）与威胁（Threats）。

（3）项目竞争楼盘和竞争对手分析，包括竞争楼盘区域内扫描，潜在竞争对手参与竞争的可能分析，竞争区域供应量与需求量分析，对竞争对手进行科学的产品分析、市场定位及差异性分析、价格分析、背景和实力分析等。

（4）项目潜在客户分析，即进行消费者调查，寻找潜在客户群体，明确项目的目标客户、消费行为及消费心理，筛分重点目标客户、一般目标客户和潜在目标客户等。

12.5.1.4 市场选择与定位

市场选择与定位，即在市场细分的基础上，要确定进入目标市场的模式，确定项目的整体市场定位，并确定目标客户群定位、产品定位和项目形象定位。具体包括：项目综合定位、项目目标客户群定位、项目档次定位、项目主题定位、项目案名定位、项目形象定位、项目功能定位、项目价格定位等。

12.5.1.5 营销战略与目标

本部分要明确房地产企业的战略目标，是生存、最大当期利润、市场份额最大化，还是最大市场撇脂、产品质量领袖等；在此基础上，确定房地产企业的具体目标，主要包括销售额、利润额、市场占有率、毛利率、回款率、战略周期等。

12.5.1.6 项目产品规划建议

项目产品规划建议是指在市场定位和营销策划总体思路下，提出产品规划设计基本要求，协助确定符合市场需求和投资回报的产品规划、设计理念、设计方案。具体内容包括：项目开发总体规划建议、项目总平面规划建议、组团规划建议、项目整体建筑风格建议、项目交通道路规划建议、项目园林景观设计建议、项目户型设计建议、项目外立面设计建议、项目社区配套设施、会所建议、项目装修标准建议、装饰材料建议及项目物业管理建议等。

12.5.1.7 营销策略组合策划

房地产企业要根据房地产项目的具体情况，制定合适的产品策略、价格策略、渠道策略和促销策略。具体内容参见本书“营销策略组合策划”部分的相关内容。

12.5.1.8 项目营销计划与组织

项目营销计划与组织是指帮助房地产企业制订销售计划、确定项目各营销阶段工作内容。主要内容包括：项目总计划、项目入市开盘时机选择、各阶段销售计划的制订、销售团队搭建与组织管理等；设计销售队伍的规模与组织结构，招聘、培训、监督、激励、评估销售人员，并制定工作日程进度表，标明各项任务的主要负责人及不同的时间阶段应完成的任务指标。

12.5.1.9 项目销售执行管理

项目销售执行管理主要包括项目销售准备与实施。在项目销售人员的培训和售楼处包装满足营销方案策略的情况下，还应重点关注营销项目销售价格与优惠措施的确定、销售节奏安排与控制、销售流程执行、现场活动策略及执行实施、业绩目标制定与执行、月度销售分析、竞争对手跟踪、深度卖点挖掘，价格与促销策略及调整、客户资料管理、客户服务跟踪等内容。

12.5.1.10 费用预算

费用预算是指按照既定整合营销环节中的营销策划方案内容，对各个营销环节的费用进行科学合理的预算。例如，列明广告推广的时间计划和支出预算控制额度、广告媒体发布名称、广告媒体发布频次等。

12.5.1.11 应变措施

由于房地产营销环境的不确定性，任何计划在实施过程中难免会遇到一些不可预期的风险，如市场风险、竞争风险、外汇风险、政策风险等，因此需要在策划方案中考虑相应的应变措施。

以上内容是房地产营销策划书的一般结构组成，但并不是所有的营销策划书都应千篇一律、一应俱全。由于各房地产企业所处的市场环境、经营内容、营销战略等存在差异，不同的策划书在结构上也应有所变化，策划者应该在策划编写过程中灵活运用。

12.5.2 制定房地产营销策划书的技巧

要想写出一份出色的房地产营销策划书，仅掌握其书写结构是不够的，还需在策划书的书写过程中注意一些细节性问题，能使策划书更具有效性。

这些细节性问题本书称为营销策划书的编撰技巧，主要体现在以下三个方面。

12.5.2.1 结构完整，层次清晰

房地产营销策划书的全部内容可以用十二个字加以概括，即环境分析（SWOT）、战略制定（STP）、策略组合（4P）。按照这一思路进行策划书的撰写，既可以使策划书结构完整，也可以使内容层次清晰。当然，各部分所涉及的具体理论与内容还是相当丰富的，对营销理论的整体把握，可以使我们的思路清晰，从而有效地开展工作。

12.5.2.2 主线明确，战略统领

人们在深入分析一篇文章的时候，总是习惯找出文章的中心思想，以求更好地体会作者的写作意图，理解各个段落的深层含义。房地产营销策划书也应该有个明确的主线，继而围绕这个主线展开分析，也就是要确定策划目标。为了更好地运用这一技巧，书面中可以使用一些重点符号、特殊的版式、不同的字体或字号，对策划内容的主要观点给予强调突出，以帮助相关人员在阅读方案过程中准确地把握策划主线。

12.5.2.3 图表丰富，分析深入

营销策划书的另一个要求就是策划文案不但要简明扼要，还要分析透彻。问题的关键是如何选择一种最佳的方式满足这一要求。方法很简单，那就是运用图表。图表可以使撰写者的语言精练和简化。值得注意的是，图表虽然能力求简洁，但仅通过图表不能反映一些深层次的内涵。决策者当然不会花费大量的时间进行分析总结，如此则降低策划书的使用价值。所以，运用图表时需要辅之以必要的分析说明，分析得越深入，其可信度就越高。

12.6 房地产营销策划的实施

对于整个营销策划活动来说，策划案的实施是最为关键的一环。对策划活动的领导者来说，能否让策划书中的各项措施落到实处，能否让策划者的意图得到真正的体现，直接影响着策划活动的效果以及营销目标的实现。另外，策划的实施阶段也是对策划方案的检验阶段。在策划过程中，策划者在制定策划方案时难免会出现考虑不周或过于理想的情况，即使经过提案前的反复改进，错误有时仍然不可避免。只有通过实施过程的检验，策划者才能

进一步发现策划中存在的不足，从而为今后更好地进行策划工作积累经验。

12.6.1 做好策划实施前的准备

房地产策划方案的实施是一件相当复杂的工作，实施者不仅要面对动态环境的变化，还要接受各种不确定因素带来的挑战。要使策划的实施工作进展顺利，就必须在策划实施前做好充分的准备。

12.6.1.1 落实执行组织和人员

落实策划方案的执行组织和人员，是进行策划实施准备工作的首要任务。执行组织和人员的落实，要围绕策划方案和具体的行动计划来进行。首先，要根据行动计划明确承担执行策划方案的机构，并组编、调配各层级组织及设立相应的领导班子；其次，在此基础上，划定每个职位的职责、权限，以及与其他相邻组织间的关系；最后，要制定相应的规章、制度，并交代注意事项等。

落实房地产策划方案的执行组织和人员，比较关键的一点是要使每个执行组织和人员的分工和责任明确，从而使每个执行者能够各司其职、各负其责，使策划案的各项措施都能落到实处。其实，这也正是组织落实的目的所在，即以最合理的组织安排和人员调配，保证策划方案执行活动所需的各项资源得到有机整合，使各项资源的效用得到最大作用的发挥，以保证策划活动的顺利实施。

12.6.1.2 进行思想动员和部门间协调

房地产策划方案实施前，进行思想动员和部门间协调也是非常必要的。虽然是两项不同的措施，但思想动员和进行部门间协调的目的是相同的，即为策划案的顺利实施统一步调、扫除障碍。

思想动员主要是通过对策划方案进行广泛而深刻的宣传和讲解，为策划活动的实施争取更多理解、支持与协作。它解决的是实施者思想上和认识上的问题。在策划方案实施的过程中，经常会出现下面的问题：实施者对策划方案知晓，但并不一定理解得准确、深刻；实施者对任务明确，但并不一定就能积极去完成。这些问题的解决，客观上需要在策划实施前进行思想动员。

房地产策划方案的实施，需要组织中各个部门的相互配合与协作，而不仅是策划部门或具体操作部门的工作。然而，策划实施的过程往往缺乏这种合作，更多的则是部门间相互的不理解或不配合。这种不理解或不配合对策划方案的实施来说是很不利的，在极端的情况下甚至会导致策划方案根本无法推行，所以采取有效措施化解部门间的冲突就是很有必要的。这就需要房地产企业的领导对各个相关部门提出具体要求或进行调节，以避免不协调的现象在实施过程中出现。

12.6.2 实施过程中的注意事项

12.6.2.1 强制性与灵活性相结合

在房地产策划案的实施过程中，对实施工作的强制性与灵活性进行要求都是必不可少的。强制性原则，要求方案的实施必须严格按照计划执行，不得随意变更；灵活性原则，要求实施过程应依据环境及情况的变化而变化，不能拘泥于原有计划和方案的规定。虽然它们强调的内容正好相反，但它们在策划实施过程中的作用却是同等重要的。

单一地过分强调强制性原则或灵活性原则都是不行的。其原因在于，强制性原则虽"刚性"十足，但"柔性"不足，只强调执行的强制性，实施过程很容易碰壁；而灵活性原则虽"柔性"有余，却"刚性"欠佳，只强调执行的灵活性，计划方案很难得到落实。因此，只有把强制性要求与灵活性要求结合在一起，使实施的过程既有强制性又富于灵活性，才能使策划案的实施顺利进行。

12.6.2.2 做好沟通与协作

沟通与协作对于房地产策划案的实施来说是相当重要的。只有沟通，才能保持信息通畅，实现部门间的相互理解与支持；只有协作，才能使效率提高，保证策划项目顺利完成。房地产策划案实施中必须强调沟通与协作。首先，在房地产营销策划的实施过程中，策划者兼任实施者的情况并不多。因此，要想使策划者的真实意图在实施过程中不走样，策划者与实施者之间必须保持良好的沟通。另外，策划案的实施虽由策划部门和操作部门完成，但也需要相关部门的理解、支持与配合。所以，做好部门与部门间的沟通协作也是重要和必需的。

12.6.2.3 注意实施的进度与效果

进度与效果，是衡量房地产策划实施工作成败的两个重要指标。进度反映的是计划任务进展的快慢情况；而效果反映的是计划任务完成的情况。策划案的实施既要注意进度又要注重效果。有进度无效果或有效果不能保证进度，都不能达到策划方案实施的要求。只有在计划的时间内实现了预定的目标，实施工作才算成功。要使实施工作既有进度又有效果，除了要求实施者严格执行计划外，房地产企业还可设专人来监督和推进。另外，组织中良好的沟通能为实施工作的顺利进行提供保证。

12.6.3 房地产营销策划的控制

房地产营销策划不能没有控制，离开了有效的控制，其策划目标将很难实现。想要策划工作顺利进行，策划活动的组织者必须采取有效的控制措施，重视和做好控制工作。

在管理学中，控制被定义为“监视各项活动以保证它们按计划进行并纠正各种重要偏差的过程”。所谓的控制，其实就是一种“纠偏”的行动。营销策划本身就是一项系统而复杂的工作，从策划的立案、开发，到提案、实施，不仅环节众多，涉及内容和范围广泛，且需要有大量的配合与协作。环节众多与过程的复杂性，不仅导致了策划工作中不确定因素的增加，而且使策划活动变得相当“脆弱”，极易出现失误或偏差。尤其是策划的实施，更易遭受环境变化所引发的冲击而出现问题。当这些失误、偏差和问题积累到一定程度时，就会严重阻碍策划活动的进行。因此，及时发现、解决与纠正这些失误、偏差和问题，就显得非常重要。这也正是策划活动需要做好控制工作的原因所在。

12.6.3.1 做好监督与检查

所谓监督与检查，就是以房地产策划方案的要求为依据，衡量操作者在实际操作时是否达到标准，这是一种非常有效的控制方法。在房地产营销策划活动中，做好监督与检查工作，一方面能使策划活动的负责人或策划实施的组织者有效地掌握方案的实施情况和实施效果；另一方面有利于策划方案实施过程中出现的问题被及时发现和解决。

做好监督和检查工作，关键是要运用好检查的方式和方法。定期检查和不定期检查，就是两种常见的监督检查方式。这两种方法虽然各有优缺点，但都不失为有效的控制方法。利用好它们，将能有效地促进策划活动的顺利进行。

定期检查，即检查是按事先规定好的时间进行检查。定期检查能起到有效督促操作部门的工作，提高操作部门发现和纠正工作中问题的主动性和自觉性等作用。但由于定期检查的时间、范围与内容是事先定好的，因此检查过程中应付检查或弄虚作假的情况常常无法避免。

不定期检查，即检查是在没有与检查对象事先约定的情况下进行的检查。由于没有事先约定，被检查者无法对检查的内容做事先准备。所以，不定期检查所得结果的可信性与真实性较强，有利于管理者对组织活动真实情况的把握。但也正是因为没有事先约定，所以不定期检查也较易对检查对象的正常工作产生干扰。

当然，要做好监督和检查，仅依靠一种监督检查方式是不够的，往往需要多种方式方法的配合使用。例如，在对策划的实施情况进行检查时，将定期检查与不定期检查结合起来，既能起到督促实施者的作用，又能有效避免检查过程中的作假行为。

12.6.3.2 做好方案实施的反馈

反馈是一个信息发送、回收与分析的过程，通过对回收信息的分析，控制系统可以对再次发送的信息产生影响。在房地产策划活动中，利用反馈原理进行控制，也是一种不错的方法。策划活动的控制者可以先通过一定手段和方式将策划实施过程中的各种情况进行收集，然后进行分析研究，再根据方案实施分析的结果和具体环境条件的变化，对策划方案或实施过程进行调整，从而达到控制策划活动的目的。反馈应贯穿策划工作的整个过程，即在策划前、策划中及策划后都应该进行及时全面的反馈。

（1）在策划方案确定前进行反馈。策划方案确定前，策划活动的组织者应组织有关领导或专家对策划案的完备性、可行性及适用性进行充分讨论和评估，并在此基础上对策划案进行修正，以确定最佳的行动方案。在方案实施前进行反馈，能使策划案得到有效完善，从而为后续策划实施工作的顺利开展打下基础。

（2）在方案实施过程中进行反馈。方案的实施过程是复杂的，且影响策划活动的因素很多。即使策划方案制定得再完善，在执行过程中也无法保证不出差错，尤其是当环境动态性和不确定性程度较高时，实施过程出现偏差的可能性会更大。因此，在实施过程中，将方案的实施情况进行及时反馈，是策划活动能够顺利进行的必要条件。

（3）在策划活动结束后进行反馈。策划活动结束后的反馈也是相当重要的。一方面，将策划实施的结果与原方案进行对比，能使策划者更有效地评定策划方案及策划工作；另一方面，通过对策划工作经验教训进行总结，有利于策划人员策划水平的提高。

12.6.4 房地产营销策划的评估

在整个策划工作结束前，房地产策划活动的组织者还要做好策划的评估总结工作。要做好策划的评估，就要选好评估方法，并了解评估工作应注意的问题。

12.6.4.1 对策划评估要有足够的重视

所谓房地产营销策划的评估，一般指的就是在房地产策划实施工作结束后，对策划案的实现情况及实施结果进行的评定与分析。然而，正是由于评估是在实施工作结束之后进行的，是评定结果而不是产生结果，评估常常被看作一项可有可无的工作。

当然，评估并不是可有可无的，它对整个房地产策划活动有着极其重要的作用和意义。首先，评估是对策划工作进行鉴定与总结的过程，只有对策划结果、实施过程、操作手段等内容进行认真评估，才能有效判定策划工作的成绩，找出策划工作中的不足。其次，评估是对策划活动进行的反思，是总结经验和教训的过程，正是因为有了评估，策划者才能不断积累策划经验，改进策划水平。最后，有效的评估工作，是组织奖惩能够顺利进行的必要前提，假如没有对策划活动的评估，组织奖惩将失去有效的依据。因此，房地产策划实施活动的结束并不代表着整个策划工作的结束，策划工作者要改变那种“评估工作无关紧要”的错误想法，认真做好策划评估工作。

12.6.4.2 房地产策划评估的方法

房地产策划评估的方法有很多，既有定性的，也有定量的。下面本书就其中几种比较常用的具有代表性的方法进行简要的介绍。

（1）综合评议法。在房地产策划评估中，综合评议法是一种经常被用到的方法。该方法不仅操作简便，而且有利于评估过程民主性的发挥。综合评议法主要由初评、综评构成，综合了专家评议、部门评议、个人评议等多种评议方式，因此，得出的评估结果一般也比较客观全面。

综合评议法的步骤如下：首先，进行初步评定。由策划专家组成评议小组，对策划的结果及策划过程的各个环节进行评估，并给出专家组意见和评价。其次，策划活动的组织者、实施者及其他相关部门和人员分别进行各自评估，当初步评估完成后，将评议小组的结果与各部门及人员的意见收集在一起，并按照权重进行综合评估，得出最终评定结果。当然，在实际评估过程中，不同评估者意见在综合评估中的权重也是可以调节的，这样能够满足评估者不同的评估目的和评估需要。

（2）对照比较法。对照比较法也是房地产策划评估比较常用的方法。该方法评估的主要原理是：将策划的执行结果同原策划方案目标进行对照比较，从而判定和评价各项活动及目标的实现情况，并对原因进行探究和分析。

该方法的关键是确定好对照比较的内容。一般情况下，对照比较的内容主要应包括以下几个方面：策划目标是否实现，实现的程度如何；实施工作是否按计划进行，调整的内容有哪些；操作手段是否合理；预算是否超支；预测是否准确等。

（3）关键事件法。所谓关键事件法，即在评估过程中，评估者应将注意力集中在那些对活动有关键性影响或有关键意义的环节上，做好对关键事件的评定与分析。关键事件可以是对某个重要细分市场的开发，也可以是对某类客户的市场推广，还可以是对企业形象、知名度等方面的塑造与提升。关键事件法也是一种非常有效的评估方法，它使评估者在把握关键事件的基础上，对评估对象有更深入的分析和认识。

除了这些方法外，评估工作中经常用到的方法还有统计法、列表法等，在此本书不再一一列举。在房地产策划评估的工作中，具体要采用何种方法，评估者应根据具体情况灵活掌握。

12.6.4.3 房地产策划评估要注意的问题

（1）评估过程要尽量客观全面。客观全面是对房地产策划评估工作的基本要求。评估不仅是评定结果的过程，同时是分析结果、总结经验教训的过程。如果这个过程不是建立在对客观情况进行实事求是与多角度全面分析的基础上的话，评估结果的准确性和有效性将会大打折扣。另外，若没有对结果的正确分析与评价，教训总结与经验积累也就更无从谈起了。因此，进行策划评估工作一定要注意效果，尽量使评估过程客观全面。

（2）要注意定性与定量相结合。所谓定性主要是通过描述性的语言或文字对事物质的特征进行阐释；定量则主要是利用数据分析、模型、图表等对事物规律进行说明。虽说两种方法各有优点，但也分别存在不足。在营销策划评估中，仅仅依靠定性来评价和总结，不免会让人感到过于笼统；而仅从定量来说明，又较易使人的视野为数字所局限。因此，将定性与定量方法结合运用是非常有必要的。两种方法结合使用，不仅能弥补其各自不足，也能使评估的结果更加准确。

（3）注意评估结果的反馈。房地产策划评估活动结束后，做好评估结果的反馈是相当重要的。只有将评估结果进行反馈，房地产策划工作者才能对策划活动的效果有所了解，才能汲取经验和教训。同时，评估结果反馈，可以使策划工作得到改进和提高，策划评估的意义才能真正得到体现。可见，对于策划评估工作来说，评估结果的反馈也是十分关键的一环，必须认真做好。

案例分析

华润·北龙湖瑞府的营销突围战

项目地块位于郑州市郑东新区北龙湖区域龙源路西侧、龙泽西路北侧，2021 年 11 月 19 日，华润置地郑州公司在公开市场以底价 20.01 亿元获取。项目占地面积 56925 平方米，规划容积率 2.5，计容面积 142025 平方米，限高 54 米。地块所在的郑东新区北龙湖区域为市区高端改善区，但因项目宗地的具体区位没有强势一线景观和优质学区价值，地块素质属于北龙湖第三梯队。在控规之下设计为小高层产品，地块周边存在一定不利因素。首期入市期在面对中心城区大平层、北龙湖北岸低总价洋房的左右夹击，在 2022 年房地产市场持续低迷、观望加重的不利形势下，却成功实现了项目的营销突围。项目于 2022 年 6 月 30 日开盘，推售 277 套，货值 13.06 亿元，6 月 30 日至 7 月 3 日三天内认购 201 套，实现销售货值达 9.62 亿元，去化率高达 74%。北龙湖瑞府首开是近三年内郑州唯一线下大型集中开盘项目，创 2022 年郑州市场除华润·幸福里之外去化率及单次开盘认购金额最高，刷新了北龙湖的首开业绩。

一、项目基本情况及 SWOT 分析

项目位于郑州高端低密改善区北龙湖片区，距离河南省政府 7.2 千米，距离郑州东站 8.7 千米，所处中原科技城规划以信息科技、大数据园区等为

主。从周边配套上看，北龙湖区域为郑州市人均绿地资源最高的区域，项目北侧紧邻魏河，东依贾鲁河，区域内聚集了凤山森林公园、龙湖湿地公园、东运河公园、龙湖全民健身中心、公共艺术中心等。区域内建有郑州大学第一附属医院（三甲），清华附中郑州学校（民办）、上海师范大学附属郑州启佳学校（民办）、郑东新区龙翔中小学等，商业配套有龙湖里商业广场。从交通上看，项目出门即是北龙湖南北中轴线——龙源路，到达北龙湖南岸约2.5千米，到达郑东新区CBD约5.5千米。项目西侧约3千米为城市主干道中州大道、北侧有主干道连霍高速，南侧有主干道北三环。项目距离地铁4号线龙湖中环站约400米，4号线是郑州目前唯一一条贯穿金融岛和CBD的“金融线”，被誉为郑州市最“贵”的一条地铁线，在家门口乘坐地铁，2站即可到达金融岛，7站即可到达CBD，并可以通过与1、2、3、5、6号（建设中）地铁线的换乘，便捷通达全城。

1. 项目优势分析（S）

2019年郑州明确提出“东强、南动、西美、北静、中优、外联”的城市规划与发展定位，郑东新区被作为“东强”的战略核心，北龙湖被誉为河南“陆家嘴”，整个北龙湖将分为三部分：南岸为高端住宅聚集区，打造“宜居之城”样板；中心为北龙湖金融岛，目标是打造中原金融中心；北岸要建成全球人才创新创业园·中原科技城，定位于打造全球人才聚集高地、科技人才创业高地、创新人才培育高地、高端人才服务高地、上市企业研发中心以及侨胞回归高地，大力推进高层次人才回归创业。本项目地处郑州北龙湖北岸，南临北龙湖中心——金融岛，属于郑州市规划的价值高地，区域土地稀缺，未来的配套能级和生活方式全省领先。

2. 项目劣势分析（W）

相较于郑州市其他成熟区域，郑东新区开发时间较短，区域基础设施仍然薄弱，未来配套资源虽然充足但开发尚不完善。与位于北龙湖南岸与紧邻北龙湖北岸的规划宅地相比，本地块的土地条件为北龙湖第三梯队。项目地块北侧临近三座高压线塔，南侧及东侧的双主干道有一定的噪声影响，当前生活配套缺乏。

3. 项目机会分析（O）

从区域发展上看，郑东新区作为郑州发展的一个重点示范实验区域，其发展潜力巨大，加上政府政策的支持，公众对地段未来的认可度不断提高。项目所处的北龙湖北岸板块同期几乎无小高层在售，同业态竞争环境相对宽松。从郑州住房需求分析看，目前市场正处于改善需求释放阶段，对品质产品的需求不断提升。在其他房企对市场低预期的情况下，把握市场发展趋势坚定高端改善市场，底价获取地块也可以为项目争取较高利润及操盘空间。华润置地深耕内地房地产市场多年，已成为最具行业影响力的城市投资运营开发商之一，由其在郑州开发的城市综合体华润万象城已成为当地的标签性商业物业，华润的品牌与产品的市场号召力毋庸置疑。

4. 项目威胁分析（T）

项目所处的北龙湖龙湖北岸洋房供应放量，且有多个潜在市区大平层项目供应，上市时间较为集中。北龙湖北岸还有多宗小高层地块具备出让条件，未来周边地块出让都使项目的竞争面临更多的不确定性。

二、项目的客户定位与核心价值

北龙湖是郑州市乃至河南省豪宅集聚区，鉴于地段的稀缺性与市场对地块的价值认知，本项目将主要目标客群锁定为以郑东新区和金水老城区30—40岁城市进取精英为主，他们对北龙湖和项目性价比认可度高，希望脱离当前嘈杂、拥堵的居住环境，进阶城市未来前景及生态环境最好的北龙湖板块，实现功能改善和圈层归属的双重愿望。

基于项目基本条件及SWOT分析，在明确目标客群后，本项目的核心价值需要在三个方面进行确认与提升。一是区位优势：本项目所处区域为郑州北龙湖核心地段，属于郑州市规划价值高地，全省未来经济金融中心，目前虽然配套尚待完善，未来该区域的市场发展空间巨大；二是地段优势：本项目位于北龙湖南北中轴线上，未来交通便利，可直达龙湖金融岛及CBD，属于北龙湖北岸的C位，地块属性稀缺；三是产品优势：对标区位相近的竞品项目，本项目要在立面、精装、景观等产业标准上进行迭代升级，依靠华润更优的综合产品力来确保市场的认可与接受。

基于项目核心价值的提炼，项目产品线由原来规划的润系产品提升为瑞系产品，瑞系产品是华润置地TOP级的产品，是华润倾力打造先锋引领、极致体验的顶级住宅产品系，重视城市界面的营造，强调在城市天际线中一望即知的鲜明地标感，以极致材质与细节，营造顶级产品价值。基于对土地指标与客户的深度理解，最终跳脱周边竞品洋房的固有思维，项目以控面积低总价为核心思路，在户型配比上将145—155作为产品主力，精细打磨产品，勇于适度做大向洋房挑战。在物业形态与竞品相比不占优势的情况下保证产品力不弱于竞品洋房项目，追求与同区域竞品相比，可以让目标客户以总价低、性价比高的心理预期进阶北龙湖片区。最终本项目将产品定位为全国第十座高定瑞府，物业形态为小高层，结合客户敏感点提升外立面和园区景观，贯彻华润置地 TOP 级瑞系“先锋、极致、稀缺”的产品打造理念，实现与同区域竞品的明显区隔。项目重点依托华润瑞系产品标准，在研究竞品优劣势的基础上，从项目地块规划理念结合景观设计、架空层设计以及会所配套等价值点，深度挖掘打磨项目产品核心价值，确定项目主要以“宝格丽凤度假森屿、银甲全线华盖名堂、城市 VILLA 生活方式”等合力形成矩阵式价值体系，使瑞府产品能在郑州高标准落地呈现，实现项目在北龙湖全高能级业态——洋房竞品中成功突围。2022 年北龙湖片区本项目与同期在售的竞品项目单套面积、总价及物业形态分布情况如表 12-2 所示。

表 12-2 华润瑞府与同期在售竞品项目主要销售指标

板块	名称	业态	住宅面积（m^2）	总价段（万元）	库存体量（万 m^2）
本项目		小高层	129/145/155/ 160/179	400~600	14.2
北龙湖洋房	绿城 湖畔云庐	洋房	149/165 195/249	550~1000	3.1
	中海 云著湖居	洋房	149/169 189/219	510~920	13.1
	保利璞岸	洋房	160/184 206/216/260	590~1300	5.3
	万科 拾谧森语	洋房	199/247/370	750~1700	5.9
市区大平层	万科 古翠隐秀	高层	147/175 189/192//225	400~640	13.6
	万象城 幸福里	高层	149/179 228/231/270	450~900	13.8
	未来天奕	高层	169-285	500~850	13.5

三、项目的营销执行

项目于 2022 年 3 月入市，以“中国第十座高定瑞府/一府呈瑞北龙湖”树立项目“先锋”气质形象，重点依托华润瑞系白皮书的产品精神及价值为推广支撑赋能，为项目树立高端标杆豪宅形象，提升项目调性及品质，为项目价值推广做铺垫。

营销前置·扩大蓄客——北龙湖瑞府于2022年3月12日启动展厅预接待，3月29日展厅入市开放，4月16日启动瑞仕会员招募，截至5月27日累计入会397组，5月28日启动定存，截至6月27日完成定存400组，截至6月30日开盘前实现认筹257组。自3月12日展厅预接待以来，在遇全市疫情封控近半月情况下，蓄客周期110天，累计实现客户来访2860组，同期来访量在北龙湖区域内排名一位。

凝练价值·节点密集——以“瑞府十境·宝格丽风度假森屿”强势IP高调起势，拔升瑞府品牌传递，通过“游艇产品发布会”（利用项目所在区位北龙湖的环境优势，郑州市场首次采用游艇形式进行发布会活动，吸引市场关注，当天点播量超100万）、整合经纪人计划（实现整合951名经纪人，覆盖131家二手房门店，实现到访1347组，认筹68组，成交52套，实现成交业绩占比近30%）、全民营销闪电结佣计划（首创快速结佣计划，突破郑州市场全民营销结佣速度）、贝壳千人聚焦计划（联合贝壳平台及全系门店举办千人聚焦瑞府启动大会，启动会之后三天内实现接待经纪人3000组）、全网地产博主整合计划（超70名抖音大V共计实现超400万播放量）、示范区开放活动（宝格丽珠宝展嫁接郑州美术馆）等六大动作递进式扩大项目声势，“雪球”效应席卷整个郑州高端改善市场，以上举措实现了项目的强势储客，示范区高品质呈现和高频价值传递，很好地保持了项目热度和话题度。

客户摸排·挤压落位——在展厅接待、实景示范区展示、样板间展示等阶段进行价格摸排，精准把握客户心理预期，为项目精准定价提供有力依据，针对大户型产品提前挤压落位，保证了产品均衡去化，最大化规避了客户流失。

四、项目的价值传递

项目价值推广阶段以“中国于此共瑞”打造瑞府超级符号，同步以“瑞府十境，宝格丽度假森屿”为核心主题，结合项目景观、架空层以及会所等价值点构建项目独有的价值体系，在整个推广阶段核心价值始终贯穿如一，不断强化核心价值输出，并且围绕核心价值树立项目“溪上环屿森境”和“宝格丽风奢华”的核心价值卖点，突出项目“先锋、奢享”的气质，与周边竞品项目形成区隔。在打造高品质示范区的基础上，通过三个阶段，递进式呈现示范区价值。

第一阶段，2022 年 6 月 18 日完成示范区盛大开放。以“森林中的宝格丽”为活动噱头，与宝格丽珠宝资源进行合作，围绕售楼部及会所打造森境宝格丽的场景演绎效果，同时寻找郑州美术馆馆长作为瑞系先锋人物代表，以十幅不同历史时期的“瑞”字为瑞府进行书法创作，通过塑造人物形象集中输出“城市 Villa”的先锋生活理念。

第二阶段，结合示范区及会所塑造网红打卡效应。针对示范区及会所内的多个景观及亮点设计，包装价值点及故事名称，以海报单图的形式逐一展现，并且融入销售说辞中，通过同行、媒体及网络大 V 集中转发，吸引客户到访打卡，实现线上的充分引流。

第三阶段，实景拍摄结合核心价值持续输出。通过示范区、样板间实景拍摄结合核心价值突出项目“先锋、奢享”的气质，区隔周边竞品项目，实现瑞系产品以“先锋、稀缺、极致”的高品质展示。

北龙湖瑞府项目依靠对土地价值的深度挖掘，借势华润瑞系的品牌赋能，极致塑造核心产品力，加上点线面全方位结合的营销动作，最终在郑州高端改善市场占据了主导地位，实现了项目销售的超预期兑现。项目首开业绩为郑州改善市场注入了一针强心剂，为下一批次房源推售奠定了良好基础。项目首期在市场上的出色表现进一步夯实了瑞系的品牌价值，实现了华润置地瑞系产品在郑州高端改善市场落位的关键之战！

讨论题：

1. 从房地产营销策划的角度看，北龙湖瑞府项目成功实现营销突围的关键是什么？

2. 房地产营销策划中对项目进行 SWOT 分析的最终目的是什么？

参 考 文 献

[1] 叶剑平，邹晓燕. 房地产市场营销 [M]. 北京：中国人民大学出版社，2012.

[2] 陈林杰. 房地产营销与策划实务 [M]. 北京：机械工业出版社，2015.

[3] 吴伯凡. 企业公民：从责任到能力 [M]. 北京：中信出版社，2010.

[4] 赵彬. 房地产市场营销 [M]. 武汉：武汉理工大学出版社，2008.

[5] 杜鹏，樊帅. 人人学点营销学 [M]. 北京：机械工业出版社，2020.

[6] 谭贤. 新媒体营销与运营实战 [M]. 北京：人民邮电出版社，2017.

[7] 卢新海，王玥. 房地产市场营销 [M]. 北京：首都经济贸易大学出版社，2015.

[8] 李英，周宇，杨世寨. 房地产市场营销 [M]. 北京：清华大学出版社，2016.

[9] 贾士军. 房地产项目策划 [M]. 北京：高等教育出版社，2011.

[10] 王爱民. 房地产市场营销 [M]. 上海：复旦大学出版社，2008.

[11] B. 约瑟夫·派恩，詹姆斯 H. 吉尔摩. 体验经济 [M]. 毕崇毅，译. 北京：机械工业出版社，2021.

[12] 尼克·约翰逊. 新营销　新模式 [M]. 刘凤瑜，译. 北京：中信出版社，2016.

[13] 王玮，梁新弘. 网络营销 [M]. 北京：中国人民大学出版社，2016.

[14] 顾桥，梁东，刘泉宏. 体验营销的理论与实践 [M]. 武汉：中国地质大学出版社，2012.

[15] 王生辉. 消费者行为分析与实务 [M]. 北京：中国人民大学出版社，2015.

[16] 何里文. 房地产市场营销 [M]. 北京：北京理工大学出版

社，2018.

[17] 栾淑梅．房地产市场营销实务［M］．北京：机械工业出版社，2018.

[18] 克里·史密斯，丹·哈努福．体验式营销［M］．黄巍，译．北京：人民邮电出版社，2017.

[19] 史蒂芬·达尔．社交媒体营销：理论与实践［M］．陈韵博，译．北京：清华大学出版社，2018.

[20] 秋叶，刘勇．新媒体营销概论［M］．北京：人民邮电出版社，2017.